»Weiße sind Ex-Afrikaner, die ihre Pigmente verloren haben.« Diese Aussage Jonathan Kingdons mag einige Zeitgenossen verärgern, für Anthropologen und alle an der Evolution des Menschen Interessierten ist sie jedoch einer der Kernsätze seiner Theorie: Die Vielfalt moderner Menschentypen ist weitgehend auf den Erfindungsreichtum unserer prähistorischen Ahnen selbst zurückzuführen. Denn als die Hominiden die Savannen Afrikas verließen, entwickelten sich die unterschiedlichen Hautfarben nicht nur aufgrund klimatischer Anpassung, sondern auch als Folge von Technologie und Kultur.

Doch die Entwicklung der Hautfarben ist nur eines von vielen Beispielen, anhand derer der Autor seine Theorie veranschaulicht. Jonathan Kingdon verleugnet nicht die Tatsache der biologischen Anpassung, beantwortet aber die Frage nach dem Warum vollkommen neu: Der moderne Mensch ist das Ergebnis seiner technischen Fähigkeiten. Faustkeil, Rad und Computer haben unsere Umwelt und damit einhergehend unsere Evolution maßgeblich beeinflußt – und werden sie auch weiterhin beeinflussen.

Hervorragend recherchiert und verständlich geschrieben, stellt der Evolutionsbiologe Jonathan Kingdon eine neue Theorie in der Evolution des Homo sapiens vor. Ein faszinierendes Buch über den Einfluß der Technik auf die Entwicklung des Menschen. Jonathan Kingdon wurde 1935 in Tansania, Afrika, geboren. Von 1960 bis 1974 war er Kunstdozent an der Makarere-Universität in Uganda. Heute arbeitet er im Zoologischen Institut der Universität Oxford, England.

insel taschenbuch 1936

Jonathan Kingdon

Und der Mensch schuf sich selbst

Jonathan Kingdon
Und der Mensch schuf sich selbst

Das Wagnis der menschlichen Evolution

Aus dem Englischen
von Hans-Peter Krull

Insel Verlag

insel taschenbuch 1936
Erste Auflage 1997
Insel Verlag Frankfurt am Main und Leipzig

Lizenzausgabe mit freundlicher Genehmigung des Birkhäuser Verlags
Hinweise zu dieser Ausgabe am Schluß des Bandes
Vertrieb durch den Suhrkamp Taschenbuch Verlag
Umschlag nach Entwürfen von Hermann Michels
Druck: Nomos Verlagsgesellschaft, Baden-Baden
Printed in Germany

1 2 3 4 5 – 01 00 99 98 97

Inhalt

Dem unbekannten Kind –
unser aller Vergangenheit, der Menschheit Zukunft

Vorwort und Danksagungen

Dieses Buch begann mit einer einfachen Idee. Alle Tiere passen sich an die Umweltbedingungen an und diese sind wandelbar. Jede Art ist die Summe dieser Anpassungen.

Für Menschen, definitionsgemäß werkzeugherstellende Tiere, wurden diese evolutiv wirksamen Lebensumstände mehr und mehr selbsterschaffen. Ich überlegte, daß sich physische, psychologische und vielleicht auch soziale Anpassungen als Antwort auf diese technologischen Herausforderungen oder auf diejenigen Umweltbedingungen entwikkelten, die durch Werkzeuge verändert worden waren. Als sich die Menschen von ihrer ursprünglichen afrikanischen Savannenheimat weit ausbreiteten, begaben sie sich in Gebiete, die alle eine eigene adaptive Antwort erforderten. Genau wie Tiere, die es auf Inseln verschlagen hat, sich langsam, aber sicher zu einzigartigen Lebensformen entwickeln. Wenn jedoch der Grund der Wanderung zu einer Insel ein selbst hergestelltes Werkzeug – z.B. ein Boot – ist, bekommt die Technologie eine neue evolutive Dimension. So kann man davon ausgehen, daß die Aborigines ihre besonderen biologischen Eigenarten einer einzigen Erfindung verdanken, den Wasserfahrzeugen, die sie nach Australien brachten. Die Untersuchung, ob die Entwicklung und Vielfalt des modernen Menschen genauso stark auf technische Einflüsse wie auf Naturkräfte zurückzuführen ist, ist Inhalt der folgenden Seiten.

Ein eher persönliches Motiv stammte aus dem fast universellen Verlangen, mehr über die «Familie» zu erfahren, zu der ich gehöre. Die Quellen, auf die ich mich stützte, um eine Bestandsaufnahme der menschlichen Geschichte zu machen, glichen zerfallenen alten Registern voller zerrissener Seiten. In die Fülle der widersprüchlichen Ideen und Theorien waren viele interessante Fakten eingestreut, aber nur wenige Versuche, die Ausbreitung und Vielfalt des modernen Menschen zusammenfassend zu erklären. Ich wußte aber, daß die Erscheinungsvielfalt meiner Brüder und Schwestern eine biologische Erklärung haben muß. Ich war gewiß, daß meine Verwandten sich über die ganze Erde ausgebreitet hatten. Solche Gewißheiten verblassen jedoch schnell, wenn man sich auf die Reise zurück in eine scheinbar unerforschbare

Vergangenheit begibt. Diese Unsicherheit wird jedoch stellenweise von Punkten unzweifelbarer Erkenntnis durchbrochen. Fossilien und Artefakte (von Menschen bearbeitete Materialien) – weit verteilt in Raum und Zeit – bilden dieses Grundgerüst. Manchmal erfassen unsere suchenden Finger dabei die Hände unserer toten Vorfahren. Wir können rückwärts schauend vorgehen oder die Entwicklung aus einfacheren Anfängen bis heute nachvollziehen.

Unsere Erkenntnisse heute beruhen auf mehr Wissensbruchstükken als nur auf Knochenfunden und die zusammenfassende Kategorisierung und Klassifizierung aller Quellen hat weitergehende Versuche der Rekonstruktion vergangener Ereignisse möglich gemacht. Unsere Vorfahren, besonders diejenigen der «jüngeren Vergangenheit» führten ein Leben, das in ihrer Lebhaftigkeit und der Komplexität ihrer sozialen Beziehungen dem unseren vergleichbar war. Ihr Verhältnis zu anderen Tieren und Pflanzen war jedoch meist viel intensiver als unseres heute.

Die Vorstellungen vom Leben dieser Vorfahren – ausgedacht von einem Menschen, der in eine Konsumwelt voller Läden hineingeboren wurde – unterscheidet sich gewaltig von dem Bild, das – wissenschaftlich rekonstruiert – in Museen oder Büchern erscheint. In meinem persönlichen Fall begann die Neugier nicht in einem Klassenzimmer, Labor oder einer Bibliothek. Sie fing in meiner Heimat in Afrika an. Die Landschaft meiner Kindheit ließ mich noch immer das Rollen und Hufgedonner ausgestorbener Herden hören und ich stillte meinen Durst an den klaren Seen, die schon den erschöpften Jäger vor einer Million Jahren erfrischten. Dies waren keine Gewässer, die nach naturwissenschaftlicher Erkenntnis durchforscht werden konnten, den Feldern wurden keine Daten entrissen, aber es war ein Land, in dem ich nur der «modernste» erwachsene Bewohner war.

Das Bewußtsein für die Vor- und Frühgeschichte – besonders für einen energiegeladenen jungen Mann – muß durch außergewöhnliche Erfahrungen geweckt und dann durch wohlmeinende Unterstützung erfahrener Mentoren verstärkt werden. Für mich waren das Exkursionen zur Olduvai-Schlucht, Ausflüge mit den Hazda, den letzten Jägern und Sammlern von Tansania, sowie mit den Fischern in Mjemwema und Kunduchi, ergänzt durch Besuche in der «Coryndon Museum Hall of Man» und auf Phyllis Ginner's Veranda in Dar-es-Salaam, um mich in Bündel von Zeichnungen der Felsbildkunst aus Kondoa zu vertiefen. Später habe ich neben Fundstellen von Felsbildern auf drei Kontinenten gecampt und viele vorgeschichtliche Malereien aus erster Hand gesehen.

Für das stetige Anwachsen meiner Erfahrungen und die Vorstellungen über den vorgeschichtlichen Menschen bin ich vielen meiner Freunde und Kollegen zu Dank verpflichtet, nicht zuletzt auch denen, die mir «nur» einige Bücher, Veröffentlichungen oder Briefe schickten. Erinnerungen und Gefühle verschmelzen jedoch, wenn man Tage und Nächte unter freiem Himmel in der Wildnis verbrachte. Da gab es erste Ausflüge mit Freunden und der Familie in verschiedene Gegenden Tansanias. Zielgerichteter und anregender war meine erste Grabung mit Bill Bishop und Sonia Cole in Napak, Uganda. Bill Bishop und Alan Walker machten mir als erste klar, daß die Untersuchung der menschlichen Vorgeschichte nicht das Gebiet einiger elitärer «Geheimwissenschaftler» ist, sondern ein Wissenschaftsbereich, in dem man eindeutige Erkenntnisse sucht und diese in Zusammenarbeit mit vielen Hilfswissenschaften auch finden kann. Hier passten sich meine eigenen Interessen an der Säugetierökologie und der Evolution nahtlos ein. Ungefähr zu dieser Zeit hatte mich Julian Huxley dazu ermuntert, mein erstes Buch zu schreiben, in dem ich den *Homo sapiens* als eine Art von vielen die Ostafrika bewohnen porträtierte; er unterstützte meine Vision eines Landes, in dem Pflanzen und Tiere ökologisch vielfältig verknüpft in einem gemeinsamen System schon seit den Zeiten existierten, als noch kein Mensch das Gebiet durchstreifte.

Alan Walker, Colin Groves, Clifford Jolly und John Harris haben meinen Weg durch viele Jahre mit vielen geistigen Anregungen und als gute Freunde begleitet. Colin Groves, Alison Jolly, François Bourlière und Elisabeth Huxley lasen das Manuskript und gaben viele hilfreiche Vorschläge. Als wissenschaftlicher Mitarbeiter des «Kenya National Museum» hatte ich die Möglichkeit, die Fülle des fossilen Fundmaterials zu sichten und überlegte, wie sich diese Vielfalt deuten läßt. Auf einem Ausflug nach Koobi Fora zusammen mit Richard Leakey erreichte die Jagd nach den Ursprüngen der Menschheit eine Faszination und Bedeutung, die noch heute so lebendig ist, wie meine ersten Eindrücke von den sonnengebleichten Stränden des Turkanasees und den zerklüfteten Lavafeldern des Sugutatales.

Kein in Ostafrika aufgewachsener Naturforscher kann es unterlassen der Leakey-Familie dafür zu danken, daß sie die Suche nach Hominidenresten in diesem Eden der Menschheit belebt und gefördert hat. Ihre Hilfe reicht von persönlich-intellektueller bis zu öffentlich-institutioneller Unterstützung . Sie schufen ein intellektuelles Arbeitsklima, das sicher auch für meine eigene Entwicklung wegweisend war. Daher sei L.S.B., Mary, Richard und Meave der größte Dank zuteil.

Die hier vorgestellten Ideen reiften über lange Zeit heran, so daß dieses Buch fast die «zweite Generation» ist. Die frühen Fossilfunde führten zu voreiliger und überhasteter Aufregung sowie zu fieberhaften Diskussionen. Neanderthaler, Peking-Mensch und der Australopithecus (Südaffe), alles frühere Stars auf der Bühne der Menschenvorfahren, wurden durch die Entwicklung eines allgemeineren Evolutionsschemas in weniger zentrale Stellungen abgedrängt. Einzelne Persönlichkeiten und kontroverse Theorien sind auch heute noch beliebt und spielen in verschiedenen Büchern eine entsprechende Rolle. Ich habe versucht, auf den folgenden Seiten nicht zu viele Wissenschaftler zu zitieren, sondern eine Abhandlung zu schreiben, die sich auf das Leben des vorgeschichtlichen Menschen konzentriert. Dadurch wird in einigen Fällen zwar die Autorenschaft origineller Ideen nicht genannt und die Trennung von mehr oder weniger Wahrscheinlichem ungenau, es war jedoch der einzige Weg, eine verständliche, hypothetische Annäherung ohne Verwirrungen durch moderne Wichtigtuerei zu entwerfen. Wir alle wissen, daß die Grundlagen des vorgeschichtlichen Wissens im Boden verborgen liegen und ich bin mir klar darüber, daß es gefährlich sein kann, die Vergangenheit aufgrund heutiger Verhältnisse zu interpretieren. Daher versuche ich, sie auf solche prähistorische Wurzeln zurückzuführen.

Wenn häufige Zitate und Literaturhinweise Autoren davor schützen, für angreifbare Vorstellungen verantwortlich gemacht zu werden, dann sollte ich zumindest den Ursprung einer hier wiederholt aufgegriffenen Idee darstellen. Sie geht teilweise auf einige alte Überlegungen zurück, die – aus verständlichen Gründen – nie allgemeine Zustimmung fanden. Wer kann glauben, daß die häufigste Assoziation mit Afrika – die schwarze Färbung seiner heutigen Bewohner – ein Nebenergebnis vorgeschichtlicher Wanderungen nach Asien gewesen sein könnte? Genau das hat 1919 A.C. Haddon (ein einflußreicher Förderer von L.S.B. Leakey und Solly Zuckermann) vorgeschlagen. Er wiederum wurde von Ideen einer vorgeschichtlichen Verbindung zwischen Afrika und Asien beeinflußt, die J.L.A. de Briau und E.T.J. Hamy im Paris der Jahrhundertwende entwickelten. Erst jüngste Entdeckungen im Bereich der Genetik, Archäologie und der physischen Anthropologie haben dieser unwahrscheinlichen Theorie nicht nur neue Argumente geliefert, sondern sie auch sehr wahrscheinlich gemacht. Die meisten Autoren, die meine Gedankengänge beeinflußten, sind in der Bibliographie erwähnt. Über diese hinaus muß ich noch Freunde und Kollegen erwähnen, deren Hilfe ich hier nicht im Detail beschreiben kann. Dies sind (in alphabetischer Reihenfolge): P. Agland, M. Aitken, P. Andrews, M. Archer, C. Bangham, K. Behrensmeyer, P. Bellwood, F. Bourlière, C.K. Brain, G. Brauer, B. Breeden, T.& J. Butynski, J. Callaby, G. Caughley, J. Chappel, M. Coe, S. Cole, P. Collett, H.S.B. Cooke, Y. Coppens, F.Crome, R. Dawkins, B. Dutrillaux, T. Flannery, A. Gentry, J. Golsen, J. Gowlett, D. Griffin, C. Groves, A. Hamilton, G. Harrington, J. Harris, A. Hill, R. Hinxman, G. Hope, F.C. Howell, W. Howells, E. Huxley, R. Inskeep, A. Irvine, J. Itani, D. Johanson, A. Jolly, C. Jolly, R. Jones, J. Kamminga, J. Kawai, P. Kingdon, K. Kimeu, S. Kondo, M. Leakey, R. Leakey, R. Martin, R.W. May, B. Meehan, H. Paterson, M. Pickford, D. Pilbeam, J. Poole, J. Sabater-Pi, R.I.G. Savage, W. Shawcross, P. Shipman, L.

Silcock, A.K. Singhvi, R. Southwood, C. Stringer, A. Suzuki, A. Szalay, L. Tattersall, A. Thorne, S. Tompkins, P. Trezise, E. Vrba, A. Walker, B. Walker, R. White, R. Wrangham, S. Zuckerman.

Für die hervorragende Mitarbeit bei der Herstellung dieses Buches danke ich Felicity Bryan, Carol O'Brien, Ingrid von Essen, Ronald Clark und dem Produktionsteam bei Simon & Schuster.

Mehrfach wurde ich von den folgenden Institutionen großzügig unterstützt: Vom Zoology and Biological Anthropology Department der Universität Oxford; CSIRO Canberra & Atherton; dem Australian National Museum, Sydney; der Makerere Universität, Uganda; dem Kenya National Museum; dem Mammal Research Institute, Pretoria; der Kyoto Universität und ihres Primate Research Institute in Inuyama; dem Christensen Research Institute in Papua Neuguinea; dem Wellcome Trust, London; dem British Museum und dem Musée de L'Homme, Paris.

Ich danke all diesen Institutionen, ihren Direktoren und vielen Kollegen für ihre Gastfreundlichkeit und anregenden Diskussionen. Einen Großteil meiner geistigen Unabhängigkeit und meiner Reisemöglichkeiten verdanke ich auch denen, die meine Gemälde, Zeichnungen, Drucke und Skulpturen kauften. Über allem steht jedoch die Unterstützung meiner Familie durch all die Jahre.

Mein Kollege Tag el sir Ahmed von der Makerere Universität brachte mich dazu, einen bebilderten Beitrag über die Vielfalt der Menschheit zu verfassen. Er wird vom Ergebnis vielleicht überrascht sein, aber ich habe versucht, einige Kapitel mit (man könnte sagen) «Paßfotos» zu versehen, kleinen Bildern, die die angesprochenen Völker beschreiben und veranschaulichen. Bei allen habe ich Bemalungen sowie Tätowierungen und Behaarung weggelassen, so daß Vormensch und Moderner, Mann und Frau, jung und alt die gleiche Reduktion auf das Wesentliche erfahren. Die Abbildungen machen die individuelle Variabilität genauso erkennbar, wie die großen Übereinstimmungen aller modernen Menschen. Die kahlköpfigen «Schnappschüsse» erleichtern den Vergleich meiner Rekonstruktionen der ausgestorbenen Vorfahren mit den heutigen Menschen. Sie stellen einen Teil meiner Bemühungen dar, ein verlorenes «Familienalbum» auszugraben, in dem sich die afrikanische Urgroßmutter, ihre asiatische Tochter und der europäische Enkel wiederfinden. Meine Genealogie hat künstlich und so verkürzt die Generationen zusammengefaßt. Sie bietet aber einen verständlichen und überschaubaren Überblick über die menschliche Familie.

Mein Porträt dieser Familie enthält einen Katalog menschlicher Unzulänglichkeiten und Fehler. Diese zu erkennen bedeutet aber nicht Opportunismus und genegoistische Territorialität als menschliche Natur zu akzeptieren. Hoffnung ist ein viel wichtigeres sympatisches

Merkmal des Menschen. Die Fähigkeit zu hoffen und das Bedürfnis innerhalb der Art Geborgenheit zu suchen, fand seinen Ausdruck im Wort Nächstenliebe. Konfrontiert mit ständig wachsenden sozialen und ökologischen Krisen wird eine immer stärker herausgeforderte Menschheit das Wort Nächstenliebe sehr ernst nehmen müssen. Wohl überlegt, systematisch angewandt und an die erste Stelle gesetzt, kann sie ein wesentliches Mittel gegen geistige Verwirrung, Gier, Haß und Unruhen sein.

Einführung: Ein Anfang

Dein Nachdenken über die Ursprünge fing dort an, wo du selbst herkommst.

Weit draußen im Pazifik haben Völker seit Zehntausenden von Jahren zahllose winzige Inseln bewohnt. Die Festländer längst vergessen – verglichen sie ihre Inseln mit Fischen, die man aus einem endlosen Ozean heraufgezogen hat. Auf den Admiralitätsinseln – mehr als 4000 km vom asiatischen Festland entfernt – erzählen sich die Bewohner von Manus, daß die ersten Menschen aus den Eiern einer mythischen Seeschildkröte schlüpften. In der Weite des Weltmeeres war für sie die Ankunft der Riesenschildkröte mit der Springflut zu Zeiten des Vollmondes unerklärlich und geheimnisvoll. Was konnte für die vielen Generationen der Inselbewohner, die von ihren einsamen Stränden auf das Meer schauten, eine bessere symbolische Erklärung für ihre lang zurückliegenden Ursprünge liefern?

Vorstellungen über die Anfänge waren im bewaldeten Nordwesten Europas nicht weniger symbolisch. Im Vaterland der Teutonen, Vigrid, stand der Riesenbaum Yggdrasil, der im Zentrum der Erde wurzelte, seine Krone reichte in das Universum. Um die Stammachse herum symbolisierte ein drohender Kreis alles Unbekannte, Unvorhersagbare und Unsichere. Im Norden fletschte Fenrir, der riesige Wolf seine blutigen Zähne. Von Osten her kamen im Herbst Wolfsrudel, fraßen die Sonne und brachten so den Winter. Im Westen verursachte die Seeschlange Midgard mit dem Schlag ihres Schwanzes Stürme und Fluten, während der Dämon Surt die Vorhut einer Heerschar südlicher Feuergiganten war, die Vigrid verbrannten. In der Vorstellung der Teutonen krochen die ersten Menschen aus dem verbrannten Stamm von Yggdrasil.

Überall finden wir solche Legenden über den Ursprung des Menschen. Entstehungsmythen spiegelten immer die Erfahrungen und die Weltsicht ihrer Erzähler wieder. Leider versteht man sie nicht mehr, da man die dahinterstehenden Ideen nicht kennt. Inzwischen lösen jedoch Fakten über den Ursprung der Menschheit die Phantasie und mysteriöse Vorstellungen ab. Ein zunehmend umfangreicheres Wissen klärt unsere Stellung in der Natur auf.

Die vorliegende Zusammenstellung stellt die Vision eines Biologen von der vielfältigen evolutiven Entwicklung des Menschen dar, der sich – wie viele andere Säugetiere – von einem Ursprungsgebiet aus viele Lebensräume eroberte. Sie steht in der abendländischen Tradition, indem sie Adam und Eva sowie den Garten Eden als weitverbreitete Symbole für die Anfänge der Entwicklung übernimmt. In dieser Entstehungsgeschichte (Genesis) breitet sich eine afrikanische Art nach dem Erfolg in ihrem Ursprungskontinent aus (ähnlich wie Hyänen und Löwen auch), um Eurasien zu besiedeln. Ich bin von diesen afrikanischen Ursprüngen bis heute überzeugt, weil ich in Ostafrika geboren und aufgewachsen bin, einem großartigen Land, das meine Vorstellung seit frühester Jugend prägte. Olduvai, Olorgesailie, Isimila und Nsongezi waren mehr als nur Picknickplätze. Ich konnte die Fülle meiner Vorfahren dort konkret sehen. Ich stellte mir die Augen vor, die sich mehr als 2 Millionen Jahre vor meinen öffneten, um das Sonnenlicht über den Hügeln zu erblicken, Nasen, die den Geruch des entfernten Buschfeuers oder der nahen Akazienblüten wahrnahmen und Ohren, die dem Duettgesang des Buschwürgers lauschten. Die Plätze haben sich weniger verändert als die Leute, die hier rasteten.

Interessanterweise beruhte die Entscheidung, dieses Buch zu beginnen auf einem Irrtum, der aus heutiger Sicht trivial erscheint. Als ich 1967 die erste Reihe von Veröffentlichungen über afrikanische Säugetiere herausbrachte, folgte ich einer damals vorherrschenden amerikanischen Lehrmeinung und benutzte für Gorillas und Schimpansen den wissenschaftlichen Namen *Pan*. Als das Buch veröffentlicht wurde, protestierte der berühmte englische Anatom John Napier und meinte, daß das «Zusammenwerfen» so unterschiedlicher Arten für einen Protestmarsch zur amerikanischen Botschaft reichen würde. Wie sich herausstellte, waren seine Einwände gerechtfertigt, sie wurden später von zwei amerikanischen Molekularbiologen bestätigt.

Ich habe über lange Zeit versucht, beide Arten in ihrem natürlichen Lebensraum zu beobachten und zu zeichnen, habe sogar an Sektionen dieser Affenarten (und des Menschen) an der medizinischen Fakultät in Makerere teilgenommen. Zu dem Zeitpunkt wäre es mir nie in den Sinn gekommen, daß ich näher mit dem Schimpansen, *Pan troglodytes*, verwandt sein soll als wir beiden Arten mit dem Gorilla. Ich gehörte daher wie die meisten zur Gruppe der Skeptiker, als Charles Sibley und John Ahlquist 1984 bekanntgaben, daß Menschen die nächsten Verwandten der Schimpansen sein sollen. Die Vergleichsmethoden, mit denen diese und nachfolgende Molekularbiologen ihre Aussagen begründeten, bewährten sich jedoch und ihre Folgerungen sind überzeugend. Durch

Sibleys Schluß, daß Schimpansen nicht irgendeine vergessene Seitenlinie des Stammbaumes darstellen, sondern der Schlüssel zum Verständnis unserer Abstammung sind (seine molekulare Uhr datiert die Trennung zwischen beiden Arten ungefähr 7 Millionen Jahre zurück), sah ich das Problem der Abstammung, das zuerst von Darwin angesprochen worden war, in einem neuen Licht. Seine grundlegende Suche nach den Kräften, die uns aus besser belegten biologischen Ursprüngen als aus Schildkröteneiern, Baumrinde oder fehlenden Rippen formten, bildet noch immer die Grundlage jeder Evolutionstheorie. Die neue, weiterführende Frage lautet: Wie konnten unsere biochemischen Eigenschaften, die uns als einen von vielen afrikanischen Affen charakterisieren, so gründlich verdeckt werden.

Nur wenige machen sich Gedanken darüber, daß Technologie und die Frucht vom Baum der Erkenntnis identisch sind. Der Biß in diesen Apfel hatte aber eine Fülle biologischer Folgen für die menschliche Evolution: Unser Körper, die menschliche Vielfalt, die Sprache und unser Verhältnis zur Natur wurden von der Technologie geformt. Menschen unterscheiden sich dadurch von den Menschenaffen wesentlich, daß sie in eingeschränktem, aber ganz realem Sinn Produkte ihrer eigenen Werkzeuge wurden.

Sehen wir die Sache andersherum, um die Bedeutung dieser Aussage abzuschätzen. Traditionsgemäß gehen wir davon aus, daß ein typisches Merkmal, das uns aus der Tierwelt heraushebt, unser größerer Verstand ist. In Wirklichkeit ist jedoch der bei weitem größere Anteil von uns tierlich. Die meisten unserer Anpassungen prädestinieren uns für das Leben in ostafrikanischen Savannen (diese Vergleiche beruhen nicht auf unklaren Parametern, sondern auf etwas über 100000, d.h. einer begrenzten Anzahl von Genen). Ein Vergleich der genetischen Merkmale ergibt, daß die prähistorischen Lebensweisen ihre Spuren hinterlassen haben, und genau hier zeigt die Technik ihre Auswirkungen. Ohne sie würden wir uns kaum selbst erkennen. Die uns aus dem Spiegel oder von der Straße bekannten Gesichtszüge entwickelten sich *nachdem* Werkzeuge und Technologie bestimmende Kräfte unserer Evolution wurden.

Nahrungszubereitung und Kochen z.B. machten die Ausbildung starker Kiefer und Zähne überflüssig und veränderten die Gesichtsproportionen. Die Erfindung des Feuers ermöglichte die Besiedlung des kalten Nordens. Mit der Entwicklung von Booten erreichten wir ferne Inseln und Kontinente. Derartige Abenteuer waren eher das Ergebnis einer selbstgemachten Kultur als einer biologischen Anpassung, ihnen folgten jedoch physische Veränderungen, die sich noch heute in der vielfältigen Erscheinung der Menschen widerspiegeln.

Menschen wurden von Anfang an in eine menschengemachte Welt geboren, ja selbst die ersten Menschen übernahmen die Welt von einer

Reihe Werkzeug benutzender Vorgänger. Es ist eine banale Wahrheit, daß jede Generation die Verwüstungen und Mißerfolge, aber auch die Erfolge der Vorfahren erbt. Mit der Ausbreitung der prähistorischen Menschen über Afrika hinaus entstanden ihre offensichtlichen Anpassungen wie schwarze oder weiße Haut nicht nur als Reaktion auf das Klima, sondern auch als Folge ihrer Technologie und Kultur, welche die Menschen über ihre biologischen Grundlagen hinausbrachten. Prähistorische Verhaltensweisen, aus denen Erfindergeist und Opportunismus entstanden, sind noch immer eine unterschätzte treibende Kraft aller menschlichen Angelegenheiten. Aus der Überzeugung heraus, daß ein Kontinuum besteht und daß unsere Vergangenheit bedeutsam für unsere Zukunft ist, sind die beiden letzten Kapitel einem Buch eingefügt, das sonst nur von der Vorgeschichte handelt. Biologisch unterscheiden wir uns nicht von den Völkern des späten Pleistozäns.

Diese Perspektive der Humanevolution sieht den modernen Menschen als Überlebenden aus mindestens drei oder vier Abstammungslinien. Für jede von ihnen gehörte die Werkzeugherstellung – wenn auch z.T. nur in geringen Ansätzen – zur Überlebensstrategie. Jede Linie verdrängte in ihrer Entwicklung die älteren, weniger entwickelten Gruppen. Dies läßt sich gut aus Reihen menschlicher Fossilien schließen (die sich in dieser Hinsicht kaum von Tierfossilien unterscheiden).

Betrachtet man den Menschen als spezialisierte Affenform, schließt dies ein, daß er sich wie jede größere Gruppe von Tierarten auf ein bestimmtes Ursprungsgebiet zurückführen läßt, in dem er an spezielle Nahrung, Krankheiten, Raubtiere und spezielles Klima angepaßt wurde. Für Hominiden ist dies der östliche und südliche Teil Afrikas.

Heute sind die Genetik und die Biologie für die Rekonstruktion der Evolution genauso wichtig wie die Paläontologie; neue Entdeckungen auf diesen Gebieten folgen in immer kürzeren Abständen. Frühere Theorien zur Humanevolution gründeten sich auf eine verschwindend kleine Anzahl fragmentarischer, fossiler Knochen. Heute gibt es dagegen viel mehr Funde und die Erkenntnis der Variabilität in modernen Populationen verbietet es, Einzelfunde noch als Grundlage für die Beschreibung bestimmter Modelle oder Typen für vergangene Populationen zu nehmen. Wir besitzen inzwischen größere Mengen gleichalter Fossilien von einzelnen Fundstellen, so daß wir belegen können, daß der prähistorische Mensch genauso variabel (polymorph) war wie der Jetztmensch oder sogar noch stärker variierte. Außerdem gibt es Hin-

---

Abbildung 1 >
Prähistorische Skizzen. In Stein geritzte Portraits aus der Höhle von La Marché, Frankreich, ungefähr 12000 v. Chr. (nach Skizzen von L. Pales, J. Airvaux und L. Pradel, 1984).

weise, daß die damaligen Gruppen bei geringer Bevölkerungsdichte vorwiegend aus schweren und kräftigen Individuen bestanden und bei hoher Dichte leicht gebaut waren. Die Möglichkeit, daß die aus herkömmlicher Sicht «primitiv» bzw. «entwickelter» genannten Typen in Wirklichkeit nur die Bevölkerungsdichte oder ähnliche Hintergründe widerspiegeln, könnte die Sicht der Humanevolution total verändern. Statt einer langfristigen, permanenten Entwicklung vom schwergebauten zum leichteren Vertreter, könnten sich beide Formen wiederholt abgewechselt haben. Erst in jüngster Zeit begannen äußerst grazile Vertreter die Szene zu beherrschen. Kann es Zufall sein, daß die Bevölkerungsdichte in diesem Zeitraum stark anstieg? Diese Überlegungen sind ganz neu. Eine ihrer Schlußfolgerungen wäre aber, daß sich auch ganz «moderne» Gene in «altmodisch» aussehenden Skeletten verbergen können.

Als unsere Vorfahren neue Lebensräume erschlossen, entwickelten sie nicht nur neue Techniken und fanden neue Nahrungsmittel, sie paßten sich auch an. Anpassung bedeutet hier das selektive Überleben der Individuen mit den am besten passenden Genen. Manchmal war dies auf Veränderungen physikalischer Größen zurückzuführen, die die Population einer ganzen Region typisch umformte. Andere charakteristische Veränderungen waren aber auch nur eine zufällige Folge von Zeit und Isolation. Viel Forschungsarbeit ist noch zu leisten, um diese beiden Gründe für genetische Unterschiede (funktionale und nicht funktionale) trennen zu können. Diese Änderungen, die die Körperproportionen, die Gesichtszüge, die Farbe von Augen oder Haut betreffen konnten, wurden durch die Variabilität gefördert, die schon für den Frühmenschen typisch war. Obwohl die evolutionäre Entwicklung einer Vielfalt von Menschentypen (Radiation) erst in jüngster Zeit erfolgte, hatte schon der frühe, moderne Mensch eine große genetische Variabilität erreicht.

Ein lebendiges Bild der prähistorischen individuellen Unterschiede entdeckte man in 14000 Jahre alten Malereien einer Höhle in Frankreich. Die Magdalénien-Künstler von La Marché zeichneten ungekünstelte Bilder von Leuten, die uns bekannt vorkommen. Die Bandbreite von Dicken, Dünnen, Großen und Kleinen, Lang- und Stupsnasigen, mit hoher oder kurzer Stirn für die Bewohner einer einzigen Höhle überrascht. Ihre Ähnlichkeit mit uns verwundert nicht mehr, wenn man weiß, daß Magdalénien-Schädel von denen heutiger Menschen nicht zu unterscheiden sind. Jenseits des Mittelmeeres bei Mechta Afalou in Algerien entdeckte man eine vergleichbare Formenvielfalt bei nahezu 50 Schädeln aus einer Fundschicht. Schauen Sie sich die Auswahl von vier Exemplaren (Seite 20) an. Bemerkenswerte Unterschiede fallen ins Auge – runde, eckige und vorstehende Gesichtskonturen, breite Nasen,

Hakennasen, flache oder steile Ausbildung der Stirn, große oder kleine Hirnschädel.

Die überzeugendsten Nachweise menschlicher Variabilität liefert aber die Immunologie. Bei Organtransplantationen führt sie zu großen Schwierigkeiten, da sich die Individuen in ihrer speziellen Biochemie in vielen Kleinigkeiten unterscheiden. Diese Unterschiede sind viel größer als diejenigen, welche die sogenannten Rassengruppen unterscheiden.

Zu den vielen, inzwischen veralteten Vorstellungen zur Humanevolution gehörte auch diejenige, daß einige der heute existierenden Menschenrassen aus verschiedenen Vorformen des modernen Menschen entstanden sein sollen. Derartige Theorien betrachteten die prähistorischen Menschengruppen als ortsfest, legten zu starkes Gewicht auf die Rassenunterschiede und übertrieben ihre Bedeutung. Da die älteren Menschenformen eindeutig weniger weit entwickelt waren als Jetztmenschen, wurden so auch stillschweigend falsche Schlüsse betreffs Fähigkeiten und Können der Rassen gezogen. Diese Überlegungen wurden von nachfolgenden Forschern gründlich ausgeräumt und spielen auf den folgenden Seiten keine Rolle mehr. Mit der Mehrheit meiner Fachkollegen gehe ich davon aus, daß alle heute existierenden Menschen erst in rezenter Zeit aus einem Ursprung entstanden und nahe verwandt sind. Die trotz alledem erkennbaren regionalen Unterschiede, gemeinhin als Rassen bezeichnet, fordern jedoch eine Erklärung, die über die der reinen «natürlichen Variation» hinausgeht.

Wenn weiße und schwarze Haut in selbst aufgesuchten, unterschiedlichen Klimagebieten entstanden, sind die «Weißen» Ex-Afrikaner, die ihr Pigment verloren. Für die Entstehung der «Schwarzen» sind die Erklärungen komplizierter. Die Vorstellung einer einheitlichen schwarzen Population südlich der Sahara, die vor über einem Jahrhundert in Europa entstand, muß man als falsch zurückweisen. Die Ausgangsgruppe aller modernen Menschen hat sich in Afrika genauso vielfältig weiterverändert wie ihre Ableger in Eurasien, Australien sowie in Amerika. Die Sache wird aber dadurch komplizierter, daß Afrikaner sehr frühe Küstenverbindungen mit dem ozeanischen Asien hatten.

Siedlungsstellen, die wie Leuchtfeuer diese afro-asiatische Verbindung anzeigen, sind räumlich und zeitlich weit verteilt. Alle basieren auf materiellen Hinterlassenschaften, manchmal sind es fossile Schädel, das andere Mal leichte Artefaktstreuungen. Wieder andere Hinweise ergeben sich aus genetischen Untersuchungen oder aus physischen Unterschieden der heutigen Bevölkerung. Verbindet man dieses Punkteraster, erhält man das Bild der Ausbreitung einer einzigen Verwandtschaftslinie in Raum und Zeit. Die Anhaltspunkte für die Rekonstruktion sind zwar noch rar und weit verstreut, sie reichen aber aus, um den Rahmen

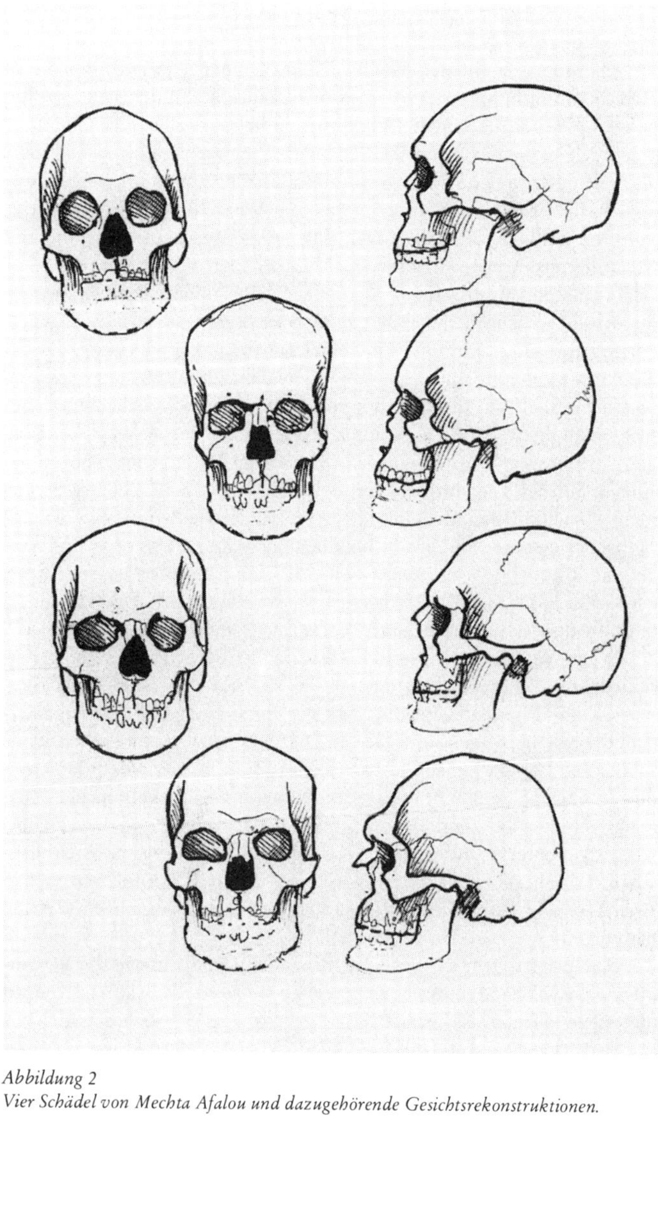

Abbildung 2
Vier Schädel von Mechta Afalou und dazugehörende Gesichtsrekonstruktionen.

Man with a long head, narrow forehead & the broadest nose
Man with a high domed forehead long narrow nose
Man with a sloping forehead big nose & broad face
Man with square face big brow & hooked nose
Four men from Mechta Afalou

für dieses Buch zu bieten. Fünf Kapitel folgen diesen Wanderungen unserer Vorfahren, jedes aus einer anderen Sicht – Biogeographie, Paläontologie, Archäologie, Ökologie und Genetik liefern die jeweilige Grundlage, den Weg des «Self-Made-Man» nachzuvollziehen.

In der gängigen Vorstellung beruht der Erfolg desjenigen, der es durch eigene Kraft zu etwas brachte, im Erkennen und Ausnutzen günstiger Gelegenheiten. Diesen Opportunismus untersuche ich im letzten Kapitel. Hier weise ich nach, daß Menschen von Beginn an ihre technischen Fertigkeiten in einer Art nutzten, die keine Rücksicht auf andere Tiere, Pflanzen, irgendeinen Teil ihrer Umwelt und am wenigsten auf ihre eigenen Nachkommen sowie zukünftige Generationen nahm. Ich habe auch eine Beobachtung zur technischen Erneuerung aufgegriffen, die ich schon vor 25 Jahren andeutete:

> *Fortschritt beruht auf Werkzeuggebrauch, Sprache, der Neigung zum Wandern sowie auf einer mehr oder weniger ununterbrochenen Tradition. Mit jedem weiteren Fortschritt werden jedoch die Erkenntnisse über die Geschichte des Menschen, seine Ursprünge, sowie die früheren Umweltbedingungen zerstört oder unklar. Fast überall verwirren Zeugen der Vergangenheit die Mythen der Gegenwart. Die Fähigkeit Dinge zu tun, sie weiter zu entwickeln und sie dann überflüssig zu machen, ist ein zentrales Merkmal menschlichen Verhaltens und menschlicher Tradition... Als dominante Art verdrängt der Mensch Wildtiere wo immer es möglich ist und nutzt die Ressourcen, die diesen zuvor zum Leben dienten.*

Die Gefahr, die Vergangenheit zu zerstören, ist sehr real und die Suche nach den Ursprüngen wird durch mehr als bloße Neugier angetrieben. Die Fahndung nach Spuren der Wanderbewegungen unserer Vorfahren und ihrer Tätigkeiten ist der erste Schritt zur Rekonstruktion der vergessenen gemeinsamen Vergangenheit. Wir brauchen dieses Wissen aber, da wir ohne es, wie Personen mit Gedächtnisschwund, alle Fehler wiederholen würden. Wenn wir unter den Bedingungen eines überaus komplexen Lebens zurechtkommen wollen, sollten wir die weniger komplizierten Ursprünge zu verstehen versuchen.

Einige Hinweise finden wir in den Gesellschaften der verschiedenen überlebenden Restvölker, von denen alle unter massivem Druck mächtiger Nachbarn leiden (dies meist zu Unrecht). Alle sind oder waren bis vor kurzem Jäger und Sammler. Die San der Kalahari, die Andamanenvölker, Filipinogruppen und die Negritos auf Malaysia sind einige Beispiele. Bevor diese Völker unter dem Druck der modernen Zivilisation ihre Kulturen verlieren, ist noch eine Vielzahl von Spuren ihrer

Lebensweise zu sichern, einem Erbe, das uns alle – mit einer langen, langen prähistorischen Vergangenheit als Jäger und Sammler – betrifft.

Bei der Beschreibung der Ausweitung des Nahrungsspektrums als Folge der Ausbreitungsgeschichte und den dazugehörenden Veränderungen der technischen Fähigkeiten habe ich einige Beispiele ausgewählt und mich genauer mit einigen Grundnahrungsmitteln wie dem Fleisch von Großtieren, Muscheln und Yams beschäftigt. Menschliche Ernährung kann man in der gleichen Weise wie die Nahrungsaufnahme der Tiere betrachten. Eine solch eingeschränkte Sichtweise wird jedoch nicht den religiösen und sozialen Beschränkungen gerecht, welche die prähistorische Nahrungsversorgung beeinflußten. So wie Christen heute Gott bitten «unser täglich Brot gib uns heute», verspürten frühere Völker die Notwendigkeit den verborgenen Kräften, welche die Ernte oder das Jagdglück bestimmten, für die Nahrung zu danken bzw. sie um diese zu bitten.

Sowohl biologisch als auch archäologisch gesehen sind Nahrungserwerb und Technik eng verknüpft. Natürlich sind Menschen nicht die einzigen Lebewesen, die sich an selbstverursachte Bedingungen anpaßten. Viele soziale Insekten züchten ihre eigene Nahrung und schaffen sich eigene, arterhaltende Systeme. So legen Holz fressende Termiten unter ausgeklügelten Gangsystemen zur Klimaregulation Pilzgärten an, bauen eine Kammer für die Königin, Brutkammern, Verbindungsgänge und Freßtunnel. In diesen selbstgebauten Termitenstädten entwickelten sich Kasten einfach aussehender «Drohnen», Königinnen und Arbeiter, die nie außerhalb ihres Baues überleben könnten. Auch sie bestimmten ihre Evolution selbst. Mäuse, Vögel, Insekten und Spinnen bauen überaus elegante Nester, Netze, Gewebe und Fallen. Andere Tiere bohren Löcher in Holz, graben sich durch die Erde oder benutzen Steine bzw. Holzteile als Hammer und Amboß (wie es einige Geier, Sittiche, Otter und Mangusten tun). Wiederum andere bauen Nester aus Zweigen wie die Schimpansen. Im Gegensatz zu den meisten hier angeführten Beispielen beschränkt sich der Mensch jedoch nicht auf ein oder zwei genetisch fixierte Techniken.

Die Entwicklung der prähistorischen Technologie mag zwar sehr langsam angelaufen sein, sie hatte aber ein erkennbares Thema und war gerichtet. Die Anpassungen der Technik ahmen in gewisser Weise die biologische Evolution nach, indem ein verfeinertes oder abgewandeltes Werkzeug entweder mehr Funktionen besitzt oder schnelleres Arbeiten ermöglicht als seine Vorgänger. Normalerweise geht man davon aus, daß die Frühmenschen ihre ökologische Nische ausweiteten; genauso gut kann man sagen, daß jede technische Erfindung neue Lebensmöglichkeiten erschlossen hat und herkömmliche Nutzungsbereiche erweiterte. Das Ergebnis dieses Prozesses war, daß die Entwick-

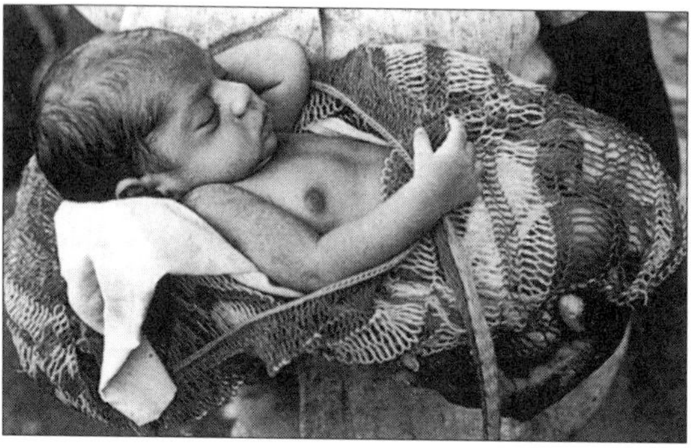

Abbildung 3
Neugeborenes im Tragnetz oder Bilum, Madang, Papua Neuguinea.

lung konkurrierender Arten behindert oder diese sogar vernichtet wurden.

Ein Ziel dieses Buches war, zu erforschen wann, wie und wo die Welt zum Heim (dem *Oikos* in Ökologie) für Menschen wurde. Aber auch die Antithese wollte ich untersuchen: In welchem Ausmaß war der Mensch seit Beginn der Zerstörer dieser Umwelt.

Betrachtet man einen Paviantrupp, eine Elefantenherde oder einen Heuschreckenschwarm, wird offensichtlich, daß jede Tierart zumindest kurzfristig fatale Zerstörungen in der Natur anrichten kann. Der fundamentale Unterschied zwischen ihnen und dem Menschen ist, daß dieser technische Fähigkeiten besitzt. In Zeiten, in denen man Naturvölker mit viel Sentimentalität betrachtet, habe ich zu verstehen versucht, in welchem Maß Mensch und Technik übereinstimmen. Diese unterscheidet und unterschied uns schon immer von anderen Lebewesen. In dieser Welt zu Hause zu sein ist schon seit langem nicht ohne ein großes Maß an Technik möglich. Die Dualität zwischen Bewohner und Fremden in dieser Welt steckt in jedem von uns. Wenn man jedoch die prähistorischen Trends in die Zukunft weiterdenkt, ist vorhersagbar, daß eine uneingeschränkte Weiterentwicklung der Technologie alle belebten und unbelebten Ressourcen verändern und sie, um unseren immer weiter wachsenden Appetit zu stillen, verbrauchen wird.

Aus dem Blickwinkel der Vorgeschichte – wie in diesem Buch – sind jedoch natürliche Grenzen vorhersagbar. Die globale Sicht und die Betrachtung der Werkzeuge als fortwährende Verbindung zwischen Menschheit und Natur führen zumindest zu einem klaren Schluß. Moderne Ausbeuter der verbleibenden Naturressourcen verhalten sich unwissender und verantwortungsloser als ihre prähistorischen Vorgänger. Sie besitzen unvergleichbar wirksamere Werkzeuge. Ihr Expertenwissen kümmert sich jedoch selten um das Kernproblem, abzusichern, daß die Ressourcen sich regenerieren können. Unter allen Bedingungen *muß* man die Technik den Gesetzen des organischen Lebens und den ökologischen Prinzipien unterordnen. Anders gesagt, man darf die Kontrolle der Technik *nicht* den Technikern überlassen.

Wenn der ernsthafte Wunsch besteht, die vielen physikalischen, biologischen und kulturellen Kräfte zu verstehen und zu respektieren, welche die Menschheit in die heutige Situation brachten, dann könnte noch der Rest eines *Oikos* übrigbleiben, in dem man überleben kann. Dies muß das Heim sein, von dem wir klar erkennen, daß wir eines seiner Bestandteile sind und daß wir aus ihm entstanden.

1
Vor dem weisen Menschen

Vor dreieinhalb Millionen Jahren passierte in Laetoli in Nordtansania eine lokale Katastrophe. Asche und winzige Lavabröckchen regneten vom Himmel als der Ladiman-Lemagrut Vulkan ausbrach. Die Hänge des Rift Valley bedeckte eine Art Zement. Danach regnete es. Solche Ereignisse waren im Gebiet des Rift Valley häufig und für die damaligen Lebewesen fatal oder zumindest erschreckend. Wir wissen heute, daß es Augenzeugen gab, da ein weiblicher Hominide, ein «Südaffen»-Weibchen, oder *Australopithecus* mit ihrem Jüngsten das Gebiet durchwanderte, bevor die weiche Ablagerung zu Stein wurde. Wahrscheinlich versuchte sie, ihr plötzlich vergiftetes Wohngebiet zu verlassen. Nach ihr kam ein dreizehiges Pferd vorbei und ein verwirrter Hase schwankte durch den klebrigen Schlamm.

Die lange Vorfahrenreihe, die uns zurück in die Vergangenheit führt, bestand immer aus Menschen, die Nahrung suchten und über Fortpflanzung ihre Gene weitergaben. Ab und zu bedrohten Trokkenheit, giftige Asche und eine Vielzahl anderer Probleme ihre zerbrechlichen Körper. Fossile Knochen, Fußspuren und zerstörte Lagerplätze stellen das Tatsachenmaterial der Geschichte; die sichersten und dauerhaftesten Spuren liegen jedoch in unseren winzigen Genen aufbewahrt. Für kurze Zeit beherbergen wir sie in unserem Körper, um sie – wie ein Staffelläufer den Stab – an die nächste Generation weiterzugeben. Gene können Geschichten erzählen, die sich nur schwer aus zerbrochenen Knochen entschlüsseln lassen und Gene sind der einzige intakte «Faden», der sich durch diese Knochenansammlungen zieht.

Afrikanische Vorgeschichte und Paläontologie sind neue Wissenschaften. In einer Zeit, in der der Wert von Fossilien erkannt ist, kann man leicht vergessen, daß sie nahezu unbeachtet blieben, bis Darwin das wissenschaftliche und philosophische Gedankengerüst schuf, in dem sie ihre Bedeutung erlangten. Vor der Erforschung Innerafrikas und ohne entscheidend wichtige Fossilien zu kennen, schrieb Darwin:

Es ist wahrscheinlich, daß Afrika früher von inzwischen ausgestorbenen Affen bewohnt war, die mit dem Gorilla und dem Schimpansen nahe verwandt waren und diese beiden Arten heute die nächsten Verwandten des Menschen darstellen. Es ist am wahrscheinlichsten, daß unsere frühen Vorfahren in Afrika und nicht irgendwo anders lebten.

Die klarsichtige Vorhersage beruhte auf der sauberen Art, in der Darwin seine Beobachtungen ordnete und auswertete. Diese Arbeitsmethode bildet heute die Grundlage des biologischen Unterrichts und unserer Erkenntnisse der Vorgeschichte. Die Menge des Faktenwissens hat zwar zugenommen, aber Darwins Schlußfolgerungen sind auch heute noch nötig, um Erkenntnislücken zu überbrücken.

Geschichte läßt sich nicht in allen Aspekten lehren. Um ein lebendiges Bild von der Vergangenheit zu erhalten und nicht nur eine Reihe gelernter Fakten zu kennen, ist es erforderlich, daß der Lernende seine private Vorstellungskraft und sein persönliches Interesse bemüht. Damit diese Vorstellungen mehr als reine Phantasie sind, muß unsere Erfahrung der heutigen Welt eine Kontinuität anbieten können, um die Lücke zwischen den Unglückstagen von Laetoli und heute zu überbrücken. Dreizehige Urpferdchen gibt es nicht mehr, aber das rufende Zebra liefert uns eine Vorstellung von equiner Kontinuität. Die über dem heute erloschenen Lemagrut aufgehende Sonne, wird nie mehr den Anblick einer *Australopithecus*-Familie möglich machen, aber die Gene, die deren zwei flachen Fußsohlen verursachten, sind nicht ausgestorben. Es gibt noch heute genug Zehen und Fersen, die im richtigen Alter die Spuren in der Vulkanasche paßgenau ausschreiten könnten.

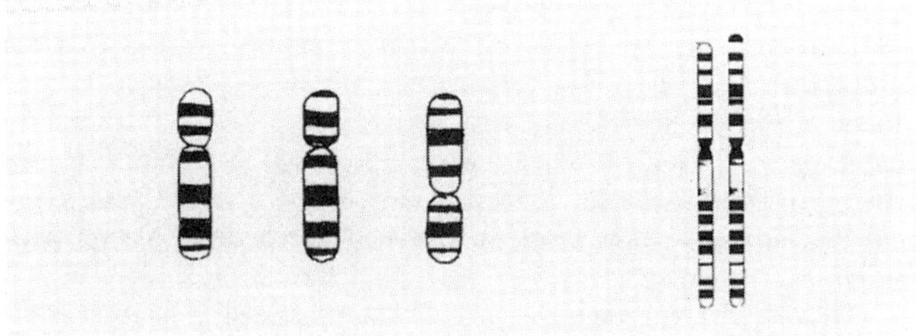

Abbildung 4
(links) Die vereinfachten Diagramme homologer Chromosomen (7/8) von Mensch, Schimpanse und Gorilla zeigen, daß sich die ersten beiden stärker ähneln.
(rechts) Die Bandenmuster des Chromosoms (11) belegen die große Ähnlichkeit von Mensch und Schimpanse.

Mit der Erkenntnis, daß Gene in ununterbrochener Abstammungslinie zurück in die Vergangenheit reichen, wird die Frage, ob wir direkte Nachkommen jenes Hominiden-Weibchens waren, weniger wichtig. Es ist noch nicht einmal bedeutsam, ob überhaupt ein Lebewesen, dessen Fossilien wir heute finden, Nachkommen hinterlassen hat. Entscheidend ist, daß Gene, die die Bildung von Füßen und Händen verursachten, sehende, hörende, essende und denkende Wesen schufen, sich zurückverfolgen lassen in Zeiten, als Zehen noch Daumen waren und Arme nicht frei vom Körper hingen, sondern einen schweren vorspringenden Brustkorb trugen. Gene, die noch heute das ansprechende Äußere eines Gorillas oder den randalierenden Schimpansen ausprägen, haben keine prinzipiell andere Struktur als diejenigen des Menschen. Der genetische Unterschied zwischen mir und den Schimpansen beträgt 1%. Ich bin näher mit ihm verwandt als er mit dem Orang-Utan.[1]

Vergleichbar mit dem Stein von Rosetta verrät uns die Genetik des Menschenaffen viel über unsere menschlichen Eigenarten. Alles, was nach der Auftrennung in zwei Entwicklungsrichtungen vor vielleicht fünf, aber sicher nicht mehr als acht Millionen Jahren passierte, ist die kurze Geschichte des Menschen. Die Affen dagegen setzen eine viel längere und ältere Geschichte fort, die wir nur mit Wagemut, Ausdauer und liebevoller Beobachtung in den wenigen schrumpfenden Wäldern kennenlernen können, seitdem sie gelernt haben, dem Beobachter zu vertrauen. So haben Forscher in jüngster Zeit lokale Traditionen des Werkzeuggebrauchs bei verschiedenen Schimpansengruppen entdeckt. Im Tai-Wald an der Elfenbeinküste suchen Schimpansen sich Klopfsteine und tragen diese zusammen mit harten Nüssen zu Amboßunterlagen aus Wurzelholz, um hier die harten Nußschalen zu knacken. Im Gegensatz dazu transportieren sie in Bossou, Guinea, steinerne Unterlagen und Klopfsteine direkt zu den nußtragenden Bäumen. In Zaire benutzen sie Stöcke, in Tansania angeln sie mit

1 Alle speziellen Eigenschaften, die mich vom Schimpansen unterscheiden, beruhen nicht auf einer Zunahme der Erbanlagen. Ich besitze keine zusätzlichen Gene, nur abgewandelte Affengene. Auf molekularer Ebene unterscheide ich mich vom Schimpansen weniger als eine Ratte von der Maus. Mein Hämoglobin stimmt mit dem des Schimpansen in allen 287 Bausteinen überein. Die genetische Entfernung zum Schimpansen beträgt – nach der Methode der DNA-Hybridisation gemessen – nur 1,6%. Ein Maß unserer *Unterschiedlichkeit* – trotz aller Ähnlichkeiten – ergibt die Abschätzung der betroffenen Nukleotide. Als zwei Vertreter des *H. sapiens* unterscheiden sich Leser und Autor in ungefähr fünf Millionen Nukleotiden, von denen die meisten zum molekularen «Ausschuß» gehören. Jeder von uns unterscheidet sich wiederum vom Schimpansen in 50 Millionen Nukleotidbausteinen. Das macht 1,5% der Gesamt-DNA-Sequenz aus. Interessanterweise unterscheiden sich die zwei Schimpansenarten zu ungefähr 0,7%.

Zweigen nach Termiten. Der spanische Anthropologe Sabater Pi hat auf weitere lokale Traditionen hingewiesen, die er als primitive regionale Kulturen bezeichnet. Das Besondere und Wichtige an diesen Verhaltensweisen ist, daß sie Problemlösungen und Planungen voraussetzen. Im Sprachschatz einer Anthropologen-Schule heißt das: «Sie zeigen Langzeitplanung in ihrer technologisch gestützten und problemlösenden Bemühung um Nahrungsbeschaffung»!

Man weiß nicht nur, daß die Abstammungslinie der Schimpansen viel weiter als die unserer Vorfahren zurückreicht, ihr Alter läßt sich auch genetisch feststellen. Sie existieren ungefähr zehnmal solange wie wir Menschen, da sie zehnmal soviel genetische Variabilität besitzen und bestätigen damit gleichzeitig, daß der gemeinsame Vorfahre aller heutigen Menschen vor nicht allzu langer Zeit existierte.

Wie die Fußspuren von Laetoli belegen, war die erste Neuerung in unserer Ahnenreihe die Art der Fortbewegung. Falls der letzte gemeinsame Vorfahre wirklich vor nur fünf Millionen Jahren lebte, liefen die genetischen Veränderungen, die zum aufrechten Gang führten, sehr schnell ab. Die ersten Savannenaffen waren wahrscheinlich ähnliche Generalisten (Alleskönner) wie die modernen Schimpansen. Diese kombinieren eine weitgehend vegetarische Ernährung mit gelegentlichen Jagdausflügen und Fleischnahrung. Erst nachdem die Australopithecinen erfolgreiche Zweifüßer geworden waren, spalteten sie sich in mindestens drei Linien auf. Der leichtgewichtige Lucy-Typ (*Australopithecus afarensis*) besaß kräftigen Zahnschmelz und flache Zahnhöcker, typische Merkmale des späteren *Homo sapiens*. Der Nußknacker-Typ (*Paranthropus*) entwickelte große Köpfe mit mächtigen, verstärkten Zähnen in gewaltigen Kiefern. Die Merkmale der dritten Form, des echten «Südaffen» (*Australopithecus africanus*) lagen dazwischen. Er könnte der konservative Verwandte des «Nußknackers» sein, und scheint, da man ihn nur in Südafrika fand, weniger erfolgreich gewesen zu sein.

Savannen bieten eine große Zahl an pflanzlicher Nahrung, wie z.B. Früchte und Samen an. Diese sind jedoch ungleichmäßiger und weiter verteilt als im Wald und unterliegen stärkeren jahreszeitlichen Klimaschwankungen. Die Auftrennung der Australopithecinen in drei Verwandtschaftslinien ist jeweils eine Anpassung an diese Nahrungsunsicherheit gewesen. Z.B. kann die Antwort des leichtergebauten Africanus-Typs eine Vergrößerung des individuellen Streifgebietes gewesen sein. Der «Nußknacker-Vertreter» dagegen spezialisierte sich auf die qualitätsärmeren Nahrungspflanzen, die auch in Trockenzeiten noch vorhanden waren. Die Strategie des Lucy-Typs ist weniger genau faßbar. Die Zahnformen weisen eher auf eine Ernährung von Samen und Nüssen hin, sie scheinen aber auch insgesamt Allesfresser gewesen zu sein.

Daß sich einem Allesfresser viele Lebensmöglichkeiten bieten, zeigt die hohe Zahl der sich so ernährenden Tierarten in den afrikanischen Lebensräumen. Die Mehrheit der kleineren afrikanischen Raubtiere frißt neben Fleisch auch Aas, Wirbellose und Früchte. Einige, wie z.B. die Ginsterkatzen, haben sich in eine Fülle von Arten und Unterarten aufgespalten, die sich in der relativen Zusammensetzung dieser Anteile in ihrer Nahrung unterscheiden. Die Ernährung des Palmenrollers besteht weitgehend aus Früchten; wenn es leicht zu bekommen ist, nimmt er aber auch Fleisch oder Aas. Im Gegensatz dazu können typische Jäger wie Mangusten, Zibetkatzen, Gestreifte Hyänen und Schakale bei günstigen Angeboten von Früchten auch zeitweilig die Jagd einstellen. Die Wahl der Hauptnahrung eines Allesfressers ist oft das Endergebnis aus der Kombination von Anatomie, Ernährungstechnik und bestimmter Nahrungstypen, die jahreszeitlich und regional unterschiedlich gut erreichbar sind.

Der wichtigste anatomische Unterschied zwischen den ersten *Homo*-Vertretern und Lucy war ein vergrößertes Gehirn. Das erste Erscheinen von Steinwerkzeugen legt nahe, daß sich gleichzeitig damit auch die Ernährung änderte. Die gemeinsame Entwicklung von Gehirngröße und Werkzeugen hatte nicht nur das Nahrungsspektrum erheblich erweitert, sondern auch zu einer Abnahme der Bedeutung von Früchten geführt. Über den Zeitpunkt und den Umfang des Rückganges des pflanzlichen Nahrungsanteils wird noch heftig gestritten. Um uns die Fähigkeiten des frühen *Homo* zu veranschaulichen, müssen wir nicht nur unserer Phantasie vertrauen. Heutige Schimpansen treiben und töten einzelne kleinere Beutetiere (meist Affen), denen sie auf der Jagd Fluchtwege abschneiden. Jedes Mitglied der Jagdgemeinschaft übernimmt, genau wie bei sozialen Raubtieren wie Löwen oder Wölfen, eine andere Rolle, z. B. des Treibers, Wächters oder Fängers. Sie scheinen auch akustische Signale zu verwenden, mit denen die Jäger in unübersichtlichem, stark strukturiertem Waldgebiet ihre Aktionen koordinieren und so ihren Beutefang gezielt ausrichten. Diese «Jagdausflüge» sind sehr energieaufwendig und keine Routine. Ihr Erfolg könnte in einem weniger komplexen, überschaubaren Lebensraum noch größer sein. Außerdem könnten sie bei Zunahme der Jagdhäufigkeit durch gesammelte Erfahrungen noch erfolgreicher werden.

Nur wenn unsere Vorfahren eine noch stärkere Zusammenarbeit bei der Jagd entwickelten, konnten sie andere Savannenjäger verdrängen. Einer der größten Vorteile muß dabei die Entwicklung eines Signalsystems gewesen sein, das einer Jagdgruppe die Möglichkeit gab, das Verhalten der Beute vorauszusehen, zu kontrollieren und so zu leiten, daß man sie leichter fangen und töten konnte. Dies heißt nicht, daß die ziemlich kleinen, allesfressenden Australopithecinen hervorragende

Großwildjäger waren aber es gibt viele kleine Tierarten für die diese Jagdtechnik gut geeignet ist. Die Beute der Gemeinschaftsjagd teilen Schimpansen auf. Mit häufigeren und erfolgreicheren Jagden konnten Australopithecinen mehr Teilnehmer versorgen. Diese Erfolge – die Grundlage für Verhaltensverbesserungen – legten die Grundlagen für einen völlig neuen Jäger-Typ.

Ein weiteres einfaches evolutives Prinzip besteht im Endemismus. Afrikanische Menschenaffen sind im gleichen Sinne für Äquatorialafrika endemisch wie Känguruhs für Australien und Tukane für Südamerika. Endemismen können aber noch spezieller sein; klar abgegrenzte Gebiete und Ökosysteme beherbergen oft einzigartige Lebensformen, jede mit ihrer eigenen abgegrenzten Nische. So haben sich Schaf- und Ziegenarten vielfältig im Himalaya und seinen Randgebirgen verbreitet, während die kleinen Dik-Dik-Antilopen sich in fünf Formen in den Trockenzonen am Horn von Afrika aufgetrennt haben.

Nehmen wir solche Säugetiere als Beispiel, die ich selber im Freiland untersuchte (auch afrikanische Affen); Meerkatzen sind urtypische afrikanische Endemiten. Das Evolutionszentrum dieser langschwänzigen Affen ist das Kongo-Becken. Von diesem zentralen Gebiet bewaldeter Flußläufe aus haben Meerkatzen, sich in alle Richtungen ausbreitend, trockenere und biologisch ärmere Randgebiete besiedelt. Die stärker bodenlebenden Arten sind dabei am weitesten vorgedrungen, während Baumbewohner eher im Zentrum der äquatorialen Wälder blieben. Unter dem Einfluß mehrfacher Klimaänderungen haben die «Prototypen» in Zaire eine Fülle verfeinerter Anpassungen entwickelt. Einige Arten wurden kleiner und fraßen verstärkt Insekten, andere größer und konzentrierten sich auf Blätternahrung; die ersten beschränken sich heute auf kleine Territorien, während die letztgenannten größere Gebiet auf der Nahrungssuche durchstreifen. Nicht alle sind gleich erfolgreich und die «Konservativen» gehören zu den seltensten Arten mit dem kleinsten Verbreitungsgebiet.

Das Gegenstück zu den Meerkatzen stellen in Südostasien die Makaken. Auch sie entwickelten im Evolutionszentrum eine entsprechende Artenvielfalt, während wenige anspruchslose und erfolgreiche Generalisten Waldgebiete bis hin nach Japan und in den Mittelmeerraum erschlossen.

Diese Grundmuster sind für das Verständnis der Menschwerdung bedeutsam, da sie zeigen, daß eine Region bzw. ein Ökosystem noch lange erkennbar bleibt, nachdem seine Abkömmlinge sich viel weiter verbreitet haben. Gorillas, Schimpansen und Zwergschimpansen (oder Bonobos) überleben heute nicht nur deshalb in den afrikanischen Wäldern, weil diese ihnen geeignete Lebensgrundlagen bieten, sondern weil ihre Verbreitungsgebiete das Zentrum ihrer Evolution darstellen. Hier

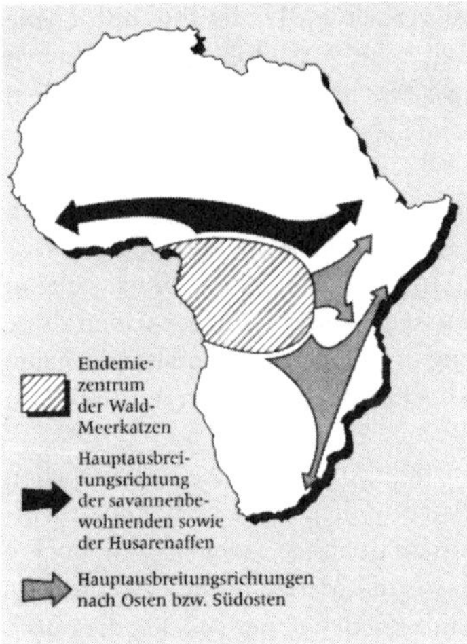

Abbildung 5 (links)
Vereinfachte Karte des Endemiezentrums afrikanischer Wald-Meerkatzen im Kongobecken und der Verbreitungsgebiete savannenbewohnender Affen und der Husarenaffen sowie Vorstoßrichtungen in die östlichen Galeriewälder.

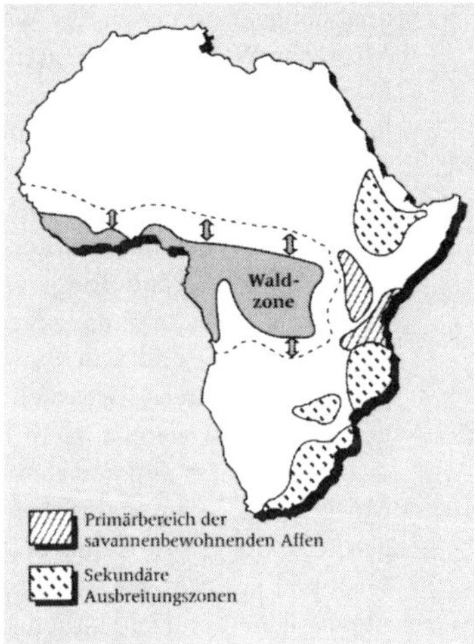

Abbildung 5 (rechts)
Auswirkung der Waldveränderungen durch Klimaänderung. Einfaches Vor- und Zurückweichen im Westen. Isolation einzelner Waldgebiete im Osten. Von Primärbereichen haben sich savannenbewohnende Arten nach Norden und Süden ausgebreitet.

im westlichen und zentralen Äquatorialafrika überleben sie trotz aller Bedrohungen in ihren ursprünglichen Endemiezentren.

Es ist kein Zufall, daß das Zentrum der Hominidenfunde in unmittelbarer Nähe östlich der Verbreitung dieser Menschenaffen liegt. Sie sind auf die Abwanderung der Hominiden in die geographisch und ökologisch anderen Nachbargebiete zurückzuführen.

Um die Bedingungen der Vergangenheit zumindest annähernd zu verstehen, hat man modellhaft berechnet, wo Wälder wachsen würden, wenn die jährlichen Regenmengen ab- bzw. zunehmen würden. Die Verteilung vieler Waldtiere und -pflanzen zeigt einige Übereinstimmung mit den Rechenmodellen. Stärkere Regenfälle würden eine Ausdehnung der Wälder in alle Richtungen verursachen, aber die Berge, Hochebenen, Senkungsgräben und Regenschattenbereiche von Ost- und Südafrika durchbrächen die Walddecke. Ein bestimmter Bereich der östlichen Küstenwälder und kleinere Waldmosaike werden auch heute von Regenwolken des Indischen Ozeans ausgeformt (die sich unabhängig von denen des Westens verhalten). Dieses durchbrochene Muster an Waldgebieten legt die Frage nahe, wo sich die ersten östlichen Menschenaffenpopulationen aufgehalten haben könnten. Außerdem liefert es Hinweise auf den möglichen weiteren Ausbreitungsweg erfolgreicher Hominiden.

Da der Ausbreitung der Zaire-Kernwälder nach Norden und Süden nichts im Wege stand, konnten die Affenpopulationen sich hier mit den klimatischen Veränderungen vor- und zurückziehen, ohne sich an baumfreie Gebiete anpassen zu müssen. Weiter östlich wurden diese einfachen Vor- und Rückbewegungen behindert. Damals wie heute formte das Western Rift sowie die begleitenden Gebirgszüge und Seen ein natürliches, wenn auch durchlässiges, Hindernis.

Wegen ihres äquatorialen Ursprungs konnten die ersten östlichen Menschenaffen am wahrscheinlichsten in diejenigen Gebiete vordringen, die wir heute Kenia und Tansania nennen (kleinere, südlichere Gruppen konnten auch nach Malawi und Mosambique einwandern). Die östlichen und südöstlichen Wälder bildeten vier Blöcke, die durch trockenere Gebiete getrennt waren. Diese Wälder könnten während der Spitzen der Feuchtzeiten durch lockeren Bewuchs verbunden gewesen sein; die Verbreitungsgebiete vieler urtümlicher (archaischer) Organismen belegen jedoch, daß jeder Block selbst während der feuchtesten und trockensten Perioden seine biogeographische Eigenart behielt. Mit jeder Trockenperiode sind die Waldgebiete innerhalb dieser Bereiche geschrumpft, in kleinere Anteile zerlegt worden oder als erkennbarer Wald ganz verschwunden. Viele der mit diesen Ökosystemen verbundenen widerstandsfähigen Arten überlebten und blieben an ihre vormals feuchten Endemiezentren gebunden.

Da die vier Waldgebiete sich (mit vielen Engpässen) entlang einer Nord-Süd-Achse erstreckten, wurden die frühen Hominiden, die das östliche Afrika besiedelten, nach einem entsprechenden Muster in Teilgruppen aufgetrennt. Wiederkehrende Klimaänderungen könnten die bevorzugten Lebensräume der frühen Hominiden verschoben haben, die Kerngebiete ihrer Verbreitung folgten aber wahrscheinlich dem östlichen Rift Valley. Bei dem angenommenen, weitausgestreckten, vielfach eingeschnürten Verbreitungsgebiet ist die Ausbildung regional unterschiedlicher Formen zu erwarten. Diese Zentren lassen sich einigermaßen zuverlässig bestimmen und es ist wahrscheinlich, daß die Untergruppen eine langfristige Bedeutung für viel spätere, weiterentwickelte menschliche Populationen erhielten.

Ein Nebenprodukt der Annahme, daß Ostafrika die Wiege der Menschheit ist, besteht in der daraus folgenden Wahrscheinlichkeit, daß die wichtigeren neuen Entwicklungen (wie bei den Meerkatzen in Zaire) hier entstanden. Nach mehreren Millionen Jahren der Entwicklung sind die Hominiden an die lokalen Bedingungen bestens angepaßt. Anders als weiter entfernte Siedler (die sich mit anderem Klima, Futter, Krankheiten, Zuwanderern, Konkurrenten und Räubern auseinandersetzen mußten) konnten die Arten im Kerngebiet des Endemismus die für ihre Verwandtschaftslinie typischen Eigenschaften verfeinern und sich so gegeneinander abgrenzen. Dies würde erklären, warum Ostafrika an die fünf Hominiden-Formen hervorbrachte, die jeweils einen großen Fortschritt in der menschlichen Evolution darstellen.

Die ersten Veränderungen fingen vor fünf bis acht Millionen Jahren an, als wiederholte Trockenperioden viele Randgruppen der Waldbewohner dazu zwangen, sich an eine langsame, aber stetige Veränderung ihres Lebensraumes und an eine isolierte Lage anzupassen. In den östlichen Populationen der Bonobo-ähnlichen Menschenaffen folgten dem Waldverlust vorhersagbare Verhaltensänderungen. Waren sie zuvor recht große und mobile Vertreter einer Lebensgemeinschaft, in der Affen vorherrschten und Bäume Sicherheit boten, so zählten sie nun (im Vergleich zu ihren neuen Nachbarn) zu den kleineren, verletzlichen und ziemlich unbedeutenden Arten einer volkreichen Gesellschaft, der viele Raubtiere angehörten. Sie brachten eine überdurchschnittliche Intelligenz mit, eine festgefügte Gruppenstruktur und die Fähigkeit, sich relativ schnell fortzubewegen, um die weitverstreuten Fruchtbäume zu finden. Das geringere und weiter verteilte Nahrungsangebot in einem gefährlichen Lebensraum forderte zunächst einmal eine noch höhere Fortbewegungsgeschwindigkeit, effizientere Bewegungstechnik sowie ein verbessertes Verteidigungsverhalten. Da sie nun mehr Zeit auf dem Boden verbrachten und schneller liefen, wurden an den Fuß neue Forderungen gestellt. Er mußte jetzt besser für schnelles Laufen als für langsames Klettern geeignet sein. Das war über zwei Entwicklungswege möglich. Ein bisher eigenständiger großer Zeh störte jetzt und konnte entweder durch Verkleinerung seine Bedeutung verlieren oder sich in die Reihe der anderen einfügen und durch seinen Bau die Gesamtkonstruktion verstärken.

Die Entscheidung, die anderen Zehen funktional zu ergänzen, kann durch das Verhalten der Affen, sich auf die Hinterbeine zu stellen um zu sichern, beeinflußt worden sein. Dies mag die Entwicklung kräftiger Füße, die das gesamte Körpergewicht tragen können, gefördert haben; die Entwicklung des aufrechten Ganges dürfte aber erst nach diesem Umbau des Fußes für die schnelle Fortbewegung auf dem Boden abgelaufen sein. Die Veränderungen können sehr schnell erfolgt sein und der ursprüngliche Grund für eine zweibeinige Fortbewegung könnte in einfachen, energetischen Vorteilen bestanden haben. Einige Veränderungen an Knochen und Muskeln vorausgesetzt, kann der aufrechte Gang genauso ökonomisch sein, wie das Rennen auf allen Vieren.

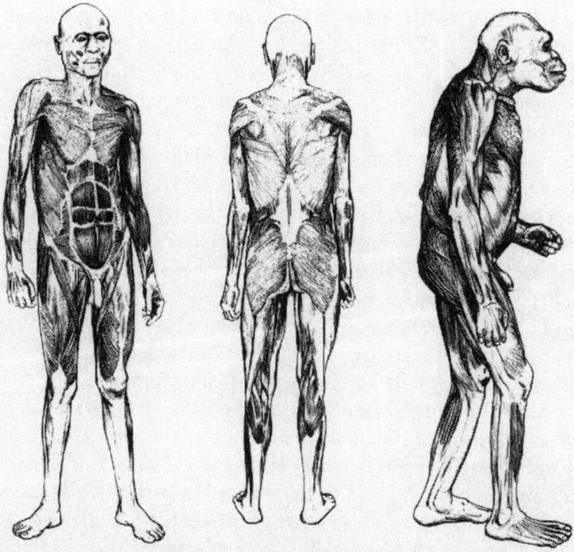

Abbildung 6
Zeichnung eines «Muskelmenschen» (enthäuteten Menschen) zum Vergleich mit einem Schimpansen und der Rekonstruktion eines Australopithecus africanus.

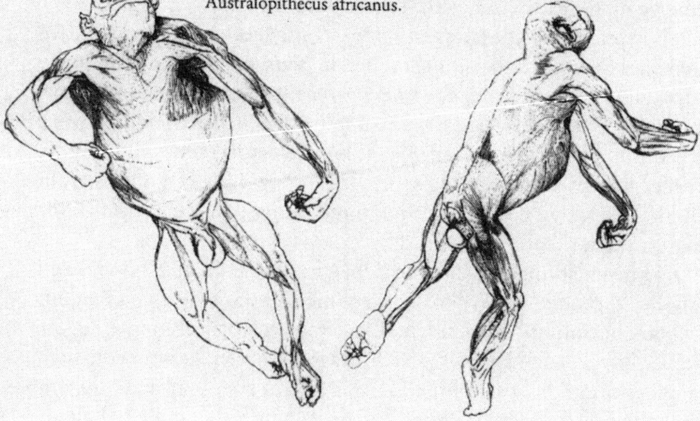

Abbildung 7
Vier Skelette: (oben links) junger Schimpanse, (oben rechts) Australopithecus afarensis *(Lucy), (unten) moderner Mensch.*

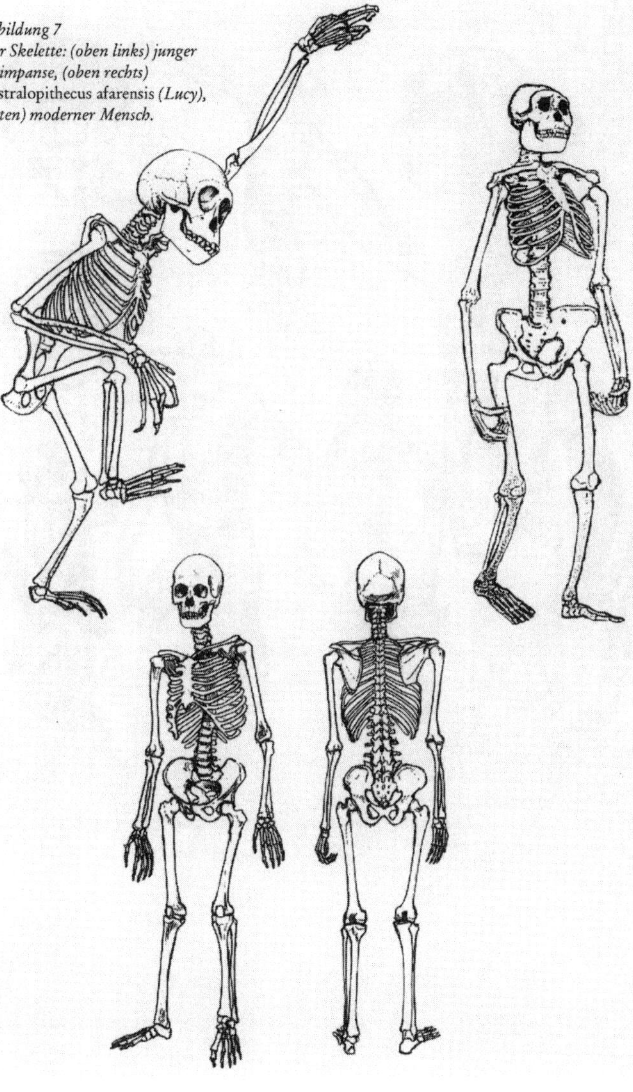

Abbildung 8
Typische Bonobo-Proportionen. Die Beine sind länger und schlanker als beim gemeinen Schimpansen (Skizzen nach Fotographien).

Untersuchungen an jungen Schimpansen belegen diese Theorie. Unsere Vorstellungen vom Affen als einem vierfüßigen Tier führen jedoch in die falsche Richtung. Alle Menschenaffenarten tragen nämlich nur einen Teil ihres Körpergewichtes mit den Armen. Verglichen mit einem wirklichen Vierbeiner, wie z. B. einem Pferd, sind seine «Vorderbeine» armselige Konstruktionen. Für eine Tiergruppe, die lange Zeit in den Bäumen hangelte, war es wahrscheinlich anatomisch leichter, die Funktionen von Vorder- und Hinterbeinen noch stärker zu trennen, als sie wieder anzunähern. Der erzwungene Umbau eines Kletterarms mit Greifhand in ein reines Fortbewegungsorgan mit dem Verlust der «handwerklichen» Fähigkeiten wäre eine schlechte Lösung gewesen. Die Vorteile mit Händen und Armen erkunden und sammeln zu können, sind natürlich für einen allesfressenden Opportunisten viel größer, als für einen eher «konventionellen» Pflanzenfresser. Auch die Eigenart aller Menschenaffen, sich im Drohverhalten aufzurichten, kann die «Rückentwicklung» zur echten Vierfüßigkeit verhindert haben. Sollte der aufrechte Gang wirklich als evolutive Antwort auf die Notwendigkeit einer sicheren und schnelleren Fortbewegung entstanden sein, ist diese Körperhaltung weniger wahrscheinlich in geschlossenen Wäldern entstanden als in weniger bewachsenen und gefährlicheren Lebensräumen.

Dem Aufrichten auf die Hinterbeine folgte zeitlich verzögert die anatomische Anpassung an die neue Körperhaltung. Australopithecinen gingen aufrecht wie wir Menschen, waren aber in Teilen der Muskulatur eher dem Bonobo ähnlich und ihre Beckenanotomie lag zwischen der der Menschenaffen und der Menschen.

Die frühen Erforscher der Ursprünge des Menschen kannten nur wenige, z.T. ungenau datierte Fossilien und entwarfen das Bild der Menschwerdung als eine lineare Weiterentwicklung einer einzigen Abstammungslinie. In der artenreichen Savanne Ostafrikas war nach ihren Vorstellungen kein Platz für mehr als eine Hominidenart. Diese Vorstellung war falsch, da die Zahl ökologischer Nischen in einem vielfältigen Lebensraum eher zu- als abnimmt. In reichen und komplexen Ökosystemen bilden Pflanzen wie Tiere aufgrund der physikalischen, klimatischen und biologischen Vielfalt neue Arten aus, da die Umweltbedingungen und Selektionsfaktoren vielfältiger werden. Pflanzenfresser können sich zunehmend auf bestimmte Nahrung und Ernährungsstrategien spezialisieren. Räuber, Aasfresser und Parasiten entwickeln immer ausgefeiltere Methoden, die Beute zu fangen und zu fressen oder den Wirt anzuzapfen. In solchen dicht bevölkerten und dynamischen Lebensgemeinschaften entstehen ökologische Nischen mit einzigartigen Überlebenstechniken.

Von den drei afrikanischen Menschenaffenarten ist der Bonobo, oder Zwergschimpanse, der aussichtsreichste Kandidat für die Entwicklung der aufrechten Körperhaltung. Er unterscheidet sich von seinem nächsten Verwandten, dem Schimpansen, in einigen bemerkenswerten Eigenschaften. Er besitzt einen eigenen Karyotyp. Hirnschädel und Hinterhaupt sind abgerundet, die Eckzähne kürzer und der Oberschenkel länger. Bonobos leben eher in gemischt- als eingeschlechtlichen Gruppen. Sie sind sehr scheu, wirken hochgradig nervös und ihre

Stimme ist höher als die der Schimpansen. Auch ihre Physiologie ist anders. Weibchen zeigen den Eisprung nicht so klar an und ihre Vulva zeigt mehr nach vorn als bei anderen Menschenaffen. Zusammen mit den letztgenannten Eigenschaften zeigen sie ein Interesse an Sex, das sie bei mehr als einem Primatologen beliebt machte:

> *Bonobos scheinen an Sex in allen Erscheinungsformen interessiert zu sein: dorsoventral und Bauch zu Bauch, heterosexuell, homosexuell, zu jeder Zeit, als Teil der Nahrungsteilungsstrategie, bei normalen Sozialkontakten oder auch ohne besonderen Anlaß... mit spontanen Handbewegungen geben sie sich gegenseitig Zeichen, wo und wie sie es gerne hätten. (Groves, 1986)*

Auch Bonobos bewohnen ein Rückzugsgebiet im südlichen Zaire-Becken. In diesem Kernbereich waren selbst in trockensten Zeiten die geschrumpften Restgewässer von schmalen Waldstreifen begleitet. Heute wohnen hier viele ursprüngliche Waldbewohner, die jedoch in verschiedenen Savannengebieten nahe Verwandte haben (Elefantenspitzmäuse, Buschratten, um nur einige zu nennen). All diese Arten existieren heute im Wald, überlebten früher aber sicher trockenere Perioden. In dieser Vergangenheit könnten die Ursachen für die Unterschiede des Bonobos zum normalen Schimpansen liegen. Besonderes Interesse verdient die wahrscheinlich angeborene Fähigkeit des Bonobos, wiederholte, klimatisch bedingte Biotopveränderungen zu überstehen. Weil er aber nie den Wald wirklich verließ, blieb er trotz alledem weiter ein Schimpansenvertreter und wurde nicht zum Hominiden.

Populationen vergleichbarer ostafrikanischer Tiere, räumlich und genetisch von ihren Ursprungswäldern und ihrem ursprünglichen Genpool abgeschnitten, hätten größere Veränderungen durchgemacht. Die Zerteilung, Schrumpfung und Veränderung der ostafrikanischen Wälder war sowohl intensiver als auch langfristiger als in Westafrika, so daß die Anpassungsfähigkeit des Bonobos ihre evolutiven Folgen gehabt haben muß.

Waren neue Anpassungen erst einmal da, mußten sich die östlichen Affenvertreter – jetzt die frühesten Hominiden – weiter ausbreiten und typische Mitglieder der ostafrikanischen Savannen-Gemeinschaft werden.

Im weitesten Sinne sind alle afrikanischen Affen Relikte einer Zeit, als ihre Verwandtschaft zahl- und artenreich war. Alle überlebenden Vertreter leben im Wald, der als letzter aller Lebensräume vom Menschen besiedelt und bedroht wird.

Ostafrika war schon immer ein breiter Streifen von Savannen, Galeriewäldern, Seen, Flüssen sowie Tälern und Hügeln. Hier ist der

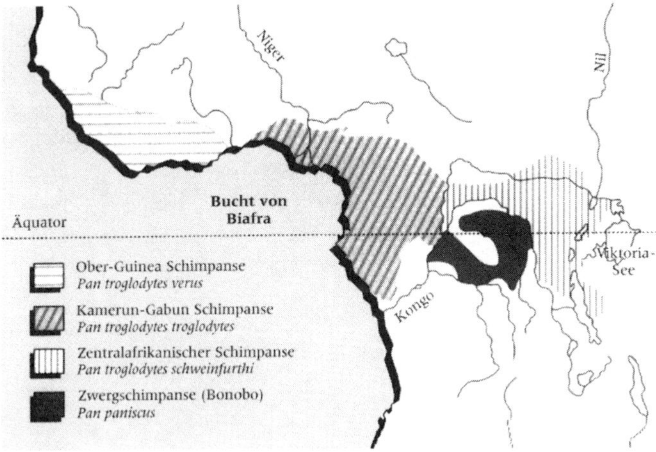

Abbildung 9
Verbreitung von Schimpanse und Zwergschimpanse (Bonobo).

«Südaffe» wahrscheinlich als zunehmend zweibeinig lebende Art aus einem häufigen, kleineren Waldbewohner entstanden. Bedenkt man die Ähnlichkeit zwischen Schimpanse, Gorilla und Orang-Utan, so läßt sich bei einem kurzen Blick auf den ersten Hominiden schon die Ähnlichkeit mit dem Bonobo feststellen. Dieser ist das beste Modell für Menschenaffen, aus denen sich die frühen Hominiden entwickeln konnten. Heutige Bonobos kann man nach diesen Überlegungen nur noch als die wichtigsten Überlebenden aus Afrikas Vergangenheit bezeichnen. Ihre Erhaltung ist daher wichtiger als jeder Fossilfund. Die Abneigung der meisten Menschen gegen die Vorstellung der Abstammung vom Affen überläßt das Schicksal der Bonobos aber den in ihren Lebensraum einwandernden Bauern sowie der Willkür und Gier der Holzindustrie. Gerade deshalb ist das Überleben dieser vom normalen und weiter verbreiteten Schimpansen klar unterscheidbaren Art ein Beleg für ihre Robustheit und Widerstandsfähigkeit. Wäre der Bonobo mit dem Schimpansen kreuzbar, wäre er in dessen Genpool wieder aufgegangen. Wäre er zu stark spezialisiert gewesen, wäre er bei starken klimatischen und ökologischen Veränderungen ausgestorben. Er mag eine Reliktform sein, aber er ist ein überlebensfähiges und starkes Relikt aus einer Zeit, als er weitverbreitet und häufig war.

Widerstandsfähigkeit und Häufigkeit waren die wichtigsten Attribute, die frühe Savannenbesiedler besessen haben müssen. In einem

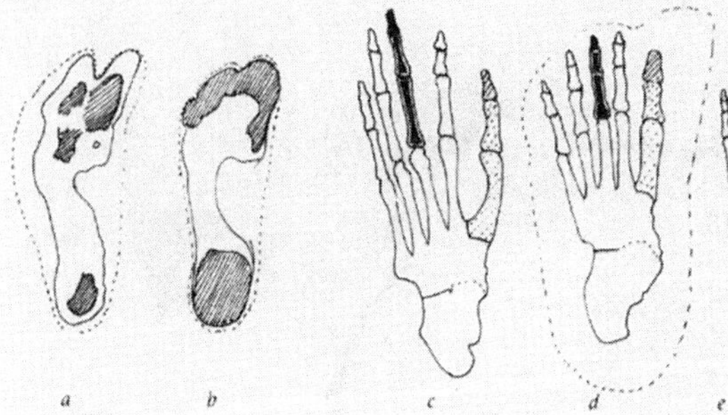

Abbildung 10
Zeichnungen nach Fotogrammen. (a) Gewichtsverteilung auf die Füße der Laetoli-Hominiden beim Gehen durch feuchte Asche. (b) Fuß eines modernen Menschen. Fußskelette von Schimpanse (c), Australopithecus *(d) im Umriß der Laetoli-Fußspur und (e) modernem Mensch. Beachten Sie die unterschiedlichen Proportionen des großen und des mittleren Zehs.*

hochkomplexen und ständigen Änderungen unterworfenen Kontinent waren dies Voraussetzungen für eine schnelle Artentwicklung.

Bisher sind sich die Wissenschaftler einig, daß es vier *Australopithecus*-Arten gab. Es ist aber wahrscheinlich, daß diese weitere Unterarten ausbildeten, die sich wiederum auseinanderentwickeln konnten. Starke Nahrungskonkurrenz zwang einige Gruppen, sich auf Nahrung zu spezialisieren, die zwar häufig, aber schwer zu verdauen war. Auf diese harten, faserreichen Pflanzen, die schlechteste vorstellbare Tiernahrung, spezialisierten sich einige großkiefrige Schwergewichtler, deren berühmtester Vertreter der «Nußknacker» *Paranthropus boisei* wurde. Mindestens drei Arten lassen sich unterscheiden und diese Spezialisten überlebten viel länger, als alle unspezialisierten früheren Vertreter. Von diesen wiederum der älteste ist *Australopithecus afarensis*, der den «Wanderern» von Laetoli sehr ähnlich war. Der Afarensis kombinierte die Gehirngröße und Schädelform eines Bonobos mit aufrechtem Gang und abgewandelten Zähnen.

Das erste vollständige Skelett dieses Hominiden fand man in Äthiopien. Es bekam den Spitznamen «Lucy», da die jungen Paläontologen, die es fanden, Beatles-Fans waren. «Lucy in the sky with diamonds» spielten sie auf dem Tonband im Lager vor Freude über den Fund eines 3,5 Millionen Jahre alten Hominiden-Skelettes (damals das älteste), das

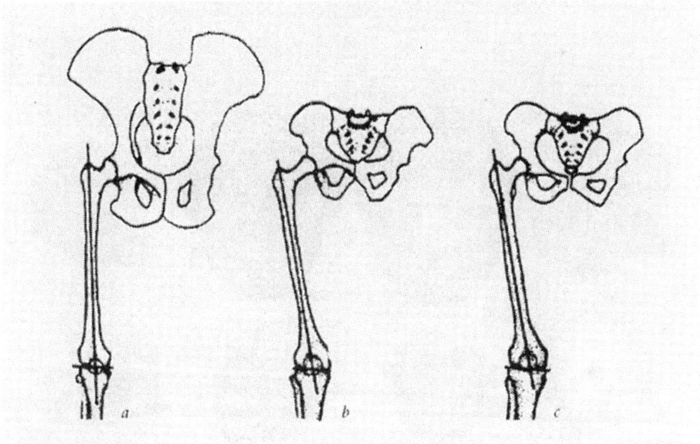

Abbildung 11
Becken und Knie bei (a) Affe, (b) Lucy und (c) modernem Mensch.

in die direkte Entwicklungslinie zum Menschen gehören mußte oder zumindest in seine unmittelbare Nähe.

Auch die Population, zu der «Lucy» gehörte, bestand aus sehr kleinen und fein gebauten Individuen. Andere Fossilien, die man zur gleichen Art rechnet, sind viel größer. Große Schwankungen der Körpergröße haben sich in allen Regionen und Zeiten für Hominiden (den modernen Menschen eingeschlossen) wie für viele andere Säuger als typisch erwiesen.

Die Fußspuren, die im Schlamm von Laetoli vor so langer Zeit zurückblieben, wären normalerweise nicht von denen des modernen Menschen unterscheidbar gewesen, hätte man nicht inzwischen Lucy's Füße (und viele ihrer Artgenossen) untersucht und einige kleine, aber typische Unterschiede entdeckt. Die Umrißformen sind tatsächlich menschlich, aber die Fußgelenke waren in ihrer Beweglichkeit noch die eines Schimpansen (ein typisches Merkmal für Baumkletterer und nicht für Bodenläufer und so ein guter Abstammungshinweis). Auch die Zehen lieferten Hinweise auf die Abstammung von kletternden Vorfahren; sie waren außergewöhnlich stark gebogen und kräftig.

Lucy besaß auch sehr menschliche Hände, aber der Daumen war noch recht klein und der Mittelfinger besaß eine ausgeprägte Spitze. Trotzdem, Hände und Füße hatten sich in eine bestimmte Richtung verändert. Füße, die nicht länger Äste in ungünstigen Winkeln greifen mußten, vereinfachten sich zu kompakten, gewölbten Konstruktionen, die viel von ihrer früheren Beweglichkeit verloren. Die Hände dagegen

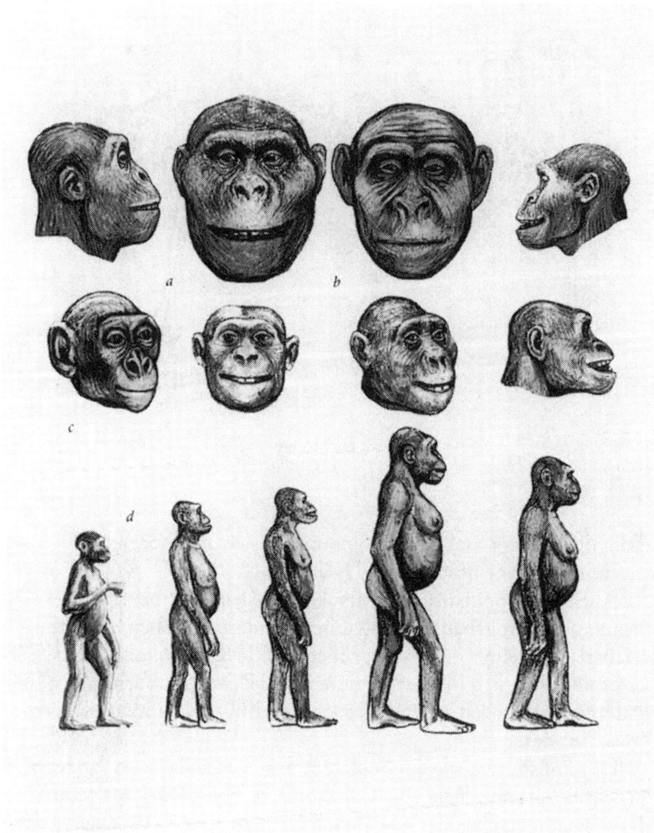

Abbildung 12
*Die Köpfe der südlichen Affen (*Australopithecus *und* Paranthropus*) sahen Affen ähnlicher als Menschen. Nicht jedoch ihre Körper, die schon vor drei Millionen Jahren aufrechtstanden: (a)* Paranthropus robustus *(Profil und frontal), (b) südlicher Affe,* Australopithecus africanus *(frontal und Profil), (c)* Bonobo Pan paniscus *und drei Skizzen von Lucy, (d)* Australopithecus afarensis. *Rekonstruktionen von Lucy,* A. boisei *und* A. robustus.

bauten ihre Vielseitigkeit noch aus, da sie – von der Fortbewegung befreit – ganz an Manipulationsfähigkeit angepaßt werden konnten. Fingergelenke, die nicht mehr das Körpergewicht tragen mußten, konnten schlanker und der verkürzte Daumen länger werden. Im Verlauf der weiteren Evolution entwickelte er sich zum starken, opponierbaren

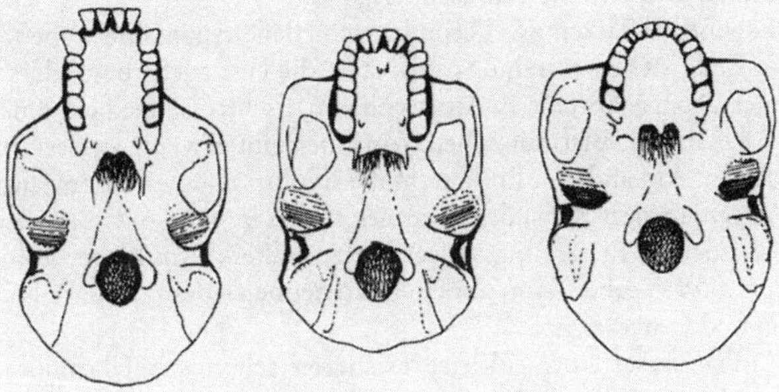

Abbildung 13
Zahnreihe des Oberkiefers: (links) Schimpanse, (Mitte) Lucy, (rechts) moderner Mensch.

Finger, der dieses Buch, einen Stift, ein Messer oder auch einen Feuerstein greifen kann.

Diese und andere Einzelheiten der Extremitäten und des Beckens offenbaren, daß das Skelett eines vierfüßigen Baumbewohners die Form eines Lebewesens bekam, das wir als typisch menschlich bezeichnen – nur nicht sein Kopf. Als man den ersten unvollständigen Schädel eines Kindes 1925 in Südafrika beschrieb, stritt man sich darum, ob es ein Hominide oder nur ein weiterer Affe sei. Gegner der Hominiden-Meinung hatten mit ihrem Einwand nicht unrecht, daß *Australopithecus*-Schädel eher denen der Affen glichen. Veränderte Dentin- und Zahnstrukturen hatten außerdem einen Vorläufer im Orang-Utan (der menschenähnlicheren, dickeren Zahnschmelz als die afrikanischen Affen besitzt), und überhaupt war ihr Gehirn nur ungefähr so groß wie das eines Schimpansen.

Als jedoch viele Jahrzehnte später Lucy und andere Skelette in zunehmender Zahl geborgen wurden, ließ sich *Australopithecus* nicht länger als einfacher Affe abtun.

Ohne die Bedeutung der Funde schmälern zu wollen, habe ich betont, daß es unwichtig ist, ob Lucy oder irgendein anderer *Australopithecus* in der direkten Vorfahrenlinie des Menschen steht. Wir müssen unser Augenmerk auf ökologische Nischen für Hominiden in Ostafrika richten und nicht auf einzelne fossile Individuen. Die ungefähr fünf bisher gefundenen Arten stellen eine Stichprobe der damals wahrscheinlich häufigeren Formtypen dar. Von einer Fundstelle zu stammen, die Fossilisation ermöglichte, ist jedoch kein Grund, auch repräsentativ zu sein. In Wirklichkeit ist daher das Bild verzerrt, da die Vertreter der feuchteren Tropen unterrepräsentiert sind.

Es gibt bei Tieren zwei grundverschiedene Anpassungstypen. An einem Ende stehen extreme Spezialisten, die eine Sache besonders gut können. Dazu gehören z.B. Ameisenbären, fischfressende Fledermäuse und Afrikanische Blatthühnchen. Von ihnen gibt es wenige weitverbreitete Arten. Am anderen Ende steht die Evolution eines unspezialisierten, allgemeineren Typs, der dazu neigt, sich in viele Arten mit leicht abgewandelten Ernährungsweisen aufzuspalten. Antilopen, Kängurus, Finken, Tauben – um nur einige zu nennen – besitzen jeweils viele Arten und Unterarten.

Einige dieser Formenkreise existieren schon seit Jahrmillionen. Andere hatten kurze Blütezeiten, bis besser angepaßte Verwandte sie verdrängten. So belegen Fossilien z.B., daß eine Vielzahl relativ träger Nagetierarten früher in Afrika sehr häufig und weit verbreitet waren, bis die schnellen, allesfressenden Ratten und Mäuse sie ersetzten.

Die ersten Savannen-Affen haben wahrscheinlich solche Blütezeit erlebt. Nachdem diese frühen Formen erfolgreich die neue ökologische Nische erschlossen hatten, spalteten sie sich dort wohl in eine größere Zahl verschiedener Arten auf. Sie bildeten wie die heutigen Tieraffen unterschiedliche, regionale Populationen aus, große und kleine, schnellfüßige und träge, seltener und häufiger vorkommende Arten. Die bekannten Fossilien belegen diese Vielfalt: ausgesprochene Zwerge, Riesen, schlanke Allesfresser und Pflanzenfresser mit ausgeprägtem Mahlgebiß.

Waren die unmittelbaren Vorfahren dieser Hominiden Savannenbewohner, die sich vom Kap der Guten Hoffnung bis zum Horn von Afrika ausbreiteten, so können wir solche Spezialentwicklungen den Regionen zuordnen, die wir auf Seite 33 ausgearbeitet haben. Für traditionelle, tropische Gründerpopulationen der Hominidenlinie bot Ostafrika selbst in klimatisch sehr unruhigen Zeiten die stabilsten Bedingungen. Die außerordentliche ökologische Vielfalt Ostafrikas förderte bei frühen Hominiden ein Maximum an Flexibilität und Anpassungsfähigkeit – sowohl in der Ernährung, als auch im Verhalten. Weil die Afarensis-Typen die unspezialisiertesten waren, vermute ich, daß sie am wahrscheinlichsten auf ostafrikanische Ursprünge zurückgehen (obwohl bekannt ist, daß sie alle vier Regionen besiedelten).

Im Gegensatz dazu unterschieden sich die nördlichsten und südlichsten Gebiete der tropischen Zonen durch kühlere Temperaturen. Kältere Gebiete sind meist artenärmer, d.h. es gibt weniger Beute, Konkurrenten, Parasiten und Krankheitserreger. Dies wiederum kann Dichte, Verbreitung und Überleben der Hominiden beeinflußt haben.

Über Jahrtausende waren dies die Faktoren, die zu genetischen Unterschieden und damit zur Evolution führten.

Ganz im Süden gehörten sicher auch durch Blitze entzündete Buschfeuer zum normalen Jahresablauf. Als Ergebnis waren die endemischen Pflanzengesellschaften (und viele der kleineren Tierarten) an Kälte, Feuer und Trockenheit gut angepaßt. Das bedeutete einen höheren Anteil an Pflanzen, die schwerer zu kauen, aufzuschließen bzw. zu verdauen waren. Die Abhängigkeit von pflanzlicher Nahrung bedeutete für die frühen Hominiden im Süden daher im wahrsten Wortsinn harte Zeiten, die die Entwicklung kräftiger Zähne und Kiefer forderten.

Folgt man diesen Überlegungen, sind die «Nußknacker»-Typen am wahrscheinlichsten im Süden und nicht in Äquatorialafrika entstanden.

Das es den «Fossiljäger» möglicherweise bisher nur versagt war einen südlichen Affen aus der direkten Abstammungslinie des Menschen zu finden, wird durch erste, ungefähr 2,4 Millionen Jahre alte Funde gestützt, die unzweifelhaft *Homo*-Vertreter waren. Und wieder zeigen die ältesten menschlichen Fossilien eine große Formenvielfalt. Sie ähneln in vielen Merkmalen den Australopithecinen (wie vorauszusehen, eher den frühen undifferenzierten), es gibt aber keine einfache geradlinige Verbindungslinie. Beide, *Australopithecus* und *Homo*, bildeten überaus variable Gruppen; die Mitglieder beider Gattungen weisen ein Mosaik spezieller Merkmale auf. Wenn sie den gleichen regionalen Entwicklungen und Feinanpassungen unterlagen, sollte dies niemanden überraschen. Sie waren durch keine spezielle Überlebenstechnik an einen engen Nischenbereich angepaßt – was sollte also verhindern, daß sie sich in verschiedene Lebensformtypen verzweigten? Dieses evolutive Aufspalten läßt sich mit einem Baum vergleichen, dessen Verästelungen und Verzweigungen aufeinanderfolgen. Der Hauptunterschied liegt darin, daß es im «Stammbaum» keinen Hauptstamm gibt und jeder Ast die Grundlage für eine neue Entwicklungsrichtung sein kann. Die gegenwärtig bekannte Blütezeit der Australopithecinen liegt zwischen 4,1 und 1,2 Millionen Jahren v.h. Vielleicht haben sie länger existiert. Sie können viele lokale Sonderformen ausgebildet haben, aber bevor sie ausstarben, erschien ein fortschrittlicherer *Homo*-Typ. Dessen frühe Vertreter teilen jedoch noch viele Merkmale mit ihren Vorfahren.

Ein winziges, weibliches Skelett aus der Olduvai-Schlucht – nicht größer als 106 cm – ist eine Mischung aus australopithecinen und menschlichen Komponenten. Ohne klare Zuordnung nennt man es bis jetzt Hominide 62. Im Gegensatz dazu kombiniert ein anderes, viel größeres Exemplar menschliche Merkmale mit denen des «Südaffen». Die zwei, drei oder mehr frühen Menschenformen faßte man unter dem

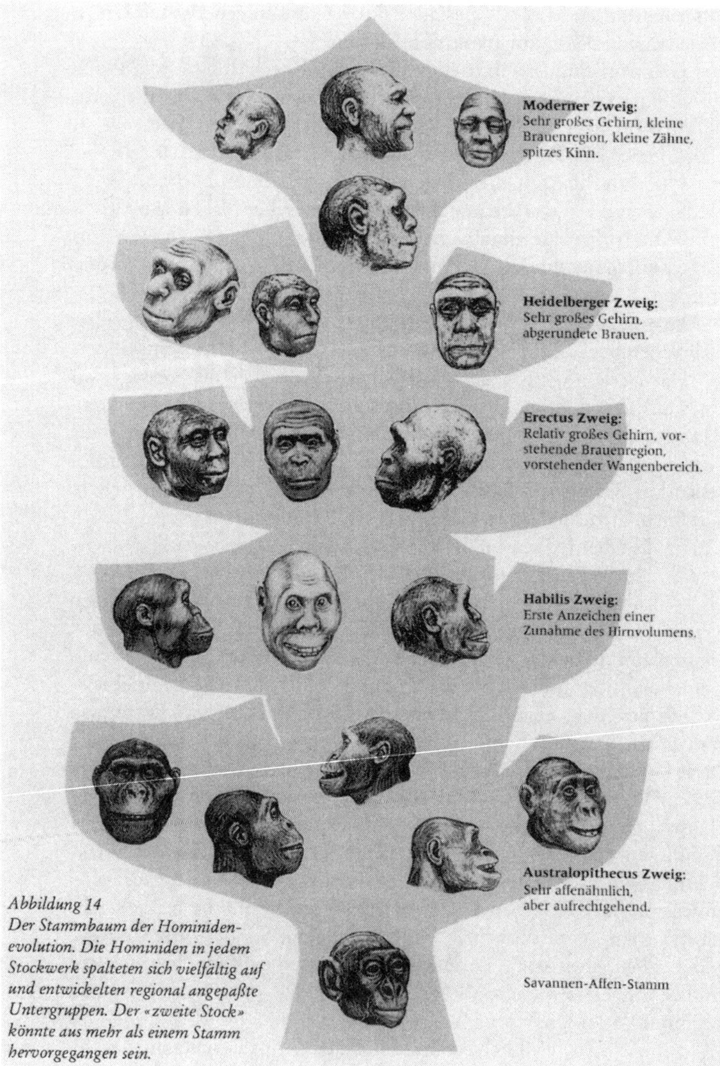

Abbildung 14
Der Stammbaum der Hominidenevolution. Die Hominiden in jedem Stockwerk spalteten sich vielfältig auf und entwickelten regional angepaßte Untergruppen. Der «zweite Stock» könnte aus mehr als einem Stamm hervorgegangen sein.

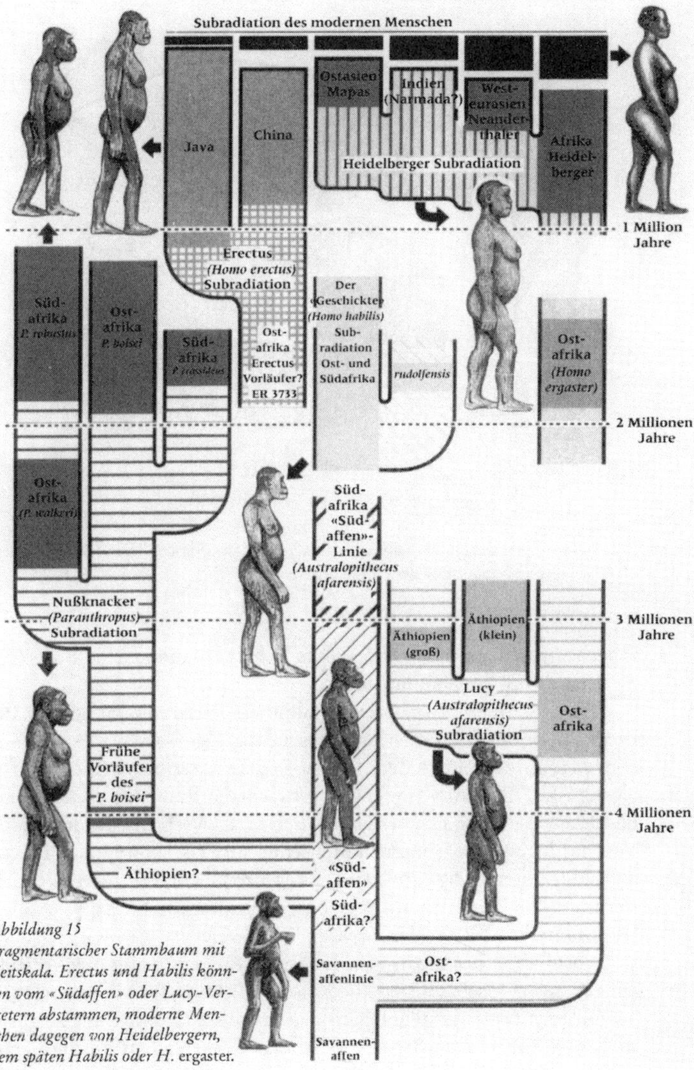

Abbildung 15
Fragmentarischer Stammbaum mit Zeitskala. Erectus und Habilis könnten vom «Südaffen» oder Lucy-Vertretern abstammen, moderne Menschen dagegen von Heidelbergern, dem späten Habilis oder H. ergaster.

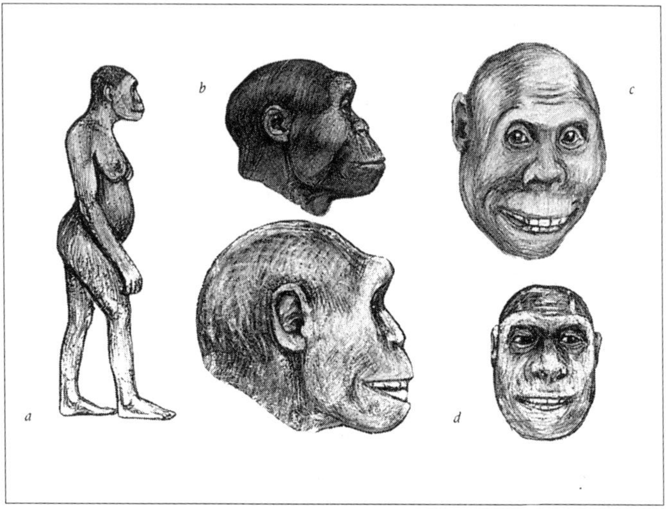

Abbildung 16
Rekonstruktionen des Homo habilis *(a) stehend und (b) Profil. (c) Der 1470 Hominide. (d) Profil und Frontalansicht des* Homo ergaster.

Oberbegriff «der Geschickte» *Homo habilis* zusammen. Sie stellen den zweiten Zweig des Stammbaumes.

Die Zähne eines späteren «Habilinen»-Vertreters ähneln in den Proportionen denen moderner Menschen. Einige Forscher ordneten sie dem Habilis zu, andere dem frühen Erectus oder bezeichneten sie als eigene Art *H. ergaster* (im englischsprachigen Raum als «action man» beschrieben). Sollte sich bestätigen, daß dieser Vertreter die direktesten Verbindungen zum modernen Menschen aufweist, könnte sich Erectus als später Seitenzweig entpuppen. Es ist also klüger, Fossilien als Orientierungshilfen zum Erkennen einer Entwicklungsrichtung zu betrachten und nicht als Reste der direkten Vorfahren.

Vorfahren oder nicht, Fossilien sind real genug, um uns Veränderungen zu veranschaulichen, die zwischen 2,3 und 1,6 Millionen Jahren vor unserer Zeit auftraten. Die eindrucksvollste Entwicklung zeigt sich in der *relativen* Gehirngröße oder dem Enzephalisationsquotienten (s.Abb.). Die Zähne besaßen kürzere Wurzeln und ordneten sich in Parabolform an. Die unteren Gliedmaßen verlängerten sich, während die Arme kürzer wurden. Der vergrößerte Daumen konnte den anderen Fingern kraftvoll gegenübergestellt werden. Wenn diese oft wiederholte Diagnose unbedeutend und unwichtig erscheint, liegt das daran, daß sie nicht im Zusammenhang mit den weiteren adaptiven Veränderungen gesehen wurde, die diesen Bau in einen ökologischen Zusammenhang stellen.

Die anatomischen Neuerungen des sich entwickelnden *Homo* sind nicht durch reine Beschreibungen erklärt, sondern in einen besonderen Zusammenhang zu stellen. Ein afrikanischer Menschenaffe hatte die Schwelle von der biologischen zur kulturellen Anpassung überschritten. Die Anatomie veränderte sich weiterhin, sie ordnete sich aber – bis zu einem gewissen Grade – der *Kultur* unter und wurde ihr Ergebnis. Die vergrößerten Gehirne, die *Homo* von *Australopithecus* unterscheiden, treten zusammen mit den ersten Steingeräte-Traditionen auf. Man ist versucht eine Verbindung zu ziehen, die aber keine direkte sein kann.

Die Erfindung von Steinwerkzeugen setzt weniger Gehirnmasse voraus, als die Fähigkeit, deren sinnvollen Gebrauch weiterzuvermitteln. Weitergabe erfundener Techniken über Lernen, d.h. Tradition, kann Vererbung (in genetischem Sinn) vortäuschen. Im Gegensatz zur Vererbung ist diese Form der Informationsweitergabe jedoch sehr störanfällig. Genetisch vorprogrammierte Fähigkeiten, wie das Öffnen der Muscheln durch Austernfischer oder das der Nüsse durch Kleiber, sind erlernten Verhaltensweisen darin überlegen, daß nahezu alle Fähigkeiten – vom richtigen «Werkzeuggebrauch» bis zu dessen richtigem Einsatz – angeboren und vererbbar sind. Dagegen stirbt eine erfundene (d.h. erlernte) Verhaltensweise aus, wenn man sie vor dem Tode nicht weitergeben kann. Die Gefährdungen des Vormenschen und die Vielfalt notwendiger, erlernter Fähigkeiten vorausgesetzt, sollten wir unser Augenmerk auf Intelligenz, Anpassungsvermögen und Begabung richten, die für das *Erlernen* neuer Fertigkeiten den größten Überlebenswert besaßen.

Das Vermögen, Werkzeuggebrauch zu lernen und zu lehren, setzt eine Zunahme der Leistungsfähigkeit und damit der Größe des Gehirns voraus, denn Steinzeit-Erziehung mußte – wie jede andere auch – ein geplanter und gezielter Vorgang gewesen sein. Unterrichtsprogramme erlauben es, von einfacheren Basistechniken ausgehend, auch komplexere Verfahren auszuführen und zu erlernen. Für die ältesten «Berufsschulen» der Menschheit muß man noch nicht einmal Sprachvermögen voraussetzen; die notwendigen Kommunikationen setzen aber zumindest eine schon vorhandene, gestenreiche Körpersprache voraus.

In einem der biologischen Anpassung ähnlichen Vorgang begannen diese Primaten damit, ihre Umwelt zu manipulieren und durch neuartige Materialnutzung die Zahl ihrer ökologischen Nischen zu vergrößern. Jedes neue Gerät eröffnete Lebensmöglichkeiten, die vorher nur Spezialisten nutzen konnten. Wo grabende Tiere starke Krallen benötigten, setzten sie Steinhacken ein, Katzen besaßen nicht mehr das

Monopol scharfer Krallen, Speere ersetzten Hörner, Stachelschweinstachel oder Eckzähne usw. Zum ersten Mal lebte ein Tier, das durch die Erfindung verschiedener Werkzeuge eine Vielzahl von Rollen übernahm. Eine zunehmende Zahl von Tieren besaß plötzlich einen Konkurrenten, der ihnen zumindest einen Teil ihrer früheren Nische streitig machte. In einigen Fällen (vielleicht bei den Aasfressern) kann die Konkurrenz so groß gewesen sein, daß die Hominiden «das Geschäft» ganz übernahmen.

Ansammlungen von Steingeräten und anderen Abfällen ließen sich unterschiedlich deuten und führten zu verschiedenen wissenschaftlichen Standpunkten. Diese lauteten: frühe Menschen aßen nur allein bzw. sie teilten die Nahrung; sie waren ziellose Nomaden bzw. sie kehrten zu zentralen Lagerstellen zurück; sie besaßen Werkzeuglager, zu denen sie die Beute brachten bzw. sie transportierten die Werkzeuge. Einige nahmen an, daß sie Großtiere jagten, andere, daß sie weitgehend Aas verzehrten oder auch, daß Fleisch ein häufiges bzw. seltenes Element der Ernährung darstellte. Für jeden dieser Standpunkte gibt es gute Argumente, aber fast alle Erklärungsmodelle für das Nahrungsverhalten der frühen Menschen unterschätzen einerseits die ökologische Vielfalt afrikanischer Ökosysteme und andererseits die Verhaltensplastizität der Primaten und erst recht die der fortgeschritteneren menschlichen Entwicklungsstufen.

Ein Lebensbild der handwerklichen Fähigkeiten des *H. habilis* konnte man aus den unteren Schichten in Olduvai erschließen. Von hier liegen Hinweise vor, daß diese Hominiden nicht nur Tiere jagten, sondern sowohl deren Fleisch als auch Steinwerkzeuge (die letzteren mindestens 11 km weit) transportierten. In einer sorgfältigen Analyse der Beutearten, Körperteile und verschiedener Schnitt-, Schlag- und Abnutzungsspuren an Knochen, fand der Wissenschaftler Richard Potts Exemplare, bei denen Zahnabdrücke von Tieren durch Schnittspuren von Steinwerkzeugen überdeckt waren; ein eindeutiger Hinweis auf Aasnutzung.

Er fand aber auch die umgekehrte Reihenfolge und einen hohen Anteil von Schlachtknochen aus den Vorderbeinen mittelgroßer Rinder. Da aasfressende Tiere dem Menschen im Auffinden der Nahrung weit überlegen sind, also zuerst dagewesen sein müßten, schloß Potts zu Recht, daß *H. habilis* diese Tiere gejagt haben mußte. Trotz dieser Argumente konnten sich viele Anthropologen nicht vorstellen, daß frühe Hominiden das Geschick, das Organisationsvermögen und die Werkzeuge besessen haben sollten, um Beute in Fallen zu fangen oder aus dem Versteck zu jagen. Es ist jedoch überaus unwahrscheinlich, daß diese allesfressenden Hominiden das jahreszeitliche Massenangebot jagdbarer Beute nicht genutzt haben sollten. Viele Vögel und Säuger kommen in Großgruppen zusammen, wandern, machen Massenvermehrungen und Populationszusammenbrüche durch. Sehr wahrscheinlich erlernte man schon damals Fallenfang und Jagd.

Skelette vom *H. habilis* sind weniger gut bekannt als die der Australopithecinen und der Erectus-Vertreter, die später im Pleistozän folgten. Die aufrechte Körperhaltung, geschickte Hände und der menschliche Fuß wurden jedoch damals verbessert.

Eine Möglichkeit, zu verdeutlichen wie sich die anatomischen Veränderungen seit jener Zeit vollzogen haben, ist, in einer Reihe aufzuzeigen, daß das Moment der kulturellen Veränderungen selbst zu einem Wandel des physischen Aussehens hätte beitragen können.

Derartige Fortschritte beruhten auf mehreren Faktoren, die sich gegenseitig beeinflußten. Der Anfang lag in Erfindungen, die zu einer langsamen, aber stetigen Werkzeugentwicklung führten. Dies vergrößerte die Zahl möglicher Lebensräume und nutzbarer Nahrungsmittel, so daß mehr Menschen in einem größeren Gebiet in höherer Dichte zusammenleben konnten. Das wiederum erforderte noch geschickter, flexibler und erfinderischer zu werden. Da für den Erwerb des individuell notwendigen Wissens und des handwerklichen Geschicks eine längere Lernphase vorteilhaft war, bewirkte der technische Erfindungsreichtum des Menschen, daß das spielerische Element der Jugend zum Selbstzweck wurde. Die stark jugendlichen Merkmale des Schädels moderner Menschen sind in diesem Sinne die körperliche Ausprägung der Fähigkeiten zu kommunizieren, manipulieren, sprechen und zu koordinieren.

Der für die Humanevolution typische Trend zu kindlichen Merkmalen weist auf einen solchen Zusammenhang zwischen Anatomie, Technologieentwicklung und kooperativem Verhalten hin. Darüber hinaus sind Kinder selbst ein Hauptziel der natürlichen Selektion. Indirekt wirkt sie durch Krankheiten, Raubtiere oder Unfälle, aber eine noch direktere Selektion geht von den Mitgliedern der eigenen Gruppe bzw. Familie aus. Wenn z. B. einige Eltern ihren Nachwuchs vernachlässigen, haben die Kinder einen Vorteil, die ihre Eltern besser «manipulieren» können und diejenigen, deren Mütter bzw. Väter verantwortlicher sind.

Denken Sie, um sich die Kontrolle von Erwachsenen durch Jungtiere zu verdeutlichen, z. B. daran, wie Neugeborene oder auch Küken die Eltern herbeirufen. Heulen oder Rufen ist mehr als ein reiner Hilferuf, es ist der Versuch des Jungtieres von den Eltern Aufmerksamkeit, Schutz oder Futter zu erzwingen. Die Reaktion der Eltern findet ihre evolutiven Wurzeln wahrscheinlich darin, daß die Geräusche Feinde anlocken und die Gruppe bzw. Familie gefährden könnten. Kontaktrufe werden schnell weiterentwickelt, verstärkt oder abgewandelt,

Abbildung 17
Kinder erzwingen Hilfe von ihren Eltern durch Weinen und Schreien. Negrito-Kind, Baclai, Philippinen (Foto J. Kamminga).

wenn die Bedürfnisse der heranwachsenden Jugend sich vergrößern. Sowohl die Rufe, als auch das Bettelverhalten kann sich kontinuierlich verändern; es kann sogar in das Verhalten der Erwachsenen übernommen werden, wenn man Artgenossen beruhigen, beeinflussen, verführen oder auch umwerben will.

Ein typisches kindliches Verhalten aller höheren Menschenaffen sind Wutanfälle. Vergleicht man aber die auslösenden Situationen und die Merkmale dieser Wutanfälle bei Schimpansen und Mensch, sind klare Unterschiede erkennbar. Während die Wut des jungen Schimpansen eine Antwort auf Verweigerung von Nahrung oder anderer Annehmlichkeiten durch einen Artgenossen ist, geht das menschliche Kind viel weiter, als bloß zu sagen: «Beachte mich oder ich werde schreien und stampfen!» Kinder schreien, gestikulieren oder wälzen sich auf dem Boden, um viel mehr zu erreichen – «Schau mich und mein Werk an – Ich bin toll!» Zum Umfeld dieser Bemühungen um die Aufmerksamkeit der Erwachsenen gehören oft Lernprozesse und der Wunsch um Anerkennung technischer Fertigkeiten.

Je mehr «Nischen» sich der Mensch durch Wissen und Können erschloß, desto mehr mußte er wiederum lernen können. Dies unterscheidet ihn von jeder anderen Tierart. Alle weniger entwickelten Arten sind streng darauf beschränkt, ihre genetisch vorprogrammierte Rolle zu spielen. Entwickeltere Typen ergänzen dies durch Nachahmung des

Verhaltens von Erwachsenen. Bei jungen Menschenaffen wird imitierendes Verhalten dadurch belohnt, daß die Jungen mit der Mutter das Futter teilen und in ihrer Nähe Schutz finden. Im Gegensatz dazu liegt die wichtigste Belohnung für nachahmendes Lernen bei Menschenkindern im Loben (was sowohl Eltern als auch Kindern gut tut).

Da so unendlich viel zu lernen ist, versuchen Kinder immer wieder, sich untereinander auszustechen und die Aufmerksamkeit der Erwachsenen zu erlangen. Projiziert man die soziale Dimension des Lernens zurück auf die frühesten Vertreter des *Homo*, erkennt man, daß die Notwendigkeit, Kindern einfache Techniken beizubringen zu den wichtigsten Kräften gehören mußte, welche die Humanevolution vorantrieben. Erste Anfänge von Erziehung und Ausbildung führen uns zu der Erkenntnis, daß der Mensch im wahrsten Wortsinn ein sich selbsterschaffendes Wesen ist.

Während der praktische Vorteil des Erlernens neuer technischer Fähigkeiten klar auf der Hand liegt, besteht das Ziel des Lernens bei Kindern darin, daß sie verstehen, verschiedene soziale Rollen einzusetzen. In diesem Zusammenhang können Imponiergehabe und Wutanfälle besonders bedeutsam sein. Jeder, der schon einmal Erfahrungen auf einem Schulhof sammeln konnte, wird die Vielfalt jugendlichen Wettstreites kennen. Hier ist, genau wie in der Familie, Anerkennung die Triebkraft für die Geschwindigkeit, mit der man neue Fertigkeiten und soziale Rollen übernimmt. Je jünger das Kind, desto intensiver das Spielen. Obwohl es auch etwas zum Lebensunterhalt der Familie beitragen kann, sind seine Verhaltensweisen meist nicht klar vom Ausdruck jugendlicher Energie wie Herumalbern und Scheingefechten zu trennen. Trotzdem ist jedes Spiel Voraussetzung für das Einüben verschiedener späterer Verhaltensweisen. Nicht nur das Verhalten der Erwachsenen wird nachgeahmt, auch Geräusche, Haltungen, Bewegungen von Tieren und Altersgenossen imitiert man.

Junge Menschenaffen laufen gerne mit Blumen oder Blättern auf dem Kopf umher und produzieren sich dabei voreinander und den erwachsenen Tieren. Der auffälligste Unterschied zwischen jungen Affen und Menschen besteht in der Vielfalt der Rollen, in welche die letztgenannten schlüpfen können. Ich glaube, daß die Entwicklung des Selbsterkennens, das bewußte Rollenspielen und die Fähigkeit, dieses Bewußtsein auszudrücken, viel eher auf Konkurrenz und Selektion unter Kindern als unter Erwachsenen zurückzuführen ist. Gewitzte Nachkommen, die es verstanden, andere für sich arbeiten zu lassen, hatten die besten Überlebenschancen. In der Verknüpfung von technischer und sozialer Intelligenz wurde die Beherrschung der Technik in einzigartiger Weise bedeutsam für soziale Anerkennung.

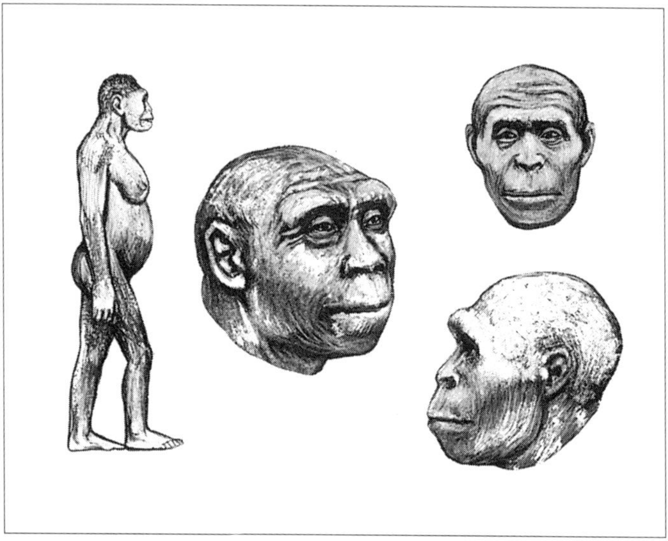

Abbildung 18
Skizzen der Erectus-Vertreter: Stehend und in Schrägsicht (nach einem chinesischen Modell) der Homo erectus pekinensis *(links); Seiten und Frontalansicht des* Homo erectus *von Solo, Java (rechts).*

Da der Mensch ein Tier ist, das sich auf verlangsamte Entwicklung spezialisiert hat, durchdringt die Anwesenheit von Kindern die menschliche Gesellschaft wie keine andere. Die Kindheit ist nicht nur länger, Kinder haben mit ihren Ansprüchen viele, wenn nicht alle Aktivitäten der Erwachsenen verändert. Die Notwendigkeit, sich länger mit dem Nachwuchs zu beschäftigen, hat es wahrscheinlich erleichtert, daß kindliche Innovationen in das Verhalten Erwachsener übernommen wurden.

Kindliche Rollenspiele enthalten in ihren Geräuschen und Gesten Ansätze von Sprache. Diese im Spiel erfundenen Symbole könnten – wenn sie für die Zwecke Erwachsener umgesetzt wurden – dazu gedient haben, deren Aktivitäten zu koordinieren und zu kontrollieren. Signalvielfalt würde dann in Entscheidungssituationen die Auswahlmöglichkeiten und alternative Richtungen vorgeben. Ein codierbares gemeinsames Wissen, das den Gewinn kurzfristiger Entdeckungen oder langfristiger Erfahrungen von einzelnen Individuen auf alle Gruppenmitglieder übertrug, muß zu großen Selektionsvorteilen geführt haben. Es konnte die Gruppe in die Lage versetzen, Nahrungsplätze schneller zu finden, als weniger flexible Arten. Hier liegen wahrscheinlich die

Wurzeln der einzigartigen menschlichen Kultur, in der Sprache zum wichtigsten Steuerungsmittel aller Gruppenaktivitäten wurde.

Ältere, erfahrene Tiere sind bei vielen Arten für die Erhaltung und Weitergabe des tradierbaren Wissens wichtig, ich halte es aber für unwahrscheinlich, daß – wie viele vermuten – die erwachsenen Hominiden auch die Innovationen einbrachten. Es ist viel wahrscheinlicher, daß Erfindungen von den Jüngeren und weniger Erfahrenen in spielerischem und trotzdem ernstzunehmendem ökologischen Kontext gemacht wurden.

Man hat unzählige Versuche unternommen, um eine Grenze zwischen Menschen und Tieren zu definieren und Kriterien für das typisch Menschliche zu finden. Ich bin sicher, daß Wissenschaftler, die das Kommunikationssystem der Menschenaffen erforschen, Hinweise zum Verständnis unserer eigenen Selbsterkenntnis finden, wenn auch in unauffälliger bzw. abgewandelter Form. In diesem Forschungsbereich sind verborgene, aber eindeutige Übergangsformen auffindbar. Wie die Embryonalentwicklung frühere Evolutionsabläufe andeutet, leben auch in den Veränderungen während der Kindheit frühe Evolutionsstadien wieder auf. Ob wir untersuchen, wie Selbsterkennen in der individuellen Entwicklung auftritt oder nach seinem Auftreten in ausgestorbenen Gruppen der Vorfahren fragen, eine Antwort erhalten wir unter anderem, indem wir die psychologische Entwicklung von Menschenkindern und jungen Affen vergleichen.

Natürlich kann die Sozialisation eines einzelnen Kindes nicht die Evolutionsabläufe wiederholen; es ist jedoch ein Vorgang, in dem eine kleinere Anzahl einfacher Komponenten in überschaubaren Schritten in komplexere Zusammenhänge eingebaut werden. Wenn die Verlängerung der Kindheit ein besonders charakteristisches Merkmal der Hominidenentwicklung ist, sollte die Erforschung der frühen Individualentwicklung wichtige Hinweise auf Besonderheiten unserer Natur liefern. Ich nenne diese evolutive Dimension, dieses verborgene Wesen das «unbekannte Kind». Ein Stadium, das wir alle einmal durchgemacht haben.

Der dritte Zweig unseres Stammbaumes, die Entwicklung der Erectus-Gruppe, überlieferte uns eine Fülle weit verteilter Fossilien aus einem langen Zeitraum.

Der Name *Homo erectus*, der Aufrechtgehende, wurde zum ersten Mal 1895 benutzt, um einen einzelnen auf Java gefundenen Schädel zu beschreiben. Seit damals hat man eine Fülle von *Homo erectus*-Fossilien geborgen, die zwischen 1,6 und 0,1 Millionen Jahre alt sind. Hierzu gehören viele afrikanische Funde, die viel älter sind, als die asiatischen. Die afrikanischen Stücke sind dabei nicht nur älter, sondern auch schwer von den späten Habilis-Typen zu trennen.

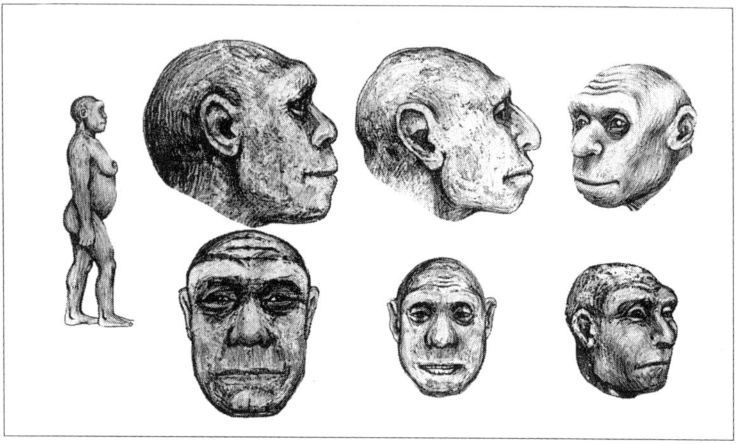

Abbildung 19
Heidelberger-Stufe der Menschwerdung. Rekonstruktion des Broken-Hill-Vertreters (stehend, Profil und frontal). Neanderthaler von Shanidar, Irak (Mitte), Neanderthaler von La Chapelle, Frankreich (rechts oben) und Mapa aus China, nach einem chinesischen Modell (unten rechts).

Obwohl die zwei asiatischen Gruppen (eine in China, die andere in Java) sicher einen gemeinsamen Vorfahren mit den afrikanischen teilen, besteht kein Zweifel, daß die Erstgenannten einen Seitenzweig darstellen, der viele lokale Spezialanpassungen ausbildete. Die afrikanische Unterart nennt man *H. erectus olduvaiensis*, dic javanische *H. erectus erectus* und dic chinesische *H. erectus pekinensis*. Dieser fortgeschrittenere Mensch, der erste, der Afrika verließ, bildete eine unbekannte Anzahl verschiedener Populationen aus. Falls indische Fossilien gefunden werden sollten, wird man sicher eine neue Unterart benennen müssen.

Der Erectus besaß einige Unterschiede im Bau der oberen und unteren Gliedmaßen, noch feinere im Bau des Beckens, im großen und ganzen kam sein Körperbau aber dem des modernen Menschen sehr nahe. Insgesamt größer als die Habilis-Typen, wiesen sie proportional dickere Schädel auf und ihre Knochen waren viel dichter und kräftiger als die heutiger Menschen. Im Proportionsvergleich mit dem Habilis war das Erectus-Gehirn nicht wesentlich größer.

Wohin passen in dieser räumlich und zeitlich so weit verbreiteten Formenfülle nun die modernen Menschen? Eine Forschergruppe hält den Erectus für unseren direkten Vorfahren. Für sie ist der Stammbaum sehr kurz und kopflastig. Andere Anthropologen richten ihr Augenmerk inzwischen auf einen weiteren Zweig, aus dem wir uns entwickelt haben sollen.

Dieser Zweig ist bis jetzt noch nicht klar beschrieben. Auch hier hat die große regionale und individuelle Formenfülle, wie wir sie bei allen Hominiden antreffen, zu vielen Namen geführt. Eine Zeitlang nannte man sie – verwirrend und widersprüchlich – die «archaischen Modernen». Ein führender Primaten-Taxonom, Colin Groves, löste die Probleme, indem er die afrikanischen und europäischen Vertreter die «Heidelberger» (*Homo sapiens heidelbergensis*) und den asiatischen Seitenzweig die «Mapas» (*Homo sapiens mapaensis*) taufte. Viele Funde, die man heute in diese Gruppen einordnet, beschrieb man früher als «Späten Erectus». Wir erkennen, welche Verwirrung bestand, als mehr und mehr menschliche Fossilien geborgen wurden. Heidelberger und Mapas stellen eine weitere Menschengruppe dar, die aufblühte und – sich über die Alte Welt ausbreitend – weitere Lokalformen entstehen ließ.

Mit den vollentwickelten modernen Menschen (dem fünften Zweig des Stammbaumes) werden sich die folgenden Kapitel beschäftigen, es reicht hier anzudeuten, daß er sich aus einer Heidelberger-Population des östlichen Afrikas entwickelte. Zeit und Ort der Heidelberger-Entstehung gehören bis heute zu den am wenigsten verstandenen Phasen der Humanevolution, sowohl ein afrikanischer als auch ein asiatischer Ursprung sind möglich, der erstgenannte ist aber wahrscheinlicher. Ein Grund, diese äußerlich eher Erectus-ähnlichen Menschen in den Stand von *Homo sapiens* zu erheben, war ihr größeres Hirnvolumen (hinter einer flachen Stirn und Augenwülsten verborgen). Auch weitere Merkmale der Schädelstruktur rückten sie näher an uns als an den Erectus. Ihre Augenwülste folgen z.B. den Augenhöhlen und dünnen an den Seiten aus, während sie sich beim Erectus massiv angelegt bis zu den Wangen erstreckten. Heidelberger-Schädel besitzen allgemein eine weniger starke Knochenbildung und sind nicht so «kantig». Sie gehören zu einer klar abzutrennenden, aber bisher verwirrenden Entwicklungsstufe der Menschheit. Man muß weitere Fossilfunde abwarten, die eindeutigere Interpretationen ermöglichen.

Bei allen Menschenaffen und Frühmenschen bilden die Augenhöhlen, Nasen und Zähne eine feste Einheit. Sie schiebt sich über Knochenverstrebungen, die «das Gesicht» einschließen, vor den Hirnschädel. Dieser Gesichtsteil findet seine unteren Grenzen im massiv verstärkten Oberkiefer, die obere Grenze sind die ebenfalls verstärkten Brauen. Derartig kräftige Knochenbildungen treten besonders über den lang bewurzelten Eckzähnen der Menschenaffen auf; allgemein kann man sagen, daß alle anderen Kopffunktionen denen des Beißens und Kauens untergeordnet sind.

Die Veränderungen vom Affen zum modernen Menschen lassen sich leicht zusammenfassen, wenn man die Schädelbestandteile als plastische Bauteile betrachtet, die sich im Verlauf der Evolution verformten. Die dramatischste Änderung betraf die Funktion der Zähne. Die Eck- und Schneidezähne verformten sich am stärksten. Wir besitzen keine großen Eckzähne mit langen Wurzeln und stabilen Zahnfächern mehr, sondern Zähne mit schwächeren Wurzeln, deren Vorteil darin liegt, daß ihre ununterbrochene Reihe eine Funktionseinheit bildet. Mit dem Verlust der ursprünglichen Bedeutung überragen die Eckzähne den Übergang von den schwachen Schneidezähnen zu den kräftigen Bakkenzähnen nur unwesentlich. Im Verlauf der Verkürzung der Zahnwurzeln und der Abschwächung der Kaumuskulatur, rückte die sich verkleinernde Zahnreihe nach hinten-oben in die Nähe des Gehirnschädels. Diese Veränderung, die uns ein typisch menschliches Gesicht ohne die Schnauzenbildung des Affen verlieh, beruht einzig auf einer Verlagerung des Gesichtsschädels.

Der menschliche Unterkiefer behielt seine Grundform und Stärke, die Umwandlung beider Zahnreihen in flache Bögen ist dabei nahezu unabhängig von den umgebenden Knochen erfolgt. Die sich schneller als die umgebenden Knochen nach hinten verlagernde untere Gebißhälfte bewirkte, daß das Kinn jetzt vorn über die rückverlagerte Zahnreihe herausragt.

Diese Verschiebung nach hinten hatte für die obere Begrenzung des Gesichtes noch stärkere Konsequenzen. Der Abbau der Muskulatur und die Zunahme des Gehirnvolumens überlagerten sich, infolgedessen verschwanden die Überaugenwülste, da die ballonartige Ausweitung der Stirn jetzt als Verankerung die Brauenwülste ersetzt, die zuvor die Augen schützten und das Gesicht umrahmten.

Zu den neuen Merkmalen, die den modernen Menschen von seinen Vorfahren trennt, zählt auch eine dramatische Abnahme unserer Knochenmasse, den Schädel eingeschlossen. Dieser Verlust massiver Knochensubstanz beruht anscheinend auf einer «verzögerten Entwicklung». Es wirkt, als ob wir im Stadium eines jugendlichen Leichtbau-Schädels und -Skeletts verharren. Verglichen mit Schädeln großer Affen und ausgestorbener Menschenformen sind unsere Schädel denen von Kindern ähnlich und dies nicht nur aufgrund der Proportionen. Beim heranwachsenden, modernen Menschen verformt sich das Gesicht weniger stark als bei Affen oder ausgestorbenen Menschenformen, da die Knochen nicht durch massive Vorsprünge und Knochenleisten wie bei einem wirklich robusten Tier verstärkt werden. Das ständig wachsende Kindergehirn zwingt die noch plastischen Knochen des Hirnschädels, der permanenten Vergrößerung nachzugeben. Die Form des kindlichen Schädels läßt sich durch Einbinden verändern, so daß z.B. kurze und breite Schädel entstehen. Künstliche Schädeldeformationen sind möglich, weil die Knochen des modernen Menschen besonders dünn und die Einzelelemente des Hirnschädels beim Neugeborenen plastisch und noch nicht verwachsen sind.

Menschliche Hände sind im Vergleich zu denen der Menschenaffen nur leicht abgewandelt. Sie waren jedoch die Organe, die große Wandlungen zuließen. Ihre Fähigkeit, Werkzeuge und andere Geräte herzustellen, ermöglichte es, weltweiten Einfluß auf die Evolution anderer Tiere zu nehmen. Sie versetzt in die Lage, sich auf bestimmte Lebensweisen zu spezialisieren, ohne spezielle Anpassungen in Anatomie, Physiologie und Verhalten zu erfordern. Die ersten Werkzeuge ergänzten die natürliche anatomische Gewandtheit der Primatenarme, -Finger und -Fingernägel. Affen benutzen Hebel, Sonden, Schwämme, Hämmer und Schlagstöcke. Die ersten Hominiden verwendeten nicht nur Schlagsteine wie heutige Menschenaffen, sondern erlernten vor 2,5 Millionen Jahren Gerölle gegeneinander zu schlagen, um schneidende Kanten herzustellen. Für ein Tier, das sich bevorzugt in der Nähe von Flußläufen aufhielt, zählten Gerölle zu den häufigsten harten Materialien, die überhaupt zu finden waren. Natürlich entstandene «Klingen» hätte man aufwendig suchen müssen, Geröllwerkzeuge dagegen konnte man aus einer reichen Rohstoffquelle herstellen.

Da Gerölle häufig, schwergewichtig und leicht zu bearbeiten waren, stellte man die Geräte bei Bedarf her und ließ sie dann an Ort und Stelle liegen. Man kann sicher sein, daß dieses opportunistische Verhalten auch die Verarbeitung und den kurzfristigen Gebrauch von Rohstoffen wie Horn, Sehnen, Haut, Muschelschalen, Fasern, Lianen und Gras betraf. Die Tatsache, daß unsere frühen Vorfahren Steinwerkzeuge zur Holzbearbeitung einsetzten, belegt ein kleines hölzernes «Brett», das man im Jordan-Tal ausgrub. Das in unmittelbarer Nähe einer Schicht mit Faustkeilen gefundene Stück Holz war flach, quer zur Maserung geschnitten und mit einer Politur versehen. Obwohl es mit 750000 bis 240000 Jahren recht jung ist, könnte es das Produkt eines Erectus oder Heidelbergers sein.

Das Zerschlagen und Zerschneiden fester Nahrung stellte nur einen Teil der Gesamtaktivitäten der frühen Hominiden dar. Wenn die Archäologie den Geröllwerkzeugen eine besonders große Bedeutung zumißt, liegt das nur daran, daß diese besonders häufig die Tätigkeiten unserer Vorfahren belegen. Zweifellos standen die frühen Zweifüßer vor einer Fülle von Problemen, denen sie mit intelligenter Beobachtungsgabe, logischen Schlußfolgerungen, starken Händen und der Fähigkeit begegneten, Materialien tragen und sammeln zu können. Das

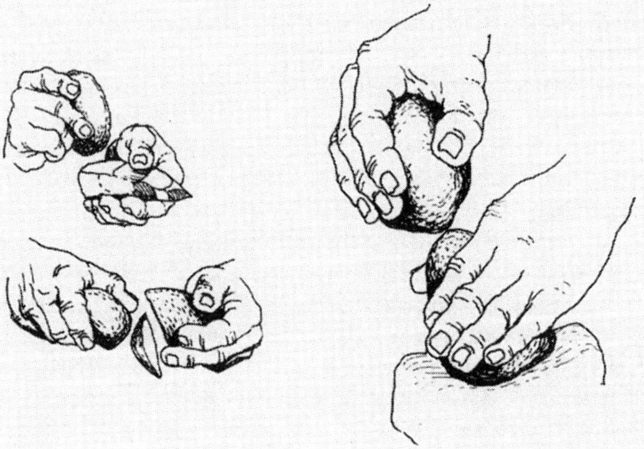

Abbildung 20
Oldowan-Geröllgeräte und Faustkeile wurden durch kontrollierten Schlag von Stein gegen Stein hergestellt.

Verhalten moderner Menschenaffen stützt diese Vorstellung genauso wie Ausgrabungen, die zeigten, daß die frühen Hominiden Lagerplätze voller Geröllgeräte, Knochen und vieler anderer Dinge zurückließen. So ist es nach einem afrikanischen Fundort z.B. wahrscheinlich, daß Habilis-Vertreter Holzkonstruktionen errichteten.

Nachweise für den Bau eines künstlichen Windschutzes liegen von einem ungefähr 1,8 Millionen Jahre alten Wohnplatz in der Olduvai-Schlucht vor. Ein ungefähr vier Meter breiter Steinkreis – von den Ausgräbern als «Fundament» für eine Schutzwand oder Hütte aus Zweigen interpretiert – war von einer dichten Streuung aus Werkzeugen umgeben, Chopper, Kratzer, Amboß- und Schlagsteine sowie Geräte aus vor Ort nicht vorkommenden Materialien, deren Funktion nicht klar ist. Zerbrochene Knochen von Elefanten, Nashörnern, Flußpferden, Giraffen sowie vielen Antilopenarten, Zebras, Schweinen und vielen kleineren Tierarten lagen dicht gestreut am Fundort.

Obwohl einige Archäologen die Existenz einer Hütte bezweifelten, belegt diese Grabung eindeutig, daß der Transport schwerer Werkzeuge, Knochen und Tierteile schon vor dem *Homo erectus*-Stadium entwickelt worden war. Die große Anzahl von Steingeräten, die nicht nur hier, sondern auch an anderen Plätzen weit vom Ursprungsgebiet ihrer

Rohmaterialien gefunden wurden, legt den sehr frühen Einsatz von Tragnetzen nahe. Einige meinen, daß ein Teil dieser Werkzeugansammlungen Werkstätten darstellen, zu denen man die erbeuteten Tiere brachte, um sie zu zerlegen. Wo und wann auch immer die ersten Schutzhütten und Windschutzanlagen aus Zweigen entstanden, sie sind nicht ohne irgendeine Form von Flecht- oder Webeinsätzen aus Zweigen, natürlichen «Seilen» oder Fasern denkbar. Diese Materialien spielten in der Werkzeugkultur der Menschen eine genauso wichtige Rolle wie Steingeräte.

Schimpansen «verweben» beim Nestbau Zweige, viele Vögel weben, verdrehen oder verknoten Fasern zu einem Nest; dabei wählen sie nacheinander drei bis vier verschiedene Materialien aus. Viele Baumläufer nutzen reiche Fruchtstände an Kletterpflanzen, die sich am leichtesten durch Abstreifen ernten lassen. Diese «Lianen» sind, wie Hautstreifen, Sehnen und Darm hervorragend für Bindungen geeignet. Ein aufmerksamer Hominide konnte in der Natur zahllose Beispiele für natürliche Knoten und Gewebe finden. Große Spinnen können Beutetiere bis zur Größe kleiner Vögel überwältigen. Selbst für Vögel vom Ausmaß eines jungen Kasuars oder Adlers ist es nicht ungewöhnlich, sich in Pflanzen mit stacheligen oder klebrigen Blättern oder Zweigen zu verfangen. Genauso können schwächere Tiere manchmal auf ihrem Wechsel von Schlingpflanzen am Genick oder den Beinen festgehalten werden. Irgendwann in einem frühen Evolutionsstadium kann die Beobachtung derartig nahrungsbringender Unfälle zur Erfindung einfacher Schlingenfallen geführt haben. In feuchteren Jahreszeiten versinken größere Tiere manchmal im Morast und ihr Einsinken ließ sich leicht durch den Einsatz von Ästen und «Lianen» verstärken.

Frühe Hominiden folgten sicher aus gutem Grund den Tierwechseln (die meisten Wanderungen hingen sogar von diesen ab). Wechsel warnten den Unaufmerksamen vor Gefahrenquellen, hier konnte man Zeit und Wanderungsbewegungen der Beutetiere erlernen und diese gleichzeitig in vorbereitete Hinterhalte und Fallen treiben. Die Lust und Fähigkeit, solche Unternehmungen zu starten, war schon lange vor dem *Homo erectus* vorhanden. Das alles mag mit dem Einsatz natürlicher «Leinen» und «Fäden» am Ort ihres Vorkommens begonnen haben, da man diese aber wahrscheinlich auch für den Transport von Nahrung, Geräten, Steinen und Ästen zum Lager benutzte, wird sich der Gebrauch von Schnüren auch am Wohnplatz zunehmend verstärkt haben. Auch die heutigen Jäger und Sammler sowie Fischerkulturen sind in der Verarbeitung von Schnüren, Zweigen usw. bis zum Korbflechten wahre Meister. Frauen und Männer verbringen viele Stunden mit der Herstellung und Reparatur von Netzen, sowie dem Bau ausgeklügelter Tierfallen. Fadenspiele sind allgemein verbreitet und die Reißfestigkeit ver-

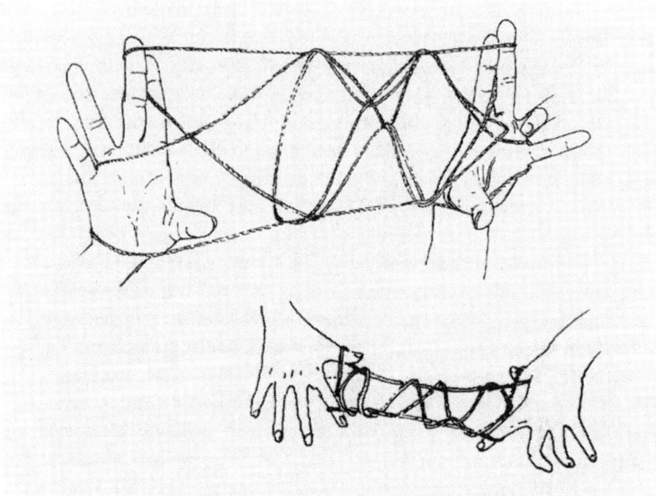

Abbildung 21
Fadenspiele werden noch heute weltweit besonders von Jäger- und Sammlervölkern gespielt.

schiedener Fasertypen wird wiederholt diskutiert und beim «Tauziehen» getestet. Einige dieser Traditionen besitzen womöglich 2 Millionen Jahre Geschichte. Meiner Meinung nach sind in der Geschichte der Menschheit viel mehr Tiere in solchen Fallen gefangen, als aktiv gejagt worden.

Die meisten prähistorischen Werkzeuge mußte man aus tierischen oder pflanzlichen Materialien herstellen. Wie können wir von dieser großen Werkzeugindustrie erfahren, wenn ihre Produkte die Jahrmillionen nicht überdauerten? Wie können wir ihre Werkzeugvielfalt erfassen und ihren Überlebenswert von der Funktion aus einschätzen? Wie stoßen wir zu deren Ursprüngen vor?

Vielleicht liegt ein Anfang darin, daß die notwendigen Rohmaterialien für das prähistorische Leben sich beim Beutefangen oder bei der Nahrungssuche von selbst anboten. Bis zu einem gewissen Grad kam der «Appetit» schon allein durch die Benutzung organischer Materialien oder anderer Produkte.

Im Moment des Tötens eines Beutetieres verwandelt sich dieses vom lebenden Tier zur Rohmaterialquelle, die – bevor sie verdirbt – im wörtlichen Sinne von dem Besitzer oder den Besitzern ausgeschlachtet wird. Die Außenhaut verwandelt sich von einem biologischen Organ zu einem Material, das der Jäger verwerten oder verwerfen kann. Eine mögliche Nutzung besteht darin, in ihm das ganze Tier oder Teile davon vom Jagdplatz zum Lager zu transportieren, wo man es teilt, kocht und ißt. Danach kann die Haut für verschiedene andere Zwecke weiterverarbeitet oder weggeworfen werden, aber die kurzfristige Nutzung als Transportbeutel veranschaulicht einige typische Eigenarten früherer Werkzeuge.

Dazu gehört, daß das Rohmaterial genau da vorhanden ist, wo man es braucht. Jeder, der schon einmal eine Tasche oder einen Beutel vergaß, weiß wie unbequem und schwierig es ist, mehrere kleine Gegenstände zu transportieren und kann einschätzen, was das für einen prähistorischen Menschen bedeutet hätte, der große Mengen verschiedener Gegenstände mit sich führte. Ein weiteres Merkmal ist die Materialökonomie; Gewicht und Größe sollten minimiert sein, wenn man lange Strecken zur Gruppe oder zum Lager zurücklegen muß. Weiterhin schätzte man daher auch Multifunktionalität – wenn eine Tierhaut von weiterem Nutzen war, z. B. als Unterlage, Körperbedeckung oder in Form von Riemen, konnte dieser Bedarf zum Grund für zusätzliche oder bevorzugte Jagd einer speziellen Tierart werden.

Ein Bewertungskriterium war die Qualität. Viele Jäger- und Sammlervölker jagen ganz bestimmte Beutearten wegen der Qualität bestimmter Rohmaterialien. Häute z. B., die besonders dehnbar, weich, elastisch oder auch fest sind, zieht man denen vor, die schneller reißen oder verrotten. Das wärmende Fell eines sonst ungenießbaren Tieres kann dies zur beliebten Beute machen.

Arbeitsökonomie war ein zweites Kriterium. Da die Haut einerseits dehnbar ist und sich andererseits leicht vom Fleisch abtrennen läßt, ist sie für die Beutelherstellung prädestiniert. Andererseits ist ihre Verarbeitung davon abhängig, daß der Jäger scharfe Klingen besitzt. Jedes

Abbildung 22
Eine San-Frau mit Tragebeutel und Grabstock macht Pause um zu trinken.

Rohmaterial ist wertlos, wenn die Bearbeitungsgeräte nicht zur Hand sind. Eine einzige Voraussetzung, wie der Besitz einer Klinge, kann wiederum von anderen Bedingungen abhängen.

Die frühesten jagenden Hominiden zerlegten große Säuger wahrscheinlich mit Steinsplittern, Knochen, Zähnen, Muscheln oder Pflanzenteilen, die man aus lokal vorhandenen Rohstoffen herstellte. In Sumpf- und Steppengebieten, wo nur wenige oder gar keine geeigneten Materialien zur Hand waren, wurden die Jagdmöglichkeiten jedoch stark eingeschränkt, wenn man nicht vorbereitete Steinklingen auf die Jagd mitnahm. Zeitgenössische Jäger fanden eine raffinierte Lösung des Problems in der Entwicklung eines zusammensetzbaren Vielzweckgerätes, einer Speerspitze, mit der man töten, schlachten, enthäuten, zurechtschneiden und schnitzen kann (natürlich bestanden die frühesten Speere wahrscheinlich nur aus angespitzten Stäben).

Damit die Hände für die meisten Routinearbeiten, auch für die Jagd, frei bleiben können, ist es erforderlich, nicht nur eine Befestigung oder Schnur, sondern auch eine Form der Verpackung für die Klinge selbst zu entwickeln. Wir erkennen, daß elementare Arbeiten, wie das Enthäuten eines Säugers, die Entwicklung einer Reihe weiterer Technologien mit zusätzlichen Materialien nicht nur voraussetzt, sondern geradezu *erzwingt*. Diese Sachzwänge helfen uns, die Entstehung ganzer Technologiekomplexe zu verstehen.

Auch Pflanzen können veranschaulichen, wie man Werkzeuge entwickelte, um den Hunger zu stillen. Für frühe Einwanderer in neue Gebiete konnte das Freßverhalten anderer Tiere erste Anhaltspunkte dafür liefern, wo eßbare Pflanzen zu finden sind. Viele Tierarten lernen geeignetes Futter durch Nachahmen der Eltern oder dadurch kennen, daß diese sie füttern. Innovationen durch Experimente mit neuen Nahrungsmitteln spielen im individuellen Leben nur eine untergeordnete Rolle.

Wir neigen zu der Annahme, daß Tiere und Naturvölker wissen, was gut für sie ist. In Wirklichkeit sterben jedoch jährlich sehr viele Haustiere, weil sie giftige Pflanzen gefressen haben und es gibt sichere Hinweise auf Ernährungskrankheiten der vorgeschichtlichen Bevölkerungen. Alan Walker von der Johns Hopkins Medical School untersuchte einen der interessantesten Fälle, einen großen jugendlichen *Homo erectus*. Walker diagnostizierte eine Erkrankung, die man Hypervitaminose nennt. Sie beruht auf einer Überversorgung mit Vitamin A, das in hohen Konzentrationen in der Leber von Raubtieren vorkommt. Er folgerte, daß sich *H. erectus* vor einer Million Jahren an den Ufern des Turkana-Sees von einigen konkurrierenden Raubtierarten ernährt haben könnte. Am wahrscheinlichsten waren dies Hyänen, Schakale und vielleicht Krokodile.

Ganze Stämme einzelner Völker, die in neue Lebensräume und andere Klimazonen vordrangen, mußten bei jeder Wanderung das Problem neu lösen, geeignete Nahrung auszutesten und kennenzulernen.

So erforderte z.B. die Besiedlung der feuchteren Tropen durch *H. erectus* eine größere Ernährungsumstellung. Neue Nahrungsgrundlagen ließen sich über die folgenden Wege erschließen: 1) Beobachtung fressender Tiere; 2) durch Hunger verursachte Experimente; 3) durch Neugier verursachte Experimente; 4) Nebenprodukte anderer Aktivitäten und 5) durch zufällige Entdeckung. Für *Homo erectus* wird die wichtigste Wissensquelle in der Tierbeobachtung und der Untersuchung ihrer Nahrungsreste bestanden haben.

Alle größeren Verbände von fressenden Primaten, Elefanten oder Riesenschweinen hinterlassen in der Vegetation große Schäden. (Meist sind die Pflanzen daran angepaßt und werden dabei in ihrem Lebensraum verbreitet). Für den prähistorischen Menschen eröffneten diese zerstörerischen Auswirkungen der Tiere neue Ernährungsmöglichkeiten, da sie ihnen unzugängliche Nahrungsquellen erschlossen, die sonst im Boden verborgen, unerreichbar oder so hart gewesen wären, daß kein Mensch sie hätte knacken können. Palmenmark, eßbare Wurzeln und zahllose Früchte konnte man entdecken, indem man den Nahrungszügen der Elefanten, Nashörner und Riesenschweine folgte. Hier war nicht nur ein gutes Nahrungsangebot zu finden, das zerstörerische Werk der Vorgänger hinterließ gleichzeitig eine Fülle von zerbrochenen Ästen und Zweigen, die als Hebel und Grabstöcke die Nahrungssuche erleichtern konnten. Um an übriggebliebene Wurzeln oder Fruchtstände zu kommen, mußten sie Erde oder zerbrochene Zweige beiseiteräumen. Palmwedel versperrten den Weg zu den verbliebenen Markresten.

Bekanntes oder unbekanntes Material ließ sich auf seine Qualitäten als Nahrung oder Werkzeug untersuchen. Jäger verglichen permanent: dieses Jungtier ist zart, jenes Alttier zäh; eine Art besitzt gut schmekkendes Fett, die andere nicht. In bestimmten Jahreszeiten schmecken einige Schneckenarten bzw. Pflanzen, die in anderen nicht mehr genießbar oder sogar giftig werden. Wissen und Beurteilungsvermögen waren nötig.

Die Untersuchung und Unterscheidung unterschiedlicher Qualitäten, Altersklassen und die Einschätzung der Nutzbarkeit ist aber kein ausschließlich menschliches Merkmal. Papageien z.B. zerdrücken Früchte und testen ihren Geschmack, bevor sie weiterfressen oder sich etwas anderes suchen; Raubtiere beobachten die Beuteherden längere Zeit, bevor sie auf ein einzelnes junges oder verletztes Tier Jagd machen. Ich beobachtete, wie ein schweres erwachsenes Schimpansenmännchen an einer dünnen herunterhängenden Ranke zog, bevor es ihr sein ge-

Abbildung 23
Schimpanse spannt dünnen Stamm, um ihm mehr Festigkeit zu verleihen. (siehe auch Text)

samtes Gewicht anvertraute und hinaufkletterte. Indem er den Stamm mit drei Extremitäten umspannte, konnte er 10 Meter an einer Pflanze emporklettern, die sofort abgerissen wäre, wenn er die Balance verloren oder die Spannung in dem Bereich aufgegeben hätte, in dem er gerade kletterte. Derartige Schaustücke belegen eine sorgfältige Beachtung pflanzlicher Eigenschaften, die der Schimpanse sinnvollerweise vorher testete. Was wir bei einem Menschenaffen beobachten, sollten wir für die Nutzung natürlicher Ressourcen einem frühen Hominiden genauso oder in verbesserter Form zugestehen.

Der Einsatz organischer Rohstoffe muß bei ihnen ähnlich gewesen sein (z. T. opportunistisch oder zufällig, genauso aber auch auf einer systematischen Basis). Es wäre dumm anzunehmen, der frühe Mensch hätte keine Ansätze solcher Fertigkeiten gehabt, nur weil man sie nicht nachweisen kann. Dies würde bedeuten, seine Ernährung nur aus den Knochenresten der «Küchenabfälle» zu erschließen und sein Können auf die Herstellung überlieferter Steinwerkzeuge einzuschränken. Tropenbewohnende Menschen lebten in einer üppigen und vielfältigen Umwelt, reich an direkt verfügbaren und nicht nur «potentiellen» Nahrungsquellen. Man könnte lange Listen weitverbreiteter, häufiger und eßbarer Pflanzen aufzählen, die in ihrem Lebensraum erreichbar waren. Zusätzlich existierten ganze Tiergesellschaften, die man ohne hochspezialisierte Verdauungsorgane und komplizierte Werkzeugtypen nutzen konnte.

Diese Ressourcen verwerten moderne Menschen und primitive Völker bis heute, die meisten kamen früher aber viel häufiger vor.

Schildkröten, Zugvögel, Pflanzenfresser, Fische aus Überflutungsgebieten und Insektenschwärme sind hervorragende Beispiele. Eine sinnvolle Methode, die Wirtschaftssysteme prähistorischer Menschen annähernd zu verstehen, beruht darin, das wechselnde Nahrungsangebot heutiger tropischer Ökosysteme (selbst in verkümmerter Form) zu untersuchen, um die speziellen Probleme zu erkennen, die sich jedem potentiellen Nutzer stellen.

Das Studium des jahreszeitlich wechselnden Auftretens verschiedener Beutearten kann zu einem Öko-Kalender führen, der für prähistorische Völker grundlegend gewesen sein muß. Diese Untersuchungen verraten, wann und wo die Tiere am leichtesten zu erbeuten waren (z.B. indem man herausfand, wo sich Fische auf ihren jahreszeitlichen oder Gezeiten-Wanderungen strategisch am günstigsten in Untiefen fangen ließen). Die technischen Voraussetzungen für die Ernte derartiger Ressourcen (wie der Einsatz von Fischzäunen in ablaufendem Wasser), ließen sich oft aus natürlichen Gegebenheiten, wie pflanzlichen Barrieren ableiten und abwandeln. Diese Pflanzen – z.B. Mangroven in Meeresnähe oder Riedgräser, Seggen und heruntergefallene Palmblätter in Süßwasserbereichen – können das Vorbild für die technologische Umsetzung gewesen sein.

Von allen den vorgeschichtlichen Völkern zur Verfügung stehenden Techniken ist die Beherrschung des Feuers wohl die wichtigste und mit seiner Nutzung begannen sie die Landschaft zu formen. Ursprünglich war natürlich auftretendes Feuer auf bestimmte Landstriche, Jahreszeiten, Lebensräume und Situationen beschränkt und in der Nähe von Vulkanen am häufigsten. Gelegentlich konnte sich Öl, Torf oder Bitumen entzünden. Sumpfbrände entstehen, wenn Methangas von Blitzen oder trockener Zunder von Sonnenstrahlen getroffen wird, die durch tiefhängende Tropfen gebündelt werden. Blitze gehören wohl zu den häufigsten Ursachen von Bränden, die sich aber nur ausbreiten, wenn Brennmaterial und Wind günstige Voraussetzungen liefern. Zahllose Pflanzenarten sind an regelmäßiges Buschfeuer angepaßt – eine Fähigkeit, die sich lange vor dem Erscheinen der ersten Menschen entwickelte. Pflanzengesellschaften mit diesen Eigenschaften kommen aber nur in ganz begrenzten Regionen vor, z.B. in Südafrika, Teilen Zentralafrikas, Australiens und Indiens.

Einige Fasern und Harzverbindungen können lange glimmen ohne offene Flammen zu erzeugen. Dies gilt besonders für Bodenfeuer, bei denen Gewitter abgestorbene Wurzeln, Torf oder dicke Fallaubschichten entzünden, die dann wie ein Kohlenmeiler weiter glimmen. Prähistorische Hominiden, die in Gebieten lebten, wo derartige Ereignisse häufiger waren, konnten beobachten, daß solche Schwelbrände durch kräftige Winde angefacht wurden. Das langsame Abbrennen ermöglichte eine Gewöhnung und eine genauere Beobachtung des Verhaltens von Feuer. Die Situationen in denen es von praktischem Nutzen war, waren jedoch unmittelbarer und beeindruckender.

In Gebieten mit häufigen Gewittern folgten die frühen Hominiden sinnvollerweise anderen Aasnutzern in die Nähe der Buschfeuer, da hier ein reichhaltiges Nahrungsangebot vorlag. Vor der Feuerfront ließen sich fliehende Tiere in größerer Zahl fangen, aber hinter ihr war die Ausbeute noch größer. In der Asche lagen geschmorte Pythons und Otter, im Panzer gekochte Schildkröten sowie eine Vielzahl gerösteter Eidechsen und Insekten. Besonders heiße Großfeuer konnten auch größere Tierarten, besonders in verletzlichen Lebensstadien, einschließen. Sehr alte Individuen können nicht schnell genug verschwinden, und viele neugeborene Antilopen sind darauf programmiert still liegenzubleiben. Ich habe die Auswirkungen eines riesigen Buschfeuers auf eine kalbende Antilopenherde erlebt; mehr als ein Dutzend älterer Tiere verbrannten, da sie unfähig waren zu fliehen, weil sie ihr letztes Kalb schützen wollten.

Eine Fülle von Aasfressern, «Piraten» oder «Dieben» – wie auch immer man sie nennen will – hatte sich an die Nutzung solcher natürlicher Katastrophen angepaßt. Bevor unsere Vorfahren diese Konkurrenten verdrängten, existierten viel mehr: z.B. heute ausgestorbene Hyänen- und Schakalarten, Bären, aasfressende Beuteltiere, Rieseneidechsen, Kondore und andere auf Aas spezialisierte Vogelarten. Wie die Beutereste großer Raubtiere stellten für diese Spezialisten auch die Überbleibsel der Buschfeuer seit langer Zeit ein großes Nahrungsangebot. Je omnivorer die Hominiden wurden desto häufiger schlossen sie sich den Massen der Aasfresser bei diesen natürlichen Katastrophen an, geleitet von den am Himmel kreisenden Scharen der Weihen, Störche, Geier und Racken. In feuerreichen Landschaften hatten sich Hominiden sicher über eine Million Jahre oder mehr an diese Naturkraft gewöhnt und nutzten sie, bevor sie lernten, Feuer für ihre Zwecke kontrolliert einzusetzen. Wir können sehr sicher sein, daß sie in dieser Zeit entdeckten, wie man Beutetiere mit Feuer treiben kann, und daß sie voller Freude erkannten, daß geschmorte Haut und gekochtes Fleisch leichter zu zerlegen und zu essen war. Sicher gehörte das «Kochen» aber nicht zu den ältesten Nutzungsformen.

Die älteste Form des gezielten Feuergebrauchs dürfte in einer Erweiterung der natürlichen Vorteile bestanden haben, die jene Individuen, die sich nahrungssuchend in seiner Nähe herumtrieben, herausfanden. Beutetiere, die in vom Feuer verschonten Buschgruppen überlebt hatten, ließen sich heraustreiben, indem man eine Fackel nahm und neuen Brand entfachte. Einsichten in die Windrichtung und den Verlauf der Feuerfront waren Voraussetzung für diesen ersten Schritt – er war aber der direkteste und naheliegenste Einstieg in die konsequente Nutzung. Gezieltes Entzünden eines Feuers offenbarte ihnen, daß es sich als gefährlicher Verbündeter einsetzen ließ. Alle weiteren Kontrollmethoden hingen von dieser ersten Fähigkeit und von der Erkenntnis ab, daß man Flammen auf kleinem Raum erhalten kann, wenn man Brennmaterial nachlegt. Dieses Verständnis ist jedoch für andere Nutzungen natürlich entstandener Feuer (die man nicht direkt manipuliert) nicht nötig.

Frühe Hominiden waren sozial, opportunistisch, von Raubtieren und stechenden Insekten bedroht, sowie relativ nachtblind. Feuer brachte ihnen da viele Vorteile. Es wärmte, Flammen und Rauch vertrieben lästige Insekten und schützten vor den nächtlichen Gefahren. Feuer spendete Licht und – vielleicht genauso wichtig – es war das «bewegliche, lebende» Zentrum der Gruppe in der Leere und Stille einer langen mondlosen Nacht.

Von all diesen Vorteilen war wohl am wichtigsten, daß es, besonders in großen Höhen und tropenfernen Gebieten, die Kälte vertrieb. Dies war sicher ein Grund, natürliche Feuer zu erhalten und langfristig zu nutzen. Es ist anzunehmen, daß gezielter Umgang mit Feuer anfänglich nur einigen wenigen Gruppen gelang und wahrscheinlich, daß diese über Jahrtausende experimentierten, bevor kontrollierter Einsatz und das Entzünden zur Routine wurden.

Der älteste Nachweis einer Feuerstelle stammt aus der Höhle von Escale im Südosten Frankreichs. Sie ist ungefähr 1 Million Jahre alt und diente dem *Homo erectus.* Eine effektive Anlage und Unterhaltung von Feuerstellen gab es sehr wahrscheinlich schon viel länger, es ist aber sicher, daß höhlenbewohnende Kolonisten die kalten, nördlichen Breiten dadurch besiedeln konnten, daß ihre Vorfahren im wärmeren Süden die Techniken der Feuerkontrolle entwickelten. Zeitgleich mit der frühesten Anwesenheit des Menschen in europäischen und asiatischen Höhlen treten auch Lagen von Holzkohle und verbrannten Knochen auf.

In europäischen Höhlen sind die klaren Nachweise der prähistorischen Speisekarte in Nahrungsabfällen zu finden, unter denen die Anteile der Rentier-, Bison- und Pferdeknochen entsprechend den klimatischen Verhältnissen der Perioden, in denen die Tiere gejagt wurden, schwanken. Wie bei den Eskimogruppen (Inuit) der jüngsten Vergangenheit in Grönland und Kanada gab es während der langen harten Winter keine pflanzliche Nahrung, entsprechend groß war die Abhängigkeit von nur wenigen Beutetierarten.

Der hohe Norden ist eine kalte Schneewüste; im Süden gibt es trockene Steppen oder heiße Sandwüsten, die den Bewohnern in den meisten Jahreszeiten keine pflanzliche Nahrung boten. Daß auf den prähistorischen Fundstellen dieser Gebiete pflanzliche Nahrung nicht nachweisbar ist, leuchtet ein. Aber genau hier liegen die bestuntersuchten und bekannten Ausgrabungsplätze, da die Erhaltungsbedingungen in Kälte, Trockenheit und säurearmen Böden besonders günstig sind.

Für einen zeitgenössischen Jäger und Sammler wird der Jahresablauf durch zahllose Ereignisse, wie die Eiablage der Vögel im Frühjahr, Fischschwärme in Resttümpeln der Trockenzeiten, Wanderungen der Antilopenherden oder reiche Fruchtstände im Spätsommer, eingeteilt. Aber auch weniger spektakuläre Dinge erfordern z.B. eine Verlegung der Lagerplätze, ein umfangreiches Wissen und viele Jagd- bzw. Sammeltechniken. Über lange Zeiten haben sich die kleinen Bevölkerungsgruppen nach einem Kalender der Natur gerichtet, die regelmäßig große Festessen bescherte. Die meisten Jäger- und Sammler-Gesellschaften müssen auch kurzfristige Hungerperioden ertragen, die jedoch – wenn sie länger anhalten – für viele den Tod bedeuten. Manchmal können sie die Gruppe auch zum Auswandern zwingen.

Wir können uns heute nur noch schwer die Häufigkeit und Dichteschwankungen von Tier- und Pflanzenarten vorstellen, die heute ausgestorben sind. Wandertauben und Bisons in Amerika, Saigaantilopen in Rußland, Springböcke, Quaggas und Weißschwanzgnus in Südafrika beschrieb man vor zwei bis drei Jahrhunderten als «unzählbar». All diese Arten wanderten über weite Strecken und zeigten Massenvermehrungen. Biologische Faktoren und klimatische Gründe, die z.B. die Anzahl von Gnus in der Serengeti, die Massenvermehrungen von Heuschrecken und Ratten sowie den Ernteerfolg in der Prärie steuern, sind heute weitgehend verstanden. Regelmäßiger, wenn auch kurzzeitiger Nahrungsüberschuß, aber auch Mangelzeiten waren prähistorischen Menschen garantiert. Unser Vorstellungsvermögen und unsere Phantasie reichen nicht aus, sich deren Ausmaß vorzustellen. Genauso schwer fällt es uns zu verstehen, wie die Völker mit diesem Auf und Ab zurechtkamen. Wir können sicher sein, daß eine Antwort «Auswandern» hieß und daß Hunger sowie Krankheiten von Zeit zu Zeit selbst die kleinste Gruppe trafen und daß Klimaschwankungen alle Lebensräume beeinflußten.

Klimatisch stabile Gebiete waren klein und weitgehend auf die Tropen und Subtropen beschränkt. Dies waren wahrscheinlich die Räume, in denen eine dauerhafte, stabile Bevölkerung im Gleichgewicht mit ihren ökologischen Bedingungen lebte. Sie lassen sich anhand der bekannten biologischen Refugien und weitverteilter Siedlungsspuren identifizieren. Afrika, Indien und Teile der indonesischen Inselwelt scheinen solche stabile Rückzugsgebiete des prähistorischen Menschen gewesen zu sein. Die afrikanischen Savannen beherbergten jene Pflanzen- und Tiergesellschaften, in denen unsere Urahnen die stabilsten und langfristigsten Lebensbedingungen vorfanden.

Menschen bewohnten alle offenen und wasserreichen Lebensräume von der Mittelmeerküste über das Hochland Ostafrikas bis hin zur gemäßigten Kap-Region. Fast alle diese Landschaften waren überwiegend von Gras und Trockenbüschen bestanden, Habitate, die typischerweise jahreszeitlichen und regionalen Veränderungen unterworfen sind. Gras ernährte viele Beutetiere des Frühmenschen, war jedoch nicht direkt nutzbar, höchstens als Unterlage, Jagdversteck oder kurzfristiger Windschirm. Es besteht aber wenig Hoffnung, Spuren eines so kurzlebigen Objektes wie einer Grashütte nachweisen zu können. Zu den Grasfressern, die dem Erectus als Beute dienten, zählen nach der Körpergröße geordnet: mehrere Elefantenarten, grasfressende Nashörner, einige Flußpferdarten, Zebras, zwei Büffelarten, verschiedene Antilopen (viele davon ausgestorben), unterschiedliche Schweine, Nagetiere (bemerkenswerterweise Stachelschweine und Felsenratten), Hasen, Strauße, samenfressende Vögel und eine Reihe von Insekten (besonders Heuschrecken und Termiten). Beutetiere, die sich selbst von Grasfressern ernährten, waren einige Raubtiere (besonders die weniger gefährlichen Schakale, Hyänen und Mangusten), Pythons, termitenfressende Erdferkel und insektenfressende Vögel. Viele dieser Arten waren nur zu bestimmten Jahreszeiten erreichbar und zu jagen, z.B. müssen die samenfressenden Zugvögel und die Antilopen den jahreszeitlich wandernden Regenfronten folgen. Weidetiere und Blattfresser wie Giraffen, verschiedene Antilopen, weitere Nashorn- und Elefantenarten sowie Kleintiere von der Raupe bis zum Schliefer ergänzten den Speiseplan. Fruchtfressende Vögel, Fledermäuse und Affen stellten weitere wichtige Mitglieder des Savannen-Ökosystems.

Die beste Zeit für Raubtiere ist die späte Trocken- und die frühe Regenzeit, wenn die Vegetationsdecke heruntergetreten bzw. von Pflanzenfressern (besonders Termiten) oder Feuer zerstört wurde. In dieser Zeit sind die konzentrierteren Tierherden leichter zu finden und der fehlende Grasbewuchs behindert das Anschleichen an die Beute nicht mehr. Viele Feuchtgebiete tragen auf Überflutungsflächen hohe dichte Grasbestände, die eine Besiedlung während der Regenzeiten verhindern. In trockeneren Arealen mit einer Mischung aus Gras-, Wald- und Gebüschanteilen ist die Wachstumsperiode kürzer und der dünnere Bewuchs daher schneller abgegrast. Die frühesten archäologisch untersuchten Siedlungsstellen fand man entlang von Flußsystemen in baumbestandenen Savannen. Auch dort wo die Flüsse nur in bestimmten Jahreszeiten Wasser führten, gehörten die frühen Menschen –solange Resttümpel, Wasserlöcher oder Quellen übrigblieben – zu der großen Tiergemeinschaft, deren Lebensweise sich nach dem Wasserangebot richtete.

Dies bedeutet mehr als reine Wasserabhängigkeit. Menschen konnten damals wie heute Tieren an Wasserlöchern auflauern. Diese Jagdmethode ist in der Natur weitverbreitet und der Mensch legte wahrscheinlich sehr systematisch Hinterhalte. Sicherlich haben sie auch kleinere Räuber von ihrer Beute vertrieben. Am wahrscheinlichsten waren es die Erectus-Vertreter, die so einen Großteil ihres «Lebensunterhaltes» bestritten.

Es ist bedauerlich, daß wir so wenig über die Erectus-Menschen wissen, die länger als eine Million Jahre das Feld beherrschten und die Welt formten, die der moderne Mensch vorfand. Es gibt einige Hinweise, die veranschaulichen, wie vor-moderne Menschen gelebt haben könnten, aber in allen Fällen gab es keine Schädelfunde, die verrieten, ob Erectus- oder Heidelberger-Vertreter die Verursacher waren. Eine der wichtigsten Fundstellen liegt in der trockenen Hochebene Kastiliens in Spanien. Torralba und Ambrona liegen in einem Abstand von drei Kilometern in einem Tal mit steilen Hängen, durch das der Oberlauf des Ebro fließt. Dank der Anstrengungen von Clark Howell, Leslie Freeman und anderen, die hier in den 60er Jahren gruben, sind die Fundorte gut dokumentiert. Es ist bis heute einer der bestuntersuchten Schlachtplätze des prämodernen Menschen.

Alle der etwas über 20 ausgegrabenen Wohnplätze stammen aus der gleichen Periode vor ungefähr 400 000 Jahren, das Hauptbeutetier war der Elefant. Mindestens siebzig Elefanten wurden hier geschlachtet; weitgehend Jungtiere, aber auch einige erwachsene und wenige sehr alte Individuen. Obwohl man fast vollständige Skelette ausgrub, fand man vor Ort nur einen kleinen Schädel, der sorgfältig aufgeschlagen worden war, um an das Gehirn zu gelangen. Gehirne sind – wie das Knochenmark – eine Delikatesse; daher ist es wahrscheinlich, daß man die großen, schweren Schädel abtransportierte, um sie abseits des Hauptschlachtplatzes weiter zu zerlegen und den Inhalt zu verzehren. Es besteht die Möglichkeit, daß der Jagdplatz auch zum kurzfristigen Wohnplatz wurde (wie es noch heute an afrikanischen Elefanten-Jagdplätzen vorkommt). Eine säuberliche, kreisförmige Anordnung von Knochen läßt sich als Rest eines ehemaligen Windschutzes deuten, der inzwischen vergangen ist. Die Spitze eines Stoßzahnes, ungefähr 1,3 m lang, hatte man sorgfältig angespitzt, um ihn in den Boden zu treiben. Weitere in Torralba in größerer Zahl nachgewiesene Jagdtiere sind Nashörner, Pferde, Auerochsen und Hirsche. Eine ungewöhnliche Verteilung von verkohlten Zweigen führte Howell zu der Vermutung, daß man die Großsäuger durch Feuer in die Falle der Tonsümpfe trieb. Freeman ging noch einen Schritt weiter und schlug vor, daß die Zweigreste ehemalige Fackeln gewesen sein sollen und man mit den schweren, runden Steinen, die man am Ausgrabungsort fand, die Beute zu Tode steinigte. Er betonte, daß die große Zahl der schweren Beutetiere, die systematisch am gleichen Ort gefangen und getötet wurden, auf die Arbeit von mehr als einer Kernfamilie zurückzuführen sei, der Fleischertrag hätte mehrere Gruppen von insgesamt an die hundert Leuten versorgen können. Darüber hinaus ist – wie er betonte – das Rufen, Signalgeben, Beutetöten und -schlachten sowie das Verteilen des Ertrages nur mit einem komplizierten und anpassungsfähigen Kommunikationssystem möglich, wahrscheinlich über Lautäußerungen, die wir heute Sprache nennen würden. Ein Gegner dieses teilweise hypothetischen Szenarios hat die Vermutungen einen Schritt weitergeführt und wendet ein, daß die Tiere zufällig tot aufgefunden wurden und die Entdecker «zwangen» geeignete Werkzeuge zu entwickeln.

Ein genaueres Bild der von diesen Menschen gebauten Hütten stammt von den Hängen einer küstennahen Sanddüne an der französischen Mittelmeerküste, wo man ein ähnliches Spektrum erbeuteter Säugetiere durch gesammelte Schalentiere ergänzte. In die gleiche Periode wie Torralba datiert und nur wenige hundert Kilometer entfernt, fand man in Terra Amata Reste ovaler Hütten mit drei bis sieben bzw. fünf bis siebzehn Meter Durchmesser. In der Mündung eines kleinen Flusses gelegen – heute die Bucht von Nizza – markieren Pfostenlöcher, Herdstellen und Steine Hütten, die aus Pfosten bestanden und wahrscheinlich ein dichtes Blätterdach trugen. Unterschiedlich große Steine stabilisierten die Pfosten und schützten die Feuerstellen vor Wind. Hütten dieser Größenordnung konnten problemlos bis zu 20 Menschen beherbergen. Zu den Funden gehören u. a. eine große hölzerne Schüssel, bleistiftartig angespitzter roter Ocker und aus großer Entfernung herbeigeschaffte flache Kalksteinblöcke, die als Sitze gedient haben dürften.

Auf den spanischen Fundstellen dieser Periode fand man neben Halbkeilen, Faustkeilen, Abschlägen, Bohrern, Kratzern, Spitzen und retuschierten Klingen auch Knochen und Elfenbeingeräte (einige davon wahrscheinlich zur Feinbearbeitung der Steine). Spatel, Schöpfkellen, Klingen und Kratzer erhielten sich im sumpfigen Boden und – noch wichtiger – Teile bearbeiteten Holzes mit Löchern und Spuren von Schnitzereien und Oberflächenberarbeitung, die man mit Stein- und Elfenbeingeräten herstellte. Einige Stücke deutet man als Reste von Speeren.

Weitere Hinweise auf die Intensität der Landnutzung stammen aus dem Hunsgi-Tal in Karnataka, Indien. Acheuléen-Werkzeuge (von denen man vermutet, daß sie von Erectus-Vertretern, möglicherweise auch von Heidelberger-Menschen oder den Mapas stammen) finden sich hier in dichten Ansammlungen am Talboden und in kleineren, höhergelegenen Fundstreuungen, regelmäßig in der Nähe von Quellen, die bis heute über einen kleinen Bach in das Tal entwässern. 45 Fundorte wurden

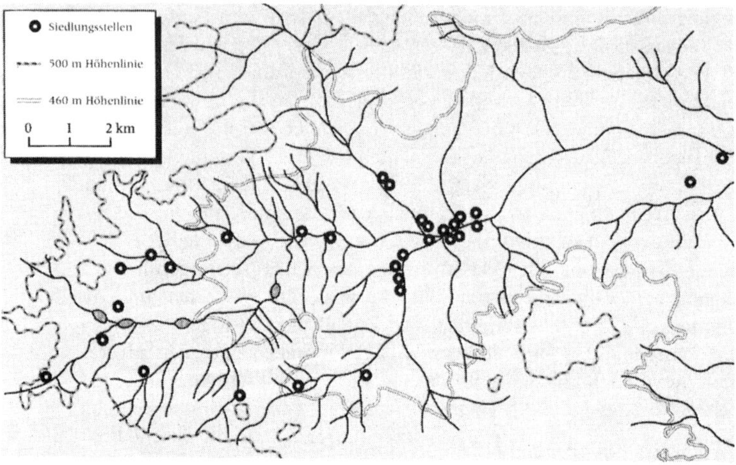

Abbildung 24
Die Karte des Hunsgi-Tales, Indien zeigt die Lage von Acheuléen-Siedlungen in der Nähe von Flüssen, Quellen und Teichen.

bisher entdeckt, deren Werkzeuginventare Faustkeile, Halbkeile, Geröllgeräte, Fäustel, Klopfsteine und Steinklingen enthalten. Die ungleichmäßige Fundstellenverteilung führt man auf kurzfristige Siedlungsphasen während der Feuchtzeiten im Bergland (artefaktärmer) und dauerhafteren Talsiedlungen (artefaktreicher) während der Trokkenzeiten zurück. Dieses Verteilungsmuster deckt sich mit jahreszeitlichen Wanderbewegungen zeitgenössischer Jäger sowie mit den allgemeinen jahreszeitlichen Klimaänderungen und der Wanderung des jagdbaren Wildes.

Eine Lebensform, die mindestens anderthalb Millionen Jahre überdauerte und sich über drei Kontinente sowie die unterschiedlichsten Lebensräume ausdehnte, läßt sich nicht aus wenigen Befunden rekonstruieren. Über die riesigen Zeiträume lassen sich nur wenige Hinweise auf kulturelle Änderungen finden, was belegt, daß ein gewisses ökologisches Gleichgewicht erreicht war. Der umfangreiche Feuereinsatz und die systematische Jagd auf Großtiere muß jedoch langfristig die Ökosysteme verändert haben. Wie diese Änderungen ausgesehen haben könnten, beschreibt das nächste Kapitel.

Wie lange der Erectus als Menschentyp überlebte, war von Region zu Region verschieden. Nach heutigen Erkenntnissen existierte er am

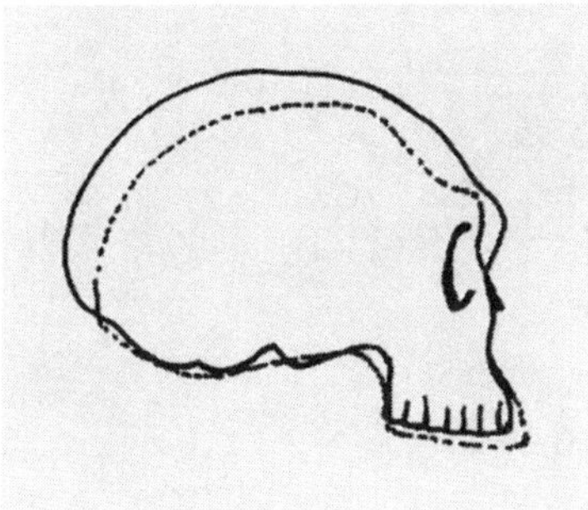

Abbildung 25
Schädel eines Erectus (punktierte Linie) im Vergleich zu einem frühen Modernen (Ngaloba, Laetoli).

längsten in Südostasien, wo er eine deutlich verschiedene Kultur entwickelte. Wenn man die Datierung des jüngsten Fossils – des Solo-Menschen auf Java – mit 100000 Jahren bestätigen kann, hat er bis in die Ära der ersten modernen Menschen überlebt. In Afrika und speziell in Eurasien hat die vorausschauende Intelligenz es den Erectus-Menschen wahrscheinlich ermöglicht, sich auch in schwierigeren und abgelegeneren Gebieten über viele Zehntausende von Jahren zu halten. Einige Regionaltypen könnten sich auch mit den späteren, moderneren Vertretern vermischt haben, ihre Nachkommen sind aber langsam ausgestorben. Es ist unwahrscheinlich, daß sie den Genpool der modernen Menschen beeinflußt haben.

Die Verdrängung einer Art durch eine andere ist meist kein einzelnes, plötzliches Ereignis. Häufig läuft es über eine Reihe kleinerer Zwischenschritte ab, wenn konkurrierende Gruppen aufeinandertreffen. Die Beobachtung anderer Tierarten zeigt, daß ein Grundmuster darin besteht, daß die erfolgreicheren Populationen über eine breite Front in das neue Gebiet vordringen, dabei aber ältere, besser angepaßte Populationen des Konkurrenten in Enklaven überleben. Dies sind normalerweise Gebiete, in denen lange Phasen der Selektion und gute Anpassungen an lokale Bedingungen den Ursprungsbewohnern Vorteile verschaffen. Dazu können Hochländer mit besonderen Nahrungsbedingungen oder schwierigem Gelände gehören, wo komplexe Herausforderungen durch die neuen Umweltbedingungen nicht so leicht von einwandernden Fremden gelöst werden können. Andererseits können Restpopulationen auch in Gebieten überleben, die von natürlichen Barrieren wie Wüsten oder Bergen geschützt sind.

Es ist bekannt, daß sich die Verbreitungsgebiete vieler verschiedener Hominidenformen überlappten, aber in allen Fällen mehr oder weniger kurzzeitig. Die längste Koexistenzphase hatten der große pflanzenfressende Australopithecine *Paranthropus* und der kleinere omnivore *Homo*. Später lebten in China Erectus-Menschen gleichzeitig

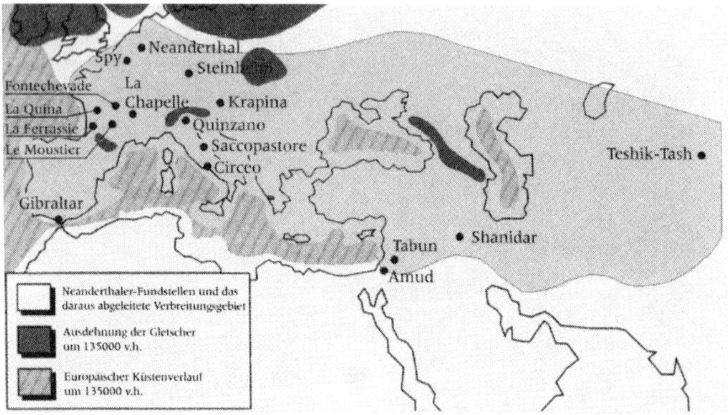

Abbildung 26
Neanderthalerfundstellen und das daraus abgeleitete Verbreitungsgebiet. Verbreitung der Gletscher und der tieferliegenden Küstenlinien um ungefähr 135 000 v. h.

mit den Mapa-Vertretern (wie intensiv deren Kontakte waren, ist unbekannt). Man kann vermuten, daß die ältere Population umso schneller verdrängt wurde, je größer die Übereinstimmung der ökologischen Ansprüche der Eindringlinge war (die moderneren Einwanderer konnten sich meist schneller und besser anpassen).

Das am besten dokumentierte Beispiel für eine derartige Verdrängung ist der Ersatz der Neanderthaler durch moderne Menschen. Jedoch auch in diesem Fall ist der genaue Verlauf bis jetzt wenig verstanden.

Die Neanderthaler begannen als nördliche Population der Heidelberger in Europa und Westasien. Ihre bewundernswert schönen Moustérien-Werkzeuge, ihre Ornamente, Gräber, Fürsorge für Behinderte und Alte charakterisieren sie als hochorganisierte kleine Familienverbände. Neanderthaler sind durch Ausgrabungen in zahlreichen Höhlen ganz Europas gut erforscht. Sie überlebten die Winternächte an Lagerfeuern in Höhlen, die in der Nähe reicher Tiervorkommen lagen. Eine Jagdausbeute, die ausreichte, um einige Individuen über den Winter zu bringen, ließ sich am besten von kleineren Familiengruppen erreichen, die in ihren eigenen Höhlen und Schutzanlagen lebten und diese wohl auch verteidigten. Ihre Wohnplätze legten sie in die Nähe der Wanderrouten der Tiere oder reicher, pflanzlicher Nahrungsgründe. Sehr kleine Gruppen, die jagen, schlachten und das Fleisch transportieren mußten, waren gezwungen, mehr Energie einzusetzen, kräftiger und ausdauernder zu sein, als Mitglieder stärkerer Verbände. Die Neanderthaler überlebten die nahrungsarme Winterzeit, indem sie kleine, weit verstreute

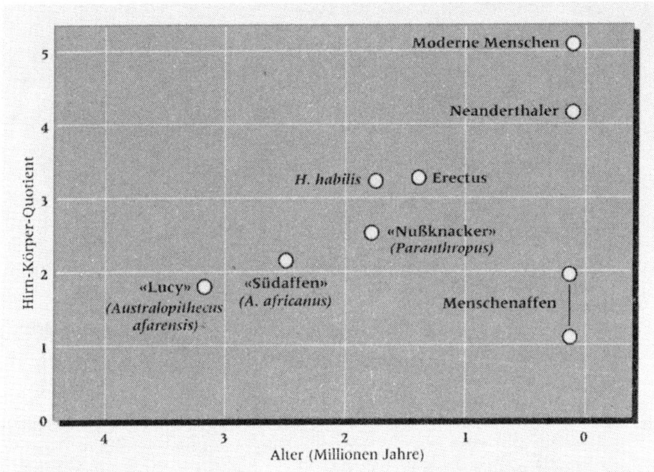

Abbildung 27
Zunahme der relativen Hirngröße (Hirn-Körper-Quotient) bei Hominiden-Gehirnen.

Gruppen ausbildeten, ihre Ansprüche einschränkten und eine Vielfalt an Nahrungsmitteln nutzten: Höhlenbären, Mammute, Nashörner, Pferde, Hirsche, Rentiere, Wisente und Steinböcke. Sie vertrauten darauf, stark und widerstandsfähig sowie innerhalb der Familie kooperativ zu sein. Es gibt keine Hinweise, daß sie auch in größeren Gruppen zusammenkamen.

Viele Kleingruppen dieses kräftig gebauten Volkes waren durch Klimaänderungen und während besonders starker Winter vom Hungertod bedroht. So lange wie sie die einzigen Hominiden waren, konnten sie die Wirkung derartiger Katastrophen wieder auffangen, mit dem Eindringen eines kleineren aber zahlreicheren, moderneren Menschentyps verschwanden sie.

Die Verdrängung des Neanderthalers durch den modernen Menschen, trotz seiner größeren Kraft, seines großen Gehirns und einem ähnlichen Steingeräteinventar kann viele Gründe gehabt haben, wie z. B. Unterschiede in der Geburtenrate. Der Sieg des modernen Typs muß aber auch durch bessere soziale Flexibilität und Organisation gestützt worden sein.

Es ist unbekannt, wie nahe verwandte Menschenformen sich zueinander verhielten und ob ein genetischer Austausch möglich war. Es ist bekannt, daß Neanderthaler und moderne Menschen sich als Bewohner einzelner Höhlen in einigen Gebieten mehrfach abwechselten. In ande-

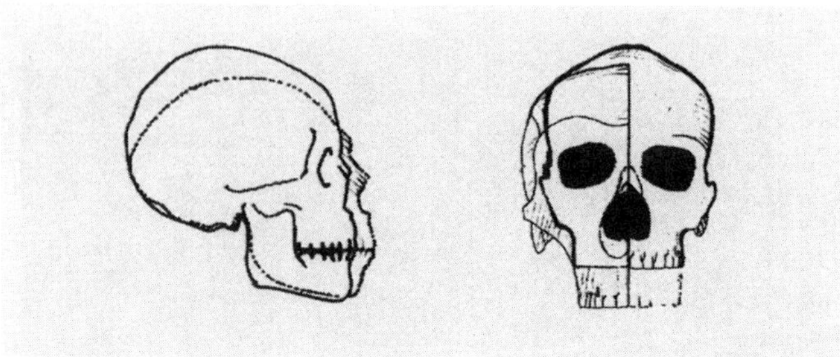

Abbildung 28
Vergleich der Schädel des modernen Menschen und des Neanderthalers. (links) Profilansicht des Neanderthalers punktiert. (rechts) Halber Neanderthaler-Schädel über den Konturen eines modernen Menschenschädels.

Die Zeittafel wichtiger Schritte der Menschwerdung läßt sich folgendermaßen zusammenfassen

Zeit	**Entwicklungsschritt**
0,15 MJ	Moderne Menschengruppen verlassen Afrika.
0,6 bis 0,2 MJ	Von einem unbekannten Zentrum aus dringt der Heidelberger-Mensch weit nach Afrika und Eurasien vor, dies führt zu mindestens drei regionalen Gruppen (Neanderthaler in Europa, Mapas in Ostasien und Moderne in Afrika).
1,6 bis 0,5 MJ	In Afrika entsteht *H. erectus*, der Eurasien besiedelt und klare Regionalpopulationen ausbildet.
2,4 bis 1,5 MJ	Omnivore Hominiden, eine neue Gattung *Homo*, bilden einen Komplex verschiedener Formen (gemeinhin *H. habilis* genannt).
4 bis 2 MJ	Australopithecinen trennen sich in omnivore und pflanzenfressende Linien auf.
8 bis 5 MJ	*Australopithecus* als Savannenform, entsteht aus einem weitverbreiteten omnivoren Menschenaffen.

ren Gebieten scheinen Neanderthaler die kälteren Hochländer und die Einwanderer die gemäßigteren, tieferen Lagen bewohnt zu haben.

Es scheint heute gesichert, daß beide Menschenformen über mehrere Jahrtausende in Südfrankreich und dem östlichen Mittelmeerraum koexistierten. Mit der Verschlechterung der Lebensbedingungen mußten beide Formen intensiver nach Nahrung suchen, die Konkurrenz wurde stärker. Der immer stärkere Druck, um das reine Überleben zu kämpfen, traf wahrscheinlich die Neanderthaler nachhaltiger als die modernen Vertreter, da ihre soziale Organisation nicht so anpassungsfähig war. Vor spätestens 30000 Jahren war der Kampf verloren, die Neanderthaler waren ausgestorben und der moderne Mensch konnte die nördlichen Länder kolonisieren als die Gletscher zurückwichen. Die Datierung wichtiger evolutiver Schritte sind in der nebenstehenden Tabelle zusammengefaßt.

2
Eden und danach

Die Geschichte der Vertreibung aus dem Garten Eden hat man oft und verschieden interpretiert. Ich bevorzuge die Symbolik, daß jeder Mann und jede Frau den zeitlosen Garten der Kindheit verlassen und in ein räumlich und zeitlich begrenztes Erwachsenenstadium übertreten muß. Wenn dies die ursprüngliche Botschaft ist, sollte man ergänzen, daß Eden auf mehr als ein Entwicklungsstadium oder eine Erkenntnisfähigkeit hinweist. Es liegt in der Natur der Mythen, daß sie die ersten Anfänge des Menschen mit Nacktheit der Geburt und der Unschuld früher Kindheit in Zusammenhang bringen. Ist der Ursprung die Kindheit und Eden ein atavistischer Spielplatz, dann symbolisiert es Heimat, Nahrung, Geborgenheit und Sicherheit. Im erweiterten Sinn ist Eden die Oase in der Wüste. Es ist die (winterzeitliche) Sehnsucht nach dem Sommer. Für Kranke ist Eden Gesundheit. Zoologen haben verschiedenen Säugetieren in Wahlexperimenten Boxen geboten, die sich in Temperatur und Feuchtigkeit unterschieden. Die vom Tier bevorzugte Box nannten sie Eden.

Diese Visionen einer frühen Kultur des Mittleren Ostens erschufen eine einzige, eindrucksvolle Geschichte, die zwei Elemente verband, zwei Vorstellungen über unsere Herkunft. Die eine beruht auf kindlichen Vorstellungen und der Wahl von Symbolen für Gedanken über den Ursprung. Hier sucht die verletzliche Kinderseele wie das Tier im Experiment die angenehmste Zuflucht auf. Die andere war eine allgemeine Erkenntnis, daß die Menschheit irgendwo, unter ganz anderen Bedingungen als den alttestamentarischen des Orients, entstanden sein mußte.

Ohne die Symbolkraft der Genesis über ihre mythischen Grenzen hinaus interpretieren zu wollen, verführt die Vorstellung eines Ursprungsgebietes und einer nachfolgenden Auswanderung der Vertriebenen dazu, dies mit modernen Vorstellungen von Ökologie und Biogeographie zu verbinden.

Man kann sich dem Thema nähern, indem man zunächst überlegt, in welcher «Box» sich frühe Hominiden wohlfühlten. Klimabedingungen haben die Vorgeschichte geformt, sie waren Ursache dafür, daß Brücken zwischen Kontinenten entstanden und verschwanden, so daß Menschen weit von Eden entfernte Länder besiedeln konnten. Von ihren eigenen Klimapräferenzen, Ozeanen, Bergen und Wüsten beschränkt, unterlagen frühe Menschen biogeographischen Grundmustern, die sich nicht wesentlich von denen der Tiere unterschieden. Eine kurze Beschreibung der Biogeographie der Alten Welt reicht daher aus, die Ausbreitung des modernen Menschen zu skizzieren. Einige meiner Überlegungen über die Verbreitungswege wirken überzeugender, wenn man sie an denen anderer Säugetiere erläutert.

Die Verbreitung von Tierpopulationen kann eine Richtschnur für Überlegungen zu Lebensräumen prähistorischer Menschen sein. Beide hängen vollkommen von dem unvorhersagbaren Klima ab. In allen Bereichen der Humanbiologie ist die Forschung intensiver geworden, wobei Erkenntnisse über Klimageschichte inzwischen sehr interessante Zusammenhänge mit der menschlichen Vorgeschichte aufdeckten. Dies liegt auch daran, daß die Datierungsmethoden genauer wurden.

Die Eiszeiten sind besonders gut bekannt. Was weniger zur Kenntnis genommen wird ist, daß sie nur ein Teilabschnitt von 27 ausgeprägten Klimazyklen sind, die in den letzten 3,5 Millionen Jahren abliefen. Einige der extremsten Veränderungen fanden in der Frühzeit dieser Periode statt, in der sich die Ozeane abkühlten. Dies verursachte, daß Afrika und die meisten anderen Tropengebiete trockener wurden und die gemäßigten Zonen nach Süden vordrangen (so daß große Teile der Sahara mediterran wurden). Eine Folge der extremen Kälte war die Fixierung großer Wassermengen in den polaren Eiskappen, wodurch der Meeresspiegel um 130 bis 150 m sank. Diese Absenkung ließ große Küstenebenen entstehen, weitgehend fruchtbar und gut bewässert, die sich zu wichtigen Siedlungszentren der Menschen entwickelten. Die umfangreichsten «Landgewinne» der Alten Welt gab es um das Mittelmeer. Die Nordsee, Südostasien und die Beringstraße zwischen Asien und Amerika waren weitere Gebiete, in denen der Abstand der Kontinente dadurch schrumpfte, daß vormals überflutete Festlandsockel (Schelf) trockenfielen. Afrika war – da seine Schelfgebiete sehr schmal sind – von alledem am wenigsten betroffen. Trotzdem waren die Verbindungen zu Arabien und Eurasien während der kühleren Perioden breiter und leichter zu überqueren.

Eine lange und ausgeprägte, ungefähr von 150000 bis 132000 Jahren v.h. dauernde Eiszeit, ging wärmerem, feuchterem Klima in den Tropen voraus, das um 108000 v.h. und nochmals um 88000 v.h. abkühlte. Die Archäologie dieses Zeitraums bringt bisher nur klägliche Ergebnisse, genau in dieser Periode verließen moderne Menschenformen aber Afrika und wanderten nach Südostasien ein. Die wiederkeh-

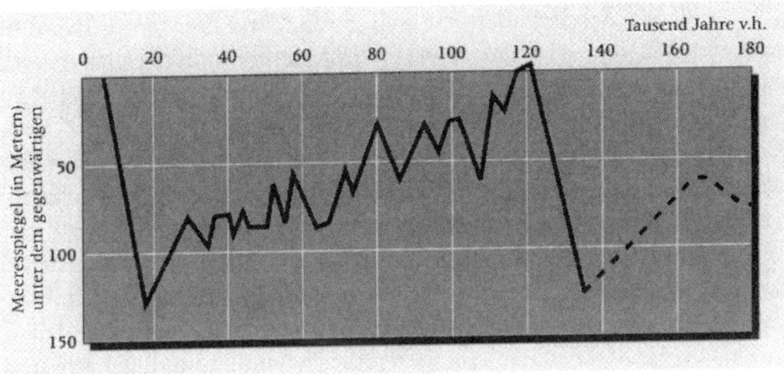

Abbildung 29
Abgesenkter Meeresspiegel, kühlere Temperaturen und größere Trockenheit treten gemeinsam auf. Die tiefsten Meeresspiegel korrespondieren mit Zeiten der stärksten Vergletscherung, hier am Beispiel der Huon-Halbinsel gezeigt (aber auf große Bereiche übertragbar). Nach Chappel und Shackleton (1986), Shackleton (1987) und Wasson und Clarke (1987).

renden Kaltzeiten und ein niedriger Meeresspiegel ließen den Umfang der tropischen Regenwälder um 64000 v.h. schrumpfen und verbesserten die Lebensbedingungen für Menschen in Südostasien. Zeiten mit niedrigem Meeresspiegel haben die Besiedlung von vorgelagerten Inseln und Australien, das Menschen ungefähr zu dieser Zeit erreichten, erleichtert.

Nach einer unstabilen Periode mit kurzen Warmzeiten wurde es um 33000 v.h. wieder kalt. In diese Phase fallen wichtige kulturelle Veränderungen und Entwicklungen in verschiedenen Regionen der Welt. Um 43000 v.h. tritt der moderne Mensch in Europa auf und der Neanderthaler verschwindet 32000 v.h. Fast gleichzeitig kam die Bevölkerung auf dem asiatischen Festland in Bewegung. Es gab eindeutige Wanderbewegungen in den südwestlichen Pazifik. Eine letzte, schwere Kaltphase begann um 19000 v.h. Seitdem ist das Klima, bis auf kurze «Ausrutscher» wie die Minieiszeit von 1400 – 1850 n.Chr., permanent wärmer geworden.

Bis heute ist unsicher, wann Amerika besiedelt wurde. Es könnte schon 30000 v.h. gewesen sein, die meisten Daten deuten jedoch eher auf 15000 v.h.

Alle weitverbreiteten Arten sind an starke klimatische Schwankungen angepaßt, der Mensch macht da keine Ausnahme. Bei frühen Hominiden wie dem Erectus waren zahlreiche physiologische Anpassungen, d.h. einfache physische Härte, im Kampf gegen Kälte bedeutsamer als Feuer und Fellkleidung. Bei späteren Menschentypen wurde die Technologie wichtiger als biologische Anpassungen.

Vor dem gezielten Feuergebrauch durch Menschen war der ökologische Charakter Ostafrikas, wo sich die ersten Hominiden entwickelten, ganz anders. Ein großer Teil der Vegetation passierte den Verdauungstrakt großer und kleiner Pflanzenfresser von Elefanten und Giraffen bis hin zu Termiten und Heuschrecken. Menschen mußten sich als unbedeutendes Glied in ein Ökosystem einfügen, das viel mehr Pflanzenfresserarten als heute eine Existenz bot.

Ostafrika ist eine der komplexesten und vielfältigsten Landschaften der Welt, durchschnitten und geformt von Bergkuppen, Klippen, Bergen, Tälern, Flüssen und Seen. Wälder erstreckten sich von jedem Hochland und Vulkan in die Flußtäler des Tieflandes. Im Regenschatten waren saisonale Wasserläufe von Galeriewäldern und Büschen umstanden. Ebenen trugen Sümpfe und Überschwemmungsgebiete, in Regenzeiten zwar überflutet, aber sonst hervorragende Weidegründe. In den Grenzbereichen zu Seen und Flüssen fanden sich Schlammflächen, in denen sich Nährsalze sammelten. Eine vitale Mischung aus Bäumen, Gebüschen, Termitenhügeln, guten Böden und Grasländern lockte viele Tierarten – den Menschen eingeschlossen – hierher.

Ein Mosaik aus kleinen gras- bzw. baumbewachsenen Flächen begleitet manchmal als schmale Übergangszone die Grenze vom Wald zum freien Grasland. Dieser Bereich, der zwei verschiedene Pflanzengesellschaften verbindet, ist der Savannengürtel. Als Antwort auf Klimaänderungen konnten die Pflanzenformen dieses Übergangsbereiches vordringen und zurückweichen wie Ebbe und Flut. Im günstigsten Fall konnte der größte Teil Ostafrikas eine riesige «Übergangszone» werden, ein blühendes Mosaik aus Baum- und Grasbeständen, das sich ständig änderte.

Mit der Anpassung an variables Klima und die ökologische Vielfalt fanden die frühesten Hominiden ihre ökologische Nische. Bevor menschliche Aktivitäten zu einem bedeutenden Faktor wurden, war das Savannen-Mosaik nicht nur wegen der Klimaschwankungen instabil, sondern auch, weil die Populationsdichte der großen Säugetiere schwankte. Mit ihren unterschiedlichen Nahrungsansprüchen, dem gewaltigen Umsatz an Nahrung, dem Kommen und Gehen der wandernden Populationen, blieben die Faktoren des Ökosystems in ständiger Bewegung. Manchmal gab es dramatische, schnelle Veränderungen, zeitweise nur geringe. Mehr Konsumenten bedeuteten zwangsläufig einen höheren Verbrauch an Pflanzen. Gegenwärtig beträgt die tierische Biomasse in afrikanischen Nationalparks zwischen 12000 und 18000 kg pro km^2. Diese Produktivität dürften die Lebensgemeinschaften der Savannen vor 100000 Jahren bei guten Bedingungen auch erreicht haben.

Fossilien belegen, daß die Mehrheit der heute lebenden Arten schon vor zwei bis drei Millionen Jahren existierte und man kann – ausgehend von den heutigen ökologischen Ansprüchen dieser Tiere – annehmen, daß die ökologischen Strategien einiger Arten sich stärker änderten als diejenigen anderer.

Wir beginnen die Auswirkungen zu verstehen, die anscheinend unsinnige Verhaltensweisen, wie das tägliche Anlegen von Feuer oder die bevorzugte Jagd auf Jungtiere von Arten mit geringer Vermehrungsrate, haben. Diese zunächst eher selteneren Aktivitäten können besonders dann zu weitreichenden Konsequenzen führen, wenn man sie über Jahrzehnte oder sogar Jahrhunderte ausführt. Beispielsweise werden ortsfeste, an Wasservorkommen gebundene Tierarten leichter durch Jagd ausgerottet als unstete Wanderer. Die erstgenannten bewohnen als Einzelgänger mit Territorialbesitz weitgehend fruchtbares Land und sind hier gleichmäßig verteilt. Die letztgenannten bilden wandernde Herden, die allein durch ihre Anzahl und ihre ausgeprägten Verteidigungssysteme mögliche Schäden durch Raubtiere mindern. Viele Spezialanpassungen, besonders im Bereich der Ernährung, werden die jeweilige Tierart auf kleinräumige Futtergründe, wo sie dem selektiven Jagddruck durch Menschen ausgesetzt waren, beschränkt haben. Über solche Mechanismen muß sich das Artenspektrum der Großsäuger langfristig verändert haben. Die größte Waffe des Menschen war seine Anzahl. Waren Menschen erst einmal so zahlreich, daß sie das Vermehrungspotential ihrer Beutetiere stoppten oder sogar senkten, war abzusehen, daß Arten aussterben würden.

Die Veränderungen afrikanischer Ökosysteme durch den Menschen kann man im großen und ganzen in zwei Perioden unterteilen. Die erste – sie stimmt mit der Zeit der Erectus-Vertreter und der Heidelberger überein – ist durch eine geringe Zahl an Jagdmethoden, wahrscheinlich gelegentlichem Feuergebrauch und eine geringe Bevölkerungsdichte der Jäger charakterisiert. Jäger konnten in dieser Phase nur sehr große, verwundbare und stark spezialisierte Säuger ausrotten. Anatomisch modernere Menschen haben sicherlich den Jagddruck verstärkt, da sie zahlreicher waren, vielfältigere Überlebens- und Jagdtechniken besaßen, die Vegetation vermehrt abbrannten und langsam die Zahl der für sie bewohnbaren Lebensräume vergrößerten. Vermehrter und ausgedehnterer Einsatz des Feuers wurde wohl zum wichtigsten menschlichen Einfluß auf die Vegetation. Das heutige Vorherrschen feuertoleranter Bäume, wie Akazien, *Combretum* und *Terminalia* sowie vieler feuerabhängiger Gräser, spiegelt hunderttausende Jahre der Anpassung an Feuersbrünste wieder, die vorwiegend der Mensch legte.

Das lange Zusammenleben von Menschen mit afrikanischen Savannengesellschaften muß zu kulturellen und technischen Traditionen geführt haben, die sich so eng mit Verhaltensweisen und psychologischen Eigenarten verknüpften, daß man sie auch in außerafrikanischen Gebieten nicht so leicht «abschütteln» konnte. Die afrikanischen Savannen-Ökosysteme entwickelten sich gemeinsam mit *Homo*. Einerseits bildeten Tiere und Pflanzen Abwehrmechanismen gegen die menschlichen Verwüstungen aus, andererseits erzwang ein Komplex endemischer Krankheiten, Konkurrenten, Raubfeinde sowie sozialer und ökologischer Faktoren, die Bevölkerung in Grenzen zu halten. Afrikas Eden war zwar kein Paradies, aber für mindestens fünf bis sechs Millionen Jahre der einzigartige Lebensraum unserer Vorfahren.

Auswandernde Hominiden bevorzugten sicherlich neue Lebensräume, die den alten in Klima, Fauna und Flora ähnelten und in denen sie ihre alten Lebensweisen beibehalten konnten. Teile des Mittleren Ostens und Indiens stimmen in ihren ökologischen Bedingungen mit Afrika gut überein, so daß es naheliegt, daß die erste Siedlungswelle in diesen großen, nordöstlich liegenden Landstrich hinüberschwappte. Es ist sehr ärgerlich, daß dieses Gebiet bisher keine Fossilfunde lieferte, obwohl man an vielen Stellen Steinwerkzeuge fand, die einen großen Zeitraum abdecken.

Die ungefähre Datierung der Ausbreitungsphasen des Menschen sind auf S. 81 in tabellarischer Form zusammengefaßt. Ausbreitungsbarrieren für Landtiere bestehen aus Seen, Bergen, Wüsten und anderen ungastlichen Gebieten. Im Verlauf der Klimaveränderungen und Meeresspiegelschwankungen stand den Populationen für einige hundert oder tausend Jahre die Tür in Nachbargebiete offen und schloß sich dann wieder. Die Konsequenz aus jeder Entstehung von Teilpopulationen ist die Bildung zweier genetisch isolierter Genpools; speziell hier verdient die Biogeographie besonderes Interesse.

Afrika ist in verschiedene ökologische Gebiete unterteilt. Der breite Gürtel des äquatorialen Waldes hat selten – wenn überhaupt – den nördlichen und südlichen Savannengürtel ganz voneinander getrennt, indem er vom Atlantik bis zum Indischen Ozean reichte. Trockenere Korridore verbanden Nord und Süd wohl zu allen Zeiten. Trotzdem gibt es zwischen Fauna und Flora der nördlichen bzw. südlichen Savanne zahlreiche Unterschiede. Die südlichen und östlichen Savannen sind ökologisch vielfältiger und beherbergen daher eine größere Zahl an Antilopen-, Zebra-, Nagetier- sowie kleineren Raubtierarten. Die nördlichen Bereiche, ökologisch ärmer und zwischen vordringendem Wüstengürtel und Regenwald eingezwängt, sind artenärmer, besitzen aber einige typische Vertreter wie den Schwarznasen-Husarenaffen, eine Erdhörnchenart sowie einige Arten und Unterarten von Antilopen, die wiederum Verwandte im Süden haben.

Der Nachweis getrennter Genpools in den nördlichen und südlichen Savannen kann auch für den prähistorischen Menschen bedeutsam gewesen sein. Eine Abtrennung von Menschengruppen bedeutete mehr,

Abbildung 30
Nördliche und südliche Savannen. Angrenzende Waldbereiche sind mit den Klimaänderungen vorgerückt und zurückgewichen.

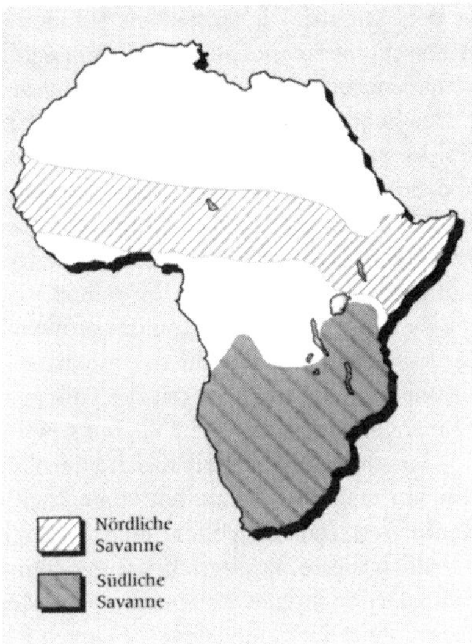

als nur einem typisch tierhaftigem Verbreitungsmuster zu folgen, es hieß auch, daß sich die Ernährungsmöglichkeiten, Populationsdichten und Überlebenstechniken in beiden Gebieten unterschieden. Genetische Differenzen solcher Teilpopulationen des Menschen werden durch kulturelle Unterschiede meist noch verstärkt.

Afrika als Lebensraum höher entwickelter Hominiden läßt sich in kleinere Einheiten unterteilen, da man deutliche physische und ökologische Grenzen sowie Ausbreitungsengpässe und Ausbreitungshindernisse findet, die Teilpopulationen voneinander getrennt und die Entwicklung von Unterschieden begünstigt haben müssen. Jeder innovativen Phase der Menschwerdung muß man diese biogeographischen Hintergründe zuordnen, da die natürlichen Teilräume spezielle Bedingungen boten und daher besondere Anpassungen erforderten.

Um die Verbreitungsmuster der Vorfahren zu rekonstruieren, müssen wir zunächst verstehen, welche Faktoren eine Ausbreitung erschwert oder erleichtert haben. Die Anzahl möglicher Wohngebiete wird schon kleiner, wenn wir dichten Wald und wirklich wasserlose Wüsten ausklammern. Wahrscheinlich haben unsere Vorfahren keine unfruchtbaren, wasserarmen und ökologisch armen Räume aufgesucht, die nicht genügend Ressourcen für Menschen beinhaltet haben. Auch hochgelegene, kalte Bergländer waren wenig attraktiv. Es gibt eine Fülle solcher Gebiete, die eine verstreute Zahl kleinerer Menschengruppen unterhalten können (wie z.B. die zentrale Kalahari-Wüste heutzutage), sie gehören aber sicher nicht – besonders in Trockenzeiten – zu den primären menschlichen Lebensräumen. Positive Indikatoren für die Identifizierung geeigneter Lebensräume sind: ausgeglichenes Klima, ausreichende Wasserversorgung, fruchtbarer Boden, artenreiche Fauna und Flora, ein Landschaftsmosaik – kurz ein vielfältiges Landschaftsbild. So eingeteilt findet man in Afrika fünf Hauptblöcke, die sich von der Mündung des Roten Meeres bis zum Kap der Guten Hoffnung erstrecken. Das Kerngebiet liegt in Ostafrika, wo es das heutige Tansania und Zentral-Kenia umfaßt. Hier liegt – besonders auf die großen Säugetiere bezogen – die Region des größten Artenreichtums, der größten ökologischen Vielfalt und der höchsten Tierdichte. Dieser Reichtum beruht auf der Fruchtbarkeit der vulkanisch entstandenen Böden, dem Klima, der geographischen Vielfalt sowie der Evolutionsgeschichte.

Fossilien aus ostafrikanischen Ablagerungen bestätigen, daß die hier vorhandene Vielfalt seit langer Zeit bestand. Sie bot zahlreichen Raubtieren (einschließlich dem Menschen) eine Lebensgrundlage. Nördlich dieses ökologisch «gesegneten» Landes liegt die äthiopische Zone. Der wichtigste Lebensraum des Menschen war hier (bis vor recht kurzer Zeit) der Boden des sehr langen Rift Valleys. Er ähnelt in vielem dem ostafrikanischen Hochland, besaß aber schon immer eine ärmere Fauna und Flora. Ostafrikas südliches Ende ist zwischen einem Steilhang und kühlen Hochländern, zwischen der Südspitze des Tanganjikasees und dem nördlichen Malawisee eingeschlossen. Östlich des Malawisees bildet Moçambique einen südlichen «Anhang» an Ostafrika.

Ich nenne die unmittelbar südwestlich angrenzende Region die Broken Hill-Zone (um an einen schönen Menschenschädel zu erinnern). Sie bedeckt die Fläche von Sambia, Simbabwe, Malawi und kleine Teile benachbarter Länder. Die Broken Hill-Zone hat sowohl geographisch als auch ökologisch eine geringere Vielfalt als Ostafrika, beherbergt aber trotzdem in einem Mosaik von Strömen, Flüssen, Überschwemmungsgebieten, Felslandschaften, Wäldern und Sümpfen eine reiche Fauna. Trockeneres, artenärmeres Land, zu der auch die Kalahari-Wüste gehört, liegt im Westen.

Das breite Limpopo-Tal bildet die Grenze zur völlig anderen südafrikanischen Zone, die Ostafrika in ihrer ausgesprochen abwechslungsreichen Topographie und der überaus reichen Tier- und Pflanzenwelt ähnelt. Ihre kühleren Hochländer können aber stellenweise lokal unfruchtbar sein und jahreszeitliche Klimaextreme zwingen viele Pflanzenfresser zu Wanderungen. Die abwechslungsreiche Fauna ist stärker mosaikartig verteilt und das Klima, besonders im Inland, unberechenbarer und extremer als in Ostafrika. Klimaunterschiede und erschwerte Lebensbedingungen im Süden verursachten wohl auch die Unterschiede zwischen gleichalten fossilen Hominiden, gleich ob *Australopithecus*

Abbildung 31
Verbreitungszentren der frühen Hominiden

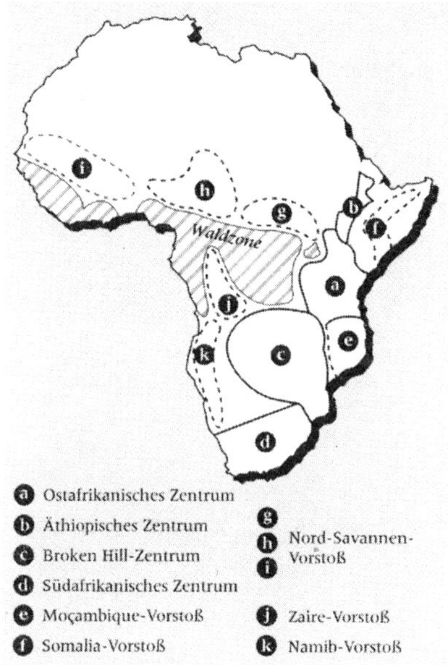

oder *Homo*. In allen Fällen, die vergleichbar sind, fanden sich Unterart- oder Artunterschiede.

Die gerade beschriebenen Zonen besitzen einige kleinere «Vorposten», welche langfristig starken ökologischen Veränderungen unterworfen waren. Trotzdem lassen sich diese Gebiete nach den oben verwendeten Kriterien unterscheiden und den östlichen Zonen zuordnen. Lage und Ausdehnung von sieben solchen Randzonengebieten sind oben abgebildet.

In allen vier Kerngebieten führten lokale Besonderheiten zu speziellen biologischen Anpassungen und bedeutsamen Modifikationen des Verhaltens bzw. der Technologie. Spezialanpassungen, z.B. an die Höhenlage in Äthiopien, die Kälte in Südafrika oder an das Leben in Überschwemmungsbereichen – seien sie genetisch fixiert oder nicht – haben sich wahrscheinlich nicht sehr weit von ihrem Ursprungsgebiet ausgebreitet. Divergente Entwicklungen ließen klar unterscheidbare südliche und östliche Hominidenrassen entstehen.

Im Gegensatz dazu konnten sich alle allgemeineren, wichtigen Anpassungen allmählich weiter verbreiten, da – im Gegensatz zu den schmalen Korridoren – die östlichen und südlichen Hochländer Afrikas eine ausgeprägtere ökologische Kontinuität besitzen. Die unmittelbare Konsequenz einer verbesserten, zuverlässigeren Jagdtechnik oder eine

Abbildung 32
Verbreitungsgebiet des Leoparden (wahrscheinlich war es im Pleistozän größer).

ertragreichere Erntemethode führte zu besser ernährten Jägern und einem Anstieg der Bevölkerungsdichte durch verminderte Kindersterblichkeit.

In späteren Stadien der Menschwerdung waren derartige genetische Fortschritte eng mit technologischen Neuerungen verbunden und breiteten sich allmählich weit über Afrikas Grenzen aus.

Natürlich erscheinen die Ausbreitungsbarrieren in Afrika im Vergleich zu den Wüsten und Meeren zwischen Eurasien und Afrika eher als unbedeutend. Trotzdem haben viele Landtiere die letztgenannten zu verschiedenen Zeiten in beide Richtungen überquert. Schauen wir uns einige Beispiele an. Die – wie der moderne Mensch – an der Spitze der Nahrungskette stehenden Raubtiere sind in verschiedene Kontinente vorgedrungen. Der Leopard ist z.B. in der Wahl seiner Beutetiere so wenig festgelegt, daß er von sehr trockenen Lebensräumen bis hin zum Regenwald nahezu alle Landschaften bewohnen kann. Seine ursprüngliche Verbreitung reichte von Afrika bis Süd- und Ostasien. Das breite Nahrungsspektrum machte ihn – wie auch den Menschen – fast zum Kosmopoliten.

Auch Löwen und Geparden gab es außerhalb Afrikas. Da beide aber spezialisierte Jagdtechniken und somit weniger Beutearten besaßen, war

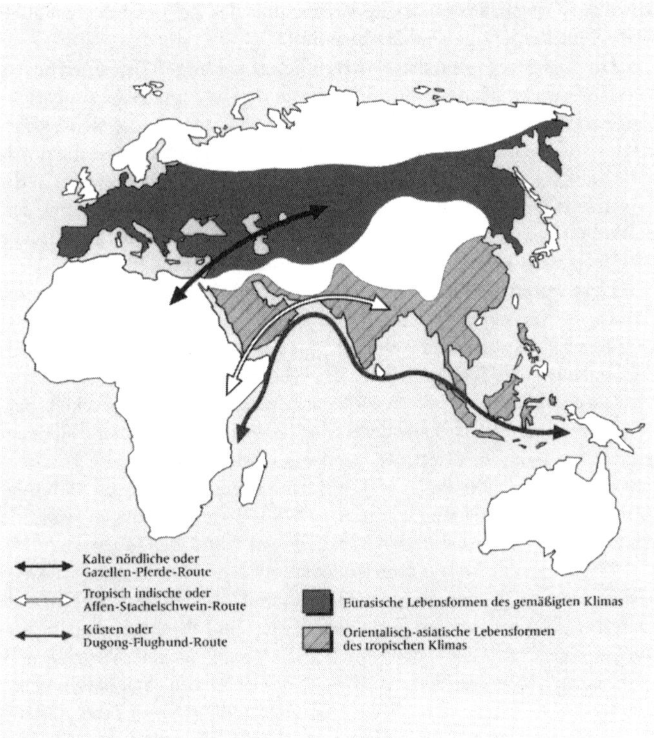

Abbildung 33
Die drei afro-asiatischen Verbindungen.

ihr Verbreitungsgebiet kleiner. Streifenhyänen, Honigdachse und Wüstenluchse sind weitere Beispiele für afrikanische Räuber, die aus ähnlichen Gründen bis weit in die asiatischen Trockengebiete hinein vorkommen; noch in jüngster Vergangenheit war die Tüpfelhyäne sogar viel weiter verbreitet.

Vor vielen Millionen Jahren lag in Afrika das Entstehungszentrum der Affen- und Elefantenfamilien, die später eine Blütezeit in Eurasien erlebten. Im Gegenzug wanderten – um nur einige zu nennen – verschiedene Nagetierarten, frühe Antilopenformen, Giraffen, Nashörner und Pferde aus Eurasien nach Afrika ein. Heute hält man Zebras für typische Afrikaner, sie entstanden jedoch in Texas und mußten ganz Asien überqueren, um nach Afrika zu kommen. In Indien überlebte bis zur

Mitte des Pleistozäns ein naher Verwandter des Zebras, das einst auch weite Teile der jetzigen Sahara bewohnte.

Die Tiergeographie dieser Arten liefert wichtige Hinweise für das Verständnis der Menschwerdung, da sie drei Hauptausbreitungsrichtungen zwischen Afrika und Asien erkennbar macht, die sich ökologisch voneinander vollständig unterscheiden. Da ist zunächst die nördliche Steppe – auch Gazellen-Pferde-Route – genannt. Das zweite ist die tropisch-indische Affen-Stachelschwein-Route. Der Himalaya und seine Vorgebirge trennt beide voneinander. Der dritte, stärker gewundene Weg folgt dem Küstenverlauf – die Dugong-Flughund-Route.

Dem ersten Weg folgten die Zebras und Wildesel durch Asien *nach* Afrika, die Gazellen, Geparden und andere ostwärts *nach* Asien. Entlang dieser Route können viele Gebirgszüge und Wüstenebenen, besonders in Kalt- und Trockenzeiten, das Weiterkommen verhindern.

Obwohl die trockeneren Gebiete Zentralasiens ökologische Übereinstimmungen mit afrikanischen Trockenzonen besitzen, sind alle asiatischen (endemischen) Faunen- und Florenelemente an kalte Trockenheit und nicht an die heiße wie in Afrika angepaßt. Typisch kältetolerante Pflanzenfresser sind langhaarige Wildschafe und -ziegen, während in Afrika die wärmeliebenden kurzhaarigen Antilopen leben.

Das tropische Festland zwischen dem Fernen Osten und Afrika ist von besonders großen Bergen, Flüssen und Ebenen zerklüftet. Beide Gebiete teilen nur wenige gemeinsame Tier- und Pflanzenarten, beherbergen aber zahlreiche nahe verwandte Gruppen mit Vertretern in Afrika und Asien. So haben Affen, Schleichkatzen, Stachelschweine, Hörnchen, Schuppentiere, Pfaue und viele andere Arten Tiere in beide Richtungen ausgetauscht (einige vor vielen Millionen Jahren), die nach der Trennung vom Ursprungsgebiet eigene Entwicklungen durchmachten. Trotzdem erinnern uns Arten wie die weitverbreiteten Leoparden, Schakale und Honigdachse daran, daß ein gewisser Genfluß über das südliche, asiatische Festland bestanden haben muß.

Weiter östlich sind feuchtigkeitsadaptierte Faunen- und Florenelemente auf den äquatorialen, südostasiatischen Inseln und Archipelen eingeschlossen. Orang-Utans, Tapire und Riesengleiter charakterisieren die orientalische Lebensgemeinschaft des Waldes. Kein waldangepaßtes Landtier hat dieses Gebiet während der Zeit der menschlichen Evolution in westlicher Richtung auf Landrouten verlassen können, weil trockene Gebiete eine Auswanderung dauerhaft verhinderten.

Zwei Landrouten sind für die Ausbreitung der frühen Menschen nach Asien von zentraler Bedeutung. Obwohl bisher aus dazwischenliegenden Bereichen keine Fossilien bekannt wurden, ist es möglich, daß die zwei bisher bekannten Populationen der Erectus-Gruppe beim Verlassen Afrikas nach Nord- und Südostasien vordrangen.

Eine Steppenroute könnte den Flußsystemen gefolgt sein, die die großen Bergketten zwischen Persien und dem Tibet-Plateau nach Norden verließen. Dies wäre jedoch nur in warm-feuchten Perioden möglich gewesen. Die südliche Route könnte weite Bereiche des indischen Subkontinents betroffen haben.

Eine Auftrennung der wandernden Gruppen durch den Himalaya führte wahrscheinlich dazu, daß die ersten Siedler den Fernen Osten aus zwei unterschiedlichen Richtungen erreichten. Ist diese Annahme richtig, kamen sie am Pazifik mit ganz verschiedenen kulturellen Traditionen an, da die eine sich auf dem Weg an offene Steppen, die andere an tropische Wälder angepaßt haben mußte.

Anatomisch moderne Menschen als typische Tropentiere folgten wohl der Indien-Route. Eine ungelöste Frage ist, wie die moderneren Mapas (man könnte sie als orientalische Heidelberger-Typen bezeichnen), sich in den riesigen Gebieten zu den Erectus-Vertretern verhielten. Die Fossilienvielfalt Chinas belegt, daß während des mittleren und oberen Pleistozäns anscheinend zwei oder drei Menschenformen in China existierten.

Die dritte – die Küstenroute – ist sehr schmal. Hier treffen Land- und Meeresökosysteme zusammen und überschneiden sich teilweise. Die Wanderbewegung verlief hier weitgehend in westliche Richtung. Jüngere Invasionen aus dem Osten nach Afrika wurden durch Wüsten und Meere verhindert, im Bereich der Küstenflora drangen jedoch einige ostasiatische Vögel und verschiedene Küstenpflanzen nach Afrika vor, so z.B. ein indisches Rotkehlchen, eine Sonnenvogelart und ein Schneidervogel.

Vor der afrikanischen Ostküste gibt es nur wenige und weitverstreute Inseln, die jedoch von indonesischen Fledertieren – Flughunden – besiedelt wurden, welche in dichten, eindrucksvollen, küstennahen Kolonien leben. Die Vorliebe für Meeresufer ist so auffällig, daß diese Tierarten möglicherweise physiologische Anpassungen an das Trinken von Meereswasser haben, aus dem sie bestimmte Spurenelemente benötigen könnten.

Die Küsten des Indischen Ozeans und des Südpazifiks ähneln sich von den Salomonen-Inseln bis zum Moçambique-Kanal ökologisch stark, im Fernen Osten fällt die Küstenlinie jedoch in tausende Inseln und seichte Meere auseinander. Die küstennahen Flachwasserzonen dieser tropischen Ozeane beherbergten einst einen großen Pflanzenfresser – den Dugong (oder die Seekuh) –, der in großen Zahlen besonders indonesische Gewässer und den Südpazifik bewohnte. Dugongs waren die größten Mitglieder einer bemerkenswerten, artenreichen Lebensgemeinschaft von Pflanzenfressern, zu denen ungefähr fünf Schildkrötenarten, Fische, Krebse sowie andere Tiere gehörten, die sich von den ausgedehnten Seetang- und Seegrasbeständen der lichtdurchfluteten Flachwasserzonen ernährten, in denen sie versteckt lebten.

Dugongs sind zwar weit verbreitet, haben aber sehr enge ökologische Ansprüche. Sie vertragen nur einen sehr schmalen Temperaturbereich und brauchen reichen Pflanzenbewuchs, der störanfällig gegen Umweltschäden ist. Sie können in stark bewegtem Wasser nicht überleben. Ihr Lebensraum folgt der Küste und bedeckt nur kleine Flächen. Kontakte zwischen einzelnen versprengten Populationen sind selten und jede Veränderung von Klima und Vegetation gefährdet ihr Überleben. Daher gedeihen Populationen nur da gut, wo Flachwasserzonen sich – wie um Inselgruppen – vernetzen oder in Buchten größere Ausdehnungen erreichen. Das Verbreitungsmuster der überlebenden Populationen zeigt, daß ihre langfristige Existenz an solche ausgedehnten Lebensräume gebunden ist, in denen sich starke Populationen erhalten können.

Küstenbewohnende Jägerkulturen konnten ihrer Hauptbeute – dem Dugong – folgen und Inselgruppen sowie Buchten mit ausgedehnten, flachen Küstengewässern bevorzugen. Wo das Hinterland günstig und das Nahrungsangebot gut war, drangen derartige Küstenkulturen auch ins Inland vor. Ein Vorstoß in die Gegenrichtung, vom Inland zur Küste, war sicher auch häufig, aber in dem Moment schwer möglich, wo spezialisierte Küstenbewohner diese ökologische Nische schon besetzt hatten.

Prähistorische Nahrungsabfälle (und die historisch nachgewiesenen Traditionen zeitgenössischer Völker) belegen, daß viele kleine Gruppen jahreszeitlich zwischen flußnahen Inlandsiedlungen und küstennahen Wohnplätzen hin und her wanderten. Auch hierfür gibt es Beispiele aus der Tierwelt. Hyänen suchen regelmäßig die kargen, küstennahen Wüsten in Südwestafrika auf, wo auch Löwen in der Fortpflanzungszeit der Seelöwen erscheinen, um sich in den Felszonen der Küste an Tausenden von Jungtieren gütlich zu tun und Fett anzulegen. Füchse, Schakale und Katzen nutzen das jährliche Überangebot der Seevogel-Kolonien.

Der Reichtum der Küsten hatte noch ganz andere evolutive Konsequenzen: er lockte die ersten landlebenden Creodonten an, die in der weiteren Evolution zu Walen und Delphinen wurden. Später folgten Raubtiere, die sich zu Seelöwen weiterentwickelten; wieder andere zu Seehunden, als letzte lieferte die Verwandtschaft der Marder die Seeotter.

In allen Fällen war das reiche Nahrungsangebot der Küsten die Ursache für das Aufsuchen der Meeresufer. Mit dem zurückweichenden Wasser drangen die Tiere dann weiter in Richtung Meer vor. Solch radikale Umweltänderungen machten starke anatomische und physiologische Abwandlungen nötig. Jede Verwandtschaftslinie bildete einzigartige Anpassungen aus. Die Verwandten der Elefanten wurden zu Seekühen, einige Reptilien zu Krokodilen, zahlreiche Nagetiere, Insektenfresser, Huftiere, Schleichkatzen und andere besiedelten sekundär das Wasser und wurden u.a. zu Bibern, Desmanen oder Flußpferden.

Keine Primatenart schaffte es, diese Grenze zu überschreiten, einige nutzen jedoch die ufernahen Gewässer. Krabbenfressende Makaken machen in einigen Biotopen ihrem Namen alle Ehre. Vervet-Meerkatzen sind in einigen afrikanischen Mangrovengebieten zahlreich und die Nasenaffen Borneos findet man ausschließlich in diesem Lebensraum, wo sie regelmäßig im Wasser waten und sogar von Insel zu Insel schwimmen.

Eine Theorie, die in den 60er Jahren kurzzeitig Zuspruch fand, besagte, daß die Nacktheit des Menschen, sein Unterhautfettgewebe und die besondere Anordnung der Haare auf eine kurze Evolutionsphase zurückzuführen seien, in der unsere Vorfahren «in Gewässern lebten». Sie wurde erstmals von Alistair Hardy, Zoologieprofessor der Universität Oxford, in einem Vortrag vor einem Tauchclub entwickelt und von anderen Forschern aufgenommen, die annahmen, daß die kargen Inseln des Roten Meeres einst Ursprungsgebiet «aquatischer Affen» gewesen sein sollten. Unter dem Druck klimatischer Veränderungen sollen sie diese Lebensweise wieder aufgegeben haben.

Diese exzentrische Theorie hatte ein Gutes, sie richtet die Aufmerksamkeit der Wissenschaftler auf die Seen und Meeresküsten als mögliche primäre Lebensräume nicht nur für unsere unmittelbaren Vorfahren, sondern auch für frühere Mitglieder unserer Entwicklungslinie – aasfressende, geschickte Menschenaffen und Affenmenschen. Obwohl Australopithecinen zweifellos im Bereich von Flußmündungen die Meeresküsten erreichten, lag ihre Hauptverbreitung in der Nähe von Flußläufen, Seen und Wasserlöchern.

Alle Hominiden trinken Süßwasser, so daß die vorwiegend trockenen Wüsten Afrikas im wahrsten Wortsinn eher Randbereiche der menschlichen und vormenschlichen Siedler darstellten. Diese Randständigkeit schließt das Rote Meer als Lebensraum für Affen und für die oben genannte Hypothese aus. In Asien fand man ähnliche Bedingungen. Wasserreiche Wälder, Steppen oder Savannen im gesamten südlichen Asien glichen denen in Afrika, viele Menschengruppen folgten einander und strömten in die Weiten Persiens, der indischen Halbinsel und ins chinesische Tiefland. Die Küsten dieser riesigen kontinentalen Landmassen waren nur ein schmaler Saum.

Das war im tropischen Südosten ganz anders. Ohne gute Werkzeuge ist dichter, tropischer Dschungel ein siedlungsfeindliches Gebiet. Obwohl die Erectus-Menschen die indonesische Halbinsel bis Java erschlossen (das während der Perioden abgesenkten Meeresspiegels zum Festland gehörte), bewohnten sie hier hauptsächlich Flußtäler in trockeneren und offeneren Landschaften. Unabhängig von den Veränderungen des Küstenverlaufes findet man in dieser Ecke der Welt die intensivste Verzahnung von Land und Meer. Nirgends sonst gibt es so viele Inseln, nirgends so viele tausend Kilometer Küste auf kleinstem Raum.

Derselbe Regen, der hier aus vielen Gebieten lebensfeindlichen Regenwald machte, speiste zahlreiche Flüsse und Bäche, die eine Vielzahl wasserlebender Tiere beherbergten. Menschen bewohnten in Indonesien über eine Million Jahre Gebiete, die sich von denen ihrer nördlichen Nachbarn stark unterschieden. Daher ist es kein Wunder, daß der Java-Erectus andere Merkmale als der Pekingmensch in China entwickelte, die einige als Rassen- andere als Artunterschiede deuten.

Obwohl wir uns hier nicht speziell mit dem Erectus beschäftigen, bedeuteten seine Anpassungen an das Leben in Gewässernähe (und seine reine Anwesenheit, als *Homo sapiens* einwanderte), daß sich die Zuwanderer mit fertigen Traditionen der Umweltbewältigung und demzufolge mit Konkurrenten auseinanderzusetzen hatten. Für *Homo sapiens* lagen die besten Lebensräume Südostasiens in den seltenen, trockeneren und offeneren Landschaften in Fluß- und Küstennähe. Das Meer bot wahrscheinlich die reichsten Nahrungsressourcen.

Ein weiteres Nebenprodukt der Theorie des «Wasseraffen» lag in der Betonung, daß die Besiedlung neuer Lebensräume von jeder Art spezielle Anpassungen erfordert. Anders als wir besaßen unsere Vorfahren keine Taucheranzüge, Brillen oder ähnliche Schutzkleidung. Trotzdem gibt es viele Hinweise darauf, daß die verführerischen Angebote, welche die Vorfahren der Wale, Seehunde, Flußpferde, Otter und Biber «ins Wasser lockte» auch einige Menschengruppen nicht unbeeindruckt ließ. Diese Grenzüberschreitung, die in der Folge ganze Ökosysteme und die gesamte Natur der Neuen Welt, Australiens und aller ozeanischen Inseln total veränderte, fand ihren Anfang in Menschen, die auf zerbrechlichen Flößen oder in Kanus die Meeresstraßen zwischen den Kontinenten überquerten.

Machen wir uns klar, welche Folgen Meeresüberquerungen für den Pionier und das «besetzte» Gebiet hatten. Jeder Kontinent besitzt eine Fauna und Flora, die das Ergebnis vieler solcher Invasionen mit nachfolgender Artaufspaltung ist. Neuankömmlinge (besonders erfolgreiche) stellten jedoch nie einfach ein zusätzliches Element dar. Man weiß genau, daß dominante Einwanderer langfristige Veränderungen und ökologische Folgen in den betroffenen Lebensgemeinschaften bewirkten. So ließ sich z.B. durch Fossilien belegen, daß viele urtümliche, endemische Tiere Südamerikas ausstarben, als vor zwei Millionen Jah-

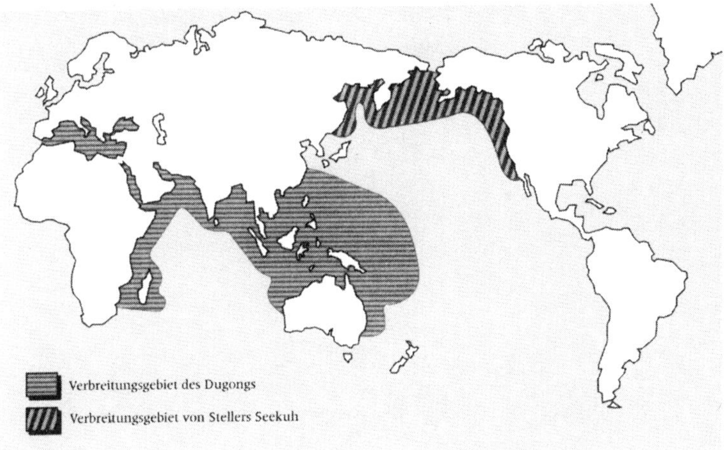

Abbildung 34
Verbreitung des Dugongs in vorgeschichtlicher Zeit und von Stellers Seekuh im Nordpazifik.

ren über eine neuentstandene Landbrücke moderne Säuger aus Nordamerika einwanderten.

Auch heute sterben Arten aus. Die letzten St. Helena-Riesenohrwürmer sind wahrscheinlich 1988 von eingeführten Hausmäusen gefressen worden. Ihr Verschwinden ist aber nur ein kleiner Teil der Zerstörung einer einzigartigen Inselbiozönose durch eindringende Konkurrenten, die – man könnte sagen – kontinentale Vitalität besaßen. Wie diese haben Schafe, Rinder, Füchse und Kaninchen die Landschaft und Ökologie Australiens grundlegend verändert. Nur wenige Leute machen sich aber klar, welche Folgen die Einwanderung der ersten Menschen auf diesen Inselkontinent hatte.

Widerstands- und Anpassungsfähigkeit sind typisch für Lebewesen. Sie entwickelten sich als Antwort auf die Herausforderungen, die sich ihnen während der Entstehung ganzer Verwandtschaftsgruppen stellten. Kein Organismus kann jedoch genetisch an Bedingungen angepaßt sein, die seine Vorfahren nie erlebten. Umweltänderungen können drei verschiedene Folgen haben. Die erste ist, daß sich vorhandene Anpassungen als plastisch genug erweisen, so daß evolutive Antworten ausbleiben. Im zweiten Fall kann die natürliche Selektion leichte Abweichungen von vorherrschenden Anpassungsstrukturen bevorzugen,

Abbildung 35
Moa und Kiwi.

so daß die Nachkommen besser angepaßt werden als ihre Vorfahren. Die dritte Möglichkeit ist, daß Populationen aussterben. Dies kann ein oder zwei Generationen dauern; der Überlebenskampf kann über Jahrhunderte gehen oder der Zusammenbruch kommt dadurch, daß Menschen die Vermehrungsrate der Beutetiere senken, sehr schnell.

Die Geschwindigkeit, mit der sehr große, verteidigungslose Tierarten vernichtet werden können, läßt sich an einem historischen Beispiel erläutern. Stellers Seekuh (*Hydrodamalis*) war ursprünglich in den flachen Küstengewässern des Nordpazifiks weitverbreitet, wo dieser Zehn-Tonnen-Riese sich von Seegras ernährte. Fast im gesamten Verbreitungsgebiet wurden die Tiere wahrscheinlich von den ersten prähistorischen Seefahrern ausgerottet. Sie überlebten jedoch auf zwei abgelegenen Inseln 200 km vor Kamtschatka, wo russische Seeleute sie 1741 entdeckten. Ihr Verteidigungsverhalten glich dem der Dugongs. Männchen versuchten sich vor die Weibchen zu stellen und Matrosen einzuschüchtern, die ein Weibchen töten wollten. Dieses Verhalten der 7,5 m langen Seekühe beschleunigte ihre Vernichtung. Steller beschrieb es folgendermaßen:

> *Wenn ein Tier harpuniert wurde, versuchten die anderen, ihm zu helfen. Einige bildeten einen Kreis um den verwundeten Kameraden und bemühten sich, ihn vom Ufer zu entfernen. Wir beobachteten voller Erstaunen auch, daß ein Männchen an zwei aufeinanderfolgenden Tagen sein am Strand liegendes totes Weibchen aufsuchte, als ob er sich um ihre Gesundheit sorgte.*

Obwohl die Herden groß und über 300 km Küste verteilt waren, starb das letzte Tier 1768, zwanzig Jahre nach der Entdeckung der Art. Heute gibt es keine spezialisierten Säuger mehr, die sich von Seegras und Kelp ernähren. Die ökologischen Folgen der Ausrottung der Seekuh müssen riesig gewesen sein, sind aber vollkommen unbekannt.

Das endgültige Verschwinden von Stellers Seekuh ist nur darin ungewöhnlich, daß die Daten ihrer Ausrottung genau dokumentiert sind. Die berühmten Dodos von Mauritius und Rodriguez liefern ein weiteres Beispiel für eine schnelle Vernichtung von Insel-Wirbeltieren durch direkten Einfluß des Menschen (der sie gegessen hat), ergänzt durch seine Schweine, Hunde und Ratten. Diese vier haben, zusammen mit Ziegen und Katzen, mehr zum Aussterben der Flora und Fauna kleiner ozeanischer Inseln beigetragen, als alle natürlichen Raubtiere, Katastrophen und Klimaänderungen. Mit den Dodos verloren wahrscheinlich mehrere endemische Pflanzen auf Mauritius den Hauptverbreiter ihrer Samen, die erst bei einer Passage durch seinen Darm keimfähig wurden. Mindestens eine Pflanzenart ist davon nachweislich betroffen, eine genaue Rekonstruktion früherer Verhältnisse ist heute weitgehend unmöglich.

Dodos waren die bei weitem größten Vögel der Maskarenen-Inseln, aber evolutiv zu jung, um so stark abgewandelt zu sein, daß man ihren Ursprung und ihre Abstammung von einst flugfähigen Tauben nicht mehr erkennen konnte. In Neuseeland fand man die typischen Dodo-Merkmale – Verlust der Flugfähigkeit, Größe und Häufigkeit – bei mindestens 12 weiteren Arten aus zwei Familien von Riesenvögeln viel weiter entwickelt vor. Über die flugfähigen Vorfahren der 10 bis 200 kg schweren Moas rätseln Ornithologen noch heute.

Neuseeland war viele Millionen Jahre von den restlichen Festlandmassen isoliert und besaß nur solche Landtiere, die es schwimmend oder fliegend erreichen konnten oder ursprüngliche Arten, die es von Anfang an bewohnt hatten. Der Niedergang der Moas fing mit der Ankunft von Menschen, Hunden und Ratten um 1000 n.Chr. an. Bei der Vielzahl der Moa-Arten ist unsicher, wie lange es dauerte, bis alle vernichtet waren; die größeren Formen waren nach 300 Jahren verschwunden, die kleineren nach vielleicht 500 Jahren. Neuseeländische Wissenschaftler (G. Caughley und A. Anderson) rekonstruierten, daß die Moas eine Gruppe von Blätter- und Früchtefressern bildeten, die durch systematische und intensive Nutzung der Vegetation hohe Populationsdichten erreichten. Moa-Knochen lagen an einigen Stellen in so dichten Lagen, daß sie den ersten europäischen Siedlern das Pflügen schwer machten, die sie waggonweise in speziell dafür eingerichtete Knochenmühlen schickten.

Moas waren zur Zeit der ersten Maori-Jägergruppen so häufig, daß diese nur die fleischreichen Beine nutzten und den Rest wegwarfen.

Maori-Siedler brachten typisch tropische, polynesische Traditionen mit auf diese Insel mit gemäßigtem Klima. Die ersten Sommerlager lagen küstennah. Von hier aus jagten sie Pelzrobben, Delphine, Fische und Weichtiere, die diesem Sammel- und Jagddruck vorher nie ausgesetzt waren. Knochenreste einer Fundstelle verrieten, daß hier über 12 Jahre Moas ungefähr ein Sechstel des gesamten, genutzten Fleisches lieferten. Ein anderes flußnahes Moa-Jagdlager weiter im Inland bedeckte ungefähr 16 Hektar. Hier grub man mehrere Feuerstellen und die Knochen verschiedener Moa-Arten aus.

Der Anthropologe W. Shawcross stellte detaillierte Vergleiche von frühen und späten Moa-Jagdlagern, als die Tiere schon seltener wurden, an. Er entdeckte interessante Unterschiede. Zu Anfang konnte eine Gruppe von Familien, ungefähr 50 Personen, gemeinsam die Weite der unbewohnten Inseln auf der Nahrungssuche durchstreifen. Spätere Fundstellen deuten darauf hin, daß man sich im Sommer trennte und im Winter wieder versammelte. Die Gruppenstärke begann zu fluktuieren. Sie bildeten zeitweise zahlreiche, kopfstarke Dörfer aus und zu anderen Zeiten weitverteilte, kleine Siedlungen. Dies deutet an, daß eine anfängliche, starke Bevölkerungszunahme durch immense Mengen leicht zu «erntender» Meerestiere und Moas gefördert wurde. In dieser Zeit war Landwirtschaft überflüssig (aber ihre Hunde, die auf starke Nacken und Kiefer gezüchtet wurden und nachweislich die großen flugunfähigen Vögel gejagt haben, stellten auch eine Form von «Zuchtvieh», denn sie wurden gegessen). Die Küste blieb zwar bevorzugtes Siedlungsgebiet, aber an die 30000 Menschen bewohnten das Inland, wo mit Abnahme der Beutemenge Landwirtschaft immer wichtiger wurde.

Einige Forscher meinen, daß Farnrhizome für die späten Maori-Siedler zu einer wichtigeren Nahrungsressource als Kulturpflanzen wurden. Sollte das stimmen, stellt es einen ärmlichen Kontrast zu ihrem früheren Reichtum dar. Von besonderer Bedeutung ist dabei, daß Farn eine typische Pflanze feuergeprägter Pflanzengesellschaften ist. Ohne Menschen, die Feuer legen konnten und mit Moas, die die Vegetation kurz hielten, waren Brände vor der Ankunft der ersten Siedler auf Neuseeland nahezu unbekannt; der ursprüngliche Wald war nicht «feuerfest». Steineiben (*Podocarpus*) waren sehr wahrscheinlich dadurch weitverbreitet, daß Moas das großblättrige Unterholz bevorzugt fraßen und die fleischigen Samen verbreiteten. Mit dem Verschwinden der Moas beschatteten die jetzt überlebenden pflanzlichen Konkurrenten des Unterholzes die Steineibenkeimlinge und verhinderten ihr Nachwachsen. Pflanzen, die an tierischen Verbiß, aber nicht an Feuer angepaßt waren, fielen in Massen den von Menschen gelegten Flammen zum Opfer. Die östliche Hälfte Neuseelands wurde fast ganz entwaldet.

Farnarten ersetzten – sowohl in der Natur als auch im menschlichen Nahrungsspektrum – die Moas.

Die Entwaldung begann ungefähr hundert Jahre nach der Blütezeit der Moa-Jäger, die letzten Moas fielen den Buschfeuern und den Maori-Speeren zum Opfer.

Seekühe, Moas und Dodos starben erst vor kurzer Zeit aus. Ihre Ausrottungsgeschichte in Neuseeland illustriert jedoch einen Vorgang, der auch bei früheren Besiedlungen anderer Kontinente und Inseln abgelaufen sein muß. Faunen und Floren, die noch keine Erfahrungen mit ex-afrikanischen Hominiden hatten, nennt man gemeinhin «naiv». Lange vor den Vorfällen Neuseelands versorgten die «naiven» Lebensgemeinschaften Australiens, Amerikas und Madagaskars die ersten Generationen gesunder und fruchtbarer menschlicher Pioniere mit Nahrung. Die so verursachten ökologischen Umwälzungen führten zu einer Kette von Folgeerscheinungen.

Jede Tierart, die häufig genug ist, um einer Gruppe von Jägern als wichtige Nahrungsressource zu dienen, zählt für diese zu den zentralen Faktoren des Ökosystems. Das Umsteigen von Moas auf Farnpflanzen verdeutlicht, daß die Vernichtung wichtiger Pflanzenfresser nicht einfach den vorher häufig gefressenen Pflanzen zugute kommt. Ein stabiles Gleichgewicht zwischen Pflanzen und Pflanzenfressern entwickelt sich erst in langen Zeiträumen. Eingriffe, die diese wechselseitige Abhängigkeit durchbrechen, besitzen eine eigene Dynamik. Die menschengestalteten Ökosysteme waren Ergebnis eines eingeführten «Werkzeuges» – dem Feuer. Regelmäßige Buschfeuer führen zu anderen Pflanzengesellschaften.

Die zahlreichen Nachkommen der sorglosen Ausbeuter einer naiven Fauna und Flora mußten – als die ursprünglichen Ökosysteme zerstört waren – viele kulturelle und ökonomische Neuerungen erfinden. Späte Siedler, wie die Maori, konnten zur Landwirtschaft zurückkehren, den frühen Einwanderern nach Amerika und Australien war dies nicht möglich. Sie mußten mit einer weniger naiven Natur und geringeren Nahrungsressourcen auskommen. In diesem Stadium kann Mangel die Menschen gezwungen haben, komplizierte Verfahren zu entwickeln, mit denen man ungenießbare Pflanzenteile durch Waschen, Auslaugen, Fermentierung und Kochen entgiften kann.

Auf den meisten Inseln folgte dem Verlust an Nahrungsressourcen auch eine Abnahme der Bevölkerungsdichte und damit entsetzliches Leiden für die betroffenen Menschen. Es bedeutete Auswandern, Verhungern, Kannibalismus oder Krieg, in vielen Fällen aber auch Armut, Krankheit und viele Tote. Die steinernen Maori-Statuen auf den kalten Osterinseln sind die Zeugen eines reichen Lebens von Siedlern auf einer einst bewaldeten, subtropischen Insel. Ihre Einsamkeit auf den sturmüberwehten, versteppten Hängen zeigt uns die Konsequenzen des Raubbaus. Es wäre ermüdend, die lange Liste der Gründe aufzuführen, die diesen Prozeß auf all den Inseln und Kontinenten, die Menschen besiedelten, in Gang setzten. Wichtig ist jedoch, einige bedeutsame Unterschiede zwischen den Kontinenten herauszuarbeiten, um Vergleichswerte zu haben, mit denen man das Ausmaß vergangener Ausrottungsvorgänge abschätzen kann.

Die afrikanische Fauna war nach ihren frühen Veränderungen weder naiv noch statisch. Obwohl viele Arten schon sehr lange existierten, unterschieden sich die späteren Generationen von ihren Vorfahren vor einer Million Jahren genetisch wahrscheinlich sehr stark. Dies war die Folge der außerordentlich starken Konkurrenz im dichtbevölkertsten und vielfältigsten aller bekannten Lebensräume.

Südostasien verlor wie Afrika sehr früh viele seiner spezialisierten Großtiere. Die Erectus-Vertreter lebten auf Java mit zwei Elefantenarten, zwei Nashornarten, dem tapirähnlichen *Nestoritherium*, Schwarzbären, Leoparden und der (heute rein afrikanischen) Fleckenhyäne zusammen. Außerdem gab es viele kleinere Raubtiere, die auf eine reiche Vielfalt kleinerer Beutetiere hinweisen.

Die südostasiatischen Inseln besaßen kleine, elefantenähnliche *Stegodons*, Nashörner, verschiedene Schweine und Affen sowie unter den Raubtieren die Otter. Interessanterweise befindet sich unter den pliozänen Fossilien Südostasiens auch ein weichtier- und krabbenfressender Riesenotter (*Enhydrion*), der den pazifischen Seeotter an Größe übertraf. Anatomisch stand *Enhydrion* zwischen dem Seeotter und dem heute existierenden afrikanischen krallenlosen Otter *Aonyx*; möglicherweise besetzte er eine ökologische Nische, die zwischen denen der heutigen Vertreter lag. Seeotter müssen im Süßwasser lebende Vorfahren besessen haben, ähnlich wie *Aonyx* und *Enhydrion*. Günstige Umweltbedingungen, die tropische Flußbewohner verführt haben könnten, in gemäßigte und z.T. arktische Gebiete vorzudringen, fanden sich im Nahrungsspektrum der Flußmündungen und ihrer vorgelagerten Meeresküsten. Hier gab es ein reiches Leben an Weichtieren, Krebsen, Langusten, Schildkröten und anderen leicht zu fangenden, jedoch stark gepanzerten Lebewesen. Warum sollte der asiatische Otter im Gegensatz zum afrikanischen Verwandten ausgestorben sein, wenn seine Nahrungsgrundlage noch so gut wie früher gewesen wäre?

Notwendige Voraussetzung für Riesenwuchs ist ein entsprechend großes Nahrungsangebot. Körpergröße kann eine Methode der Feind- und Konkurrentenabwehr sein. Kommt jedoch der Mensch ins Spiel, kann Größe zum Nachteil werden. Wahrscheinlich war *Enhydrion* ein weiteres Opfer der «Naivität», als Menschen anfingen, Flüsse und deren Mündungen im großen Maßstab zu nutzen.

Abbildung 36
Beispiele für australische Wirbeltiere, die während der letzten 60000 Jahre ausstarben. Obere zwei Reihen: Riesige Mitglieder der Wombat- und Opossum-Gruppen. Mittlere drei Reihen: Riesenkänguruhs. Unten: Ameisenigel, Beutelteufel, Riesenemu, Großfußhühner, Riesenwaran, Riesenpython (nach P. Martin und J. Klein, 1984).

Die südostasiatische Fauna veranschaulicht sehr eindrucksvoll die Bedeutung der Isolation für die Herausbildung einzigartiger Tierformen. Kontinentale Tierformen sind nicht so leicht auszurotten, es sei denn, sie sind sehr groß. Inseltiere sind aus mehreren Gründen verletzlicher, nicht nur weil es von ihnen weniger gibt. Das Fehlen von Raubtieren, die hier meist nicht lange überleben, ist ein typisches Merkmal des ökologischen «Klimas», an das inselbewohnende Arten angepaßt werden. Als Folge sind endemische Inselbewohner häufig «naiv». Man spricht auch von Inselzahmheit. Mindanao auf den Philippinen beherbergt viele nur hier vorkommende (endemische) Arten (z.B. 79% aller Säuger). Borneo, das häufiger Kontakt zum Festland besaß, weist 25% endemische Vertreter auf und die malaiische Halbinsel nur 2,7%

Das spektakulärste Aussterben folgte der Ankunft von Menschen in Australien. Hier hatten die Beuteltiere eine Vielfalt von Riesenformen entwickelt, die zum größten Teil verschwanden. Von 37 ausgestorbenen

Pflanzenfressern besaßen 17 kräftige Mahlzähne, die für das Kauen harter Gräser und anderer, rohfaserreicher Pflanzen geeignet waren. Obwohl wir recht wenig Fossilien besitzen (von ungefähr 40 wichtigen Fundstellen), waren Riesenbeuteltiere sicher häufig und weitverbreitet; das größte, *Diprotodon optatus*, erreichte fast zwei Meter Schulterhöhe und über eine Tonne Gewicht. Es war eine Art blätterfressender, nashorngroßer Wombat. Ein anderer Vertreter, *Zygomaturus*, besaß ein stumpfes Nasenhorn, eine Art Paddel, mit dem er wahrscheinlich kämpfte. Das fast zwei Meter lange Tier ähnelte einem Nashorn, das möglicherweise in der Lage gewesen sein könnte, mit den starken Krallen der Vorderfüße Wurzeln auszugraben. Die Artenfülle wurde ergänzt durch schweineähnliche Formen, große «Nagetiere» und sogar einen Vertreter, der aussah wie ein Riesenfaultier. Sie alle waren schwer. Die australischen Pendants zu den Wiederkäuern, die Känguruhs, reichten von Schwergewichtlern mit fast drei Metern Körperlänge bis zu kleinen Arten, wie den noch heute lebenden Hasenkänguruhs.

Derartige Schwergewichtler waren wahrscheinlich ortsfest und bewohnten die besten und fruchtbarsten Regionen, während die kleineren, mobileren Vertreter nomadisch leben konnten. Körpergröße ist fast immer mit großen Aktionsräumen und entsprechendem Appetit verbunden. Viele dieser großen Pflanzenfresser, besonders wenn sie einen primitiven Stoffwechsel besaßen, mußten viel Zeit mit der Nahrungsaufnahme verbringen und waren daher nicht auf Auseinandersetzungen mit schnellen, gut bewaffneten Räubern vorbereitet. Die grasfressenden Beutler lebten mit zwei Riesenschildkröten und einem Emu von über 100 kg Gewicht zusammen.

Wichtige Räuber waren damals wie heute Krokodile; eine Riesenform bewohnte die Binnengewässer, eine andere von ca. 200 kg Körpergewicht lebte in Trockengebieten. Sie waren kleiner als die bis zu sieben Meter langen Komodo-Warane (*Megalania*). Auch der sehr dicke, fünf Meter lange Python, *Wonambi*, war häufig. Zwei große Raubbeutler waren das Riesenopossum (*Thylacoleo*), das anscheinend die Merkmale von Katzen, Hyänen und Bären miteinander verband und die *Thylacine*, der Beutelwolf.

Einige Forscher versuchen das Aussterben der Megafauna mit klimatischen Änderungen zu erklären. Diese «Klima-Lobby» sieht Gründe darin, daß große Tiere eine geringere Fortpflanzungsrate und eine längere Generationsdauer haben, so daß sie sich nur langsam genetisch an Umweltveränderungen anpassen können. So richtig diese Überlegungen sind, sie beachten nicht, daß der Nachteil der langsameren Evolutionsgeschwindigkeit dadurch aufgehoben werden kann, daß größere Tiere ein weiteres Nahrungsspektrum nutzen können und relativ stark vor Räubern und Temperaturextremen geschützt sind.

Die Vorstellung, daß große Tiere weniger anpassungsfähig sind, wird durch den Erfolg entsprechender Arten widerlegt, die sich sehr schnell an die Nahrungsarmut von Inseln anpaßten, indem sie kleiner wurden. Elefanten, Flußpferde und Riesenschweine entwickelten auf vielen Inseln – auf denen sie Blütezeiten erlebten bis der Mensch erschien – Zwergformen. Die Bestände wahrer Tierriesen können natürlich bei starkem Klimawechsel auch geschrumpft sein. Einige können sich auf relativ kleine Restbiotope zurückgezogen haben und nur wenige mußten dadurch aussterben. Viele hatten – bevor der Mensch kam – schon Zeiten von Trockenheit und Kälte überstanden.

Der eindeutige Nachweis, daß Menschen diese Tiere töteten, stammt aus der Mammoth-Cave (Mammuth-Höhle) in Westaustralien, einer Fundstelle, die man auf ungefähr 37000 v.h. datierte. Hier fand man die Reste sorgfältig aufgebrochener und verbrannter Knochen verschiedener Tierarten, zu denen das Riesenkänguruh, der Riesen-Stachelameisenbär und das Riesenopossum zählten. Das überaus vielfältige Nahrungsangebot «naiver» Tiere ermöglichte den ersten Siedlern eine schnelle Verbreitung und gute Vermehrung. Obwohl einige kulturelle Unterschiede zwischen den Küsten- und den Inlandgruppen auftraten, hat das reiche Angebot guter Nahrung wahrscheinlich zur Entwicklung und Ausbreitung einer einheitlichen Großwildjäger-Kultur auf dem ganzen Kontinent geführt. Als die meisten Beutearten – bis auf wenige, wendige Beutler – verschwanden und die Vegetation sich änderte, mußte man lokal angepaßte Überlebensstrategien entwickeln.

Die Tatsache, daß ökologische Änderungen auftraten, kann man sehr schön an den Felszeichnungen der Kakadu-Berge erkennen, wo ältere Zeichnungen von an Trockenheit angepaßten Känguruhs von Bildern überdeckt sind, die Wasservögel und Barramundis zeigen. Dies sind Hinweise auf Änderungen, die eher vom Klima als vom Menschen verursacht wurden. Es ist sehr wahrscheinlich, daß die Küstenbewohner den Verlagerungen ihres Lebensraumes genauso folgten, wie die Binnenländer ihre Lebensräume mit denen ihrer Nahrungstiere verschoben, wenn sich das Klima änderte.

Die kulturelle Zersplitterung zeigte sich in der Vielfalt verschiedenster Anpassungen und Sprachen der Aborigines, welche die ersten europäischen Siedler vorfanden. Trotz fehlender geographischer Barrieren besitzt Australien klar abgegrenzte ökologische Zonen und genetische Untersuchungen an Ureinwohnern belegen eine hohe Differenzierung innerhalb Australiens, die weitgehend mit ökologischen Regionen übereinstimmen. Um derartige genetische Unterschiede herauszubilden, mußten die einzelnen Bevölkerungsgruppen lange Zeit in kultureller Isolation gelebt haben.

Die einzigen überlebenden Beutler, die noch heute eine wichtige Nahrungsquelle darstellen, sind in fast ganz Australien die Känguruhs. Die Roten und die Östlichen Grauen Riesenkänguruhs waren ursprünglich fast ein Drittel größer als heute. Dies läßt sich am einleuchtendsten dadurch erklären, daß kleinere Tiere absolut weniger Nahrung benötigen, beweglicher und schneller sind. Sie werden früher geschlechtsreif, haben mehr Nachkommen und können so den Bejagungsdruck kompensieren. Kleinere Vertreter sind im gleichen Zeitraum weniger «geschrumpft». Eine Ausnahme spricht stark dafür, daß menschliche Jagd die Körpergröße der Känguruhs in Australien selektiv beeinflußte. Der australische Zoologe und Paläontologe Tim Flannery entdeckte, daß die Westlichen Grauen Riesenkänguruhs (*Macropus fuliginosa*) auf Kangaroo-Island in den letzten Jahrtausenden um 7% größer wurden. Nach einer frühen Besiedlungsphase starb die Bevölkerung der Insel wieder aus, die danach mindestens von 4000 bis 2500 v. h. unbewohnt war. Flannery glaubt dieses Größerwerden der Insel-Känguruhs auf in dieser Periode fehlenden Jagddruck zurückführen zu können.

In Australien starben mehr Großtiere aus als in jedem anderen Kontinent. Nach der gegenwärtigen Kenntnis der fossilen Fauna (die sicher unvollständig ist) verschwanden 86% der Megafauna (alles Tiere über 44 kg Körpergewicht). Südamerika folgt mit 80% und Nordamerika mit 73%. In der zuletztgenannten Region verschwanden innerhalb kürzester Zeit mehr als 70 Gattungen von Großsäugern, die Mehrzahl davon – vielleicht sogar alle – kurz nachdem der moderne Mensch diesen Kontinent besiedelt hatte. Zahlreiche Schlachtplätze belegen, daß die ersten Amerikaner ein riesiges Festmahl veranstalteten.

Im Gegensatz dazu schätzt man, daß Afrika ungefähr 15% der Großsäuger verlor, weitgehend spezialisierte Verwandte der bis heute überlebenden Tierarten. Die am stärksten abgewandelten und wohl überspezialisiertesten Formen verschwanden als erste. Wenn ihr Aussterben von Hominiden verursacht wurde – was sehr wahrscheinlich ist – war *H. erectus* der Jäger. Die späteren Menschenformen (zwischen 40000 v. h. und der Gegenwart) sind mit ihren hochentwickelten Waffen und der höheren Populationsdichte weitgehend für die Vernichtung weiterer Arten verantwortlich. Betrachtet man weltweit den geographischen und zeitlichen Ablauf des Aussterbens, wird erkennbar, daß die großen Zusammenbrüche meist nach der Ankunft moderner Menschentypen folgen (mit einigen frühen Vorläufern durch den Erectus in Afrika und Eurasien). Eine eindrucksvolle Welle der Artenvernichtung folgte der Ausbreitung der Europäer mit ihren Schiffen, Waffen und den sie begleitenden Ratten, Katzen, Hunden, Schweinen usw. Weitere Ausrottungsphasen beginnen gerade. Ihre Ursachen unterscheiden sich nicht wesentlich von den früheren, ihr Ausmaß scheint jedoch alles Vorhergehende in den Schatten zu stellen.

Wir müssen uns von der sentimentalen Vorstellung verabschieden, der Mensch habe früher im Einklang mit der Natur gelebt. Völker haben immer gerne neue, vorteilhaftere Techniken ausprobiert. Entwicklung, Verfeinerung, Einsatz, Erhalt und Anwendung technischer Möglichkeiten gehörten, genau wie die modernen Spezialisierungen, zu den besonderen Fähigkeiten der vorgeschichtlichen Völker. In Folge technischen Erfindungsreichtums nahm die Zahl möglicher räuberischer Ernährungsstrategien und damit der vom Menschen besetzten ökologischen Nischen zu. Dies wird erst aus ökologischer Sicht klar erkennbar.

Für Großsäuger, die in verschiedenen Gegenden der Welt so zahlreich entstanden waren, stellte der in ihren Lebensraum vordringende Mensch eine todbringende Katastrophe dar. Ihr folgten weniger bekannte, aber genauso fatale Vegetationsveränderungen, wie sie am Beispiel der Moas und Farne anschaulich beschrieben wurden. Heute verändert bzw. verdrängt die Landwirtschaft unerbittlich die meisten verbliebenen natürlichen Ökosysteme.

Erstmals hat die Wissenschaft das geistige Rüstzeug geschaffen, die Naturgeschichte des Menschen zu untersuchen und zu verstehen. Nicht Steinwerkzeuge und fossile Knochen liefern die Daten, sondern die verbliebenen Reste einst weit verbreiteter, vitaler Arten und ihre bekannten ökologischen Ansprüche. Diese Zeugen der Vergangenheit werden heute von den Nachkommen der prähistorischen Menschen bedroht, die Ausbeutung der Natur dauert an. Moderne Werkzeuge sind Geld und Mega-Maschinen, Kleidung besteht nicht mehr aus Ocker und Fellen sondern aus Nadelstreifenanzügen und Brillen. Den unbändigen Appetit der Menschheit zu zügeln ist die unabdingbare Voraussetzung um Eden wiederzuentdecken.

3
Adam auf Reisen

Die Gruppe der Westindischen Inseln liegt fast 20000 km von Indien und dieses fast fünfmal weiter von Spanien entfernt, als Kolumbus und die Königin 1492 angenommen hatten. Die Erstbenennung und konservatives Denken führten jedoch dazu, daß man die Kariben und die amerikanischen Ureinwohner immer noch Indianer nennt. Die Bezeichnung Westindien ist nicht nur ein sprachliches Denkmal der damaligen Vorstellung einer viel kleineren, halb so großen Erde; sie zeigt auch, daß Menschen immer Neues mit Altbekanntem verbinden wollen. Diesem Bedürfnis reicht es dann, wenn man einem Volk mit bekanntem Namen ein vertrautes Land zuordnet.

Heutige «Forschungsreisen» versuchen aufzudecken, wann, wie und wo die ersten Amerikaner Amerika, die Aborigines Australien und frühe Europäer Europa erreichten. Die Suche beginnt immer in Afrika.

Die Identifikation Afrikas als das Entstehungszentrum neuer Menschentypen beruht auf drei Erkenntnisquellen: biogeographischen Verbreitungsmustern, Fossilien und Genen. Genetische und fossile Daten stimmen in der einzigen Deutungsmöglichkeit überein: die Abstammungslinie des modernen Menschen begann in Afrika. Auch ihre Datierungsmethoden führen in die gleiche Zeit vor 180000 bis 240000 Jahren zurück. Da bekannt ist, daß schon damals viele verschiedene Menschentypen in Afrika und Eurasien verstreut vorkamen, forderten die genetischen Fakten eine logische Konsequenz, die viele Leute nur schwer akzeptieren konnten. Diese besagt, daß unter all den Individuen, Familien, Stämmen, Unterarten oder sogar Arten die Nachkommen einer einzigen Mutter den Ausgangspunkt der neuen Abstammungslinie darstellen. Alle anderen Linien sind nach dieser Vorstellung ausgestorben.

Glücklicherweise verrät uns ein hervorragend erhaltener Schädel, wie die Menschen im damaligen Afrika ungefähr aussahen. Es ist der Broken Hill-Schädel (nach dem ich im vorherigen Kapitel eine biogeographische Zone benannte). Dieser Menschentyp wurde auch als «Kabwe-Mensch» oder früher als «Rhodesien-Mensch» bezeichnet.

Drei bis vier weitere Schädel, die man in die Zeit von ungefähr 380000 bis 180000 v.h. datiert, fand man in so entfernten Regionen wie Marokko und dem Kap. Sie belegen, daß Menschen mit starken Brauenwülsten und großen Gehirnen in Afrika weit verbreitet waren. Obwohl sie klar erkennbare Unterschiede aufweisen (wie bei einer so großen zeitlichen und räumlichen Streuung zu erwarten war), besitzen sie doch genug gemeinsame Merkmale, um sie als typischen «Afrikaner» von zeitgleichen Europäern oder Bewohnern des Fernen Ostens abzutrennen. In Europa und Westasien lebten zu dieser Zeit Neanderthaler, im Fernen Osten die sogenannten Mapas. Das afrikanische Mitglied dieses Trios vertritt der Broken Hill-Schädel.

Im Stammbaum des Menschen gehören die drei zum vierten «Ast», der sogenannten Heidelberger Radiation. Die frühen Verzweigungen nahe des Stammes sind bei einer Radiation immer schwerer zu unterscheiden als die späteren, stärker abgewandelten Vertreter. Die äußerliche Ähnlichkeit all der robusten frühen Menschenformen hat das Verständnis der menschlichen Evolution sehr erschwert. Trotz allem *kann* man die afrikanische Linie unterscheiden und das Verstehen ihrer Einzigartigkeit und Kontinuität ist aus zwei Gründen wichtig. Der eine ist, daß sie mit großer Sicherheit die Ursprungslinie aller Menschen der Welt darstellt. Der andere, daß diese polymorphe Linie wiederholt primitiv aussehende Seitenlinien abzweigte, die man mit anderen, nicht verwandten Menschenformen verwechselte.

Die Anatomie des Broken Hill-Schädels (und anderer verwandter Fossilien) repräsentiert ein Mosaik primitiver und fortschrittlicher Merkmale. Die letztgenannten gleichen denen moderner Menschen (während beide nicht-afrikanischen Formen ihre eigene Entwicklung durchmachten).

Anfangs haben sich Evas Nachkommen wahrscheinlich anatomisch noch nicht sehr von Populationen des Broken Hill-Typs unterschieden. Ihre Unterschiede lagen möglicherweise viel stärker in psychologischen und kulturellen oder anderen unauffälligen Dingen, so daß es für uns schwer, wenn nicht unmöglich ist, die frühen Formtypen allein auf der Grundlage der Fossilien zu trennen.

Das Auftauchen einer «genetischen Eva» in Afrika besitzt eine weitere spannende Parallele, die Entstehung einer typischen mittelpaläolithischen Steingerätekultur, die in Ostafrika zwischen 180000 und 240000 v.h., in Südafrika um 200000 v.h. und in Äthiopien um 180000 v.h. erscheint. Es besteht also eine auffällige Übereinstimmung zwischen dem theoretischen «Geburtstag» einer neuen Stammeslinie und den Datierungen einer fortschrittlichen, vielfältigeren Steingeräte-Tradition, die zu Denken gibt.

Das plötzliche Auftauchen neuer Technologien muß nicht auf völlig neue Menschenformen hinweisen. Man muß noch nicht einmal erwarten, daß fortschreitende anatomische Veränderungen (wie das Leichterwerden der Knochen, zarterer Bau und jugendlichere Kopfformen) zwangsläufig mit mittelpaläolithischen Werkzeugen verbunden sein müssen. Wenn meine Grundannahme des «sich selbsterschaffenden Menschen» richtig ist, können diese anatomischen Änderungen das *Produkt*, also die Folge, neuer Technologien und der dazugehörenden Verhaltensänderungen gewesen sein. Sollte dies der Fall sein, können stärkere anatomische Veränderungen den technischen Entwicklungen einer genetisch und intellektuell einzigartigen Population hinterhergelaufen sein.

Wenn neue Technologie und mit ihr verbundene Änderungen des sozialen Systems der ursprüngliche Grund für weitere Änderungen in genetischen und anatomischen Bereichen waren, war ihr Einfluß wahrscheinlich nicht sehr groß. Körperliche Veränderungen als Folge kultureller Entwicklung können sehr unregelmäßig aufgetreten sein. Dieses undurchschaubare Wechselspiel von Veränderungen, wobei die biologischen Anpassungen den kulturellen «Trendsettern» *folgen*, könnte viel zur Erklärung der menschlichen Rassenentstehung beitragen. Wenn die Existenz einzelner Völker lokal hauptsächlich von bestimmten Technologien abhing, beeinflußten diese die weitere Evolution der Gruppe besonders stark. Die Verkleinerung und Vereinfachung der Zähne und die Vergrößerung des Gehirns sind typische Entwicklungstrends der Menschwerdung; mit der mittelpaläolithischen «Werkzeugevolution» (und den sie wahrscheinlich begleitenden Änderungen des Sozialsystems) beschleunigten sich diese Abwandlungen. Kräftige Gliedmaßen und Körper sowie Zähne und Kiefer konnten unwichtig werden, wenn eine größere Gruppe effektiver zusammenarbeitete und mehr Beute einbringen konnte, als die früheren, kleineren Verbände. Robuste, schwer gebaute Individuen besaßen in kopfstarken sozialen Gruppen einerseits keine Vorteile, andererseits führte die Entwicklung ausgefeilterer Methoden der Nahrungszubereitung auch zur Verkleinerung der Zähne, der Kaumuskulatur und des damit verbundenen Knochenapparates.

Die Lage des Gehirns zum Gesicht wurde ursprünglich davon bestimmt, daß es in einem verstärkten «Rahmen» dicker Knochenplatten geschützt wurde. Erst als diese Knochen dünner wurden und die «Jugendphase» sich verlängerte, konnte das Erwachsenengehirn aus dem «Gefängnis» entweichen. Erst damit wurde der rundliche Gesichtsschädel zum dominierenden Anteil, dem sich alle anderen Strukturen unterordneten.

Die Zunahme des relativen Hirnvolumens zeigt, daß die Broken Hill-Vertreter und Heidelberger-Abkömmlinge im Vergleich zu Erectus-Menschen große Fortschritte gemacht hatten. (Große individuelle Unterschiede der Körper- und Hirngröße machen einen direkten Vergleich der absoluten Volumenangaben unmöglich.) Eine einleuchtende Folge dieser Hirnentwicklung war sicher die Verbesserung der Sprachfähigkeit. So gehörte zum wichtigsten Erbe der Heidelberger/Broken Hill-Vorfahren die Fähigkeit zu reden – was die Weitergabe erlernter Fähigkeiten ermöglichte und Gruppen zusammenhielt.

Für jagende und sammelnde Gruppen erlaubte das bessere Sprachvermögen erfolgreichere Planung und Koordination aller Tätigkeiten. Dazu gehört in individuenreichen Gruppen auch eine stärkere Aufgabenteilung und Spezialisierung, besonders bei umfangreicheren Aufgaben. Dies bedeutet nicht unbedingt eine Festlegung auf bestimmte Rollen (das würde die Flexibilität mindern), sondern vielfältige Einsatzmöglichkeiten bei strukturierteren Aktivitäten wie Fallen bauen, Netze weben und die Organisation von Treibjagden und Kriegszügen. Häufigere Kämpfe konnten das Ergebnis der Bevölkerungszunahme gewesen sein, die wiederum Folge effizienterer Nahrungsbeschaffung war. Dies führte zwangsläufig zur Entwicklung besserer Waffen. War erst einmal erkannt, daß das Überleben der Gruppe von ihrer sozialen Organisation abhing, mußte man, um den Gruppenerfolg zu sichern, derartige Aktivitäten vorausschauend planen. Mit der Zunahme unterschiedlicher Aufgaben muß auch die Sprache komplexer geworden sein, um die verschiedenen Aktivitäten der Gruppe beschreiben, verhandeln und verteilen zu können. Hierin ist keine grundsätzlich neue Entwicklung zu sehen, sondern ein großer Fortschritt in der praktischen Anwendbarkeit.

Die Rückwirkung der zunehmend besseren Technik auf die immer komplexere Sprache kann einfache anatomische Änderungen zur Folge gehabt haben. Ausdauernde Sprache setzt wahrscheinlich eine feinere Kontrolle des Zwerchfells (Diaphragmas) und der Rippen voraus. Eine Vergrößerung der Nervenkanäle in der Wirbelsäule könnte eine mögliche Folge sein. Diese Überlegungen werden durch Untersuchungen gestützt, die Dr. Alan Walker an Erectus-Fossilien aus Kenia vornahm, deren Rückenmarkskanal meßbar kleiner war als bei modernen Menschen. So kann man sogar den Durchmesser unserer Nervenkanäle indirekt auf unsere Technologieentwicklung zurückführen!

Mit der Abnahme der Notwendigkeit der Selektion auf physische Stärke wurde es für Menschen vorteilhaft leichter gebaut zu sein und weniger Energie zu verbrauchen. Zwei Wissenschaftler, E. Trinkhaus und Y. Rak haben dies im Zusammenhang mit der Fortbewegung untersucht. Rak glaubt, daß die Verlagerung der Wirbelsäule relativ zum

Hüftgelenk eine Art «Stoßdämpfer»-Effekt schuf, der nicht nur unseren energiesparenden, elastischen Gang erklärt, sondern auch die Beschleunigung unseres Körpers in ausgreifenden, langen Schritten unterstützt. In dieser Hinsicht besaß die Eva-Linie den Neanderthalern gegenüber Vorteile, die weniger gut entwickelte «Stoßdämpfer» im Becken aufwiesen. Trinkhaus belegte, daß die längeren Beinknochen moderner Menschen besser für schnelles Laufen geeignet sind und die Neanderthaler einen schwerfälligeren, schleppenderen Gang besaßen. Es gibt noch andere, unauffällige anatomische Veränderungen. Abgewandelte Fingerproportionen verbesserten den präziseren Einsatz der Fingerspitzen im Vergleich zum Kraftgriff der ganzen Faust. Moderne Schulterblätter sind schmaler, das Ellbogengelenk freier, der ganze Arm leichter und beweglicher.

Größere, kooperative Gruppen können die individuellen Überlebenschancen erhöht haben. Es gibt Hinweise darauf, daß moderne Menschen durchschnittlich länger leben als ihre Vorfahren. Die Vorteile gemeinsamen Wissens (mit mehr Großeltern, die bei der Nahrungsbeschaffung und der Jungenaufzucht helfen) sind offensichtlich.

Ich entwickelte in Kapitel 1 den Gedanken, daß koordiniertes Jagdverhalten der Vorteil früher Hominiden gegenüber den Techniken anderer Savannenraubtiere gewesen ist. Jede Verbesserung des Jagd- und Sammelerfolges mußte weniger gut organisierte Konkurrenten hart treffen. Zunächst waren dies hauptsächlich Raubtiere; im Laufe der Zeit verstärkte sich jedoch die Konkurrenz zwischen verschiedenen Menschentypen. Die Herausbildung verschiedener Hominidenformen und regional angepaßter Untergruppen war sicherlich von der Entwicklung spezieller technischer Fertigkeiten begleitet, die zumindest auf Unterschiede in der Häufigkeit, Verteilung, Ökologie und Art der Nahrungsressourcen in verschiedenen Regionen zurückzuführen sein muß. Der Anthropologe Colin Groves hob als erster die Bedeutung unterscheidbarer Teilpopulationen hervor und betonte, daß sie zu allen Zeiten der Menschwerdung existierten. Diese müssen sich genetisch unterschieden haben und es war gerade diese genetische Vielfalt, an der die natürliche Selektion arbeitete.

Das Auftauchen Evas war ein ganz lokales Ereignis, das in einer einzigen von einer unbekannten Zahl regional angepaßter Populationen des Broken Hill-Menschentyps stattfand. Besteht – wenn sich Evas Gruppe ursprünglich von den anderen Broken Hill-Typen nur wenig unterschied – irgendeine Möglichkeit herauszufinden, wo sie in Afrika lebte? Diese Frage ist nicht rein akademisch, denn wenn wir Genaueres über diese Ursprungsgebiete wüßten, ließe sich mehr über die ökologischen Rahmenbedingungen unserer Herkunft und einige entscheidende Hintergründe prähistorischen Lebens erfahren. Dazu gehören z.B.

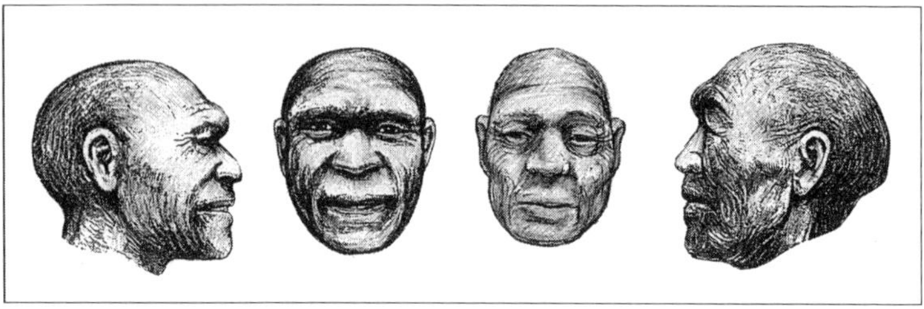

Abbildung 37
Rekonstruktionen (links) des Omo I-Menschen 130 000 v. h. und (rechts) Ngaloba (Laetoli), 120 000 v. h.

Vorstellungen von der Größe der lebenslang bzw. täglich durchwanderten Streifgebiete sowie das Verhältnis von Gruppengröße zu angebotenen Ressourcen.

Bis heute stammen die frühesten, unzweifelhaft menschlichen Fossilien aus Tansania, Südafrika und Südäthiopien, die alle ungefähr 100 000 bis 130 000 Jahre alt sind. Die Tatsache, daß moderne Menschen derartig weit verbreitet und so häufig waren, daß man sie fossil findet, weist darauf hin, daß Evas «Enkel» sich vermehrt und ausgebreitet haben.

Die Fundlücke von ungefähr 100 000 Jahren seit dem Auftreten von Eva paßt zu meiner Überzeugung, daß die anatomische Veränderung der technologischen, psychologischen, sozialen, kulturellen und genetischen Entwicklung weit hinterherhinkt. Diese komplexen und weitgehend unauffälligen Merkmale machen den modernen Menschen aus. Während sie langsam die früheren Menschentypen ersetzten, sie vernichteten oder sich mit ihnen vermischten (wahrscheinlich in einer schrittweisen Ausbreitung), gab es wenige anatomische Merkmale um Sieger und Besiegte zu unterscheiden.

Wenn sich die Ursprünge des modernen Menschen hinter altmodisch wirkenden Knochen verbergen, verraten vielleicht ihre Werkzeuge mehr über den Anfang. Bis jetzt fand man den ältesten eindeutigen Zusammenhang von Fossilien und mittelpaläolithischen Werkzeugen an der Mündung des Klaasies River in Südafrika. Die ungefähr 120 000 Jahre alten Knochen gehörten Menschen, die außerordentlich variabel waren, einige ziemlich zart, andere eher stämmig. Dieser Polymorphismus paßt zu einem Rückgang desjenigen Selektionsdrukkes, der die Körpergrößenvariation der meisten Wirbeltiere in engen Grenzen hält.

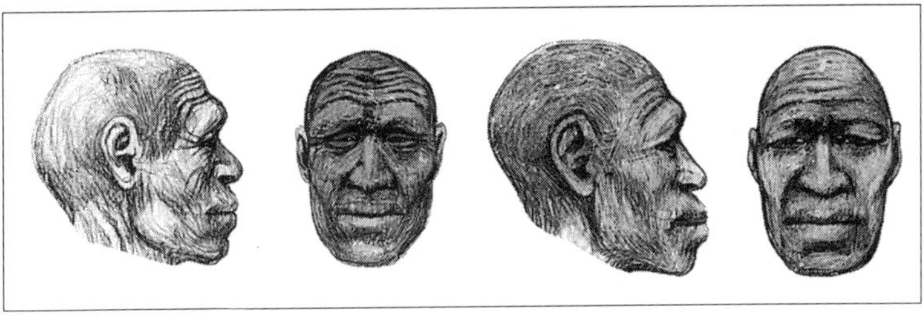

Abbildung 38
Rekonstruktionen zweier Individuen von Djebel Qafzeh (115 000 v. h.) und (91 000 v. h.). (links) Schädel Nr. 6. (rechts) Schädel Nr. 9. Selbst kleine Stichproben belegen eine bemerkenswerte Variabilität unter frühen modernen Menschen.

Andere Fossilien besitzen Merkmalsmischungen zwischen Broken Hill-Typen und modernen Menschen. Einen großen, kantigen Schädel aus Südäthiopien nennt man Kibbish (Omo I). Er wurde mit Vorsicht auf 130000 v.h. datiert. Zur Zeit ist dies der vollständigste Schädel (mit großen Teilen des Skelettes) aus dieser überaus wichtigen Evolutionsphase in Afrika. Dr. Chris Stringer vom British Museum zeigte, daß die Maße dieses und anderer afrikanischer Schädel sehr nahe an spätere Schädel des Mittleren Ostens vor ungefähr 100000 Jahren und aus Australien und Europa vor 35000 Jahren heranreichen.

Trotz der relativ großen Zeitspanne stützt die Tatsache, daß diese verschiedenen prähistorischen Völker eine grundsätzliche Ähnlichkeit in der Struktur und den Proportionen ihrer Schädel behielten, die Vorstellung, daß die Auswanderung moderner Menschen aus Afrika relativ schnell ablief. Trotz der starken Überaugenwülste, der zurückweichenden Stirn und anderer konservativer Merkmale sind sie wegen ihrer allgemeinen Form und der Proportionen sehr nahe an das *Zentrum* der Variationsbreite aller moderner Menschen zu stellen. Dies waren keine Primitiven, die weiterentwickelt werden mußten. Aus variablen Völkern wie diesen sollten sich später die uns heute bekannten Rassen entwickeln.

Die Variationsbreite heutiger Menschen unterscheidet sich nur unwesentlich von der früherer Fossilien. Schädel aus den letzten 100000 Jahren haben Archäologen durch ihre unwahrscheinliche Variabilität verwirrt. Wir müssen lernen, zwischen regionalen Anpassungen und der Formenvielfalt innerhalb der Gruppen zu unterscheiden, die auch für moderne Menschen typisch ist.

Gibt es bei der gegebenen weitverstreuten Zahl teilweise unsicher datierter Fossilreste und einer ähnlich weiten Streuung von mittelpaläo-

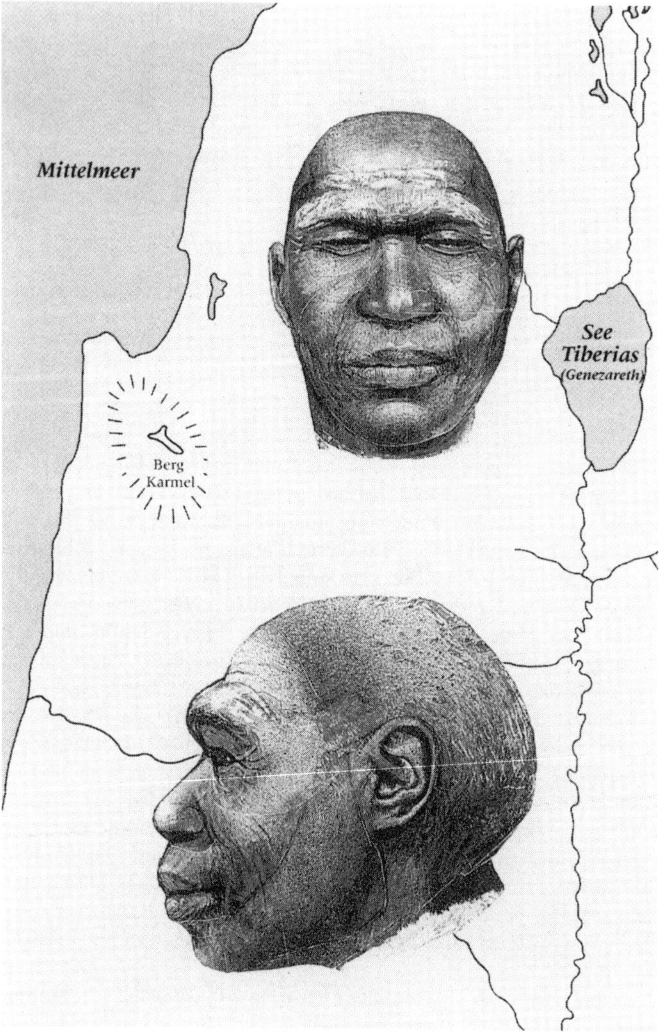

Abbildung 39
Rekonstruktion des Schädels Nr. 5 vom Berg Karmel, 80000–110000 v. h.

lithischen Steingeräten irgendwelche Hinweise auf ein Entstehungszentrum der Stammeslinie des modernen Menschen?

Falls unsere Vorfahren neuartige Steingeräte entwickelten, um einen größeren Ressourcenanteil – speziell an Großsäugern – nutzen zu können, kann dies nicht in einer «ärmeren» Region mit geringem Tierangebot stattgefunden haben. Ostafrika lag nicht nur im äquatorialen Bereich, sondern gehörte zu den über lange Zeiten artenreichsten Lebensräumen. Hier war das Wild, aber auch die Konkurrenz am größten. In ökologisch ärmeren Gebieten konnte effektivere Technologie nur wenige Vorteile bringen. Daher halte ich Ostafrika für das gesuchte Entstehungszentrum.

Ein weiteres Indiz mag in der Abneigung moderner Menschen gegen die kühleren Breiten liegen. In Südafrika und im äthiopischen Rift kann es sehr kalt werden. Wäre Eva hier entstanden, müßte man eine größere Kältetoleranz erwarten und das gemäßigte Eurasien wäre früher besiedelt worden.

Die Klimafrage ist sowohl für den Ursprung der Menschen *in* Afrika als auch für die Ausbreitung *aus* Afrika von Bedeutung. Die Temperaturen gingen nach 200000 v.h. ständig zurück und erreichten um 135000 v.h. ein Minimum. Zu dieser Zeit lag der Meeresspiegel mindestens 130 m tiefer als heute, so daß die breiten Landbrücken den frühen Afrikanern ein weites Vordringen in Nachbarräume ermöglichten. Nachfolgende Erwärmungsphasen erreichten ihren Höhepunkt um 130000 v.h. Zu diesem Zeitpunkt erscheinen die ersten mittelpaläolithischen Kulturen Südostasiens. Die Überreste eines modernen Menschen in Zuttiyeh lassen vermuten, daß der Mittlere Osten um 150000 v.h. erreicht war. Die frühesten, zuverlässig datierten modernen Menschen außerhalb Afrikas stammen von Djebel Qafzeh in Israel, sie sind zwischen 91000 und 115000 Jahre alt.

Mittelpaläolithische Fundstellen sind von der Umgebung Amritsars und Jaipurs bis nach Haiderabad und Madras über ganz Indien verbreitet. Man entdeckte jedoch keine in Bergen und stärker bewaldeten Gebieten, sondern nur in fruchtbaren Savannengebieten, die den afrikanischen ähnlich sind. Die Werkzeuginventare mit vielen Kratzern, Spitzen und Ahlen gleichen denen des ostafrikanischen Mittelpaläolithikums. Die Archäologen Allchin, Goudie und Hedge, die einen mittelpaläolithischen Schlagplatz und andere Fundstellen in Zentral-Rajasthan ausgruben, konnten nachweisen, daß diese Kultur während einer Feuchtzeit in Blüte stand, was zu der verlängerten (aber unterbrochenen) Zwischeneiszeit vor ungefähr 130000 bis 80000 v.h. paßt.

Der indische Archäologe V.N. Misra betont, daß während des Mittelpaläolithikums allmählich klare, lokale Traditionsunterschiede auftreten. Zusammen mit Kollegen wies er nach, daß eine bestimmte

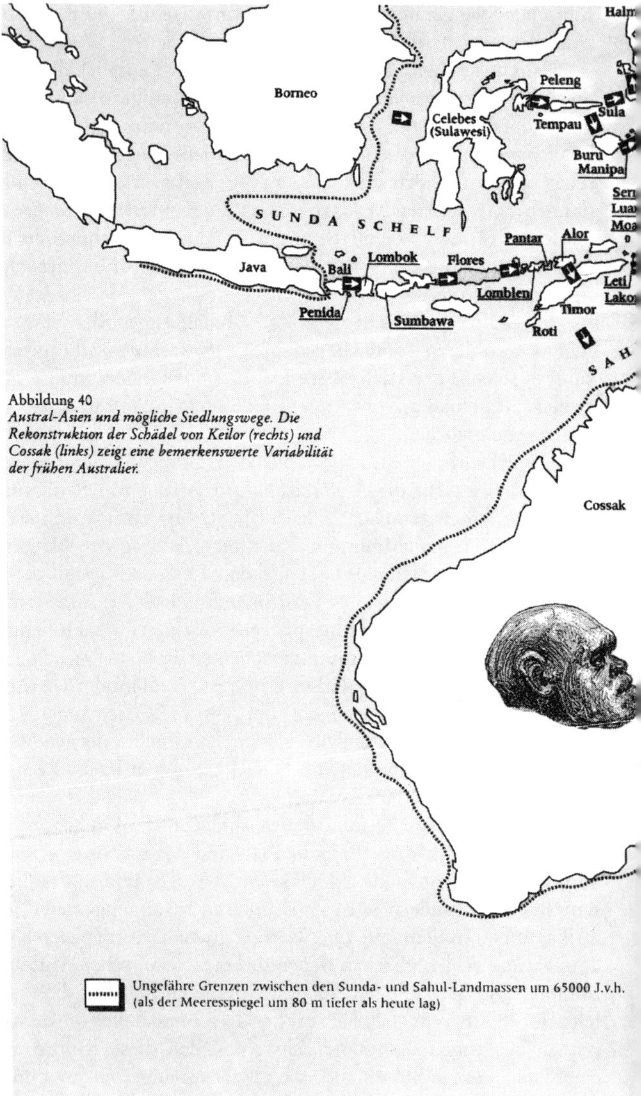

Abbildung 40
Austral-Asien und mögliche Siedlungswege. Die Rekonstruktion der Schädel von Keilor (rechts) und Cossak (links) zeigt eine bemerkenswerte Variabilität der frühen Australier.

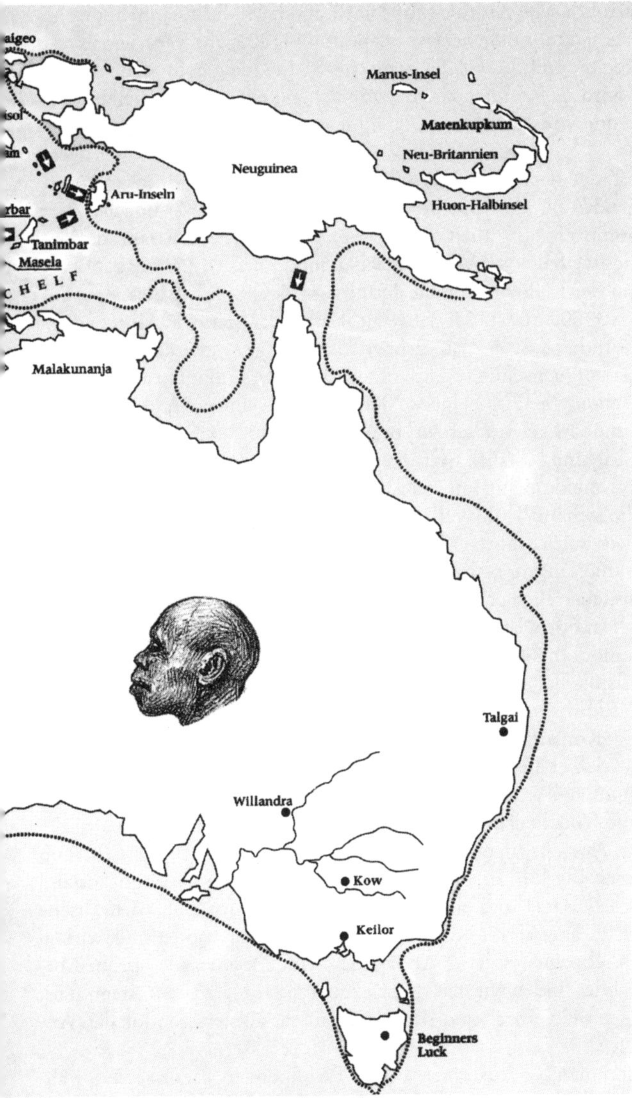
Manus-Insel
Matenkupkum
Neu-Britannien
Neuguinea
Aru-Inseln
Huon-Halbinsel
Tanimbar
Masela
Malakunanja
Talgai
Willandra
Kow
Keilor
Beginners
Luck

mittelpaläolithische Kulturgruppe nach und nach die gesamte indische Savanne besetzte, möglicherweise schon ab 144000 v.h. Wenn jemals aus dieser Region und dieser Zeit menschliche Fossilien gefunden werden sollten, wird es interessant sein, ob auch sie eine solche Vielfalt von zarteren und von robusteren Individuen zeigen, wie am Klaasies River in Afrika.

Die Frage nach dem Polymorphismus wird bei der Interpretation der folgenden Fundgruppe besonders wichtig. Daher ist zunächst eine Exkursion nach Australien nötig, bevor wir mit Asien fortfahren. Fossilien, die zweifellos zur Verwandtschaft moderner Aborigines gehören, fand man bei Keilor und Lake Mungo in New South Wales. Sie sind zwischen 38000 und 25000 Jahre alt. Verglichen mit dem Mittelpaläolithikum Indiens ist dies ein großer Zeitsprung, es gibt aber indirekte Hinweise auf menschliche Aktivitäten, besonders auf intensiven Feuereinsatz schon vor 120000 Jahren. Die Mungo-Leute gehörten zu einem absolut modernen Menschentyp, ein Individuum war ausgesprochen feingliedrig und schlank. Im Gegensatz dazu sind die jüngeren Schädel sehr groß, dickknochig mit ausgeprägten Augenwülsten und fliehender Stirn (die sich auf frühkindliche, künstliche Schädeldeformation oder Krankheit zurückführen ließe). Einen extremen Vertreter stellt der flachste und längste bisher gefundene Schädel dar. Das in Cossack in Nordwestaustralien gefundene Exemplar ist nur 6500 Jahre alt. Von der allgemeinen Form ist dieser Männerschädel vom Charakter her typisch für den modernen Aborigines-Typ. Wenn er auch größer, flacher und länger als die der meisten hier heute lebenden Menschen ist, läßt sich doch mit Hilfe guter Ernährung im passenden Lebensraum und einer robusten Konstitution (im wahrsten Sinne des Wortes) ausreichend erklären, daß er außerhalb der Norm liegt. Massive, dicke Schädelkapseln könnten das Ergebnis einer pathologischen Veränderung sein, durch die Knochensubstanz in der zwei- bis dreifachen Normalstärke entsteht. Auch heute findet man vom großen «bulligen» Menschen im Südwesten bis hin zu zarten, kleinen Stämmen in Nordqueensland große Gegensätze und eine Fülle von Zwischenformen. Australische Schädel, die älter als die von Cossack, aber genauso robust sind, wirken nicht so sehr wie moderne Aborigines, sondern eher wie «Frühe Moderne». Hier finden wir den vorhersagbaren Übergang von einem stark variablen, weitverbreiteten Bautypen zu spezialisierteren lokalen Anpassungen.

Kann man für Australien andere Bedingungen voraussetzen, während der Rest der Welt einen klaren Entwicklungstrend zur «Leichtbauweise» zeigte (der sich in den letzten 30000 Jahren verstärkte)? Könnte es ökologische oder kulturelle Gründe für die Beibehaltung einer größeren Variabilität in Australien gegeben haben?

Mein Erklärungsversuch setzt voraus, daß ein sehr variabler menschlicher Genotyp schnelle evolutive Antworten auf die Selektion erlaubt. Da der moderne *H.sapiens* ursprünglich robust gebaut war, kann man starken Knochenbau in Schädel und Skelett als normal betrachten. In Australien können andere, gegensätzliche Selektionskräfte für stärkeren bzw. feineren Körperbau geherrscht haben als im übrigen Bereich. Wenn Selektion auf feiner gebaute Typen mit relativ großen, komplex organisierten, kooperativen Gruppen einhergeht, kann sie in Australien nicht über große Räume und lange Zeit gewirkt haben. Während der ausgesprochen trockenen Phasen waren die Ökosysteme entsprechend verarmt, so daß die kleinste Überlebenseinheit in Kernfamilien bestand, deren Mitglieder für den Nahrungserwerb sinnvollerweise kräftig gebaut waren. Es ist nicht nur nachweisbar, daß Australiens Klima lange sehr hart war, sondern auch, daß diese Überlebensstrategie unter den Gesellschaftsformen der Aborigines häufig vorkam.

Für ein Land, das eigentlich keine unüberwindbaren Ausbreitungsschranken besitzt, zeigen die Aborigines eine erstaunliche Zersplitterung in kulturelle und genetische Einheiten. Dies ist genauso aufschlußreich, wie ihre frühe Einwanderung und die lange folgende Isolation von äußeren Einflüssen. Selektive Forderungen der Umwelt an den Körperbau von Mitgliedern solcher kleinen Familiengruppen könnten einen Körperbau erhalten haben, den man gemeinhin für evolutiv ursprünglich hält; er kann aber auch eine Antwort auf besondere Umweltfaktoren sein. Wenn diese Theorie stimmen sollte, kann sie Licht in mehr als rein akademische Probleme bringen, da sie ein verstärktes Beachten der Anpassungsfähigkeit verlangt, die den Kern aller evolutionären Prozesse darstellt und den Erfolg des Menschen als besonders anpassungsfähiges Tier ermöglichte.

Die Ähnlichkeiten einiger australischer Fossilien (besonders die von Kow Swamp, Cohuna und Talgai) mit dem *H.erectus* haben, wenn sie auch nur vordergründig sind, einige Anthropologen zu der Theorie veranlaßt, eine direkte Abstammungslinie der Australier zu den Erectus-Menschen des asiatischen Festlandes zu ziehen! Zahlreiche, genauere Analysen haben diese Idee schon vor langer Zeit widerlegt. Statt dessen veranschaulichen kräftige Australier in Wirklichkeit, wie dauerhaft und gleichzeitig anpassungsfähig das afrikanische Erbe war.

Die ältesten australischen Artefakte – ungefähr 60000 Jahre alt – fand man zusammen mit Farbstoffen (und den Mahlsteinen für ihre Herstellung) an einem Malakunanja genannten Felsüberhang unterhalb der Kakadu-Steilhänge in Nordaustralien. Der Meeresspiegel lag um 64000 v.h. ungefähr 80 bis 90 m tiefer als heute und Malakunanja über 200 km von der Küste entfernt. Die ersten Siedler können in Australien angekommen sein, als die Meeresstraßen um die Inseln am schmalsten waren. Das früheste «Niedrigwasser» ist ungefähr um 135000 v.h. nachgewiesen (gegenwärtige Daten sprechen aber eher für eine spätere Besiedlung). Der Meeresspiegel sank noch einmal um 109000 v.h., danach 87000 v.h. und 64000 v.h. Jede dieser Absenkungen des Wasserspiegels hatte zur Folge, daß große Teile Indonesiens eine breite Halbinsel wurden und Australien sich mit Neuguinea und den Aru-Inseln verband. Die Lücken zwischen dem asiatischen Festland (Sunda genannt) und der australischen Küste (Sahul genannt) waren an der schmalsten Stelle über 200 km breit. Zwei Routen eigneten sich für eine Überquerung durch floßfahrende Kolonisten. Der südliche Weg verlief über Timor, der nördliche über die Molukken. Es gab also verschiedene gute Möglichkeiten zum Insel-Springen.

Gegenwärtig sind alle datierbaren Fundstellen von Artefakten des asiatischen Festlandes viel jünger als Malakunanja. Stein- und Knochenwerkzeuge aus Long Rongrien auf der malaiischen Halbinsel sind nur 37000 Jahre alt, Artefakte aus Japan, Da-phuk in Vietnam und Sai-vok in Thailand sogar mit 25000 Jahren noch jünger. Damals waren viele Inseln weit draußen im Südpazifik schon lange bewohnt (Neuirland um 33000 v.h., die Salomonen um 28000 v.h.). Die ältesten Werkzeuge aus Papua-Neuguinea sind abgenutzte, aus Lava hergestellte Keile, die bei Bobongara auf der Huon Halbinsel geborgen wurden und über 40000 Jahre alt sind. Das weite Binnenland dieser riesigen Insel war – wie zahllose steinerne Keile von Kosipe belegen – bis vor 26000 Jahren dicht besiedelt.

Die Funde von Huon sind von besonderer Bedeutung, da sie aus einer der wenigen Regionen stammen, wo die Landmasse permanent angehoben wurde und Uferlinien aller Vergangenheitsperioden erreichbar sind. Papua Neuguinea stellt die Nordspitze der sich nach Norden bewegenden Indo-Australischen Kontinentalplatte dar. Die Huon-Halbinsel ist der Vorsprung dieser Landmasse, die gegenwärtig durch die Kollision mit der sich südwärts bewegenden untermeerischen Pazifischen Platte angehoben wird. Das Ergebnis ist eine Reihe von Treppenstufen, die jeweils auf ein ehemaliges Riff bzw. Küstenlinie zurückzuführen sind. (Viele sind mit alten Muschelresten durchsetzt.) Steigende und fallende Meeresspiegel konnten es nicht mit dem ständigen tektonischen Anstieg in Huon aufnehmen.

Das letzte Mal erreichte bzw. überstieg der Meeresspiegel vor 125000 Jahren die gegenwärtige Höhe; alle älteren Küstenlinien, selbst die höchsten, liegen inzwischen unter Wasser. Da die tropischen Küsten zu den beliebtesten Aufenthaltsgebieten der frühen Sapiensformen (besonders in sehr kalten, trockenen Perioden) gehörte, liegen sicher alle frühen Siedlungsplätze an der gesamten Küste Südostasiens heute unter dem Meeresspiegel. Dies erklärt die Seltenheit archäologischer Fundplätze in einer Region, in der die damaligen Küsten weitaus bessere Lebensbedingungen boten als das Binnenland, das über lange Zeit dicht bewaldet war.

Die ersten Siedler müssen Südostasien über eine östliche Route von Indien aus erreicht haben, was sicherlich geschah, nachdem Indien weitgehend bevölkert war. Die vorwiegend dichte Bewaldung und die Zerstückelung in viele Inseln kann den Vorgang jedoch verzögert haben. Ein Faktor ist der Einwanderung von Menschen nach Südostasien sehr wahrscheinlich vorausgegangen oder hat sie zumindest beschleunigt – die klimatische Veränderung. Die Eiszeit vor 135000 Jahren ist der frühest denkbare Besiedlungszeitraum, er kann aber auch bedeutend später gelegen haben.

Obwohl der größte Teil der Inselwelt dichten Wald trägt, werden die Flanken von Monsunklima beeinflußt, das besonders während kälterer, trockener Perioden Wirkung zeigte. In einem großen Bogen von Java und Teilen Sumatras aus, über Sulawesi bis hin zu den Philippinen ist die Trockenzeit ausgeprägt genug, um die Ausbildung von hochwachsendem Regenwald zu verhindern. Heute sind diese Gebiete landwirtschaftlich genutzt und ermöglichen eine hohe Bevölkerungsdichte.

Der Archäologe Peter Bellwood schließt auf der Grundlage seiner umfangreichen Kenntnisse der lokalen Bedingungen, daß weder Erectus-Vertreter noch Sapiens-Formen der Jäger- und Sammlerkulturen die Kerngebiete der Regenwälder Südostasiens besiedelten. Ohne an der Existenz verstreut lebender Küstenbewohner zu zweifeln, glaubt er, daß diese frühen Jägerkulturen sich weitgehend auf die Monsun-Gebiete beschränkten.

Als die ersten modernen Sapiens-Vertreter auf der Szene erschienen, lebten vielleicht – zumindest auf Java – noch Erectus-Leute. Wenn sowohl diese Konkurrenten als auch eine feindliche Umwelt eine Besiedlung des Inlandes Südostasiens verhinderten, wird wahrscheinlich, daß die einwandernden modernen Menschen sich auf das Leben an der Küste spezialisierten. Trotzdem verdrängten sie zu einem unbekannten, aber wohl sehr frühen Zeitpunkt den Erectus. Wie diese Konfrontation ablief, ist unbekannt, das Verhalten gegenüber anderen, z.T. viel näher verwandten Menschentypen, das wiederholt auftrat, kann aber als Modell dienen. Es gibt genügend Beispiele, in denen Menschen sich gegenseitig aus ganzen Landstrichen vertrieben haben; Dauer, Verlauf und Verhaltensmechanismen dieser prähistorischen Vorgänge bleiben jedoch ungeklärt.

Diese Frage ist für den Fernen Osten, insbesondere China, von Bedeutung, wo viele Fossilien die weite Verbreitung des Erectus bis 150000 v.h. belegen. Ob er gänzlich oder zumindest in weiten Gebieten vom orientalischen Vertreter der Heidelberger – den Mapas – verdrängt

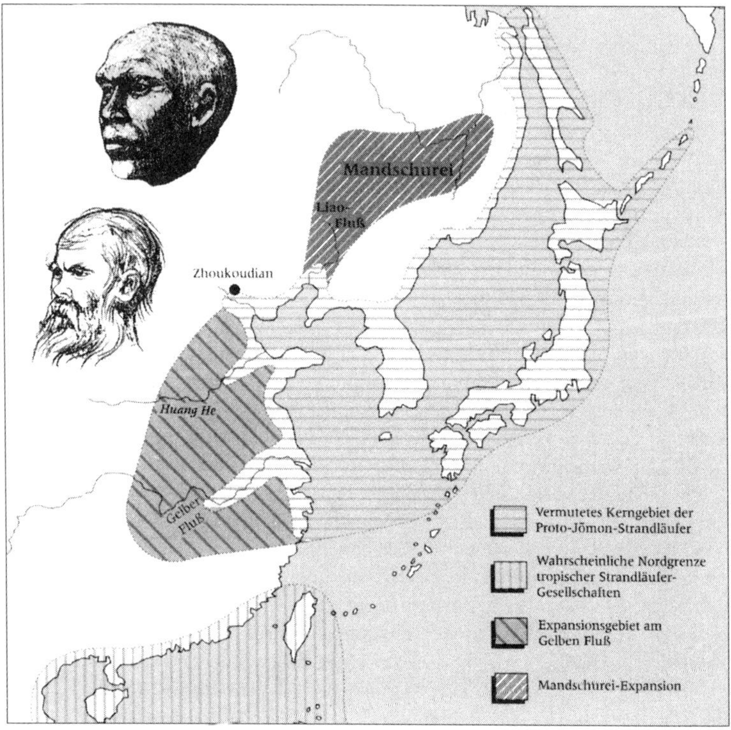

Abbildung 41
Rekonstruktion (nach einem chinesischen Modell) des «Höhlenmenschen» von Zhoukoudian. Diese typische Schädelform ordnet man den Proto-Jōmon zu. Die Karte zeigt das vermutete Kerngebiet der Proto-Jōmon-Population, die wahrscheinliche Nordgrenze der tropischen «Strandläufer» und zwei mögliche kontinentale Expansionsgebiete, die Mandschurei und die Täler des Gelben Flusses bzw. des Huang He.
Untere Abbildung: Ainu von Hokkaido.

wurde, ist eine weitere Frage. Wie wir bisher nur an einigen wenigen Fossilien feststellen konnten, lebten die Mapas zwischen 250000 bis 128000 v. h. Wenn die Karriere ihrer nächsten Verwandten – der Neanderthaler – als Richtschnur gelten kann, ist die Besiedlung des chinesischen Inlandes durch moderne Menschen wahrscheinlich dadurch ver-

Abbildung 42
Einige postglaziale archäologische Fundstellen Amerikas. Alle sind vermutlich jünger als 16000 Jahre, die meisten jünger als 11000 Jahre. Die Vereisung um 18000 v. h. ist eingezeichnet.

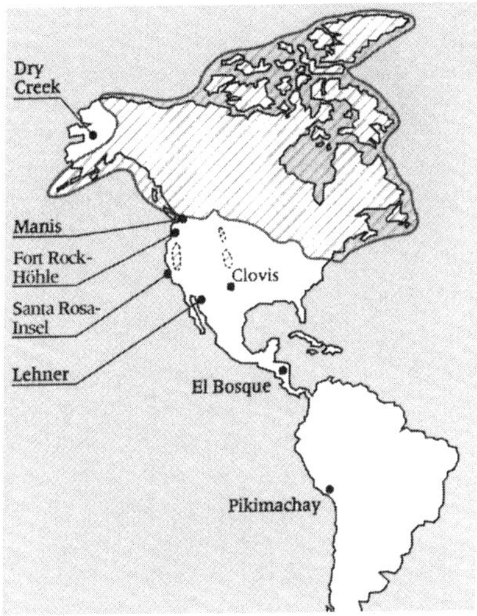

schoben worden, daß die Gebiete schon durch Mapas, möglicherweise auch durch Erectus-Vertreter, besetzt waren.

Aus diesen Gründen wird die Vorliebe des modernen Menschen für Küsten nicht auf den indonesischen Archipel beschränkt gewesen sein. Waren Kanus und Flöße erst einmal Allgemeingut, konnten moderne Menschen die chinesische Küste und vorgelagerte Inseln systematischer und effektiver nutzen. Von diesen aquatischen Randgebieten aus konnten sie dann langsam über die großen Flüsse ins Inland vordringen und (vielleicht zu einen späteren Zeitpunkt) das Vertreibungsmuster wiederholen, das für Europa schon gut dokumentiert ist. Dort gingen die Neanderthaler-Populationen schon vor der Ankunft der Sapiens-Vertreter sehr schnell zurück, obwohl die beiden Menschenformen im östlichen Mittelmeerraum mindestens 40000 Jahre koexistierten. Es ist klar nachgewiesen, daß moderne Menschen die Küsten und Inseln des Chinesischen Meeres sehr lange bewohnten.

Die heutigen Ainu auf Hokkaido könnten eine nördliche Reliktgruppe dieser Erstbewohner des Fernen Ostens darstellen. Aus der oberen Höhle von Zhoukoudian liegt ein Schädel vor, der – zwischen 11000 und 40000 v.h. datiert – in seinen Meßwerten den modernen Ainu mehr gleicht, als allen anderen lebenden Menschen. Andere, ähnliche Fundstücke stammen aus Longtan Shan und Liu Jiang. Überraschend an den Fossilien und den Ainus ist, daß sie einige allgemeine Merkmale erhalten haben, welche die Entstehung klarer Regionaltypen aus der vor-modernen Form stark vordatieren. Die Ainus und ihre

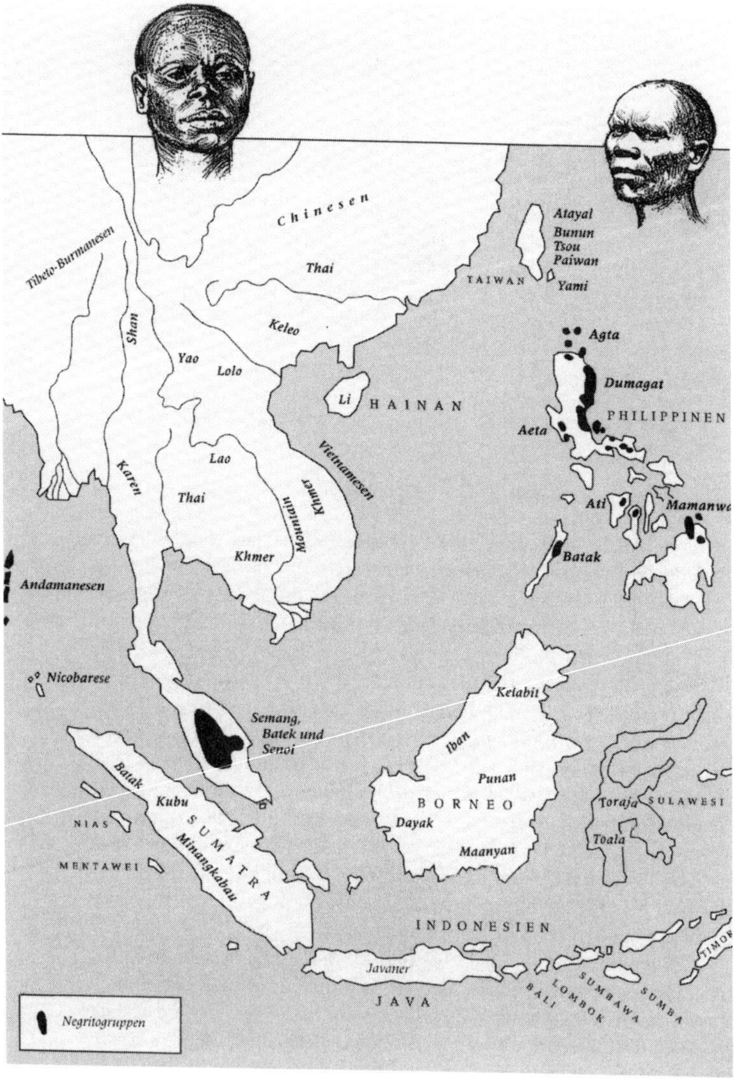
Chinesen
Tibeto-Burmanesen
Thai
TAIWAN
Atayal
Bunun
Tsou
Paiwan
Yami
Shan
Keleo
Yao
Lolo
Agta
Li
HAINAN
Dumagat
PHILIPPINEN
Aeta
Karen
Lao
Vietnamesen
Thai
Khmer
Mountain
Ati
Mamanwa
Khmer
Batak
Andamanesen
Nicobarese
Kelabit
Semang,
Batek und
Senoi
Iban
Batak
Punan
Kubu
BORNEO
Toraja
SULAWESI
NIAS
SUMATRA
Dayak
Toala
Minangkabau
Maanyan
MENTAWEI
INDONESIEN
Javaner
TIMOR
JAVA
BALI
LOMBOK
SUMBAWA
SUMBA
Negritogruppen

direkten prähistorischen Vorfahren, die Jõmon, waren noch in jüngster Vergangenheit weitverbreitet. Ihr Typ beherrschte das Gebiet um das Japanische und das Gelbe Meer über Jahrtausende. Man glaubt, einige ihrer typischen Merkmale in amerikanischen Indianerstämmen entdeckt zu haben.

Spezialisierte Merkmale der Chinesen, Eskimos und anderer Mongolenvölker könnten von einem gemeinsamen Vorfahren mit den Ainus abstammen. Da fossile Belege fehlen, liegt die einleuchtendste Erklärung bisher in der Annahme, daß eine solche Gruppe ins Inland vordrang (vielleicht den Liao-Fluß entlang), sich hier in der letzten Zwischeneiszeit niederließ und während der nachfolgenden Eiszeit in der Mandschurei eingeschlossen wurde. Aus dieser Sicht muß die Merkmalskombination der «späten Mongolen» in direkter Anpassung an extreme Kälte entstanden sein und ihre geographische Ausbreitung in den letzten 17000 Jahren abgelaufen sein. Man nimmt an, daß in dieser äußerst kurzen Zeitspanne verschiedene Mongolen-Gruppen nach Amerika einwanderten und ganz China und den Zentralpazifik besiedelten.

Es ist gut vorstellbar, daß seefahrende Ainu oder Jõmon-ähnliche Völker in den ersten Stadien der letzten Eiszeit das Gebiet der Bering-See eroberten und die Westküste Nordamerikas hinunterwanderten. Ist dies wirklich passiert, dann müssen ihre Küstensiedlungen heute unter dem Meeresspiegel liegen. Mexikanische Fundstellen (und einige andere) scheinen aber sehr alt (22000 v.h.) zu sein. Mindestens zwei in Süd- und Mittelamerika sollen noch älter sein. Wenn Siedlungen schon zu so früher Zeit existierten, müssen deren Bewohner sehr konservativ und schonend mit den Ressourcen umgegangen sein. Der starke Anstieg der Bevölkerungsdichte und ein Vordringen ins Inland fing viel später an, die ersten zuverlässigen Datierungen liegen bei 16000 v.h. und später. Die jüngeren Einwanderer gehörten zweifellos zum späten Mongolen-Typ, eine Vermischung mit der älteren Jõmon-ähnlichen-Bevölkerung könnte die Merkmalsvielfalt erklären, die sich später in Nord- und Südamerika entwickelte.

In Südostasien gibt es nur wenige, aber sehr eindeutige Hinweise auf eine weitverbreitete und frühe Kultur von Inselvölkern, die nachweislich schon vor 40000 Jahren in Neuguinea lebten. Das Kerngebiet dieser tropischen Inselkulturen lag wahrscheinlich näher zum asiatischen Festland, d.h. weiter im Nordwesten. In Zeiten der Meeresspie-

---

<
Abbildung 43
Verbreitung südostasiatischer Negrito- und einiger anderer ethno-linguistischer Gruppen. Köpfe (links): Andamanesen-Mann. (rechts): Malaiischer Senoi-Mann.

gelveränderungen wurden einzelne Völker auf neu entstandenen Inseln, wie Java und Sumatra, eingeschlossen. Um 115000 v.h. ähnelte der Küstenverlauf Südostasiens dem heutigen, danach lag der Meeresspiegel meist eindeutig unter dem jetzigen Stand und seine wiederholten Auf- und Abbewegungen schufen Tausende von Inseln, die zwischenzeitlich wieder dem Festland angegliedert wurden usw.

Die Besiedlung Australiens, irgendwann zwischen 120000 und 60000 v.h., ist der bisher einzige, indirekte Hinweis auf die ersten seetüchtigen Wasserfahrzeuge. Der Gebrauch von Booten und Flößen auf Binnengewässern muß Tausende von Jahren vorher schon erprobt worden sein, besonders da die Siedlungszentren viel weiter westlich von den Kontinentalrändern zwischen Australien und Asien entfernt lagen. Wenn zwischen der Besiedlung Südostasiens und dem ersten Gebrauch von Booten eine zeitliche Lücke existierte, war diese sehr kurz. Boote müssen sehr bald nach dem Erreichen dieser Region benutzt worden sein.

Die natürlichen Grenzen der australisch-indonesischen Inselwelt erstrecken sich in ununterbrochener Linie von Sumatra bis zu den Salomonen. Die biogeographische Einheit ist durch verschiedene Pflanzen und Tiere wie Schraubenpalmen, Kasuare, Flughunde und (in den Küstengewässern) Dugongs charakterisiert. Für Küsten- und Inselbewohner läßt sich die Kette um den Golf von Bengalen und die Mündungsdeltas zehn größerer Flüsse bis zur Südspitze von Indien und Sri Lanka verlängern.

In der Mitte des Golfes von Bengalen liegen die 200 Andamaneninseln mit ihren schwarzen, kraushaarigen Ureinwohnern, deren Ursprünge lange Zeit unklar blieben. Die britischen Besatzer vermuteten, daß es sich um die Nachfahren afrikanischer Schiffbrüchiger von einer Sklaven-Dau handeln könnte. William Howells fand bei jüngsten Vermessungen einer Schädelserie, daß die Andamanesen am stärksten den Afrikanern ähneln, aber auch einige Übereinstimmungen mit Papuas und australischen Aborigines besitzen. Die Sklaven-Dhau-Theorie kann man verwerfen, da die fünf Andamanesen-Stämme Dialekte sprechen, in denen sie sich gegenseitig nicht verstehen und die sich von allen bekannten Sprachen unterscheiden. Dies belegt eindeutig eine lange kulturelle Isolation dieser Völker. Neuere Ausgrabungen von Abfallgruben konnten eine langfristige Besiedlung nicht bestätigen, so daß weiterhin völlig unklar bleibt, wie lange die Bevölkerung dort schon lebt. Man fand zwar Abschläge, Klingen und Mikrolithen, deren Alter jedoch unklar ist. Bewohnbare Höhlen mit bisher unsicheren Siedlungsspuren hat man auf der Kleinen Andaman-Insel entdeckt, systematische Ausgrabungen müssen aber noch folgen.

Die offensichtliche, zweiseitige Verbindung der Andamanesen mit Südostasiaten und Afrikanern läßt sich am besten dadurch erklären, daß sie ein Relikt der Banda darstellen, die – wie ich glaube – ursprünglich den gesamten Küstenbereich um den Indischen Ozean bewohnten. Das Fehlen von archäologischen und genetischen Daten zu dieser wichtigen Volksgruppe frustriert alle Erforscher der Herkunft des modernen Menschen.

Nördlich der Andamanen, an der Westküste Indiens, liegen fruchtbare, gut bewässerte Küstengebiete mit reichen Meeresressourcen, wo archäologische Ausgrabungen südlich des Indusdeltas aufdeckten, daß die küstennahen Flüsse schon vor 57000 Jahren besiedelt waren.

Auswanderungsbewegungen der Urvölker über längere Strecken stellt man sich oft so vor, als ob die prähistorischen Gruppen vom Forscher- und Wanderdrang angetrieben waren. Diese Bewegungen waren jedoch nicht die Folge freier Entscheidungen, sondern durch äußere Bedingungen und Zwänge verursacht. Eine Reihe von schlechten Jahren, eindringende aggressive Nachbarn, Bevölkerungsdruck, Übernutzung der Jagdtiere, die Erfindung neuer und besserer Techniken, Flucht vor Krankheiten oder die Erfüllung einer Schamanen-Prophezeiung, all dies und noch viel mehr kann das Vorstoßen in unbekannte Regionen ausgelöst haben. Für Küstenbewohner gab es die besten Ressourcen in unbewohnten Gebieten. Entlang der Uferlinie erreicht man diese nur in eine Richtung – vorwärts!

Ob prähistorische Auswanderer den neuen Raum als siedlungsfreundlich oder bewohnbar betrachteten, ist nur schwer einzuschätzen. Wir können aber aus der jüngeren Geschichte entnehmen, daß man Räume erschloß, indem man die Technik den neuen Ressourcen anpaßte. Erfolgreiche Kleintier- und Pflanzensammler können die weiten Ebenen der Großwildjäger als unbewohnbar betrachten. Farmer aller Couleur haben in der Vergangenheit die Wohngebiete der Jäger und Sammler als ungenutzt betrachtet und sie besiedelt. Aus dieser Sicht versteht man leichter, daß Völker wiederholt durch Einwanderer verdrängt wurden und bestimmte Gruppen, wie die Küstenbewohner, bei ihrer Ausbreitung entlang der Meeresufer nur auf wenig Widerstand stießen, da sie diesen Lebensraum mit ihren Booten und erprobten Erntetechniken geschickt zu nutzen verstanden.

Für Völker, die Flöße und Boote erfunden hatten, gab es im gesamten Seegebiet vom australischen Festland bis zu den afrikanischen Küsten des Indischen Ozeans praktisch keine Ausbreitungsgrenzen mehr. Während trockener Perioden waren einige Küstenabschnitte nur in feuchteren Jahreszeiten oder in der Nähe von Süßwasservorkommen zu bewohnen (zu diesen «Problemzonen» gehören besonders das südliche Arabien und Somalia). Trotzdem gab es gebietsweise im Hinterland Hügel oder Berge die hoch genug waren, um Nebel oder Regen des Indischen Ozeans aufzufangen, so daß sich Quellen, Bäche oder Flüsse als Siedlungsstellen anboten. Selbst die kahlen Küstenabschnitte konnten den «Strandwanderer» in Versuchung führen. Die arabische und die somalische Küste beherbergen die Hauptbrutgebiete der Meeresschildkröten und die ufernahen Gewässer sind voller Weichtiere, Krabben sowie – je nach Jahreszeit – einer Fülle kleinerer Meerestiere. Weiter draußen liegen einige der reichsten Fischgründe des gesamten Ozeans. Selbst das Hinterland bot einige Lebensgrundlagen, bevor es durch Überweidung und Abholzung verarmte.

Die Geschichte der Socotra-Insel verrät uns ein wenig von den Veränderungen, welche die Küstenstriche des Arabischen Meeres durchmachten. Der Reisende Ptolemäus fand hier vor annähernd 2000 Jahren Flüsse, Krokodile und große Eidechsenarten. Um 1612 gab es – wo heute Kamele, Schafe und Ziegen weiden – noch genügend Feuchtigkeit für die Existenz von Wasserbüffeln; zur Zeit gibt es außerhalb der Regenzeiten kein freies Oberflächenwasser mehr.

Bisher fand man an den tropischen Stränden des Indischen Ozeans Afrikas keine mittelpaläolithischen Siedlungen. Entlang der gemäßigten südafrikanischen Küsten haben sich jedoch aus einheimischen Ursprüngen lokale Küstenkulturen herausgebildet. Sie wurden durch archäologische Grabungsstellen bekannt, die noch heute in Meeresnähe liegen, da der Kontinentalhang im Osten des Kaps und in Natal steil abfällt. Weiter nördlich müßten die ehemaligen Strandsiedlungen vor der Küste unter dem Meeresspiegel zu finden sein, so daß der Nachweis der Entstehung neuer Kulturformen nur schwer zu erbringen ist. Trotzdem gibt es Hinweise auf eine veränderte Lebensform, wenngleich diese sich schon an die Nutzung des Hinterlandes angepaßt hatte.

Zwischen dem Limpopo und dem Sambesi sowie im Bereich ihrer Hauptzuflüsse entdeckte man charakteristische Werkzeuginventare – bekannt als Charaman –, die aus klingenförmigen Abschlägen, Kernbeilen, Picken und kleinen zweiseitigen Keilen bestehen, welche wahrscheinlich eher für das Bearbeiten von Holz und anderem pflanzlichen Material (womöglich für das Ausgraben von Wurzeln) genutzt wurden, als zum Zerlegen von Tieren. Diese Nutzungsform steht im Gegensatz zu früheren mittelpaläolithischen Werkzeugen aus Südafrika, die man weitgehend für die Bearbeitung tierischer Materialien einsetzte. Die heute in Südostafrika vorherrschende Vegetation ist vom Menschen durch Feuer verändert worden, die Region bietet aber noch immer eine Fülle fruchtbarer und hochwertiger Nahrungspflanzen.

Charaman-Geräte sind nicht sicher zu datieren, müßten aber älter als 50000 Jahre sein. Könnten sie auf die Ankunft neuer Siedler hindeuten, die von der Küste in das Hinterland abwanderten? Dieses ist im gesamten nordöstlichen und östlichen Afrika sehr trocken. Teile von Moçambique und besonders die Mündungen des Sambesi und Limpopo

Abbildung 44
Karte südafrikanischer Fundstellen, die wahrscheinlich zur Charaman-Kultur gehören.

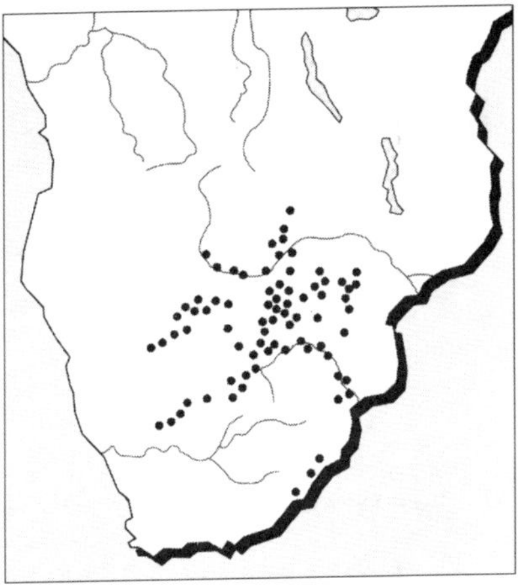

sind jedoch gut bewässerte, reiche Landschaften, von wo aus verstreute Küstenfischer-Kulturen langsam flußaufwärts vorgedrungen sein können. Hier stellten sich einer ständig wachsenden Bevölkerung keine Hindernisse in den Weg. Sie entwickelten andere Werkzeugtypen, die für die Nutzung neuer – nicht mariner – Ressourcen geeignet waren und eine größere Fülle kleinerer Nahrungsorganismen (tierische und pflanzliche) erschlossen, als die Waffen der Großwildjäger.

Einen Hinweis darauf, daß das plötzliche Erscheinen einer neuen Kulturform auf östliche Ursprünge zurückzuführen ist, findet man durch den Vergleich mit älteren mittelpaläolithischen Kulturen. Diese waren noch auf die Großwildjagd in der Savanne spezialisiert und hatten einige lokale Besonderheiten entwickelt, als die Charaman-Leute auftauchten. Ihre Vorliebe für ausgesprochen warme Tiefländer verrät ihren tropischen Ursprung. Sie überließen den Großwildjägern die kälteren Hochebenen und folgten den Flußtälern hoch bis zum Okavango-Delta, dem Ngami-See und nach Malogo. Sie drangen weit in die Savannenkultur vor, die früher unter dem Namen «Stillbay» bekannt war (welche jedoch viele Regionalformen besaß). Stillbay-Inventare sind durch lanzenförmige Speerspitzen, Faustkeile, Kratzer und Halbkeile (Cleaver) mit sorgfältig retuschierten Arbeitskanten charakterisiert. Sie sind für die Trockengebiete von Äthiopien, dem Horn von Afrika bis zum Kap typisch.

Aus wechselseitigen Beeinflussungen zweier Kulturen im südlichen Afrika entwickelte sich eine Folgekultur, die von beiden vorausgegangenen geformt wurde. Trotzdem entstanden ökologisch und regional verschiedene Kleingruppen, die unterschiedlichen Überlebensstrate-

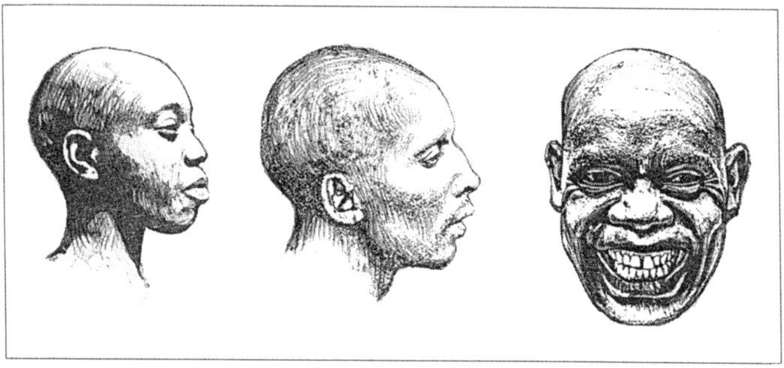

Abbildung 45
Drei zeitgenössische Afrikaner: Links – Mangbetu-Frau, Zaire. Mitte – Fulani- bzw. Fulbe-Mann, Guinea. Rechts – Mtumbi-Mann, Südost-Tansania.

gien folgten. Nach dieser Zeit entwickelten sich alle afrikanischen Kulturen verschieden, einige alte Merkmale blieben jedoch erkennbar. So behielt die präkoloniale Khoisan-Kultur einige Elemente bei, die den sehr alten Stillbay-Traditionen glichen.

Charamanähnliche Techniken verwendete man später in großem Maß bei der sogenannten Lupemban-Kultur des Zaire-Beckens. Diese Menschen erfanden die Technik des indirekten Schlages über ein Zwischenstück (Punchtechnik) um lange, scharfe Steinklingen herzustellen, die man anschließend sehr sorgfältig durch Retuschieren überarbeitete. Ihre langen, spitzen, steinernen Speerspitzen gehören zu den kunstvollsten Steingeräten, die man je herstellte. Kleinere Steinpicken mit zwei und schwerere mit nur einer Spitze deuten an, daß man eine ortsfeste, grabende Lebensweise angenommen hatte.

Die Lupemban-Kultur war weitgehend auf tropische Flußufer und Wälder beschränkt und drang langsam entlang feuchter Flußtäler und der Ufer des Viktoria-Sees sowie in das gesamte tropische Westafrika vor. Als Folge gab es in ganz Afrika eine interessante Mischung zweier mittelpaläolithischer Kulturen. Die etwas moderneren beherrschten allmählich die feuchteren Regionen Südost- und Zentralafrikas sowie die westlichen Äquatorialzonen, wo stärkere Niederschläge ausgeprägte Flußsysteme mit bewaldeten Landschaften garantierten. Sie spezialisierten sich auf die reiche Vielfalt kleinerer, pflanzlicher Ressourcen der feuchten Gebiete. Im Gegensatz dazu nutzten die älteren, etablierten Traditionalisten vornehmlich tierische Nahrung. Diese nomadisch lebenden Gruppen folgten auf der Jagd den wandernden Großherden der östlichen und südlichen Savannen.

Vor ungefähr 45000 Jahren stieg die Bevölkerungsdichte in Afrika langsam aber stetig und damit setzt eine starke kulturelle Differenzierung ein. Im Zaire-Becken entwickelten die Lupemban noch feinere und komplexere Mikrolith-Techniken – es entstand die als Tschitolien bekannte Werkzeugkultur. Eine andere – Natchikufan genannt – taucht in Sambia auf, während sich eine dritte in Westafrika findet; eine der jüngeren Werkzeugtraditionen ist nach einem ghanaischen Dorf – Kintampo – benannt. Mit diesen Entwicklungen nähert sich die Steinzeit den direkten Ursprüngen der zeitgenössischen Völker.

Während die Lupemban-Kultur weiter südlich ihre Blütezeit hatte, stellte man in Nordwestafrika die ersten Steingeräte her, die wir heute zur Atérien-Kultur rechnen. Sie breitete sich fast in der ganzen Sahara aus und dauerte bis ungefähr 24000 v. h. Atérien-Speerspitzen, Spitzen und Klingen besitzen eine ganz typische Form: In Drucktechnik überarbeitet haben sie normalerweise sauber herausgearbeitete Stiele, die ein Festbinden oder -kleben in einen Schaft bzw. einen Griff erleichtern. Die Atérien-Leute standen in der Tradition der mittelpaläolithischen Großwildjäger der Trockengebiete und Halbwüsten Afrikas. Sie bildeten besonders entlang der Mittelmeerküste einige Lokalformen aus – die Capsien-Kulturen.

Diese waren lokale, nordafrikanische Industrien, aus denen – wie man vermutet – die Aurignac-Leute entstanden, die später nach Europa vordrangen. Obwohl klar ist, daß ursprüngliche Populationen aus Afrika und dem Mittleren Osten nach Europa einwanderten, waren sie nicht direkt mit den Capsien-Leuten verwandt. In Wirklichkeit fand die Besiedlung früher durch Zeitgenossen der Atérien-Völker statt. Man kann sagen, daß damit eine neue Phase der kulturellen und genetischen Aufsplitterung begann.

Hier ist eine Zusammenfassung sinnvoll.

Vor 45000 v. h. war die Menschheit weniger stark regional differenziert als heute und die Hauptgruppen sahen ungefähr folgendermaßen aus: Einige direkte Nachkommen der ersten modernen Menschen bewohnten noch die afrikanischen Savannen. Diese stellten nördliche und südliche Populationen, die durch ein breiteres Band äquatorialer Völker getrennt waren, die zwar im weitesten Sinn die gleichen Vorfahren besaßen, aber teilweise (vielleicht überwiegend) von den aus Südostasien eingewanderten Banda abstammten.

Folgende Doppelseite:
Abbildung 46
Zusammenfassung der Ausbreitung und kultureller Ereignisse in der Alten Welt und Australien seit 180000 Jahren.

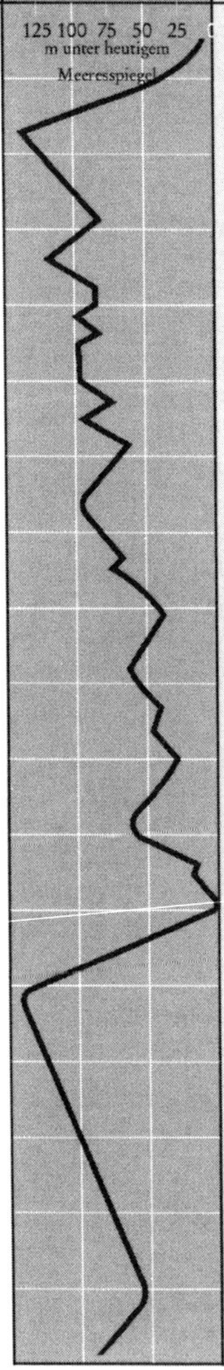

1000 Jahre v. h.	Meeresspiegel d. h. ← kühler wärmer →		Afrika	West-Eurasien
			Hochspezialisierte Regionalindustrien in ganz Afrika	
10		18 000 J. = Höhepunkt der letzten Eiszeit		Ostseegebiete mit dem Rückgang des Eises um 15 000 v. h. besiedelt
20			Früheste naturalistische Felskunst um 28 000 v. h.	
30		Kontinentalschelfe frei	Bevölkerungszunahme und Mosaik altsteinzeitlicher Industrien 40 000–30 000 v. h.	Neanderthaler ca. 30 000 v. h. verschwunden
40			Stärkere kulturelle Veränderungen zwischen 60 000 – und 45 000 v. h.	Moderne Menschen drangen um 43 000 v. h. nach W.-Eurasien vor
50		Klimaschwankungen	Äquatorial Lupemban und Sahara-Aterién-Industrien 60–36 000 v. h.	
60		Kontinentalschelfe frei	Vorläufer (nicht datiert) Charaman-Kultur im Südosten	Neanderthaler weit verbreitet, in weiten Bereichen West-Eurasiens vorherrschend
70				
80		Inselbildung durch ansteigenden Meeresspiegel	Kleine Populationen moderner Menschen im Savannengebiet. Tropische Wälder trennen die nördlichen und südlichen Gruppen	
90		Vorherrschend mildes Klima		Fossile Moderne um 80 000–115 000 v. h. in der Levante
100				
110				
120		Höhepunkt der Warmzeit	Fossile Moderne im Osten um 130 000 v. h.	Mittelpaläolithikum 120 000 Jahre oder älter
130		Gipfel der vorletzten Eiszeit		
140				
150			Das Mittelpaläolithikum beginnt im Osten zwischen 180 000 und 240 000 Jahren	
160				
170			Molekulare Uhren datieren die ersten modernen Menschen auf 180 000–250 000 Jahre	
180				

Indien	Ostasien	Südostasien	Austral-Asien	1000 Jahre v. h
	Hirse und Reis wird um 8000 v. h. in China kultiviert Töpferei um 13 000 v. h. Überquerung der Beringstraße um 15 000 v. h.	Sammlervölker gehen zum Ackerbau über Auf lange Periode des Proto-Ackerbaus folgt um 15 000 v. h. Ackerbau	Gesamter Pazifik von seefahrenden Polynesiern besiedelt	10
Späte Altsteinzeit um 22 000 v. h.			Keil-Kultur des Hochlandes Neuguineas um 25 000 v. h.	20
		Sahul-Landmasse um 34 000 v. h. ausgedehnt Kleingeräte-Industrien weitverbreitet	Besiedlung der Salomonen-Inseln um 32 000 v. h.	30
				40
Küstenindustrien in N.W.-Indien zwischen 60 und 57 000 v. h.	Unsicher datierter moderner Mensch in China um 67 000 v. h.	Angestiegener Meeresspiegel isoliert zahlreiche randständige Menschengruppen	Sichere Besiedlung um 52 000 v. h.	50
			Mögliche Besiedlung um 70 000–58 000 v. h.	60
				70
				80
	Wasserfahrzeuge ermöglichen die Ausbreitung entlang der Küste des Indo-Pazifiks (undatiert)			90
				100
	Mapas wahrscheinlich im Inneren Ostasiens vorherrschend.	Ankunft moderner Menschen wahrscheinlich vor 120–90 000 v. h. (Viele Inseln) Letzte Erectus-Vertreter um 100 000 v. h.	Mögliche sehr frühe Besiedlung	110
Mittelpaläolithikum beginnt zwischen 120 und 163 000 v. h. (144 000?)				120
				130
				140
				150
				160
				170
				180

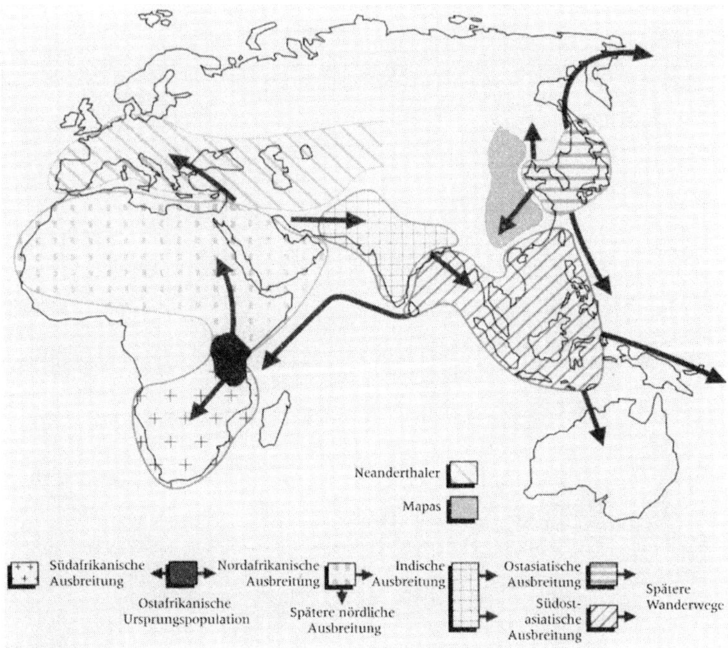

Abbildung 47
Mögliche Ausbreitungswege des modernen Menschen.

Sehr frühe Auswanderer aus Afrika müssen die wärmeren Regionen Asiens besiedelt haben. Vertreter der eher westlichen Gebiete drangen ab 45 000 v.h. nach Norden vor und bildeten später die Europäer.

Weiter östlich, in Indien, behielten Savannenjäger ähnliche Traditionen wie in Afrika bei, die feuchten Küsten und der Süden erforderten aber eine unterschiedliche Lebensform. Sri Lanka und die äquatorialen Wälder der Südspitze Indiens waren von Gruppen des südostasiatischen Komplexes besiedelt.

Aus kleinsten Anfängen als kontinentale Randgruppe hatten sich die Banda ausgebreitet, um das ausgedehnteste Siedlungssystem der Welt zu schaffen. Da ihr Reich so groß und zersplittert war, mußten starke genetische Unterschiede entstehen. Ihrer Isolation stand jedoch die Mobilität entgegen, die sie durch Wasserfahrzeuge erlangten, die

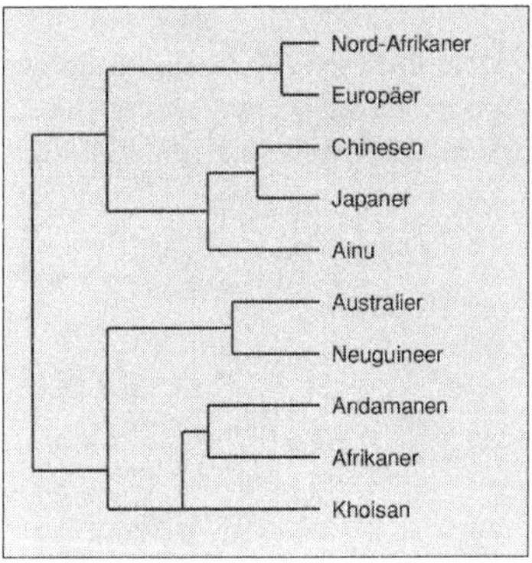

Abbildung 48
Analyse der Schädelmerkmale durch W. Howells.

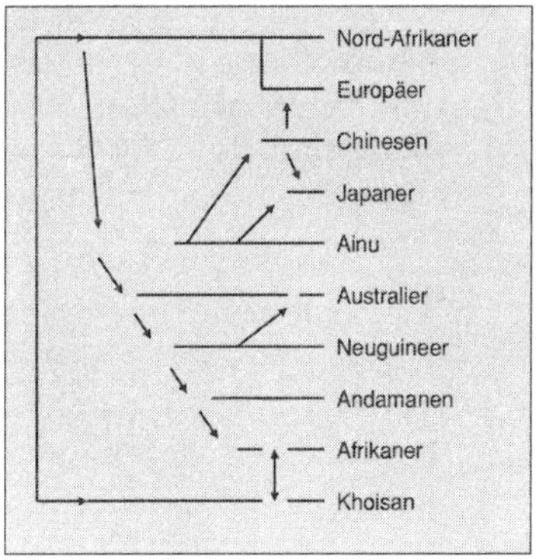

Interpretation von Howells Stammbaum als Ergebnis von Wanderungen und genetischer Vermischung.

eine ständige Wanderung und Vermischung ermöglichten. Ein sehr früher Seitenzweig muß Australien erreicht haben. Obwohl spätere kulturelle Einflüsse aus dem Norden nachweisbar sind, haben die meisten australischen Populationen wahrscheinlich den größeren Teil ihres Erbes von diesen ersten Landnehmern übernommen. Sri Lanka könnte ähnlich früh besiedelt worden sein.

Von den ersten Modernen am Ufer des Chinesischen Meeres wurde bis auf einige Ainu-ähnliche Schädel nichts bekannt. Wo die Mongolen entstanden, ist bisher nicht ganz klar, die Mandschurei und das Jangtse-Becken sind mögliche Ursprungsgebiete. Auf alle Fälle machten die Mongolen die stärkste und weitreichendste Veränderung aller prähistorischen Völker durch. Sie drangen bis zur Südspitze Südamerikas vor, überrannten einen großen Teil des früheren Banda-Gebietes und eroberten in mehreren Kolonisationswellen die pazifische Inselwelt.

Es war nicht mein Ziel, hier eine kurze Geschichte der Ausbreitung und Differenzierung des Menschen zu entwickeln. Ich wollte das dazugehörige Grundgerüst liefern, das sich einem Biologen bei der Untersuchung weitverstreuter und zunächst unzusammenhängender Fakten offenbart. Wenn auch die Gedankengänge in diesem Kapitel oft eher auf Spekulation als auf Fakten zu beruhen scheinen, habe ich sie hier in dem Wissen dargelegt, daß die meisten alternativen Modelle noch weniger Faktengrundlagen besitzen und es um ihre biologische Glaubwürdigkeit noch schlechter bestellt ist.

Daher stelle ich dieses und die folgenden Kapitel als persönliche Forschungsergebnisse und als Arbeitshypothesen zur Ausbreitungsgeschichte des Menschen zur Diskussion. Es ist in der Überzeugung geschrieben, daß keine Rekonstruktion der Prähistorie ohne biologisches Grundwissen auskommt.

4

Von Nüssen und Großwild zu Muscheln und Yams

Der Mensch hat viele Tiere nach ihrer Nahrung benannt – Ameisenbär, Spinnenjäger, Wurzelratte. Alternativ war auch die Lebensweise namengebend – Königsfischer, Tannenhäher, Austernfischer, Ernteameise. Selbst die formale Taxonomie verwendet vergleichbare Namen wie Carnivore (Fleischfresser) und Insectivore (Insektenfresser), oder klassifiziert sie mit Bezeichnungen, welche die Form des Nahrungserwerbs bzw. ihrer Verarbeitung beschreibt, wie Taucher, Mistelesser (engl. flower-pecker) oder Wiederkäuer. Nahrung und Nahrungserwerb betrachtet man anscheinend sowohl im täglichen Leben als auch in der wissenschaftlichen Sprache als etwas fundamental Wichtiges.

Futter und Ernährungsformen bilden zentrale Forschungsschwerpunkte der Ökologie und sind für das Verständnis des vorgeschichtlichen und des rezenten Menschen genauso bedeutsam. Was Menschen früher gegessen haben, hing weitgehend davon ab, was zur Verfügung stand. Über lange Epochen der Vorgeschichte verbesserten sich die Techniken des Nahrungserwerbs und wurden vielfältiger. Alles begann mit der Herausforderung der wilden Tiere und Pflanzen an den Erfindergeist des frühen Menschen.

Wo immer die ersten Hominiden sich aufhielten, umgab sie ein Riesenangebot potentieller Nahrungsressourcen, und dies besonders in den Tropen. Außerhalb dieser Region war der Speisezettel zu allen Zeiten viel ärmer. Viele Tiere und Pflanzen gab es nur zu bestimmten Jahreszeiten oder in begrenzten Gebieten und selbst dort mußte man erst eine Fülle von Hindernissen, Schwierigkeiten sowie Abwehrmechanismen aus dem Wege räumen, bevor die potentiell eßbaren Teile wirklich zur Mahlzeit wurden. Die größte Einengung der Wahlmöglichkeiten war sicherlich eine Folge konservativer Eßgewohnheiten, welche durch tradierte Werkzeugtypen und Kulturtechniken erhalten und verstärkt werden konnten. Unabhängig von der angebotenen Nahrungsmenge erforderte die Umstellung auf andere Nahrungsressourcen meist die Erfindung spezieller Techniken.

Ich nehme an, daß die Nutzung eines erweiterten Nahrungsspektrums – wie auf den folgenden Seiten beschrieben – eng mit einer ständigen Ausweitung der Lebensräume und der Biotope verbunden war. Eine einzige afrikanische Abstammungslinie drang in Neuland vor und traf dort auf andere menschliche (aber vor-moderne) Populationen. Als Antwort auf neue Lebensbedingungen und Klimaschwankungen änderten diese Menschen Ernährungsweise sowie Körperbau und entwickelten auf der Grundlage ganz unterschiedlicher Ernährungssysteme eine Fülle verschiedener Kulturen, von denen viele, wenn auch in abgewandelten Formen, noch heute existieren.

Seit Wanderungen eine typische Eigenschaft des «sich selbsterschaffenden» Menschen sind, hatten sie größere Umstellungen in der Ernährung zur Folge. Man kann die Nahrungssuche auf dem Festland in Großwildjagd und das Sammeln von Pflanzen und Kleintieren unterteilen. Kontinentalküsten boten sich dagegen an, zum Hochseefischer zu werden oder den Strandbereich nach Tieren der Gezeitenzone abzusuchen.

Jede dieser Möglichkeiten bot Wege weiterer Spezialisierung an. Alternativen waren: die Großtierfauna der Savanne oder der Reichtum des Tropenwaldes, Tiere oder Pflanzen als Ernährungsbasis, Nutzung von Insel- oder Festlandbiotopen, bewegliche oder ortsfeste Nahrungsressourcen, Fische oder Säuger, Wurzeln oder Früchte usw. Diese vereinfachenden Kategorien entsprechen sicher nicht den wirklichen Problemen des prähistorischen Lebens, sie führen aber zu einem klareren Verständnis menschlicher Gesellschaften und ihrer Ernährungsformen.

Das folgende Modell bemüht weitgehend indirekte Begründungen, da direkte Nachweise überwiegend für immer verloren scheinen. Reste prähistorischer Mahlzeiten sind selten erhalten und die wenigen fossilen Überbleibsel zeigen ein verzerrtes Bild der Existenzbedingungen des frühen Menschen.

In weiten Bereichen der Welt sind Steinwerkzeuge die einzigen Spuren früherer menschlicher Aktivitäten; andernorts findet man einige menschliche Knochen, noch seltener kommen Speiseabfälle zu Tage, die aufgrund der dauerhaften Tieranteile wie Knochen, Zähne und Muscheln etwas über den Speisezettel verraten. Am seltensten sind jedoch Reste von Pflanzen erhalten, obwohl diese in einigen Regionen, besonders in den feuchten Tropen zu den Grundnahrungsmitteln gehört haben müssen. Einige der besonders wichtigen Arten wurden sehr früh domestiziert und sind dadurch heute – wenn auch in abgwandelter Form – auf Märkten ein gewohnter Anblick. Eigenschaften, die sie für

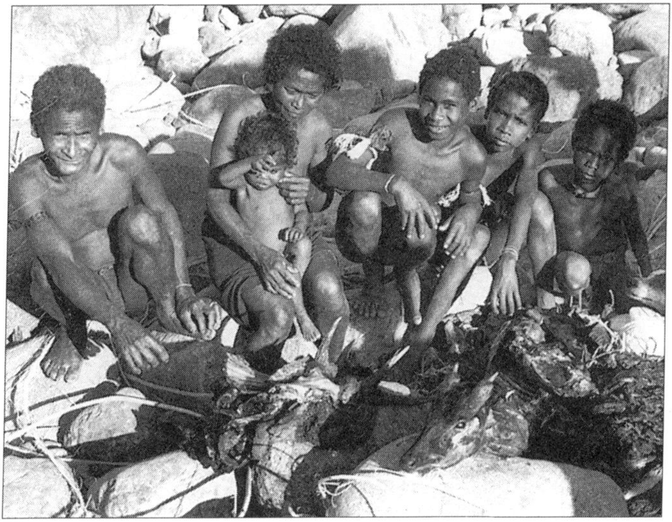

Abbildung 49
Agta-Familie, Baclai, Philippinen (Foto J. Kamminga).

die Nutzung durch den Menschen prädestinierten, erkennt man bei einer Untersuchung ihrer ökologischen Nischen leicht.

Der größte Teil wildlebender Pflanzen und Tiere ist heute auf recht kleine Verbreitungsgebiete beschränkt, da die ertragreichsten Landstriche, in denen die prähistorischen Menschen die besten Bedingungen fanden, heute in Äcker bzw. Weideland verwandelt sind. Jäger- und Sammlerkulturen hat man schon vor langer Zeit in die unzugänglichen und schlechteren Randbiotope abgedrängt, so daß ihre Nahrungsgrundlage heute sicher viel schmaler ist, als die der vorgeschichtlichen Gesellschaften. Trotzdem kann die Nahrungsökologie zeitgenössischer und jüngst vergangener Jäger- und Sammlergruppen Hinweise auf vergangene Zeiten liefern (wobei immer bedacht werden muß, daß sie heute moderne Hilfsmittel wie Hunde, Fahrzeuge, Netze oder z.T. sogar Feuerwaffen besitzen). Neuerungen, wie z.B. die Jagd mit Hunden, verändern zwangsläufig die Beuteauswahl, da die Jäger sich auf diejenigen Tiere konzentrieren werden, die mit Hunden am leichtesten zu erbeuten sind. Spezialisierte Jagdwaffen haben den gleichen Effekt.

Das Überleben war in ferner Vergangenheit stärker von ökologisch-strategischem Wissen als von der Wirksamkeit der Waffen abhängig. Das Verschwinden vieler Großtierarten hatte zur Folge, daß den heutigen Jägern viel dürftigere und artenärmere Tierbestände zur Verfügung

Abbildung 50
Jagdlager zur Nutzung wandernder Großtiere im Süd-Sudan. Gestelle zum Räuchern des Fleisches sind von Hütten aus Gras umgeben (Foto J. Kamminga).

stehen als ihren Vorfahren. Die Nahrungsökologie der frühen Jäger hat sich aus vier verschiedenen, aber wechselseitig verknüpften Gründen sicher regional unterschieden.

Zunächst einmal besitzen Menschen angeborene physiologische und damit ernährungsmäßige Grenzwerte, die eingehalten werden müssen. Dies beeinflußt sowohl die Nahrungswahl als auch die Bedingungen, unter denen Nahrung gesammelt werden kann. Einige Gebiete und ihre potentiellen Ressourcen erfordern Anpassungen, die – einmal vorhanden – diese Spezialisierung erhalten oder sogar vergrößern können.

Zum zweiten hat das unterschiedliche Nahrungsangebot in verschiedenen Bereichen des Wohngebietes sowohl den Ablauf des täglichen Lebens als auch die notwendige Technologie bestimmt. Auch hier können etablierte Ernährungsstrategien zu Konservatismus führen.

Drittens kann das Nahrungsangebot dadurch beschränkt sein, daß Pflanzen oder Tiere Verteidigungsmechanismen besitzen oder nur an schwer zugänglichen Stellen vorkommen. Krankheiten, Raubtiere, Störungen oder direkte Konkurrenz durch andere Tierarten konnten darüber entscheiden, ob eine bestimmte Ressource für den Menschen in seiner Umgebung nutzbar war oder nicht.

Der vierte Faktor – die Technologie – war der Schlüssel für den Zugang zu sonst unerreichbaren Nahrungsangeboten. Sie half viele Probleme aus dem Weg zu räumen.

Für jeden dieser vier Faktoren gibt es genügend direkte und indirekte Hinweise, um vorsichtig die regionalen Unterschiede der prähi-

Abbildung 51
Upuk, ein zehnjähriger Agta-Junge mit einem selbsterlegten Schwein (Foto J. Kamminga).

storischen Ernährungsweisen zu rekonstruieren. Jeder Faktor konnte längere Zeit stabil bleiben oder Änderungen durchmachen. Untersucht man archäologische und andere Fakten auf die Wirkung dieser Kräfte und nach Hinweisen auf Stabilität und Wechsel, deckt man interessante Zusammenhänge auf.

Die Umwelt und das Nahrungsangebot der ersten modernen Menschen unterschieden sich von denen ihrer Vorgänger nur unwesentlich. Ihre frühesten Erfindungen waren Dinge, die sich wahrscheinlich nicht fossil erhalten haben, wie z.B. eine Verbesserung der Sprache, die eine effizientere Koordination und Organisation in der Gruppe, größere Gruppenverbände und eine höhere Populationsdichte möglich machten.

Die wohlerprobte und lange etablierte Tradition Tiere zu jagen, blieb erhalten, wurde aber intensiver. Obwohl der Großwildjäger auch viele Pflanzenteile wie Nüsse, Früchte und Samen verzehrte, betrachtete er die Vegetation wohl zunächst einmal als Futter für das Wild. Die verschiedenen Arten der Gras-, Blätter- und Früchtefresser mit ihren Verhaltensweisen waren ihm wohlvertraut. In ausgesprochen tierreichen Ökosystemen, z.B. in weiten Bereichen der ostafrikanischen Savannen, konkurrierte der Mensch mit vielen Tierarten wie Affen, Schweinen, Elefanten und Vögeln um die eßbaren Pflanzen.

Werkzeuge boten die Möglichkeit einige dieser Nahrungsmittel neu zu erschließen, wie z.B. Feuer und Steinäxte um an Honig zu kommen, Steinpicken, um Wurzeln auszugraben oder das Wässern und Kochen, um bestimmte Pflanzenteile zu entgiften. Die Anatomie des «Nußknakker»-Menschen und anderer spezialisierter, pflanzenfressender Affen verdeutlicht, daß besondere Zähne und Kiefer, verbunden mit dem dazugehörigen «Temperament» die typische Merkmalskombination des Vegetariers sind. *Ihre* besonderen Anpassungserscheinungen treten in *unserer* Abstammungslinie nicht auf. Weder der Erectus noch der frühe Sapiens konkurrierten intensiv mit Vegetariern, dies war wahrscheinlich die Domäne ihrer Cousins vom *Australopithecus*-Typ. Wenn man sie als Nahrung betrachtet, sind Großtiere die höchstkonzentrierten und schwersten «Lebensmittelpackungen» überhaupt. Da nur wenige andere Raubtiere deren Verteidigungsmöglichkeiten überwinden konnten, stellte Großwild das Jagdziel mit dem besten Kosten-Nutzen-Ergebnis für die schon sehr effektiven Jagdmethoden der afrikanischen *Homo*-Vertreter dar.

Solche Tiere waren nicht einfach «Nahrung auf Hufen». Ganze Pflanzengesellschaften hatten sich über Millionen von Jahren gemeinsam mit großen Pflanzenfressern entwickelt und deren Einfluß auf die Vegetation war nur mit denjenigen des Klimas vergleichbar. Noch heute kann man die Spur einer wandernden Elefantenherde nur mit den Folgen einer Hurrikan-Katastrophe vergleichen. Ob Pflanzen freßbar oder ungenießbar waren, hing vom evolutionären Wechselspiel zwischen dem Fressenden und dem Gefressenen ab, welches die Entwicklung der Floren beeinflußte und darüber entschied, ob Einzelarten oder ganze Pflanzengesellschaften aufblühten oder zugrundegingen.

In Afrika, Indien und vielen Teilen Europas durchwanderten große Pflanzenfresserherden aus über zwanzig verschiedenen Tierarten die für sie geeigneten Lebensräume. Ihre Wechsel verbanden Weidegründe und Wasserstellen so auffällig, wie heute die Straßen moderne Städte und Dörfer verknüpfen. Großtiere waren damals – wie Menschen heute – die Landschaftsarchitekten und man kann sicher sein, daß der ökologische Einfluß der Menschen so lange im Vergleich zu dem der großen Pflanzenfresser unbedeutend gewesen ist, bis deren Zahl deutlich reduziert worden war. Derart dramatische Ausweitungen der ökologischen Dominanz erreichten moderne Menschen, indem sie dem von ihren Vorfahren eingeschlagenen Pfad konsequent folgten – sie wurden zu Superraubtieren für Großsäuger.

Daher sind die kleinen Stämme moderner Jäger und Sammler in ihren tier- und artenarmen Lebensräumen der für andere Menschen unbedeutenden ökologischen Randgebiete oftmals kein geeignetes Modell für die Lebensweise der frühen Jäger-Gesellschaften. Anthropologen haben manchmal in Beschreibungen die Bedeutung einzelner Großwildjagden mit dem Töten und Verzehren der Beute überbetont. Solche Ergebnisse sind heute sehr selten und sicher nie Routine. Die Vorstellung, Großtiere zu essen, ist für die Anbarra-Aborigines in Arnhemland so abwegig, daß Betty Meehan, eine australische Anthropologin den Fall beschreiben konnte, in dem der Jäger Bandarrpi einen Büffel mit dem

Gewehr schoß und ihn anschließend verrotten ließ. Da sie Schalentiere und Schildkröten vorzogen, waren weder die Familie noch Freunde interessiert, das Tier zu schlachten.

Die Abnahme der Zahl großer Säugetiere veränderte die Nahrungszusammensetzung der prähistorischen Menschen aus zwei Gründen. Der wichtigste, direkte Grund liegt darin, daß diese Arten in ihren Blütezeiten die Ernährungsbasis der Menschen darstellten. Der zweite Grund wird bei einer genaueren Rekonstruktion der prähistorischen Ökosysteme deutlich: Es ist sicher, daß das Verschwinden großer Tiere die Szene sehr stark in eine Richtung verändert hat, die wir bisher weder in Ansätzen untersucht noch verstanden haben. In einer grundlegenden Arbeit von Dan Janzen in Costa Rica kristallisierte sich heraus, daß die Lebensabläufe vieler langlebiger Pflanzen durch das Verschwinden großer Blätterfresser und der Samenverbreiter gestört worden war. So konnte er bei einigen großsamigen Bäumen eine Verschlechterung der Samenverbreitung nachweisen. Weitere Anhaltspunkte verraten, wie sich von großen Pflanzenfressern beherrschte Ökosysteme von modernen unterscheiden.

Aus der Häufigkeit der Großtiere folgt zunächst, daß sehr viel frisches Pflanzenmaterial – Gräser, Zweige, Blätter, Früchte – ihren Verdauungskanal durchlief. Als Kot ausgeschieden bildeten die unverdauten Reste nährstoffreichen Dünger. Deren unmittelbare Nutznießer waren normalerweise Insekten, in Zeiten akuter Knappheit konnte halbverdaute Zellulose aber auch die Notration für andere Pflanzenfresser darstellen. In Gebieten Afrikas mit Elefanten und Nashörnern finden wir heute noch riesige Mistkäferarten. Sie können große Kotmengen in wenigen Stunden vergraben. Ihre Larven sind beliebtes Futter für Erdferkel und Honigdachse, die sie ausgraben. Älteren, trockeneren Dung fressen viele Termitenarten, die wiederum den Insektenfressern, Fledermäusen, Vögeln und Eidechsen als Speise dienen.

Das unausweichliche Nebenergebnis dieses «großen Fressens» waren zerrissene Blätter, Abfall und zertretene Pflanzen sowie eine Ausscheidung halbverdauter Zellulose – d.h. viel totes Pflanzenmaterial. In trockeneren Gebieten, wo Pflanzenwachstum jahreszeitlich beschränkt war und große Pflanzenfresser in hoher Dichte vorkamen, haben sekundäre Zelluloseverwerter wie Termiten und Käferlarven die Landoberfläche wahrscheinlich so sauber gefressen, daß Buschfeuer aus Mangel an Nahrung nicht brennen konnten. In anderen Landschaftsteilen, wie z.B. Sumpfgebieten, wo Pflanzenfresser nur saisonale Gäste waren, fanden Feuer genügend brennbares Material und die wiederholte Zerstörung der Bäume durch Elefanten und Nashörner führte zur Abnahme ihrer Feuerresistenz, so daß sich offene, grasbewachsene Täler bildeten und Kurzgrasflächen die Ansiedlung kleinerer Weidetiere begünstigten. Die Vegetationszerstörung durch den Tritt der Großherden hatte wahrscheinlich wiederholte Wachstumsschübe der Gräser und Kräuter zur Folge, so daß auf Jungwuchs spezialisierten Gras- und Blätterfressern durch die Herden der Tisch bereitet wurde. Viele andere Arten, wie Affen, Vögel oder Schweine, konnten von den Herden nicht gefressenen «Abfall», wie z.B. Früchte, Stengel oder Wurzeln nutzen.

In einigen Lebensräumen waren zeitweise riesige Materialumsätze möglich und Großwild konnte nur zu bestimmten Jahreszeiten (überaus kopfstarke) «Mega-Herden» bilden. Sie wurden durch besonderes Nahrungsangebot angelockt oder kamen durch Wassermangel erzwungen zusammen. Die zerstörerischen Auswirkungen derartiger jahreszeitlicher Tierkonzentrationen lassen sich kaum hoch genug einschätzen! Allgemein schädigen Großtiere natürlich die Vegetation durch ihre Freßtätigkeit, deren Langzeiteffekte man heute an den Wasserlöchern einiger afrikanischer Nationalparks leicht beobachten kann. Wasserstellen sind von vegetationsarmen Flächen umgeben, von denen stark ausgetretene Pfade in alle Richtungen davonführen. Wiederholter Huftritt führt zu kahlen Bodenverdichtungen, die nur von wenigen Pflanzenarten umstanden sind, die schnell genug auf zerstörte Flächen vordringen, schlecht schmecken oder für Elefanten oder Nashörner giftig sind.

Chemische Abwehrstoffe werden in Pflanzen der Großsäuger-Savannen besonders häufig gewesen sein; andere Verteidigungsmöglichkeiten waren Stacheln, Dornen, rauhe, verstärkte Borkenbildung bzw. auch gummihaltige, biegsame oder sehr feste Äste und Zweige. Häufig befressene Pflanzenarten kompensierten Verluste durch schnelles Wachstum und Regeneration aus verborgenen Wurzelstöcken. Die meisten dieser Mechanismen können auch den Zugriff des Menschen verhindert haben.

Viele Landschaftsbereiche waren die Domäne der Großsäuger, die jedoch unebenes Gelände, steile Hügel und felsige Flächen mieden, die zu den bevorzugten Wohn-, Arbeits- und Ruheplätzen der Menschen wurden. Grasländer auf schnelltrocknenden Böden können – da sie nur eine dünne Vegetation tragen – für Großsäuger nur kurzfristig lohnend gewesen sein. Im ausgewachsenen Wald dagegen waren die meisten freßbaren Pflanzenteile außer Reichweite, so daß hier nur wenige Großtiere, hauptsächlich entlang der Flußläufe und auf Lichtungen, existieren konnten. Auch extrem feuchte Regenwälder waren für Menschen wenig attraktiv.

Das Verhalten der Großtiere schafft Lebensmöglichkeiten für den Menschen. Es ist wohl kein Zufall, daß offenes Land den meisten Menschen heute angenehm erscheint. Zahllose geebnete Wege und parkähnliches Savannenland ermöglichten – besonders für ein zweifüßiges, hufloses Tier – ein schnelleres und sicheres Fortkommen.

Menschen können den größten Herden und Tierkonzentrationen aus dem Wege gegangen sein, sie besaßen aber ein großes Wissen über Tiere und waren ihnen dauerhaft sehr nahe. Vor-moderne Menschen haben dieses Wissen erstmals in praktischen Nutzen umgesetzt. Die Modernen setzten die Tradition fort und es gab, solange Großtiere zahlreich und erreichbar waren, keinen Grund die Großwildjagd aufzugeben. Das menschliche Verdauungssystem kann mit fast reiner Fleischnahrung auskommen, man kann jedoch annehmen, daß die frühen modernen Menschen jahreszeitlich auch Früchte, Samen, Nüsse und (etwas später) auch Wurzeln sammelten, und daß sie abwechslungsreiche Nahrung bevorzugten.

Um viele dieser Nahrungsmittel mußten sie wohl mit anderen Tieren konkurrieren, aber auch Nüsse, wie die des Manketti-Baumes (*Ricinodendron rautenenii*) oder Marulas (*Sclerocarya*) gehörten zu ihren Grundnahrungsmitteln. Diese enthielten reichlich Kohlehydrate, Fette und Proteine, ließen sich problemlos aufbewahren und waren sicher vor Insektenfraß sowie konkurrierenden Affen. Sowohl die Großtiere als auch die harten Nüsse ließen sich nur durch Werkzeuge erschließen.

Die afrikanischen Savannen besitzen ungeheure Ausmaße. Einst erstreckte sich von einem Ende Afrikas zum anderen, von Nord bis Süd und Ost bis West, über Tiefländer, Hügel und Hochebenen ein Ökosystem mit feuerresistenten Bäumen und Gräsern. Im Zentrum und im Westen drangen Waldgebiete vor, im Süden und Norden Steppen; im verbleibenden großen Komplex aus baumbestandenen Savannen lebten Tiere und Pflanzen wie Elefanten, Antilopen, Akazien und Gräser, die auch heute noch für alle Savannen-Parks vom Senegal bis Südafrika typisch sind. Nur Indien besaß ähnliche Ökosysteme. Seine Grasländer beherbergten eine artenärmere, aber vergleichbare Lebensgemeinschaft.

Die indischen Savannen waren den afrikanischen nicht nur ähnlich, sie erforderten vom Menschen auch vergleichbare Nutzungsmethoden, was schon dadurch bewiesen wird, daß die Steingeräte beider Gebiete vom Acheuléen bis zum Mittelpaläolithikum fast nicht zu unterscheiden sind. Die Übereinstimmungen beider Ökosysteme läßt sich am besten durch den Vergleich der häufigsten Tierarten verdeutlichen, die man am wahrscheinlichsten gegessen hat. Großtiere standen an der Spitze der Speisekarte. Die verbindende arabische Region besaß damals eine reichere Fauna, man könnte sie mit einer verkürzten nordafrikanischen Artenliste beschreiben. Knochen von steinzeitlichen Ausgrabungsplätzen in Indien stammten von Elefanten, Nashörnern, Wildpferden, Giraffen, ausgestorbenen Riesenrindern, Büffeln, Hirschen, Antilopen, Gazellen, Wildschafen, Wildziegen, Schweinen, Stachelschweinen, Affen, Bären, Straußen, Krokodilen, Schildkröten und Süßwassermollusken.

Für das Vordringen des modernen Menschen von Indien nach Osten existieren bisher keine archäologischen Belege, es gab aber zwei mögliche Wanderrouten. Jenseits der Hügel und Täler von Burma und Yunnan lagen die fruchtbaren Ebenen Chinas, die eine sichere Nahrungsgrundlage boten. In über 150000 Jahre alten chinesischen Höhlenablagerungen fanden sich hauptsächlich Reste von fossilen Elefanten, Nashörnern, Pferden, Rindern, Hirschen und Schweinen. In Fernost läßt sich weder irgendein Abbruch der Jagdtradition auf Großwild noch eine frühe Ankunft moderner Menschentypen nachweisen. Ursprünglichere Vertreter hielten hier länger aus als in Afrika.

Der zweite Ausbreitungsweg führte in einem Bogen von Indien nach Südosten. Im Gegensatz zur indischen Mischung aus Steppen, Savannen und Wäldern besteht die Vegetation des feuchteren indonesischen Archipels weitgehend aus Wäldern. Lokale Bedingungen wie nährstoffarme Böden, trockene Winde und Regenschatten konnten die ökologische Vielfalt erhöhen, große Säugetiere blieben aber normalerweise selten. So rückten die modernen Menschen langsam in eine völlig andere Situation vor, als sie entlang der Ostküste des Golfes von Bengalen vorstießen.

Hier sind archäologische Untersuchungen bzw. Nachweise sehr lückenhaft, die Niah-Höhle auf Borneo ist aber mindestens vor 30000 Jahren bewohnt gewesen. Dieses riesige, über 10 Hektar große Höhlensystem verriet, daß Schweine, Affen, Orang-Utans und Riesenschuppentiere – alles typische Waldbewohner – zu den häufigsten Beutetieren gehörten. Die Höhle liegt heute ungefähr 16 km von der Küste entfernt, bei Änderungen der Meeresspiegelhöhe könnte sie jedoch zeitweise näher bzw. entfernter gelegen haben. Fische, Reptilien und Weichtiere erbeutete man im Wasser.

In den bisher angesprochenen Räumen und Zeiten lösten moderne Menschen nicht nur ihre einfacheren Vorfahren ab, sondern übernahmen auch deren Lebensweise als Großwildjäger. In Südostasien betrat der moderne Mensch nicht nur ökologisch vollkommen andere Naturräume, sondern auch ein Gebiet, das seit mindestens einer Million Jahre von einer Seitenlinie des *Homo erectus* bewohnt war. Das Überwiegen von Holz und Bambus in diesen Gebieten hat Archäologen zu der Vermutung geführt, daß man Werkzeuge weitgehend aus pflanzlichen Materialien herstellte. Genauso vorherrschend könnten Pflanzen in der Ernährung gewesen sein. Größere, geschlossene Waldbereiche waren für Menschen nur schwer bewohnbar, schmalere Randbereiche, die an offenes Gelände grenzen, boten jedoch eine Fülle von Früchten und

Blättern sowie kleinere bis mittelgroße Säuger, die diese Zonen bevorzugt bewohnen.

Günstige Lebensräume für moderne Menschen und vielleicht auch für den Erectus, waren sicher Flußtäler und Ufersäume. Sie waren aufgrund der hohen Niederschlagsmenge, der vielen Vorgebirge und Inseln gerade hier besonders häufig. Die Abhängigkeit vom Süßwasser sorgte dafür, daß sich alle menschlichen Aktivitäten um Flüsse, Quellen und Seen konzentrierten. Das flußnahe Leben in Südostasien glich so demjenigen in Indiens feuchteren Gebieten. Das Leben an Meeresküsten unterschied sich davon gravierend. Randgruppen der großen Kontinental-Populationen haben nachweislich die Küsten Afrikas, des Mittelmeeres und Indiens bewohnt. Ressourcen im Hinterland der südostasiatischen Inseln waren viel schwerer zugänglich, unzuverlässiger und die Lebensräume abweisender als Tausende Kilometer Küstenlinie, die sich um Buchten und Landzungen schlängelten.

Wie in Afrika und Indien verdrängten moderne Menschen ursprünglichere Typen, übernahmen deren Land, die Nahrungsgrundlagen und vielleicht auch einen Teil ihrer Werkzeugtechnologie. Genauso wichtig war, daß sie sich wahrscheinlich sehr schnell einen Großteil des Umweltwissens und der kulturellen Anpassungen, das Ergebnis jahrtausendealter Lernprozesse dieser Ursprungsvölker, aneigneten. Es ist kaum vorstellbar, daß Erectus-Menschen über eine Million Jahre in Südostasien gelebt haben sollen, ohne die Nahrungsressourcen der strandnahen Wasserzonen zu nutzen, womöglich sind zumindest einige ausgegrabene Abfallhaufen mit Muschelschalen dem Erectus zuzuschreiben.

Das Erlernen des Muschelsammelns zeugt kaum von besonderer Intelligenz, da auch Störche, Drosseln und Mäuse auf Freßplätzen Muschelreste hinterlassen. Die Übernahme vieler einzelner erprobter Techniken des Jagens, Fischens und Sammelns kürzten die Zeit der Anpassung jedoch erheblich ab. Diese Entwicklung kann also durch direktes Nachahmen und die Übernahme einer fertig angepaßten, langfristig bewährten Kultur beschleunigt worden sein. Es ist aber unabhängig davon ein Fortschritt, von der Nutzung tropischer Flüsse zur Nutzung tropischer Meere zu gelangen. Wasserschwankungen der Flüsse führen in verschiedenen Jahreszeiten zu einem reichen Nahrungsangebot aus Fischen, Wasserschildkröten und anderen Reptilien, Süßwassermuscheln, Krabben, Wassergeflügel und dessen Eier. Die meisten dieser Beutearten besitzen Verwandte im Meer, die in den Flachwasserzonen – besonders der Flußmündungen – in Mangrovensümpfen und vor dem Strand mit Fallen gefangen oder mit Speeren erlegt werden können. Die wichtigste Nahrung stellten wohl die Weichtiere. Diese, selbst von lastentragenden, sehr jungen oder auch älteren

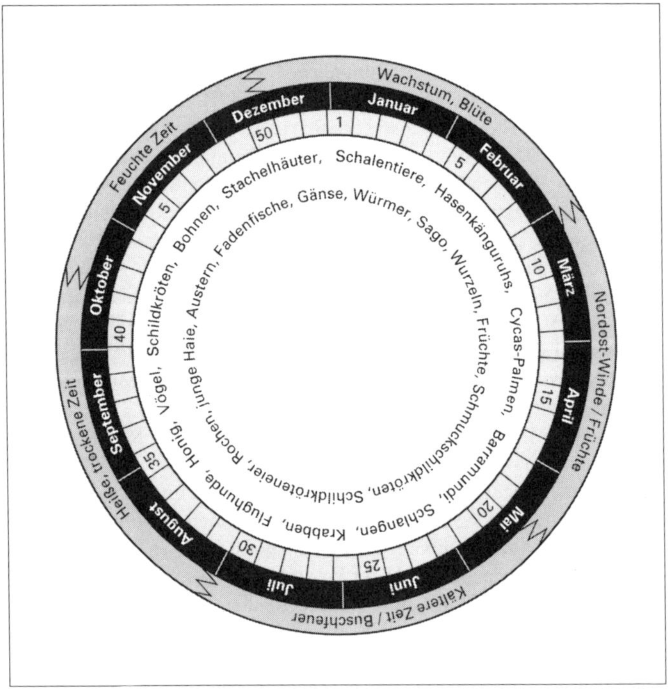

Abbildung 52
Kalender wichtiger bzw. beliebter Nahrung in Nordost-Arnhemland (nach Stephen Davis 1989).

Menschen leicht zu sammelnden Schalentiere bewohnen tropische Flußmündungen und Küstengewässer in so großer Zahl, daß sie wahrscheinlich die höchste ortsfeste Proteinkonzentration aller bekannten Ökosysteme darstellen.

In einer Studie über das Molluskensammeln durch Aborigines (grundsätzlich von Frauen und Kindern) fand Betty Meehan in den 60er Jahren heraus, daß man Schalentiere ganzjährig sammelte und daß unter der Vielzahl der gesammelten Arten eine Muschel, *Tapes hiantina*, den Hauptanteil stellte. Pro Tag konnte jede Frau ungefähr 11,5 kg Muscheln, d.h. ungefähr 2,4 kg Fleisch sammeln. Wenn nötig, waren sie aber auch in der Lage 43 kg zusammenzutragen, was 9 kg Fleisch und damit genug einbrachte, um eine drei- bis vierköpfige Familie mit Proteinen und Energie zu versorgen. Meehan und Stephen Davis haben die ganzjährige Nutzung von Meerestieren in Arnhemland gründlich dokumentiert. Ihre Ergebnisse sind in der Abb. 52 auf Seite 152 kurz zusammengefaßt.

Unter bestimmten Bedingungen kann auch der Anreiz bestanden haben, weiter in das offene Meer vorzudringen, um besonders günstige Ressourcen zu erreichen. Meeresspiegelschwankungen, Nipptiden und andere besonders niedrige Wasserstände können dem Strandwanderer den Zugang zu Seevogelkolonien oder Brutplätzen von Meeresschildkröten eröffnet haben, die normalerweise nicht erreichbar waren. Genauso gut konnten dichte Ansammlungen von Dugongs, Kraken, Fischen oder anderen Beutetieren in Außenriffen zu etwas wagemutigeren Beutezügen weiter draußen auf See verführt haben.

Nachdem erst einmal Boote und Flöße die Menschen in die Lage versetzten, Inseln vor der Küste zu erreichen, konnte man das Nahrungsspektrum und die Menge schnell erweitern. Die Besiedlung der südostasiatischen Inseln kann vor ungefähr 120000 Jahren begonnen haben, der Ausbreitungsvorgang muß aber wahrscheinlich relativ ungleichmäßig, von einer großen Kernpopulation auf dem Sunda-Festland ausgehend, abgelaufen sein. Diese Menschen hatten mit einer gemischten Nahrung von küstennahen und marinen Ressourcen Erfolg. Für ihre Ausbreitung waren nicht so sehr persönliche Initiativen, sondern die Dynamik einer wohlgenährten, schnellwachsenden Menschengruppe zuständig, die wiederum Klimaänderungen unterworfen war.

Jede größere Veränderung des Weltklimas hat unberechenbare biologische Konsequenzen. So wurde die Besiedlung Australiens durch eine Absenkung des Meeresspiegels erleichtert, der den Abstand zwischen den Inseln verkleinerte und dadurch ein «Inselspringen» ermöglichte, über das man die vereinten Landmassen von Australien und Neuguinea (oder Sahul) erreichen konnte. Sandra Bowdler, eine australische Vorgeschichtlerin, nimmt an, daß die ersten Sahul-Bewohner zunächst ihre Litoral-Bewirtschaftung beibehielten. Mit Zunahme der Bevölkerungsdichte haben sie sich zunächst entlang der Küste ausgebreitet und sind nur entlang der Flüsse in das Hinterland vorgedrungen. Hier konnten sie noch ihre wassergebundene Wirtschaftsweise verwirklichen und langsam Erfahrung mit den benachbarten Ökosystemen des Inlandes sammeln. Nur unter hohem Bevölkerungsdruck und günstigen Klimabedingungen haben Australier das Leben im Outback gelernt. Zu den damaligen, potentiellen Beutetieren gehören unter den fast 40 Beuteltierarten große Känguruhs, ein nashorngroßer Wombat, Riesenemus und einige mächtige Reptilien. Mit den ersten Australiern nahm nachweislich die Häufigkeit von Buschfeuern zu. Möglicherweise konnte man so die Landschaft bei der Jagd leichter durchstreifen und überschauen.

Im tropischen Norden des Sahul isolierte der steigende Meeresspiegel vor ungefähr 60000 Jahren Neuguinea von Australien (inzwischen gab es mehrfach wieder Landverbindungen). Sowohl die Überlebensstrategien als auch die Menschen entwickelten sich in den beiden großen Landmassen ganz unterschiedlich. In Australien schufen einige wenige versprengte Pioniere der Küste eine vollständig kontinentale Population, während die zahlreichen Ufersiedlungen der indonesischen und melanesischen Inseln zu einer Vielfalt einzelner Abstammungslinien führte.

Trotz dieser unzusammenhängenden Verbreitung besaßen die indonesischen und melanesischen Gruppen eine gemeinsame Küstenkultur, deren Wirtschaftsweise wahrscheinlich einen raschen Bevölkerungsanstieg und eine starke Ausbreitung ermöglicht hat. Das erste war durch die Nutzung freier Ressourcen möglich, das zweite durch die neue Beweglichkeit aufgrund der Wasserfahrzeuge.

Durch glückliche geologische Bedingungen gibt es von diesen ersten melanesischen Inselbewohnern und ihrer Auswirkung auf die Beutetiere zuverlässige «Aufzeichnungen». Bei Matenkupkum auf Neuirland sind Siedlungsabfälle aus der Zeit der Erstbesiedlung (zwischen 32000 und ungefähr 21000 v.h.) entdeckt worden. Da hier geologische Anhebungen stärker waren als der Meeresspiegelanstieg, versanken diese und einige andere Wohnplätze nicht im Meer.

Am Anfang nutzte die Bevölkerung die stärksten Individuen der größten Beutearten. Dagegen enthalten die jüngeren Ablagerungen nur noch wenige kräftige Exemplare und große Beutearten stellen den kleineren Anteil der Abfälle. Dies könnte auf den ersten Blick auf einen Rückgang der Ressourcen zurückzuführen sein. Wie ökologische Studien aber belegen, steigt bei Bejagung die Artenvielfalt. Die Biomasse der Weichtiere in Matenkupkum hat sich also wahrscheinlich nicht wesentlich verändert. Der Vorteil eines größeren Artenreichtums liegt in einem zuverlässigeren und dauerhafteren Nahrungsangebot für die Muschelsammler.

Ein weiteres interessantes Detail der neuirländischen Siedlungsreste ist das Fehlen des Kuskus (ein blätterfressendes Beuteltier) in den älteren Ablagerungen. Das Tier kommt in den Wäldern Neuguineas überaus häufig vor und ist in Zeiten rauher See, die Fischen unmöglich macht, eine ausgezeichnete Ausweichnahrung. Kuskusknochen erscheinen plötzlich in jüngeren Schichten, deren Siedlungen weniger kurzlebig erscheinen. Seit dieser Zeit nutzte man verstärkt marine und terrestrische Nahrungsmittel. Da der Kuskus die Inseln wahrscheinlich nicht ohne fremde Hilfe besiedeln konnte, ist dies womöglich der erste Hinweis auf eine Einführung durch den Menschen. Obwohl es nur spärliche Hinweise gibt, ist doch denkbar, daß die Besiedler neuer Inseln

Abbildung 53
Angelnder Aboriginal-Junge, Lloyd Bay, Kap York.

Abbildung 54
Sagopalmen werden gefällt und mit einem Dechsel ausgehöhlt. Die Stärke wird aus dem Kern der Palme ausgewaschen, dabei werden die Blatthüllen sowohl als Rinne, als auch als Behälter benutzt.

Tiere und Pflanzen wie den Kuskus, Kokosnüsse oder Yams mitbrachten, um ihre Nahrungsgrundlage auf den abgelegenen Inseln und Atollen zu verbessern.

Ob dies zufällig passierte (alle genannten Arten können jede auf ihre Weise leicht «entkommen») oder das Ergebnis bewußter Planung war, bleibt unklar, hier liegen jedoch die Wurzeln zu Ackerbau und Viehzucht. Auf alle Fälle ist für die Küstenbewohner ein umfangreiches ökologisches Grundwissen und Vertrautheit mit der biologischen Entwicklung vieler Organismen vorauszusetzen. Berücksichtigt man zusätzlich ihre Mobilität, wird deutlich, daß sie zu ihrer Art, die Küsten für ihren Lebensunterhalt zu nutzen, keine gleichwertige Alternative finden konnten.

Lange Zeit haben festlandnahe Gruppen Meerestiere und Großwild gleichzeitig genutzt. Es gibt zwar keine ausgesprochen alten Fundbelege, aber in einer Hoabin Hian-Siedlung am Tamiang River im Nordosten Sumatras (ungefähr 15 km von der heutigen Küste entfernt) fanden sich sowohl Reste von Krabben, Fischen und Meeresschildkröten als auch von Hirschen, Wildschweinen, Nashörnern und Elefanten. Stößel und Mörser belegten die Verarbeitung von Samen und Nüssen. Im Südwesten Sulawesis (Celebes) ergänzten die Reste von Wildschweinen, Babirussas, Anoas (kleine Wildrinder), Affen, Nagetieren, Fledermäusen, Kuskussen, Riesenschildkröten und Eidechsen die zahlreichen Reste der gegessenen Schalentiere. Auch diese Inselbewohner sammelten Gras- und Seggensamen sowie Früchte der Feigen und anderer Baumsorten.

Das südostasiatische Festland und die vorgelagerten Inseln sind die Region, in der früher als irgendwo anders pflanzliche Nahrung den

Abbildung 55
Erklimmen einer Kokos-Palme.

Anteil der tierischen überstieg. In der oben schon erwähnten Niah-Höhle grub man die Überreste häufiger Waldtiere aus, möglicherweise stellten diese aber nicht mehr die Hauptnahrung dar. In regenreichen Regionen erlangten Gemüsepflanzen, meist die an den Waldrändern, auf Lichtungen oder Sandbänken wachsenden Arten, eine viel größere Bedeutung. Einige davon konnte man in jüngeren Höhlensedimenten nachweisen. Hierzu gehören Samen der Betelnuß-Palme, Butternuß, Kerzennuß, des Pfeffers und der Mandeln. Leguminosen wie Erbsen und Bohnen und in geringerem Maße Flaschenkürbisse und Wasserkastanien ergänzten den Speiseplan. Weiche Pflanzenteile wie Yams oder Palmherzen sind nicht erhalten, waren aber sicher sehr wichtig.

Sagopalmen gehörten in Südostasien zu den Grundnahrungsmitteln; ein einzelner Stamm kann 350 kg Stärke liefern. In vielen Gebieten war Sago womöglich die entscheidende Nahrungsbasis. Noch bis in jüngste Zeit unternahmen die Motu aus dem Südwesten Neuguineas ausgedehnte jährliche Handelsexpeditionen an den Golf von Papua, um Sago einzutauschen. In der Golfregion selbst bilden Sagomehl, Sagowurzeln und kleine Fische den größten Anteil der täglichen Nahrung. Obwohl es vor dem Verzehr normalerweise eingestampft, gewaschen und getrocknet wird, hat mindestens ein Stamm die Pflanzen einfach durchgekaut und die Faseranteile ausgespuckt, auf gleiche Weise aßen sie das Zuckerrohr.

Tieflandwälder in Küstennähe sind außerordentlich reich an fruchttragenden Baumarten, die bis heute Affen, Schweine, Zibetkatzen, Fledermäuse und Nashornvögel anlocken. Als Antwort auf den Selektionsdruck der Vielfalt an samenverteilenden Pflanzenfressern bilden die

Pflanzen sehr viele Früchte, die z. T. überaus schwer sind (im Falle der Jackfrucht bis zu 30 kg). Durianbäume aus 20 verschiedenen Gattungen tragen Früchte, die zwischen zwei und vier Kilogramm wiegen. Menschen, die hiervon ihren Anteil sichern wollen, müssen unter den Urwaldriesen kampieren um die tierische Konkurrenz abzuschrecken. Indische Mandeln, Rambutans, Litchis, Malaiische Äpfel, eine Reihe fruchttragender Gewürznelken, Muskatnuß und die Citrus-Familie sind hier heimisch. Diese ausgedehnten Nahrungsvorkommen, die lange Zeit große Populationen von Affen, Schweinen und Elefanten ernährten, standen den allerersten menschlichen Siedlern sofort zur Verfügung.

Tiere fressen und verschleppen Früchte unterschiedlich und verteilen Samen dadurch auf verschiedene Weise im Lebensraum. Schweine, Affen und Nashornvögel verstreuen Samen weiter als z. B. Orang-Utans. Die frühesten Menschen in Südostasien haben wahrscheinlich Flußläufe und besonders deren Mündungen bevorzugt (nahezu alle Erectus-Fundstätten liegen im Tiefland). Auch einige Hauptnahrungspflanzen, wie der Durianbaum, sind auf Höhenlagen unter 700 m beschränkt und viele Fruchtbäume wachsen am besten auf Flußbänken oder entlang der Küste, wo die Fluten die Samen in den nährstoffreichen Boden einschwemmen.

Gewässer bieten einleuchtenderweise weniger pflanzliche Nahrung. Wurzelstöcke und Schößlinge von Seerosen sind noch recht gut genießbar, Mangrovenfrüchte aber nur noch im Notfall. Im Gegensatz dazu tragen fruchtbare, feuchte Böden der Überschwemmungsebenen und trockengefallene Tümpel viele einjährige Pflanzen, kurzlebige Kräuter und samentragende Leguminosen; Rankenpflanzen, Lilien, Pfeilwurz und Seggen produzieren eßbare Samen, Sprossen oder Stengel. An Ufern und in tiefgelegenen Tälern gedeihen Kokos- und Sagopalmen, vielerorts sieht man Rattanarten mit eßbaren Schößlingen und Früchten sowie den allgegenwärtigen, fruchttragenden Pandanus-Baum. Auf Überschwemmungsflächen und Flußbänken stehen wilde Mangos, Indische Mandeln, Jackfrüchte, Wildfeigen und Bananen in reicher Mischung. Obwohl wir im Inneren Südostasiens nur wenige natürliche Savannen finden, entdecken wir aufgrund der lokalen und der klimatischen Unterschiede eine überraschende ökologische Vielfalt. So wachsen Pflanzen, die während der Trockenzeit weitgehend absterben oder die Blätter abwerfen, z. B. aus unterirdischen Wurzelstöcken oder Knollen wieder heran. Lokale Yams-, Taro-, Pfeilkraut-, Buschkartoffel- und Spargelbohnen-Arten sowie Kuhbohnen-Vertreter sahen ihre natürlichen Speicherorgane plötzlich in einen stärkehaltigen Nahrungsvorrat für den vorgeschichtlichen Menschen verwandelt.

Einige der Wurzelstöcke und Knollen entgegneten diesen Angriffen, indem sie Gifte entwickelten; wollte der Mensch diese Pflanzen nutzen, mußte er sie vorher schälen, einweichen und vor allem erhitzen. Alle Speicherorgane sind unbearbeitet wenig appetitlich, so daß man aus ihrem Verzehr wohl von Anfang an auf Feuergebrauch schließen kann. Der Einstieg in das Essen von «Wurzeln» muß die vorhandene nutzbare Nahrungsmenge erheblich vergrößert haben, da besonders Yams in den regenreichen Tropen überaus häufig vorkommt.

Wo immer Menschen sich für einige Zeit niederließen, haben sie sicher teilweise die Vegetation niedergebrannt und freie Flächen geschaffen. Daß nur wenige Pflanzen mit unterirdischen Speicherorganen unter einem geschlossenen Kronendach existieren und viele (besonders Yams) sich aus stark zerstörten Resten regenerieren können, haben Menschen nicht nur an Wühlstellen der Schweine, sondern auch an ihren alten Abfallhügeln leicht beobachten können, z.B. wenn sie zu früheren Wohnplätzen zurückkehrten.

Beachtet man, daß die Yams-Esser ihre Nahrungsgründe hervorragend kannten, wird die klare Unterscheidung von natürlich versamten oder von Tier oder Mensch verbreiteten Pflanzen weniger bedeutsam. So stellt z.B. auf den Andamanen Wild-Yams das wichtigste Grundnahrungsmittel dar und das Abernten nicht ausgewachsener Pflanzen ist aus religiösen Gründen verboten. In dieser Situation wissen Menschen ganz genau, wo ihre Pflanzen vorkommen und nutzen sie zur richtigen Jahreszeit. Alle bisher untersuchten Jäger und Sammler beobachteten sehr gut und kannten die Lebenszyklen ihrer Nahrungstiere und -pflanzen hervorragend. Wir können sicher sein, daß dies für *H. erectus* und den nachfolgenden Sapiens auch galt. Auch kleinere Raubtiere, Nagetiere und sogar Vögel suchen Nahrungsverstecke wiederholt auf.

Man kann annehmen, daß die frühen Hominiden ökologische Vorgänge und Grundmuster genau beobachteten, wichtige Ereignisse nicht vergaßen und dieses Wissen bei zukünftigen Handlungen verwerteten. Sie waren sicher in der Lage altbekannte Pflanzenstandorte wiederzufinden, um sie zusammen mit Gruppenmitgliedern abzuernten. Die Andamanen-Insulaner weichen von diesem einfachen Handlungsmuster dann ab, wenn sie durch Koordination des Gruppenverhaltens den Ertrag maximieren können. Hierfür sind eine komplexe Sprache und soziale Steuerungsmechanismen durch Glaube und Sanktionen nötig. In diesem Sinne zeigen die Andamanesen typisches Verhalten moderner Menschen. Nahrungspflanzen, die aus Abfallhaufen herauswuchsen oder am Rande der Wohnplätze sonnige sowie fruchtbare Standorte fanden, verraten dem menschlichen Beobachter viel über ihre Lebensgeschichte und verführen zu ersten Pflegemaßnahmen. Man traf nicht zufällig auf diese Pflanzen, man kannte sie genau und betrachtete sie wahrscheinlich als zum Grundbesitz gehörendes Eigentum.

Viele Nomadenvölker betrachten Wasserlöcher und Wohnplätze als ihren Besitz, die Verteilung der einzelnen Stämme im Raum hängt so von Exklusivrechten bzw. Vorrechten bei der Nutzung von Schlüsselressourcen im Zentrum ihres ganzjährigen Streifgebietes ab. Diese Ressourcen können wesentlich mehr Pflanzen als ein paar Yams aus dem eigenen Garten umfaßt haben. Für gute Beobachter (was Jäger und Sammler sein mußten!) war das schnelle Heranwachsen von Yamsranken aus den Resten ihrer Knollen eine eindrucksvolle Demonstration der Vorteile einer «schlampigen» Abfallbeseitigung.

Sehen wir es einmal aus der Sicht der Pflanzen. Für sie bedeutete die «Beschlagnahme» durch den Menschen, daß die Samenverbreitung auf ihn beschränkt und damit räumlich verkleinert wurde. Diejenigen Pflanzen, die trotz (oder sogar wegen) der menschlichen Eingriffe ihre Samen verbreiten konnten, waren am erfolgreichsten, denn in der Nähe der Lagerplätze waren samenfressende Tiere seltener.

Die Festlandbewohner Südostasiens sollen Wälder intensiver gerodet bzw. abgebrannt haben als ihre Nachbarn auf den Inseln. Das Abholzen umfangreicher Flächen setzt eine größere Zahl an Menschen und dies wiederum eine ausgesprochen gute Nahrungsversorgung voraus. Wenn Gruppen sich längere Zeit in kleinen Gebieten aufhalten, frißt allein der Verbrauch an Feuerholz große Teile der umgebenden Vegetation auf. Unter dem Neubewuchs auf Kahlschlägen finden sich viele nützliche Pflanzen; welche davon weiterwachsen, darf man nicht dem Zufall überlassen. Prähistorische Menschen müssen den Konkurrenzkampf zwischen Pflanzen klar erkannt haben. Man kann sicher sein, daß sie in diesen Kampf zugunsten der nützlichen Pflanzen eingriffen, wenn diese von «Unkräutern» bedrängt waren. Das Jäten könnte der erste Schritt zum Gartenbau gewesen sein.

Dies läßt sich damit belegen, daß man Kahlschläge bearbeitet hat, um die auf ihnen heranwachsenden Kräuter zu fördern. Dazu gehörten vornehmlich Leguminosen wie Erbsen, Bohnen, Flaschenkürbisse und Yams. Dieser Proto-Gartenbau kann über Zehntausende von Jahren angedauert haben, bis man zum geplanten Anbau überging. Kürbisse konnte man von Anfang an wie Straußeneier und Häute als Wasser- und Tragebehälter nutzen, viele wilde Kürbisarten besitzen harte Schalen, die man mit einer Öffnung versehen oder halbiert in Kellen verwandeln kann.

Zahlreiche Nahrungspflanzen haben vermutlich Konkurrenten auf den Plan gerufen. In reichen und dichten Pflanzenbeständen mußte man dazu übergehen, konkurrierende Tierarten fernzuhalten. Wirksam war z.B. der Bau eines Zaunes, dessen Durchlässe man jeweils mit Fallen und Schlingen absicherte. Man schützte die eine Ressource und bekam zugleich eine weitere. Wahrscheinlich sahen so die ersten «Farmen» aus.

Viele Wildpflanzen, die bis in neuere Zeit von australischen Jägervölkern noch gesammelt wurden, waren in Südostasien schon lange domestiziert oder halb domestiziert worden. Dazu gehören Yams, Pfeilkraut und Palmen, zu denen Pandanus und verschiedene Nüsse, wie *Terminalia* und *Eugenia* zählen. In Arnhemland «erntete» man die Pastinake sehr vorsichtig, indem man Teile der Bewurzelung an der Knollenspitze beließ, um ein Nachwachsen im nächsten Jahr zu sichern. In dieser Region pflanzte man einsichtig vorausschauend auf küstennahen Inseln Yams an, um zukünftige Ressourcen zu sichern.

Die Domestikation hing in vielen Fällen vermutlich stärker von einer Bevölkerungszunahme, als von einer Veränderung der Pflanzeneigenschaften ab. Auf der Kap York-Halbinsel kennzeichnete man wildwachsende Yams-Pflanzen als Privatbesitz, viele Völker reservierten sich wilde Bienenvölker mit ähnlichen Markierungen. Während Ressourcen im Zentrum der Territorien für Nachbarn leicht als Privateigentum erkennbar waren, wurden Markierungen in den Randbereichen wichtig.

Wie Jäger- und Sammlervölker ihre Umwelt sahen, ist sehr anschaulich aus Walter Roths Beschreibung von Queensland im 19. Jahrhundert zu entnehmen.

Unabhängig von der Größe ihres Wohngebietes, in dem der Stamm die Jagd- und Sammelrechte besitzt, gibt es klare territoriale Besitzverhältnisse, d.h. bestimmte Landstriche, die je einer Familie zugeordnet sind und einen eigenen Namen tragen. Genauso wie ein Europäer weiß, welches Obst und Gemüse bzw. welche Blumen in seinem Garten wachsen, haben die Eingeborenen eine klare Vorstellung davon, wo wieviele bestimmte eßbare Wurzeln, Früchte und Samen bzw. welche jagdbaren Säuger und Vögel in welchen Bereichen ihres Territoriums zu finden sind. Nahrungspflanzen oder Geflügel zu sammeln, die der Nachbargruppe gehören, ist eine Übertretung der ungeschriebenen Gesetze und erfordert Bestrafung. Diese ist aber nur dann besonders hart, wenn sie das Mitglied eines anderen Stammes betrifft. Beleidigungskämpfe der beteiligten Parteien mit obszönen Beschimpfungen oder das Verletzen eines Beines mit Speeren können bei Streitfällen unter Stammesgenossen auftreten. Rechtsverletzungen sind vielleicht auch deshalb so selten, weil jede Familie, die besonders reiche Ressourcen, welcher Art auch immer, besitzt, diese mit den eingeladenen Nachbarn teilt. Für einen Fremden bedeutet die Verletzung der Stammesgrenzen den Tod.

Abbildung 56
Kalebassen zum Wassertransport oder halbiert als Schöpfkelle bzw. Schale.

Selbst wenn man ein durch einen Speer verletztes Bein als milde Strafe betrachtet, gab es meist wenig Anlaß zu solchen Reaktionen. Die beliebte Vorstellung vom Nahrungssammler, der auf der Suche nach Beute ziellos und frei umherschweift, traf sicherlich nie die prähistorische Wirklichkeit. In vielen Kulturen kennzeichnet man Pflanzen sorgfältig als persönlichen Besitz oder pflanzt sie als Grenzmarkierungen, die ökonomisch und gleichzeitig klar erkennbar sind. Da solche Praktiken prähistorische Anfänge haben müssen, kann auch die Territorialmarkierung zu den bedeutsamen Ursprüngen der Pflanzendomestikation gehört haben. Wo auch immer der Bevölkerungsdruck die Tragfähigkeit der natürlichen Ressourcen überstieg, mußten die in Überflußgebieten lebenden Menschen ihr Eigentum gegen zunehmenden Konkurrenzdruck von außen absichern.

Prähistorische Menschen sammelten und jagten an ganz bestimmten Stellen, die jeweils oft nur eine einzige Nahrungsart lieferten. Das Kampieren in fruchtenden Durianbaum-Beständen ist die zeitgenössische Fortsetzung eines Verhaltens, das sich ohne Unterbrechung in die Vergangenheit bis zu den frühen Hominiden zurückverfolgen läßt. Der Verzehr der Früchte und das Ausspucken der Samen in unmittelbarer Nähe der Bäume garantierte Jungpflanzen und die langfristige Existenz der Pflanzen an ein und demselben Ort. Wuchsen die Altbäume an ungastlichen oder gefährlichen Stellen, haben die Sammler die Früchte abtransportiert, um sie andernorts weiter zu verarbeiten. Dies könnte

Abbildung 57
Agta-Kind mit Feuerholz (Foto J. Kamminga).

zwar die Ausbreitung der Pflanze gefördert haben, die chemischen Unterschiede der Böden an solchen Verarbeitungsplätzen könnten jedoch das Auskeimen der meisten Samen verhindert haben. Auf diese Art «züchteten» die frühen Hominiden ohne es zu wissen diejenigen Pflanzen heraus, deren Genmaterial sie unter diesen Bedingungen auskeimen und wachsen ließ.

So veränderten prähistorische Völker sowohl die genetische Zusammensetzung als auch die Standorte vieler Pflanzenarten. Bei dieser offensichtlich uralten Übereinstimmung von pflanzlichen Bedürfnissen und menschlicher Bequemlichkeit ist die Annahme berechtigt, daß die Erectus-Vertreter schon bald nach ihrer Ankunft in Südostasien die Ökologie ihrer Nahrungspflanzen beeinflußten. Die Bedeutung dieses großen Zeitalters der Mensch-Pflanzen-Beziehung wird daran deutlich, daß die domestizierten Linien der Bananen und der Brotfrüchte keine keimfähigen Samen mehr ausbilden und von der Vermehrung durch Stecklinge abhängig sind. Schon bald nach der Einwanderung moderner Menschentypen auf das südostasiatische Festland bildete sich eine Wirtschaftsform heraus, in der Pflanzen die Hauptnahrung bildeten und den Speiseplan nicht nur ergänzten.

Der chinesische Pflanzenhistoriker Dr. Li konnte zwei Ursprungsgebiete heutiger Kulturpflanzen ausmachen. Nordchina und die südostasiatische Inselwelt sind und waren schon immer ökologisch absolut unterschiedlich. Die sehr frühe Ansiedlung von Menschen im Süden bedeutet dann, daß die ersten Gartenbaukulturen von gut angepaßten

Völkern entwickelt wurden, denen die wilden Vorfahren der späteren Kulturpflanzen und deren Ansprüche genauestens bekannt waren. Der Ursprung dieser Entwicklung lag in der Vorstellung von Eigentumsrechten an Pflanzen und ihren Standorten sowie in verschiedenen Eingriffen, um deren Wachstum zu steuern. Wahrscheinlich ging auch so etwas wie Jäten dem Ackerbau voraus. Was noch fehlte, war die Idee, geplant anzupflanzen und zu pflegen.

Diese muß in Gebieten mit guten Anbaubedingungen, hohem Populationsdruck und kleinen Territorien aufgekommen sein. Ich glaube, die Annahme, daß Frauen den Gartenbau entwickelten, ist richtig. Aufgrund der Kinder waren sie stärker an die Siedlungen gebunden als Männer, die sich zum Fallenstellen, Fischen und Jagen weiter entfernten. Die Ausbreitung dieser Wirtschaftsform kann nur langsam abgelaufen sein, da Nachbarn von Gartenbauern nur zögernd Methoden übernommen haben werden, die auf Seßhaftigkeit, Monotonie und einer eingeschränkten Ressourcennutzung beruhten. Nomadische Sammler haben das langwierige Graben, Bepflanzen und Bewachen der Gärten sowie komplizierte Aufbereitungsmethoden sehr wahrscheinlich nur unter Druck übernommen.

Aus diesen und einigen anderen Gründen haben Ackerbauern sowie Jäger- und Sammlerkulturen bis heute ihre unterschiedlichen Lebensweisen beibehalten. Wo – wie in vielen Fällen – zusätzlich Rassenunterschiede bestanden, verstärkte sich die Trennung durch kulturelle Vorurteile und verhinderte die Übernahme der neuen Techniken durch die Sammlervölker. Der Anthropologe K. Endicott verdeutlicht, wie sich die Einwohner Malaysias die Ablehnung der Batek (einem Sammlervolk) und ihrer Kultur mit einer Legende erklären. Die Batek sollten nach dieser Überlieferung aus einem Haufen Dreck entstanden sein, den sich der erste Mensch, Nabi Adam, von der Haut kratzte. Ähnliche Ablehnungen der Jäger und Sammler durch benachbarte Ackerbauern sind weltweit zu finden.

Die Ausbreitung der Gartenbaukultur vollzog sich wahrscheinlicher über die Auswanderungen von Gruppen aus Gebieten mit hohem Populationsdruck. Etablierte Sammlerkulturen haben Gartenbautechniken erst übernommen, als ihre Lebensgrundlagen verloren gingen; zu diesem Zeitpunkt waren sie zahlenmäßig schon so geschrumpft, daß sie genetisch schnell absorbiert wurden.

Obwohl die kulturellen Unterschiede zwischen gartenbauenden Insulanern und sammelnden Küstenbewohnern sehr schnell entstanden sein können, muß das – besonders auf Inseln – keine großen rassischen Unterschiede zur Folge gehabt haben. Ein anschauliches Bild der Kulturendivergenz zweier verwandter Völker stammt von den Andamanen, wo die (heute ausgestorbenen) küstenbewohnenden Arioto-Stämme ihre inländischen Nachbarn früher Jarawa (Fremde) nannten. Bis in jüngste Zeit haben die Andamanen-Völker in fast totaler Isolation an zwei grundverschiedenen Wirtschaftsformen festgehalten. Eine Gruppe nutzt die Küsten und das vorgelagerte Meer, die andere das bewaldete Inland im Bereich der Flüsse und Täler. Die Abgrenzung beider Kulturen wurde auf den Andamanen durch Sprachbarrieren und wechselseitige Fremdenfurcht aufrechterhalten, obwohl beide Gruppen eng nebeneinander lebten. Der italienische Anthropologe L. Cipriani lebte von 1952 bis 1954 bei ihnen und schrieb folgendes:

> *Sie repräsentieren eine fast unverändert überlebende Kultur, die einst in ganz Ozeanien vorherrschte und sich vor Tausenden von Jahren mit Hilfe von Kanus ausbreitete, die sich von denen der Onges heute kaum unterscheiden. Die Boote trugen die namenlosen Seefahrer und mit ihnen ihre Lebensweise von Insel zu Insel.*

Die zuverlässigen, reichen Ressourcen der Inseln und das ausgeprägte Territorialverhalten ihrer Bewohner verstärkten Isolation und Konservatismus. So kamen erst 1790 Kontakte zur Außenwelt zustande. (Ihre Sitte, Fremde zu vertreiben, verstärkte die Isolation im sturmgepeitschten Golf von Bengalen noch.) Die Urbevölkerung der Andamanen war in fünf Stämme unterteilt, von denen drei die Küsten und zwei das Inland bewohnten.

Groß-Andaman
  Arioto – reine Küstenbewohner (ausgestorben)
  Eremtaga – Inlandbewohner (ausgestorben)
Mittel- und Süd-Andaman
  Jarawa – Inlandbewohner (fast ausgestorben)
Süd-Andaman und Klein-Andaman
  Onge – Seefahrer, ganz Klein-Andaman (noch vorhanden)
Nördliche Sentinel-Insel
  Sentinelesen (fast ausgestorben)

Die Inseln haben ein sehr feuchtes Monsun-Klima (3750 mm Niederschlag pro Jahr) und trugen ursprünglich einen dichten Wald, der durch die Kahlschläge der Holznutzung vernichtet wurde. Jüngste Untersuchungen konnten über 7000 Pflanzenarten nachweisen. Das kopfstärkste überlebende Volk, die Onge, suchen am Strand und im Inland ihre Nahrung (auf Klein-Andaman ist jedoch kein Punkt mehr als acht Kilometer von der Küste entfernt). Die Hauptmasse der an Land gesammelten Nahrung brachten Frauen und Kinder mit Hilfe von

Abbildung 58
Fischender Andamanese mit Langbogen.

Grabstöcken ein. Sie ernteten u.a. Bananen, Jackfrucht und Pandanus-Produkte. Auch Stengel, Gemüse sowie verschiedene Wurzel- und Knollentypen hat man gegessen. Die wichtigste pflanzliche Nahrung stellten die Knollen des wilden Yams *Dioscorea glabra*, die jedoch nur zu bestimmten Jahreszeiten vorhanden waren und nur auf kurzen Wanderwegen von einem Jagdlager zum nächsten als Vorrat mitgenommen wurden. Riesige Ablagerungen von Muschelschalen belegen, daß Weichtiere seit Jahrtausenden zu den Hauptnahrungsmitteln gehörten. Während man sie früher röstete, kam mit den ersten irdenen Töpfen, die man vor zwei bis drei Jahrtausenden aus Burma einführte, das Kochen in Mode.

Bei Sammelausflügen ins Inland säuberte man einen kleinen Platz für die zusammengetragene Nahrung und für den Bau einer kleinen Schutzhütte (Korade genannt). War die Umgebung abgesammelt, wechselte man in einen anderen Bereich des Territoriums und baute hier neu. Sorgfältiger gearbeitete, dauerhaftere Gemeinschaftshäuser (Bera genannt) errichtete man auf Berghängen oder Hochflächen. Diese Bera waren das Zentrum der sozialen Aktivitäten.

Honig war für die Onge sehr wertvoll und man sagt, sie hätten sich von honiganzeigenden Vögeln (*Indicator*) zu den Bienenstöcken leiten lassen. In den Trockenzeiten ernteten sie den beliebtesten gelben Honig in großen Mengen, braunen Honig einer anderen Bienenart sammelte man in den Regenzeiten. Während die Männer gelben Honig suchten, waren die Frauen und Kinder bei Ebbe an den Küsten unterwegs, um nach kleinen Fischen und anderen Riffbewohnern zu sehen.

Waren die Onge-Männer nicht auf der Suche nach Honig oder mit Speeren sowie Pfeil und Bogen auf der Jagd im Wald unterwegs, erbeuteten sie je nach Jahreszeit verschiedene Fischarten. Die zahlreich vorkommenden Wildschweine jagte man ohne Hunde (die vor 1857 unbekannt waren) in kleinen Jagdgruppen. Erfahrene Jäger waren aber auch allein unterwegs. Die frühesten Schweinereste lassen sich zusammen mit den ersten Keramiken nachweisen, so daß womöglich beide gleichzeitig eingeführt worden sind.

Onge-Frauen fischten mit kleinen (auf zusammengebogenen Zweigen geknüpften) Rundnetzen in den tierreichen Flüssen, Flußmündungen und Küstengewässern. Sie suchten Garnelen, Krabben und Weichtiere und schossen manchmal Fische mit Pfeil und Bogen. Auch Männer benutzten neben Pfeilen und Bögen Speere, um die Seefische zu durchbohren. Dies war in Flachwasserzonen oder vom Kanu aus leicht. Für die Jagd auf Dugongs und Seeschildkröten hatten sie Spezialharpunen mit aufgesetzten Köpfen (die mit einer Schnur am Schaft befestigt waren, der auch als Schwimmer bzw. Markierungsboje diente).

Vom Kanu aus harpunierte man Schildkröten während sie an der Meeresoberfläche schliefen, bei der Paarung oder wenn sie durch Stürme im Riff eingeschlossen wurden. Die Jäger bevorzugten ruhige Abende und Nächte, an denen sie Fackeln aus pechgetränkten, zusammengebundenen Palmblättern einsetzten. Die Fackel befestigte man unter der Harpunistenplattform am Bug, während der Steuermann mit dem Paddel im Heck saß (oder in flacherem Wasser stakte). Gelegentlich quetschte sich auch ein dritter Mann Mittschiffs hinein. Strände, die nachts aus Furcht vor Geistern gemieden wurden, suchte man tagsüber sorgfältigst nach Schildkrötengelegen ab. Die Eier buk oder kochte man, die Schildkröten röstete man lebend über einem langsam brennenden Feuer oder kochte sie in kleinen Stücken.

Feuer hat man immer sorgfältig gehütet und auf kleineren Ausflügen wie auf größeren Wanderungen zu neuen Wohnplätzen mitgeführt. Der Anthropologe Radcliffe-Brown beschreibt, daß die Andamanesen ganz gezielt Hölzer aussuchten, die lange Zeit glimmen, dabei aber weder ausgehen noch offene Flammen entwickeln. Da sie die Herstellung von Feuer entweder nie beherrscht oder die Kenntnis zum Feuermachen verloren hatten, war diese Sorgfalt überlebenswichtig. Um die Jahrhundertwende waren Streichhölzer und Feuerbohrer verbreitet. Gekocht hat man in Gruben, die meist von oben und nicht von unten beheizt wurden.

Zum Zeitpunkt ihrer Entdeckung kannten die Andamanesen angeblich die Nutzung der Kokosnuß noch nicht. Sollte das stimmen, müßte die weltweite Verbreitung dieser Pflanze an tropischen Küsten auf eine relativ späte Ausbreitung durch Menschen zurückzuführen sein. Normalerweise geht man davon aus, daß die Palmen sich über ihre gut im Meerwasser schwimmenden Nüsse von selbst ausbreiten. Sie könnten aber auch aus einem sehr kleinen Ursprungsgebiet stammen. Da von der Kokosnuß keine Wildformen mehr existieren, muß man ihr ehemaliges Wildvorkommen indirekt erschließen: die Verbreitung von auf Kokos spezialisierten Insekten und Krabben weisen eindeutig in den Südpazifik. Wenn Kokosnüsse vorsätzlich von hochseetüchtigen Kulturen mitgeführt und angepflanzt worden sind, muß das nach der Besiedlung der Andamanen geschehen sein und würde so auch die altertümlichen Jagd- und Sammelmethoden der Insulaner erklären (es sei denn, eine Epidemie hat die Palmen hier vernichtet). Dies könnte weitreichende Schlüsse zulassen.

Wenn die Lebensweise der Andamanesen den frühen Wirtschaftsformen der Küstensiedler des indonesischen Bogens bis hin ins fernste Melanesien entsprach, dann unterschied sie sich sehr stark von den Kulturen der heutigen Bewohner dieser Region, die hervorragende Fischer und erfahrene Gartenbauer sind. Selbst wenn man annimmt, daß hier die Ursprünge der Ackerbauerkulturen liegen, weiß man, daß viele ihrer modernen Nutzpflanzen, darunter wahrscheinlich auch die Kokosnüsse, recht jungen Ursprungs sind.

Trotz ihrer einfachen Technologie ernteten die Andamanesen beachtliche Mengen. Noch in den 60er Jahren, lange nachdem die Holzindustrie riesige Kahlschläge angelegt hatte und die Urbevölkerung durch immer mehr Einwanderer an den Rand gedrängt, mit Krankheiten verseucht und verarmt war, war sie noch in der Lage, sich ohne fremde Hilfe ausreichend mit Nahrung zu versorgen. Dr. Bose untersuchte 1964 ihren Ernährungszustand, d.h. zu einem Zeitpunkt, als Dugongs und Schildkröten seltener als zuvor waren. Die Erhebung dauerte einen Monat (Dezember-Januar) in der Trockenzeit, in der wichtige Nahrung, wie Früchte, Mollusken und Schildkröten knapp waren oder ganz fehlten. Trotz dieser Beschränkungen verzehrte eine Gruppe von 41 Personen in dieser Zeit 1100 kg Schwein, Fisch, Krabben, Wildgemüse und Honig. Das entsprach einem täglichen pro Kopf-Verbrauch von ungefähr einem Kilo (und ungefähr 1760 Kalorien).

Die Unabhängigkeit ihrer Lebensweise läßt es unwahrscheinlich erscheinen, daß die Andamanesen durch kulturelle Verwahrlosung oder Schock ihre Überlebenstechniken verloren hatten. Die Tatsache, daß Feuerherstellung, Segelboote, Salzgewinnung und jegliche Form des Pflanzenbaus fehlten, sowie die Einzigartigkeit ihrer Sprache deuten darauf hin, daß hier eine Reliktgruppe eine uralte Lebensweise erhalten hatte.

Wenn ihre Vorfahren wirklich die ersten gewesen sein sollten, die tropische Inseln besiedelten und nutzten, bekommt die Geschichte der

Andamanesen eine besondere Bedeutung. Aus dieser Sicht ist ihre Kultur eine neue, ungewöhnliche Form der Umweltnutzung, die man eher modern als primitiv nennen sollte. Stellen Sie sich die riesigen Nahrungsmengen vor, die durch Boote, Speere, Fallen und Netze erreichbar werden. Wie schnell konnten sich so gut genährte Völker vermehren und entlang der leeren Strände unbewohnter Küsten ausbreiten? Bedenken Sie, welches Vertrauen dieses Volk von Seefahrern in ihre Technologie, die die beste ihrer Zeit war, setzen mußten. Man kann sich vorstellen, wie sie langsam die Küsten Indiens eroberten. Die prähistorischen Vorfahren der heutigen Andamanesen müssen schon vor langer Zeit in den indischen Subkontinent eingegliedert gewesen sein, genauso wie die heutigen Insulaner sich der indischen Kultur anpassen (dieser Prozeß ist zwar noch nicht abgeschlossen, aber in nicht viel mehr als einem Jahrhundert weit fortgeschritten).

Jenseits von Indien hätte eine ähnliche Akulturation an eine Festlandbevölkerung vielleicht Tausende von Jahren gedauert. Konnten sich derartige Seefahrerkulturen aber überhaupt so weit ausbreiten? Die marinen Ressourcen Südarabiens haben sich wohl nur geringfügig von denen der indischen und afrikanischen Küsten unterschieden. Zeitweise konnte an einigen Küstenabschnitten Süßwasser fehlen und an der Omanküste konnte Pflanzennahrung selten sein. Dies alles sollte aber nicht den Eindruck erwecken, daß ein Mangel an Nahrungsmitteln die westliche Ausbreitung einer Fischereikultur hätte verhindern können.

Da Afrikas Festland schon von Großwildjägergruppen bewohnt war, konnte man hier nicht – wie in Australien – ungehindert in einen leeren Kontinent vordringen. Die Jagd auf Großtiere hat schon den ersten Menschen in Afrika zum Überleben gedient und einige kleinere Gruppen leben noch immer so. Am längsten existierte diese Kulturform im trockenen Süden und Osten des Kontinents, wo Viehzüchter, die die pflanzenfressenden Wildtiere durch domestizierte Arten ersetzten, sie erst vor ein- bis zweitausend Jahren verdrängten. Noch heute unterscheiden sich die Viehzüchter sowie die verbliebenen Jäger- und Sammlergruppen stark von der restlichen Bevölkerung West- und Zentralafrikas, obwohl sich die Gruppen seit zehntausend Jahren intensiv durchdrungen und vermischt haben. Diese Völker umfassen einige Millionen Menschen und bilden vielfältige Untergruppen, lassen sich jedoch immer noch den zwei größeren Kategorien der Khoisan im Süden sowie den Hamiten und Kushiten in Nord- und Ostafrika zuordnen. Den im folgenden dargestellten Abläufen liegt nur ein geringes Faktenmaterial zugrunde, auch die Zeitangaben sind weitgehend nicht abgesichert. Trotz alledem müssen die Vorfahren einer der Bevölkerungsgruppen der nördlichen Kushiten und der südlichen Khoisan die Bewohner des ostafrikanischen Inlandes gewesen sein, als die ersten Banda-«Strandläufer» die Nordostküste erreichten. Die Grenze zwischen ihnen muß unterhalb des Äquators gelegen haben.

Die günstigsten Küstenabschnitte lagen für die Neusiedler am Äquator. Das Fehlen von Süßwasser behinderte die Ansiedlungen am stärksten. Nur vom äquatorialen Juba River aus südlich führen Regengebiete zur Ausbildung einer unterbrochenen Reihe kleinerer Wälder, die sich bis zum Limpopo River hinziehen. Die Gewässer der Ostküste Afrikas waren so reich an Leben, wie die südasiatischen. Viele Meeresbewohner sind im gesamten Indischen Ozean verbreitet, so daß die Beutearten und die notwendigen Fangtechniken sich von Kontinent zu Kontinent nur wenig unterscheiden mußten.

Wahrscheinlich haben auch einige ursprünglich afrikanische Völker die Lebensweisen der Küste genutzt, die Neuankömmlinge waren ihnen aber sicher in der Fähigkeit des Tierfanges in Küstennähe bei weitem überlegen. In allen tropischen und subtropischen Lebensräumen gehörten Küstengewässer bald zum exklusiven Territorium der eingewanderten Banda.

Jenseits des Limpopo war die Situation aber anders. Hier lebten schon seit Zehntausenden von Jahren gut angepaßte Küstenvölker. Sie scheinen zwar ohne Boote und Fischerei ausgekommen zu sein, aber die Reste von Weichtieren, Seehunden und Meeresvögeln, ergänzt durch Kleinsäuger, finden sich in einer Fülle von Siedlungsabfällen entlang der gesamten Kap-Küste. Die an tropische Bedingungen angepaßten Banda werden nicht weit über die Limpopo-Mündung nach Süden vorgedrungen sein, da sie in dieser gemäßigten Zone auf eine große Gruppe gut angepaßter Konkurrenten stießen.

Die tropischen Ostküstenwälder erstrecken sich nicht weit ins Landesinnere. Sie begleiten – auf den Hügeln und Bergen wachsend – alle Fluß- und Bachläufe, die zum Meer führen. Dahinter schließt sich ein Mosaik aus Steppen, Dickichten, Waldstücken und Savannen an. Damals wie heute waren Nahrungspflanzen in der Trockenzeit rar, so daß die häufigen Großtiere die Hauptnahrung im kontinentalen Hinterland stellen mußten. Hier, im gesamten Inneren Südostafrikas, herrschten die ursprünglichen Einwohner Afrikas. Diese Region reagiert selbst auf kleinere Klimaschwankungen sehr empfindlich. In Trokkenzeiten verband ein arider bis semi-arider Korridor Somalia mit der Kalahari, der jedoch auf beiden Seiten von Landschaften mit Großwild gesäumt war. Hier liegen heute die großen, zum Welterbe der Natur gehörenden Nationalparks – Tsavo, Serengeti, Ruaha, Mahali, Luangwa und Etoscha. Die Nachkommen der großen pleistozänen Tiergesellschaften sind der kärgliche Rest einer artenreichen Fülle an Großtieren. Sie veranschaulichen auch, wie die selteneren und kleineren Arten, Tiere, Pflanzen und Menschen, vom ökologischen Einfluß der Großtiermassen abhingen. So überrascht es nicht, daß der Aufstieg der Menschheit in Afrika dadurch zustandekam, daß die Menschen sich mit Hilfe der Jagd- und Fallentechnologie zum stärksten «Raubtier», an die Spitze der Nahrungskette, aufschwangen. Eine so lange und bewährte Tradition, sich von diesen reichen Jagdgründen zu nähren, gab man nicht so leicht auf.

In diese uralte Wirtschaftsform der Menschen brachen die Banda ein, als sie in das Landesinnere vordrangen.

Die Ressourcen der afrikanischen Küste sind begrenzt. Nachdem alle geeigneten Küstengebiete besiedelt waren, sich die Bevölkerung aber weiter vermehrte, stieß man entlang der großen Flüsse in das Landesinnere vor. Hier bildeten Fische und Reptilien die aquatischen Grundnahrungsmittel, die man durch Tiere und Pflanzen der ufernahen Bereiche ergänzte. Der Speiseplan dieses Fischervolkes setzte sich aus *Wasser*tieren und *Land*pflanzen zusammen. An der Küste spielten Nahrungspflanzen eher eine untergeordnete Rolle. Flußaufwärts nahm der Arten- und Nahrungsreichtum der Gewässer ab, so daß man sich auf Pflanzen, besonders solche der Flußauen, umstellte, die dann einen zunehmenden Anteil der Gesamtnahrung stellten.

Die Banda nutzten intensiv eine Fülle kleinerer Tierarten. Während Großwildjäger selbst in besten Jagdgebieten keine besonders hohen Bevölkerungsdichten erreichen konnten (weil ihre Nahrungstiere und sie selbst nomadisch waren), konnten die Banda mehr Leute ernähren, die weniger mobil sein mußten. Wenn jedoch eine Wirtschaftsform auf der gleichen Fläche mehr Menschen ernähren konnte, war vorherzusehen, daß schlichte demographische Faktoren den Konkurrenzkampf um Nahrung, Wasser und Raum entscheiden sollten.

Als die Banda sich vor 75 000 bis 55 000 v. h. durchsetzten, herrschten Zeiten ökologischer Instabilität. Feuchtere Gebiete wurden davon zwar auch betroffen, aber bei weitem nicht so stark wie die trockeneren Savannen, deren große Tierpopulationen auf Klimaschwankungen viel stärker reagieren. Diese Instabilität hatte sicher starke Auswirkungen auf die Großwildjäger-Gruppen, so daß sich das demographische Gleichgewicht weiter zugunsten der Banda verschob.

Solche historischen Einbrüche sollten ihre Spuren hinterlassen und tatsächlich weisen archäologische Funde darauf hin, daß sich zwischen dem Sambesi und dem Limpopo einst eine stärker pflanzennutzende Wirtschaftsweise herausbildete. Dies ist die schon beschriebene Charaman-Industrie, deren Kombination aus schweren, einfach bearbeiteten Geräten und kleineren, sorgfältig hergestellten Klingen zur Nutzung zweier verschiedener Nahrungsformen paßt.

Ein Wissenschaftler hat die schwereren Geräte als Hacken bzw. Picken gedeutet und darauf hingewiesen, daß ihre Verbreitung mit derjenigen der äquatorialen westafrikanischen «Yams-Zone» übereinstimmt! Yams hat sich in vielen tropischen Gebieten mit über 1100 mm Niederschlag als zuverlässige «Massennahrung» bewährt. Es ist für alle noch existierenden Jäger- und Sammlerkulturen in vergleichbaren Zonen Asiens, Australiens und Afrikas wichtig.

Leider fand man bisher auf keiner Ausgrabungsstelle Yamsreste, so daß wir uns auf indirekte ökologische und pflanzengeographische Hinweise verlassen müssen. Entlang der ostafrikanischen Küste, wo man noch heute eine ungiftige Art, *Dioscorea hirtiflora*, sammelt und verzehrt, ist Wildyams ausgesprochen häufig. Es kommt bis ins Inland vor und zählt während der Trockenzeiten in Moçambique und Malawi zur häufigsten Busch-Nahrung. Die Pflanzen erntet man in Arbeitsteilung (die wahrscheinlich uralt ist).

Während Männer die Pflanzen oft aufspüren, werden sie weitgehend von Frauen und Kindern geerntet. Diese Spezialisierung ist in allen Kontinenten ausgesprochen weit verbreitet und findet sich selbst bei Völkern, die heute nur noch gelegentlich Wildfrüchte sammeln. Sie scheint Teil einer allgemeineren Arbeitsteilung zu sein, bei der die Frauen durch die Nutzung zuverlässiger Nahrungsquellen das Überleben ihrer Kinder sichern. In Jäger- und Sammlergesellschaften konzentrieren Frauen ihre Sammeltätigkeiten auf Dinge, die sie trotz der Behinderung durch kleine Kinder und Neugeborene erreichen konnten, d.h. auf ortsfestere Nahrungsmittel. Jagd auf Großtiere war die Domäne der Männer und «nichts für Kinder». Die großen, aktiven, schnellen, schwer erreichbaren oder auch gefährlichen Beutetiere stellten einleuchtenderweise die unzuverlässigere Nahrungsquelle dar.

Möglicherweise führte die erfolgreiche Jagdtechnik der Großwildjäger zusammen mit der Wilddichte dazu, daß sie sich stärker spezialisierten als die «Strandläufer» mit ihrem Breitband-Nahrungsspektrum. Weichtiere und Schildkröteneier sind Äquivalente der Küste zu dem Yams des Binnenlandes. Beide werden traditionell von Frauen ausgegraben und liefern zuverlässig große Nahrungsmengen.

Yams wiegen durchschnittlich fünf bis zehn Kilogramm, einige Formen jedoch (nur eine Minderheit der über 600 Arten ist eßbar) können bis zu 50 kg erreichen. Einige kann man nur zu bestimmten Jahreszeiten ernten, andere ganzjährig. Die Knollen mancher Formen lassen sich leicht ausgraben, andere – besonders wertvolle – reichen jedoch auch bis zu zwei Meter in den harten Boden hinab. Man kann diese Knollen am besten mit Steinpicken und Grabstöcken freilegen und dann die lose Erde mit den Händen entfernen. Bei diesem «harten Job» sind Kinder eher eine Last als eine Hilfe. Die Tradition der Yamsnutzung läßt sich vermutlich bis zu den frühen feuernutzenden Kulturen zurückverfolgen (da man Yams kochen muß), so daß es wahrscheinlich ist, daß genau diese Pflanze das Grundnahrungsmittel einer völlig neuen, sehr erfolgreichen Abstammungslinie in Afrika wurde.

Noch heute kennen und nutzen viele Völker wertvolle Nebenprodukte. In Südafrika stellt man aus zwei wildwachsenden Yams-Arten einen Köder her, mit dem man Affen betäubt. Andere Extrakte verwendet man auch in Pfeilgiften. In Südostasien fing man sowohl Vögel als auch Fische mit Yams-Gift, das man als Shampoo auch gegen Kopfläuse einsetzte. Die Entdeckung all dieser toxischen Eigenschaften einer Wurzel setzt eine lange intensive Beschäftigung mit der Pflanze voraus.

Die Charaman-Steinpicken lassen sich aufgrund ihrer groben Bearbeitungstechnik oft nur schwer von Werkzeugen der frühen Hominiden unterscheiden, diese oberflächliche Ähnlichkeit sagt jedoch nichts über ihre wahrscheinliche Funktion aus. Schon mit Kindern und Tragebeuteln belastet, werden Frauen nicht auch noch schwere Steingeräte mitgeschleppt haben. Daher ist es wahrscheinlicher, daß sie jedesmal, wenn sie einen reichen Yamsstandort fanden, geeignete Steine vor Ort roh zurechtschlugen und nach Gebrauch liegen ließen. Der Gedanke wird dadurch gestützt, daß die Steinpicken meist aus lokalen Steinvorkommen hergestellt wurden und nicht aus fremden, importierten Gesteinsarten bestehen. Dies erklärt, warum improvisierte «Wegwerf-Werkzeuge» problemlos lange Zeit mit fachmännisch hergestellten Werkzeugen anderer Funktion koexistierten.

In der Nähe der Kalambo-Fälle an der Grenze von Tansania nach Sambia haben sich in feuchten Bodenschichten organische Materialien ungewöhnlich gut erhalten. Man grub u.a. eßbare Früchte, eine Holzkeule, Grabstöcke, verbrannte Hölzer, eine Feuerstelle und eine ringförmige Steinsetzung aus, die die Basis eines Windschutzes gewesen sein kann. Die Steinwerkzeuge von Kalambo gehören zu zwei Industrien, dem späten Acheuléen in tiefen Schichten und darüberliegenden, gänzlich anderen Geräten. Zu diesen gehören rohe Picken und wesentlich kleinere, feinere Artefakte. Zu den erhaltenen Pflanzen von Kalambo gehören die Palmyra-Palme (*Borassus*), der man in Südindien 801 verschiedene Nutzungsformen zuschreibt, die Persimone (*Diospyros*), der Sandapfel (*Parinari*) und Guinea-Pfeffer (*Xylopia*).

Charaman-ähnliche Kulturen sind anscheinend in ökologisch-geographische Gebiete vorgedrungen, die keine Anzeichen einer vorherigen menschlichen Besiedlung aufweisen – die äquatorialen Wälder. In der Zeit zwischen 60000 und 30000 v.h. änderte sich das Klima mehrfach. Während der trockenen Phasen zerfielen Teile des Waldgürtels in ein Mosaik von Galeriewäldern und Savannen. Obwohl die afrikanischen Banda zunächst an flußnahe Waldsysteme angepaßt waren, konnten Klimaänderungen einige Gruppen dazu zwingen, sich stärker auf Savannen bzw. größere Waldgebiete einzustellen. In diesen frühen Kontaktzonen stießen zwei Völker, zwei Kulturen und zwei Umwelten aufeinander.

Die daraus folgenden Auseinandersetzungen konnten in den späteren Bevölkerungen des Gebietes genetische und kulturelle Spuren hinterlassen haben. In den Pomongwe und Bambata-Höhlen der Matopo-Hills in Simbabwe fand man Quarzklingen, Stichelbohrer und Kratzer zusammen mit den Resten kleinerer Jagdtiere wie Schliefern, Duckern und anderen kleinwüchsigen Antilopen. Die Fundstellen der nach einer der Höhlen benannten «Bambata-Industrie» hat man auf ungefähr 42000 Jahre datiert. Anders als bei den zeitgleichen südafrikanischen Industrien treten auch Stößel, Mahlsteine und Klopfsteine auf. Dies weist darauf hin, daß Samen und Nüsse einen Großteil der Nahrungsbasis stellten – vielleicht ein Ergebnis der Auseinandersetzung zwischen Urbevölkerung und Einwanderern. Trotz alledem behielt die Kultur Charakterzüge einer Savannen-Jagdgesellschaft.

Weiter im Norden, im jetzigen Waldgürtel, war zur gleichen Zeit die Lupemban-Industrie weit verbreitet. Zur Pflanzenbearbeitung geeignete Steingeräte waren gebräuchlich. Zu ihnen gehörten durchlochte Steinkugeln, die in dieser Form bis heute als Beschwerung von Grabstöcken dienen. In Chabuage in Nordangola bargen Archäologen einen zerbrochenen, ungefähr 40000 Jahre alten Grabstock.

Neben Yams sind zahlreiche andere Wurzelstöcke und Knollen für den Sammler nutzbar. Zentralafrika beherbergt einen ausgesprochenen Reichtum verschiedener eßbarer Wurzeln. Aufgrund dieser Häufigkeit und der Tatsache, daß viele grabende Tiere, wie Warzenschweine, Buschschweine und Bleßmulle ihre Eßbarkeit demonstrierten, müssen sie auch auf dem Speiseplan prähistorischer Menschen gestanden haben, auf dem z.B. *Fockea*, *Raphronacme*, Tsin-Bohnen(*Coccinia*) und Kuhbohnen (*Vigna*) auftauchten (sie alle stehen an oberer Stelle im Nahrungsspektrum moderner Khoisan-Völker). Die Knollen der Spargelbohne und ihre jungen Knospen enthalten, wie die Erdnüsse der Bambara, viele Proteine. Andere verbreitete und nährstoffreiche Leguminosen sind u.a. auch die wildwachsenden afrikanischen Straucherbsen. Die weitaus wichtigsten, typisch zentralafrikanischen Pflanzen, die wahrscheinlich als erste in großem Maßstab von den Bambatas und den Lupembans gesammelt und gegessen wurden, sind Hirse und Sorghum. Afrika ist das Ursprungsgebiet für zwei Sorghumarten, die Perl- oder Neger-Hirse und die Hühnerhirse (*Echinochloa*).

In den Waldgebieten ergänzte man die Wurzelnahrung durch vielerlei Nüsse und saftige Früchte. Auch hier konnte Tierbeobachtung zu den nutzbaren Ressourcen führen. Viele Palmenarten tragen eßbare Nüsse und Schößlinge oder enthalten genießbares Mark. Die Produktivität der Ölpalme stellt aber alle anderen Palmsorten in den Schatten. Die Mehrzahl ihrer Produkte wird von Vögeln, Säugern und Insekten genutzt. Wo aber Lupembans in Wassernähe lebten, haben auch sie wahrscheinlich daraus einen Großteil ihrer Nahrung bezogen. Manchmal gewinnt man den Eindruck, als wollten sich afrikanische Bäume gegenseitig mit der produzierten Früchtezahl überbieten; ungefähr zwanzig verschiedene, wohlschmeckende und nahrhafte Fruchtsorten werden noch heute von Regenwaldbewohnern gesammelt; dazu gehören die *Cola*-Frucht (berühmt durch Coca-Cola), die Butternuß (*Coula*), die vier- bis fünf Kilogramm schweren Schoten des afrikanischen Brotfrucht- oder Okwabaumes *Treculia*, die man bis heute als *agusi*-Suppe verzehrt. Ein weitverbreitet genutzter «Spinat» bekannt von Australien und Indonesien bis nach Afrika ist die Gymnosperme *Gnetum*. Gelegentlich wurden einige dieser Pflanzen ganz oder teilweise domestiziert. Insgesamt unterschied sich das Nahrungsspektrum dieser äquatorialen Afrikaner durch seinen hohen Pflanzenanteil stark von dem der eher konservativen Nachbarn in den nördlich und südlich angrenzenden Savannen.

Eine klare Grenzziehung zwischen den Völkern südlich der Sahara und ihren nördlichen Nachbarn ermöglichten die typischen Faunen- und Florenelemente der Sahara. Während trocken-heißer Perioden konnte die wasserlose Sahara nur wenige Menschen ernähren; die nordafrikanischen Zeitgenossen der Lupemban-Vertreter bewohnten mit ihrer Atérien genannten Industrie die Sahara, in weiten Bereichen jedoch nur während relativ feucht-kühler Perioden. Zu diesen Zeiten drangen typisch mediterrane Tiere und Pflanzen von der Mittelmeerküste nach Süden vor.

Die Atérien-Menschen jagten Hirsche, Wildrinder, Mähnenschafe, Ziegen und Esel, also keine typisch afrikanischen Tiere. Es gab aber auch viele Strauße, Zebras, Nashörner, Elefanten, Giraffen, Büffel sowie verschiedene Antilopen und Gazellen. Ihr Nahrungsspektrum ergänzten sie durch Fischfang und Jagen von Krokodilen und Flußpferden in großen, flachen Seen. Mit zunehmender Erwärmung trocknete das Gebiet wieder aus und die mediterrane Fauna und Flora wich nach Norden zurück.

Schon vor 40000 v.h. begannen einige Völker aus dem östlichen Mittelmeerraum nach Norden zu wandern. Die Ökologie dieser nach Europa einwandernden Jäger gehört zu den bestuntersuchten der Vorgeschichtsforschung. Die europäischen Jägergruppen behielten die alten Großwildjägertraditionen bei, die hier genausogut zu den langen Winterpausen der Vegetation paßten, wie bei ihren Vorfahren in Afrika zu entsprechenden Unterschieden des Pflanzenwachstums in den Trokkenzeiten.

Wie diese Zusammenfassung potentieller Nahrungsmittel und der Erwerbstechniken zeigt, hat sich das Säugetier Mensch langsam ausge-

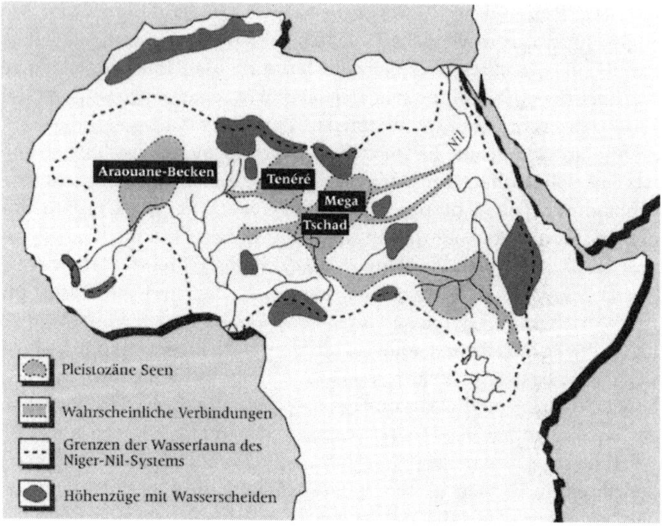

Abbildung 59
Karte der Sahara zur Zeit der feuchtesten Bedingungen des Pleistozäns.

breitet und dabei sein Nahrungsspektrum zunehmend erweitert. Für die betroffenen Völker waren Fleisch, Muscheln, Yams und andere Grundnahrungsmittel mehr als nur Essen – sie lieferten das Fundament ihres Überlebens, waren Geschenk der Ahnen und standen im Zentrum von Recht und Religion. Unerklärliche kosmische und klimatische Ereignisse verband man mit vertrauten Naturvorgängen, eine Reihe verschiedener Jagd- und Erntemöglichkeiten bildete die Grundlage des jährlichen Kalenders. Der typische Charakter regionaler Kulturerscheinungen war das Ergebnis der Anpassung an die lokalen Bedingungen der Ökosysteme. Verständnis für die unterschiedlichen Möglichkeiten der Ernährung im Jahresverlauf stand im Zentrum prähistorischer Erziehung, sie bestimmten die Sozialisation des Individuums in die Gruppe.

Moderne Jäger und Sammler belegen sehr schön, wieviel Wissen zum Überleben nötig ist. So kannte eine Gruppe australischer Aborigines, die ein Gebiet von vielen hundert Quadratkilometern trockener Wüste bewohnte, über 300 verschiedene Orte mit Wasserquellen. Dazu gehörten jegliche Formen von Wasserlöchern, Felsklippen, Zisternen, hohlen Bäumen und Tau-«Fallen», die ihnen alle aus eigener Erfahrung vertraut waren. Für Notfälle konnten sie auf weitere 100 Stellen zurückgreifen, die sie durch Erzählungen kannten. Dabei ist Wasser nur eine der überlebenswichtigen Ressourcen, über die man genau Bescheid wissen mußte.

Ein bemerkenswertes Werkzeug der Aborigines war die – Woomera genannte – Speerschleuder, die manchmal mit einer «Landkarte» von Quellen und Wasserlöchern verziert wurde. Der Besitzer eines solches Exemplars konnte mit Hilfe seiner Speerschleuder 16 Quellen benennen, die zwischen die geschlungenen Windungen einer totemistischen Schlange der Traumzeit eingefügt waren. Dieser Pfad, der über 250 km entlang von Sandhügeln und Felsketten mäandrierte, war klar genug beschrieben, um ihm wie mit einer modernen Karte zu folgen. Wenn der Besitzer seinem «Schlangenpfad» folgte, vertraute er auf seine Fähigkeit, den Weg zu finden und sich unterwegs zu ernähren; beides hatte er von frühester Kindheit an gelernt. Noch wichtiger war die Gewißheit, daß ihn – wie er es vom Vater, dem Onkel oder der Familiengruppe übernommen hatte – seine unsichtbaren Vorfahren begleiteten. So konnte er nackt und allein, nur mit Speer und Speerschleuder bewaffnet die Weite der Landschaft durchziehen; da die Vorfahren unsichtbar das vererbte Land bewohnten, war er sicher und unter seinesgleichen.

Theodore Strehlow, ein Erforscher der Aborigines-Religion, beschreibt ein Verhältnis der Menschen zu ihrem Land, das in der Vorgeschichte auch außerhalb Australiens viele Parallelen finden dürfte:

> *Bäche, Quellen und Wasserlöcher gehören ihm... das Werk seiner Ahnen, von denen er selbst abstammt. Er erkennt in der umgebenden Landschaft uralte Geschichten von Lebewesen, die für kurze Zeit wieder menschliche Gestalt anzunehmen vermögen; Lebewesen, die er selbst einmal als Väter, Großväter und Brüder sowie als Mütter oder Schwestern erlebte. Die gesamte Landschaft ist sein lebender, uralter Familienstammbaum.*

Ich bin mit afrikanischen Jägern durch große Gebiete gezogen, in denen zu jeder Landmarke, jedem Tal und jedem Hügel, manchmal zu einzelnen Felsen eine Geschichte erzählt wurde, die meist eng mit dem Leben der Vorfahren verknüpft war. Ich erinnere mich an ein Wasserloch, das heute nur noch von Elefanten und Antilopen genutzt wird. «Hier hat meine Urgroßmutter Wasser geschöpft, damals floß es noch reichlich und es war nicht so ein Rinnsal wie heute.» Ein uralter Feigenbaum, dessen von Elefanten verletzte Wurzeln sich in den feuchten Boden wanden, war wichtiger Orientierungspunkt in der Landschaft.

In vielen Kulturen definierte man den Lebensraum auf der Grundlage der Wasserversorgung. Sowohl für prähistorische wie auch für moderne Jäger und Sammler verband sich die Erkenntnis, daß Wasser die wichtigste Grundversorgung darstellt, direkt mit denjenigen, von denen jegliche Autorität, das Wissen und die Sicherheit ausgingen, den Vorfahren.

Bis heute verteidigen Sammler und Nomaden, selbst wenn sie sonst nicht sehr territorial sind, die von ihren Ahnen ererbten Quellen ausgesprochen heftig. Eine Wasserquelle, die sich über längere Zeit als ganzjährig zuverlässige Ressource erwiesen hatte, bedeutete für den vorgeschichtlichen Menschen eine große Sicherheit (besonders vor dem Hintergrund, daß Menschen mit wenig mehr als Wasser immerhin einen Monat überleben können). Dauerhafte Wasserversorgung sicherte Kontinuität und Vorhersagbarkeit in einem sonst unberechenbaren Universum. Kein Wunder, daß Quellen heilige Stätten waren.

Den Zusammenhang, daß Quellen aus Regenwasser, selbst aus weiter entfernten Wolkengebieten im Gebirge, gespeist werden, können auch schon viele prähistorische Völker verstanden haben. Es ist wegen der Art der Wissensvermittlung außerdem wahrscheinlich, daß ein Großteil des Neugelernten erst den Filter der bewährten Überlieferungen durchlaufen mußte. Dies muß zu einer großen regionalen Wissensvielfalt und eigenen Traditionssystemen geführt haben, was sich noch heute in der Fülle ganz unterschiedlicher Mythen, der Volkskunst und den Überresten des Pantheismus widerspiegelt (obwohl sie meist von späteren Kulturen abstammen).

Da man alle Informationen, Glaubensinhalte und Fähigkeiten mündlich oder durch Demonstration weitergab und sich dabei immer nur auf kleine, wohlbekannte Gebiete bezog, war das angesammelte ökologische Wissen nicht übertragbar; es war auf die engere Umgebung und die Vorfahren zentriert. Obwohl sich ihr Wissen vom Jahresablauf in der Natur in esoterischen Symbolen und entsprechenden Kalendern niederschlug, waren Sammler-Völker in Lebensabläufe eingebunden, die von konkreten, ökologischen Eckdaten bestimmt waren.

Solange man das «Pläne schmieden» von den alltäglichen Überlebensnotwendigkeiten – die vollkommen den natürlichen Rhythmen unterworfen waren – abkoppeln konnte, dienten die Diskussionen am Lagerfeuer über das, was man «morgen» oder «bald» machen müsse, der Sicherung des tradierten Wissens. Sie verrieten auch, wer der aufmerksamste Beobachter oder der schärfste Denker war bzw. das beste Gedächtnis hatte. In Zeiten des Überflusses mit einem weitgefächerten Nahrungsangebot, erleichterten Traditionen die sinnvolle Entscheidung und kanalisierten den Energieeinsatz der Gruppen. «Planhandlungen» beruhten auf bewährten Traditionen, bei denen diejenigen, die verborgene Zeichen am besten zu lesen verstanden, am wahrscheinlichsten die Gruppenentscheidungen bestimmten.

Kinder lernten wichtige Pflanzenarten im Verbreitungsgebiet und den Lebensräumen ihrer Beutetiere zu erkennen und zu finden, indem sie den Eltern folgten und ihnen halfen. Sie wurden unterrichtet, wie sich verschiedene Lebewesen entwickeln und konnten dadurch berechnen, wann und wo in Zukunft Nahrung gesammelt werden konnte.

Auf wandernde Schwärme und verborgene reiche Nahrungsgründe, die man scheinbar zufällig entdeckte, gab es unscheinbare Hinweise. So benutzten z.B. die Gupapuyngu in Nordaustralien Ereignisse am Festland, wie die Bildung von Schwärmen großer Libellen, den Fruchtfall der Pandanuspalme oder die Blüte des Kurrojong-Busches, als Hinweise auf zeitgleiche Ereignisse im Meer. Die Insekten schwärmten, wenn die Meerbarben ans Ufer schwammen, die Nüsse fielen, wenn die Meeresschildkröten ihre Eier ablegten, während die scharlachfarbenen Blüten verrieten, wann man für ein paar Wochen in den Flußmündungen kleine Haie fischen konnte.

Ein derartiger Naturkalender war gleichzeitig eine Art «Verhaltenskalender». Das Verbot der Andamanesen, Yams vor der Reife auszugraben, wurde schon erwähnt. Vergleichbare Verhaltensvorschriften für die Nutzung der Grundnahrungsmittel treten in vielen Gesellschaften auf. In Südost-Nigeria war das Essen von Yams vor dem «New Yams Festival» derartig tabuisiert, daß – wie der Agrarwissenschaftler D. Coursey berichtet – Ibo-Gefangene lieber verhungerten, als Yams zu essen, bevor in ihrem Heimatdorf das Yams-Fest abgehalten war.

Die Ursprünge derart drastischer Verbote können in zwei Dingen liegen – einerseits in der Verhinderung einer zu frühen Ernte und andererseits darin, daß einige wilde Yams-Arten als Jungpflanzen giftiger sind als die ausgewachsenen Individuen. Wo auch immer die funktionalen Gründe liegen, ein wichtiger Effekt war die Vorhersagbarkeit des Gruppenverhaltens und eine verstärkte Gruppensolidarität.

Bei den Ibo waren sowohl Nahrung als auch Fruchtbarkeit das Geschenk von Ala, der «Erdmutter», die – nach ihren Vorstellungen – alle Naturvorgänge steuerte. Einer der bedeutendsten Stellvertreter Alas war Ojuku, der «Große Geist des Yams». Sitzungen mit Ala und Ojuku – um gute Ernte und viele Kinder zu garantieren – gehörten zu den Aufgaben des *osu*. Für die Ibo war der *osu* eine Art Vasallenpriester, seine Rolle als Vermittler zwischen den Göttern bzw. den Geistern der Vorfahren und den weltlichen Bittstellern findet sich in vielen Abwandlungen bei vielen anderen Gesellschaften wieder. Gemeinhin als Schamane bezeichnet, regelt dieses Medium den Ablauf von Gesängen, Tänzen und Trance-Sitzungen, um den guten Willen der verborgenen, aber mächtigen Kräfte zu erreichen. Solche Medien gab es bei vielen Jäger- und Sammler-Völkern und unzweifelhaft auch schon sehr früh in der Vorgeschichte.

Ein Beispiel für einen solchen Bittgesang stammt von den Batek-Negritos aus Malaysia. Genau wie die Ibo feiern die Batek den Erntebeginn in Form eines «Erntedankfestes». Wie die Ibo verbieten sie das Pflücken von Früchten bzw. Abschneiden von Ästen vor der Reife.

Nach K. Endicott sehen die Batek sich und ihre nomadische Nahrungssuche in ein vorbestimmtes Muster eingebunden, das sie mit der physischen und organischen Welt sowie mit den Waldgeistern, die *hala* genannt werden, verbindet, die zeitweise als Vögel oder Bienen erscheinen können. Eine dieser Vogelarten, der Spinnenjäger, soll den Menschen gezeigt haben, welche Früchte roh oder gekocht eßbar sind und wie man einige Pflanzen entgiften kann. Außerhalb der Wachstumsperioden und der Erntezeiten betrachtet man Früchte als himmlische Blumen, die darauf warten vom Donnergott, Gobar, vom Himmel auf die Bäume gestreut zu werden.

Neben ihren «Erntedankfesten» besitzen die Batek Frühlingsgesänge, um *hala* zu einem reichen Blütensegen zu «überreden». Viele glauben, daß es keine Früchte gibt, wenn man nicht *hala* und Gobar dankt, und daß sie sonst von verschiedenen Strafen getroffen werden, wie z.B. dem Angriff von *hala* in Form eines Tigers.

Sowohl die Dank- als auch die Bittzeremonien enthalten Gesänge unter den Fruchtbäumen und das Verbrennen von Weihrauch. Unter den Sängern kann sich der Frucht-Schamane befinden. Die Gegenwart des Schamanen bietet die Möglichkeit, zusätzliche Früchte zu «erschleichen», da er auf dem Höhepunkt der wiederholten Gesänge in Trance fallen kann und seine Schattenseele aussendet, um einige zusätzliche Früchte zu stehlen. Dabei besteht jedoch die Gefahr, daß Gobar ihn entdeckt, die Schattenseele festhält und der auf der Erde zurückgebliebene Schamanenkörper stirbt.

Hier nun der Lobgesang für *tawes*, von dem die Batek glauben, daß er die ersten Früchte trug:

> *Tawes, tawes, tawes, tawes in der Reife sehr rot, sehr breit sind seine Äste, gestreift der Stamm, er stößt die Fasern ab, rot ist das Innere, rot die Samen, ausgesprochen süß, ich möchte sie schlucken, ich möchte die Samen essen, der Stamm ist sehr schön, dicht stehen die Äste, sehr klein sind die Blätter, sehr klein die Dornen, sehr schön sind die Dornen, gelb ist das Fruchtfleisch – Ich liebe es – ich liebe es wirklich, da es hervorragend gut ist – hervorragend, ich möchte die Früchte öffnen – sie essen – oh-oh-oh-oh ich liebe tawes sehr.*

Kein Wunder, daß der Frucht-Schamane in Trance fällt.

5

Werkzeuge, Techniken und Zeit

Ohne Werkzeuge wäre die Vorgeschichte unheimlich leer, die Feinheiten der Technologie bilden die Grundlage des Verständnisses der Vielfalt und der Verbreitung vergangener und heute existierender Völker. Werkzeuge und Methoden ließen Menschen Gebiete besiedeln, in die sie ohne diese Erfindungen nie hätten vordringen können. Als sich die ersten modernen Menschen weltweit ausbreiteten, fanden sie technische Lösungen für lokale Probleme. Warme Kleidung, Wasserbehälter, Boote, besondere Ernährungstechniken und der gezielte Einsatz von Feuer und Rauch machten die Kolonisation sonst unbewohnbarer Gebiete, abschreckender Lebensräume oder unerreichbarer Kontinente und Inseln erst möglich. In ihrer adaptiven Antwort auf diese Herausforderungen überlebten nur die Besten, und obwohl technische Entwicklungen so schnell ablaufen, brauchte es viel Zeit und langfristige Isolation, bis sich die geänderten Lebensweisen in abgewandelten Allelfrequenzen manifestierten. Viele Generationen mußten leben und vergehen, bis die Werkzeuge die genetischen Grundlagen ihrer Produzenten merklich veränderten und selbst dann war ihr Einfluß nur indirekt. Neuentwickelte Techniken stellen den Menschen auch heute noch vor Herausforderungen, haben aber keine physischen Anpassungen mehr zur Folge.

Die Evolution unserer eigenen Stammeslinie ist durch zunehmend schnellere kulturelle Veränderungen gekennzeichnet; diese waren aber anfangs langsam genug, um die Formenvielfalt moderner Populationen herauszubilden. Schon die Vorfahren des modernen Menschen hatten verschiedene Formen der Feuernutzung entwickelt, Geräte und Waffen verbessert, sowie Schutz vor den Unbilden der Elemente in Kleidung und Hütten gefunden. Sie veränderten die Umwelt, indem sie Fischzäune errichteten oder jährlich die Vegetation abbrannten. Sie entwickelten einfache Zeichen zu abstrakten Kommunikationssignalen weiter und besaßen u.U. schon Flöße oder Boote.

Einige der größten Umweltrisiken – Hunger, Feinde und extreme Klimabedingungen – waren so schon gemildert oder beseitigt, bevor der moderne Mensch die Bühne betrat. Erectus- und Heidelberger-Vertreter hatten ihre Werkzeuginventare vergrößert und dadurch auch die damit nutzbaren Nahrungsressourcen. Man nahm bisher allgemein an, daß die Werkzeuge des Acheuléen, die denen des Mittelpaläolithikums vorausgingen, Produkte des Erectus sind, aber bis heute ist nicht sicher, wer die Steingeräte des Acheuléens und des Mittelpaläolithikums benutzte. Dies gilt besonders für Zeiten, wo beide Werkzeugtypen gleichzeitig vorkommen. Werkzeuge, die sich oft nicht leicht bestimmten Kategorien zuordnen lassen und über die man, abgesehen von ihrem Fundort, keine weiteren Informationen hat, können vom Erectus, vom Heidelberger oder sogar vom modernen Menschen benutzt worden sein.

Archäologen haben mühevoll rekonstruiert, wie man Steingeräte benutzte und Typologien erstellt. Eine derartige Klassifikation geht von fünf Inventartypen aus, die jeweils aus vier bis zwölf Werkzeugtypen bestanden (die ihrerseits meist zu variabel waren, um eine eindeutige Zuordnung zu gewährleisten). Die verschiedenen Fundumstände führten zu einer Unterscheidung von Jagd- bzw. Schlachtplätzen (oft in der Nähe von Wasser, Schluchten, Klippen oder Sümpfen), Kurzzeit-Camps, Basislagern, Herdstellen, Schutzschirmen, Abfallplätzen, Farbstoff-Minen und (durch Extrapolation) Sammelplätzen von Pflanzen. Für die Nahrungssammler stellten diese Orte Fixpunkte des täglichen Lebens in ihren vertrauten Territorien dar. Jedes Mitglied der Gruppe besaß genaueste Vorstellungen von der geographischen Verteilung der Ressourcen und folgte bei deren Nutzung traditionellen Vorschriften.

Jedem Werkzeuginventar schrieb man verschiedene Funktionen zu: Jagd, Schlachtung, Zubereitung, Zerlegung oder Verteidigung. Trotz alledem bestehen gerade bei unregelmäßigen, wenig spezialisierten Geräten große Schwierigkeiten, alle Funktionen zu erkennen. Die verbissenen Versuche gründlicher Klassifizierung von Steingeräten verraten (wenn man einen bestimmten Punkt überschritten hat) mehr über unsere Ziele als besessene Geräte-Systematiker als über prähistorisches Verhalten. Trotzdem sind mittel- und spätpaläolithische Geräteinventare real genug. Eine wertvolle Ergänzung für die in Fülle vorhandenen prähistorischen Steinwerkzeuge ist das viel reichere Repertoire an Geräten, die von heutigen oder jüngst vergangenen Jägern, Sammlern oder Fischern benutzt wurden bzw. werden. Mit ihrer Hilfe können wir erkennen, daß möglicherweise die modernen Menschen als erste systematisch geplante Werkzeuge herstellten.

Der Ausdruck «Mittelpaläolithikum» beschreibt eine Zeit, in der die Steingeräte leichter wurden, sie waren routinierter zurechtgeschlagen und – besonders im Bereich der Schneidenkanten – sorgfältiger retuschiert. Diese Entwicklung legt nahe, daß derartige Werkzeuge

Abbildung 60
(links) Agta-Jungen spielen im Lager.
(unten) Zerlegen von Rattan in einem Agta-Lager
(Foto J. Kamminga).

leichter zu transportieren waren und sie aufgrund des höheren Arbeitsaufwandes weniger wahrscheinlich weggeworfen wurden. Es gibt hier auch frühe Hinweise auf die Entwicklung von Spezialwerkzeugen.

Seit der Zeit ihrer Entstehung haben moderne Menschentypen sicherlich Artefakttypen benutzt, die man heute dem Mittelpaläolithikum zuschreibt. Ob diese auch von modernen Homo-Vertretern erfunden wurden, bleibt unklar; die Tatsache, daß verfeinerte und vielfältigere Inventare orts- und zeitgleich mit modernen Menschen auftreten, spricht jedoch für sich. Neuere Datierungen grenzen das Mittelpaläolithikum auf die Zeit zwischen 240000 und 40000 v.h. ein und decken so genau den Zeitraum der frühen Entstehung moderner Menschenformen ab. Dies ist jedoch eine irreführende Angabe, da es außerhalb Europas keinen klaren typologischen Bruch, sondern eine durch kleinere Sprünge charakterisierte, kontinuierliche Entwicklung zu größerer Werkzeugvielfalt gab. In einigen Ablagerungen der oberen Schichten fand man Überreste moderner Menschen zwischen den von ihnen hergestellten Werkzeugen. Wer die Artefakte der wesentlich längeren, früheren Perioden herstellte, bleibt jedoch nach wie vor ungewiß.

Eine Ausnahme bilden hier Ost- und Südafrika, wo man nicht nur die Werkzeughersteller identifizieren, sondern außerdem einzelne Ereignisse und die ökologischen Rahmenbedingungen erschließen konnte. Einer der ältesten und sicherlich besterhaltenen Schädel eines absolut modernen Menschen fand man bei Kibbish an den Ufern des Omo River. Die Fundschicht enthielt keine Werkzeuge, ließ sich aber auf 130000 v.h. datieren. Ein ähnlich altes, aber stärker fragmentiertes Fossil fand man jedoch zusammen mit typisch mittelpaläolithischen Werkzeugen in Kanjera, Kenia.

Eine der bisher umfangreichsten und ununterbrochenen Serien mittelpaläolithischer Artefakte entdeckte man am Kap, wo eine küstennahe Höhle an der Mündung des Klaasies River seit ungefähr 120000 Jahren bewohnt war. Eine weitere Fundstelle Südafrikas liegt an einer Hangzone über der regelmäßig benutzten jährlichen Wanderroute von Jagdwild. Diese Wanderstrecken wurden – besonders vom Großwild – von Juli bis September und auf dem Rückweg von Oktober bis November benutzt. Die Knochen dieser mobilen Beutetiere bilden annähernd 42% der Siedlungsabfälle. Der Rest stammt von kleineren Tierarten, die wahrscheinlich permanent in Lagernähe existierten. Derartige Jagdlager kennt man auch aus Äthiopien und Asien. Sie wurden nur während der Zeit der Herdenwanderungen bewohnt. Ähnliche Nutzung der Großherden lassen sich noch heute in Kanada, Tansania und im Sudan beobachten, um nur einige Beispiele zu nennen.

Ein anschauliches Bild eines 85000 Jahre alten afrikanischen Jagdlagers stammt vom Orange- River, wo eine Reihe von Halbkreisen die Windschutzanlagen und Schlafplätze von annähernd zwölf Leuten verrieten. Sie legten ihre Verstecke in Flußnähe am Eingang einer Klamm an. Wahrscheinlich plazierten sie dornige Zweige zwischen den Felsen. Der Platz war strategisch gut gewählt, da man die Tiere an einer Verengung, die in die Schlucht führte, überraschen konnte.

In der Nähe des Malawisees zerlegte ungefähr zur gleichen Zeit eine Jägergruppe einen Elefanten in drei Teile. Seine Reste fand man in drei Gruppen, die fünf Meter auseinander lagen. In jedem Fundbereich lagen bis über 40 Steinwerkzeuge verstreut. Das feste Gewebe und die Haut

Abbildung 61
Säubern einer Haut.

von Elefanten stumpft Steinklingen sehr schnell ab. Man kann sich leicht vorstellen, wie der Schlachtvorgang immer wieder vom Nachschärfen durch Überretuschieren der schneidenden Kanten unterbrochen wurde. Den immensen Bedarf an Rohmaterial für die Zerlegung eines so großen Tieres konnte man sicher nicht herantransportieren, so daß jeder Jäger ein erfahrener Steinbearbeiter sein mußte, der jedes zur Verfügung stehende Rohmaterial zu bearbeiten verstand.

Die Jäger mußten zügig schlachten können, da einerseits das Fleisch in der warmen Witterung sehr schnell verdarb und andererseits angelockte Aasfresser eine Jägergruppe problemlos von ihrer Beute vertreiben konnten. Prähistorische Menschen waren sicherlich weniger empfindlich als wir, hatten aber wahrscheinlich bald heraus, wie giftig verdorbenes Fleisch ist. Schnelligkeit war notwendig und viele Großtiere mußte man vor dem Rückweg zum Basislager in tragbare Portionen zerlegen. Hier finden sich – im Gegensatz zu den Schlachtplätzen – nur wenige ausgewählte Knochen der Großtiere und viele Knochenreste der leichter transportablen, kleineren Arten.

Mittelpaläolithische Menschen waren besonders gut an Lebensräume angepaßt, in denen Feuer gemacht werden konnte, eine Anpassung, die lange Zeit anhielt. Ökosysteme ohne Brennmaterial hat man wahrscheinlich gemieden, da dies einen Verzicht auf einen wichtigen Vorteil gegenüber konkurrierenden Raubtieren bedeutet hätte. Wüsten, arktische Tundra und feuchte Wälder erforderten die Entwicklung spezieller Überlebenstechniken und wurden daher in allen Fällen erst später besiedelt.

Schätzwerte für den Beginn des Mittelpaläolithikums in Indien bewegen sich zwischen 163 000 und 120 000 v. h., wobei 144 000 v. h. der Wirklichkeit am nächsten kommen wird. Erste Anzeichen für einen Bruch in der Acheuléen-Werkzeugtradition des Mittleren Ostens stammen von den Abri-Stationen von Jabrud in Syrien, wo plötzlich ungefähr 150000 Jahre alte, kleine Faustkeile und zahlreiche Rechtwinkelschaber auftauchen. Setzt man voraus, daß diese Geräte von modernen Menschen hergestellt sind, markiert ihr Auftreten das Erscheinen dieses Menschentyps in Indien. Nach der Einwanderung weniger Siedler hat es wohl nur noch geringen genetischen Austausch zwischen afrikanischen und indischen Gruppen gegeben. Die Beibehaltung der Werkzeugtradition in beiden Gebieten über Jahrzehntausende kann dann nur bedeuten, daß die Überlebensstrategien, deren Teil sie war, überaus effektiv waren. Die Konstanz der mittelpaläolithischen Lebensweise über derart lange Zeiträume weist auf sehr erfolgreiche «Überlebensrezepte» hin, die auf zuverlässigen Ressourcen basierten; wir wissen, daß dazu das Großwild gehörte. Kleinere Innovationen können sich über die westasiatische Landbrücke ausgebreitet haben. Insgesamt zeigt sich aber ein Bild unveränderter Stabilität ohne großartige kulturelle Veränderungen, die erst vor ungefähr 25000 Jahren auftraten. Das Mittelpaläolithikum ist seit der Zeit um 40000 Jahre v. h. durch Funde gut belegt.

Es treten natürlich sowohl zeitliche als auch regionale Variationen auf, es wurden jedoch auch ganz typische Werkzeuginventare geborgen. An einem Schlagplatz im Luni-Tal in Rajasthan fanden Dr. Mishra und seine Kollegen Material, das sich aus 46% Schabern, 20% Spitzen, 12% Halbkeilen oder Faustkeilen und 8% klingenförmiger Abschläge zusammensetzte, der Rest bestand aus Ahlen, Bohrern und kombinierten Schaber-Bohrern. Die in Indien verwendeten Materialien sind weitgehend kristalline Silikate wie Achat, Jaspis und Chalcedon. Verzierte Bruchstücke von Straußeneierschalen (einem in Indien lange ausgestorbenen Vogel) sind aus mittel- und jungpaläolithischen Siedlungsresten bekannt, eine kleine durchbohrte Muschel deutet man als Körperschmuck. Wie Untersuchungen in Australien aufdeckten, können prähistorische Werkzeuge sowohl einen funktionalen als auch einen ästhetischen Aspekt besessen haben. Aufgrund der Ähnlichkeit des milchig durchscheinenden Quarzits mit tierischem Fett schreiben die Tolngu aus Ost-Arnhemland Pfeilspitzen aus diesem Material besondere Tötungsqualitäten zu. Diese Fähigkeit führen sie direkt auf die Autorität der mächtigen Ahnengeister zurück.

Die meisten indischen Artefakte fand man in den trockeneren, westlichen und zentralen Regionen. Im feuchteren Nordosten könnten sich moderne Menschen das erste Mal an stärker bewaldete Biotope angepaßt haben. Da sie an solche Gebiete zunächst nicht angepaßt waren, haben diese Lebensräume auf alle Fälle ihre Ausbreitung eine Zeitlang behindert.

Weiter nördlich im subtropischen und gemäßigten China gab es zwar keine Savannen, aber andere Herausforderungen. Wie schon in früheren Kapiteln erläutert, konnte der moderne Mensch in dem riesigen Gebiet von Bergen, Tälern und Ebenen auf einen ursprünglicheren Menschentyp treffen. Das auffällige, weitgehende Fehlen mittelpaläolithischer, archäologischer Funde legt – im eindrucksvollen Gegensatz zu Indien – nahe anzunehmen, daß die modernen Vertreter lange brauchten, um sich in einem schon gut besiedelten Gebiet durchzusetzen.

In der oberen Höhle von Zhoukoudian, nahe Beijing, scheinen die Überreste zweifelsfrei von modernen Menschen mit einer Mischung aus typischen spät- und mittelpaläolithischen Artefakten verknüpft zu sein. Die Ähnlichkeit einiger Geräte mit denen des Jungpaläolithikums in Westasien verrät, daß diese Höhlenablagerungen relativ jung sind. Alle bis jetzt entdeckten Hinterlassenschaften moderner Menschen in China scheinen weniger als 20000 Jahre alt zu sein.

Auch weiter im Süden trafen moderne Menschen auf gut angepaßte, aber primitivere Menschengruppen. Während der eine Million Jahre, die Java vom Erectus besiedelt war, ist die gegenwärtige Insel mindestens zweimal mit dem Festland verbunden gewesen. Obwohl Werkzeuge und Reste der Menschen noch zusammen in einer Siedlungsstruktur gefunden werden müssen, ist sicher, daß die javanischen Erectus-Vertreter Werkzeuge hergestellt haben, deren hauptsächlichstes Rohmaterial aber wohl nicht Steine waren. Bisher liegen aus dem Gebiet kleinere Abschläge, der Länge nach zurechtgeschlagene Geröllgeräte sowie große Chopper und Oldowan-Faustkeile vor, deren Fundumstände leider weitgehend unbekannt sind.

Die Fundarmut könnte bis zu einem gewissen Grad auf eine geringe Bevölkerungsdichte hinweisen, sie könnte aber auch darauf zurückzuführen sein, daß die Mehrzahl küstennaher Siedlungsreste heute unter der Meeresoberfläche liegt. Die meisten Belege für die vermutete Anwesenheit moderner Menschentypen stammen von den Inseln. Das aus sorgfältig geschlagenen Klingengeräten bestehende Fundgut ist aber sehr jung. Diese Inseln konnte man nicht ohne Boote erreichen, deren allgemeiner Gebrauch nicht vor 130000 Jahre v.h. zurückreicht. Zu dieser Zeit lebte auf Java und in einigen verstreuten Gebieten Südostasiens wahrscheinlich noch der *Homo erectus*.

Die modernen Einwanderer dürften viele überlebenswichtige Dinge selbst gelernt haben, einige grundlegende Technologien können sie aber sehr wohl von ihren Vorgängern übernommen haben. Wenn diese ihnen die wirkungsvolle Umweltnutzung ohne großartigen Einsatz von Steinwerkzeugen vorgelebt haben, gab es für sie wenig Grund, auf ihre savannen-angepaßten Steinwerkzeuginventare zu beharren.

Waldnutzende Wirtschaftsformen überlebten in einigen Bereichen dieser Region bis in die jüngste Vergangenheit. In Ermangelung fossiler Hinterlassenschaften können sie Hinweise darauf liefern, wie hier die ersten modernen Menschen den Umweltproblemen begegneten. Natürlich haben die zentralen, besonders feuchten Regenwaldgebiete wahrscheinlich bis in jüngste Zeit jegliche Besiedlungsversuche vereitelt, ihre Randgebiete und die eher saisonalen Monsunwälder waren einladender.

Das Grundmuster, das Männer jagten während die Frauen sammelten, war weitverbreitet. Auf den Philippinen sammelten Negrito-Frauen und ihre Kinder in den Wäldern Nahrung; sie benutzten scharfe Grabhölzer, um Wurzeln und Knollen sowie Schlangen und Nagetiere auszugraben. Sie setzten geknüpfte Bambusfallen und Handnetze zum Fang von Schalentieren, Krabben und Fischen in kleinen Bachläufen ein. Auf den Andamanen stellten die Frauen Flechtkörbe in zwei Größen her, den kleineren *toboaga* und den größeren *toblaya*; zu ihren besonderen Fähigkeiten gehörte die Töpferei und die Herstellung von Rindenstoffen, beide Techniken wurden jedoch später eingeführt. Die uralt überkommenen Elemente von den moderneren zu trennen ist oft schwer und erfordert große Sorgfalt, wenn man heutige Völker als Modelle für vorgeschichtliche Gesellschaften auswerten will.

Trotz alledem können sie Licht in das Dunkel der Vergangenheit bringen. So veranschaulichen z.B. die waldbewohnenden Dyirbal von Nordostqueensland, wie nebensächlich oder sogar überflüssig Steingeräte sein können. Sie verwendeten zwar Steinäxte und Steinklingen, diese waren jedoch nicht ein Hauptelement ihrer Werkzeuginventare. Zur Jagd auf Wallabies, Opossums, Ameisenigel, Aale und andere Fische verwendeten sie Speere aus gehärtetem Holz. Mit Wurfhölzern erbeuteten sie in der Dämmerung schnellfliegende Tauben, Papageien und Flughunde. Eine hochangesehene Gruppe erfahrener Kletterer bestieg die Bäume, um den Kronenraum nach Honig, Baumkänguruhs, Opossums, Eidechsen, Vogeleiern und Früchten abzusuchen. Auf dem Rücken trugen sie Körbe aus Rinden- oder Wurzelgeflecht und von ihrer Schulter hingen wunderschön gewebte Tragnetze.

Ausgeklügelte Fallen erbeuteten verschiedene Tierarten. Mit einem klebrigen Saft aus Feigen- und Pisonia-Bäumen, den man auf vorbereitete Äste strich, fing man Vögel; in mit Ameisenlarven beköderten Netzen, die man ins Wasser hängte, verfingen sich Süßwassergarnelen. Fische fingen sie mit Pflanzenfasern, Kiemennetzen oder wurmbeköderten Schnüren. Als Haken dienten verholzte Rankenteile lokaler Schlingpflanzen oder bestachelte Rattanstücke (Rattan nennt man,

---

Abbildung 62 >
Steinbeil der Yidinj (Nachbarn der Dyirbal).
Tragnetze der Yidinj.
Fischnetz und röhrenförmige Aalfalle aus Rohr.

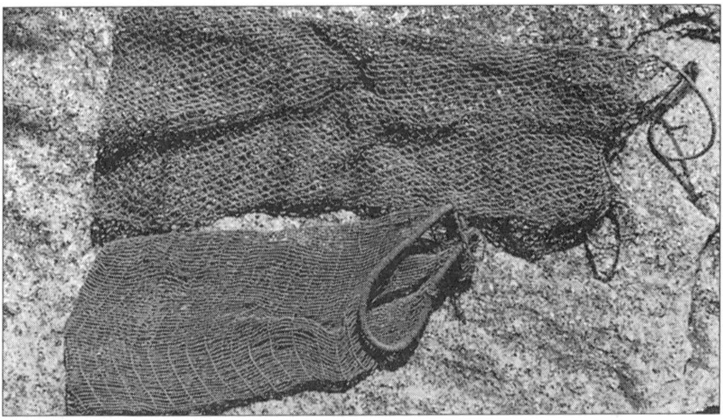

wegen der Schwierigkeiten, die Stacheln wieder loszuwerden, häufig auch Anwalts-Pflanze).

Tiere wie Pflanzen zerschnitten bzw. zersägten sie mit harten Randstücken von Schneckenhäusern; langes, geduldiges Arbeiten mit Spitzen oder Klingen aus Holz, Knochen oder Muschelschalen war am Ende genauso erfolgreich, wie der Einsatz von Steingeräten. Mit wohlüberlegtem Feuergebrauch lassen sich Holz und Knochen härten oder zerstören. So kann man durch gezielten Brand Wurfhölzer aus flachen Stützwurzeln oder Speere aus Stelzwurzeln bzw. Schößlingen zurichten. Feuer gehört in Waldbiotopen zu den wichtigsten Hilfsmitteln. Mit Rauch kann man beim Honigsammeln Bienen auf Abstand halten oder auch Wild aus Einständen und Verstecken treiben. Die in Queensland besonders häufigen Aale fing man in Rattan-Töpfen und räucherte sie anschließend. Da die Haut der Aale durch eine dicke Schleimschicht geschützt ist, mußte man die Tiere ausgeweidet auf heißen Kohlen anbraten, um dann den Schleim mit Gras abwischen zu können. Danach kochte man die Aale auf einem tellerähnlichen Gestell, bedeckt mit Rindenstreifen zwei Stunden über einem rauchenden Feuer, das mit einer Haube aus blättertragenden Zweigen bedeckt war.

Andere Nahrungsmittel, wie Vögel, Beuteltiere und Fische legte man in große Ingwer-Blätter verpackt auf vorgeheizte Steine, die eine kleine Vertiefung (meist in Sand) auskleideten. Das ganze versiegelte man mit großen Blättern und einer aufgeschütteten Lage Sand. Danach entzündete man darüber für zwei Stunden erneut ein Feuer. Am Ende des Garens entfernte man mit einem Palmwedel-Fächer den heißen Sand, um an die fertige Mahlzeit zu gelangen. Diese Methode des Fleischgarens ist im Südpazifik weit verbreitet.

Dyirbal-Hütten ähneln denen anderer Waldkulturen, wie z.B. denen der Mbuti-Pygmäen in Afrika. Eric Mjoberg beschrieb 1918 den Bau einer solchen *mija* genannten Hütte. Die Leute wählten zunächst einen geeigneten Standort, den sie kahlschlugen und säuberten. Anschließend trugen die Frauen in Gruppen Rattanrohr und größere Mengen Palmblätter zusammen. Die Männer halfen beim Errichten der Hütte.

Zunächst stellten sie ein einfaches Grundgerüst her, indem sie eine größere Zahl dicker Schößlinge in einem Kreis bzw. einem Oval in den Boden steckten. Manchmal bogen sie auch einfach festgewurzelte Triebe mit ihren Enden zusammen und wickelten sie umeinander. Alles wurde anschließend sorgfältig mit überaus festen, längsgespaltenen Rattanabschnitten zusammengebunden. Das Gitterwerk bedeckte man mit vielen Lagen sich überlappender Rattan-Wedel, Blättern und Rohrbündeln oder – in der Regenzeit – mit Rindenstücken. In der windigen, kühlen Jahreszeit wählte man gut geschützte Standorte für die *mija* aus, die außerdem kleiner waren und sich stärker an den Boden drückten. Gute Isolation erreichte man mit mehreren Lagen aus Gras und Rinde, die man mit Ranken und Rattanstücken befestigte. Am Gerüst im Inneren der Hütte hingen Körbe, Rindentücher und Arbeitsgeräte, die oft an hölzernen Haken baumelten, welche man aus Verästelungen oder Wurzeln hergestellt hatte. Als Schlafplatz diente eine «Grasmatratze». Für die Zubereitung eines der Grundnahrungsmittel benötigte man einen speziellen Rattankorb. Ein in Flußnähe häufiger Baum, die «schwarze Bohne», produzierte viele schwere, braune Hülsen, die walnußgroße, giftige Samen enthalten. Diese wurden zunächst durch längeres Dämpfen im Erdofen eingeweicht, dann von den Dyirbal in zerschnittenem Zustand in die oben erwähnten Körbe gefüllt und mindestens einen Tag und eine Nacht in fließendes Wasser gehängt, um die bitteren Gifte auszuwaschen. Der Rückstand war ein geschmackloser Teig, der aber den Vorteil hatte, längere Zeit haltbar zu sein. Nach dem Kochen in Ingwerblättern konnte das Material in Blätter gepackt, eingegraben und bis zu sechs Monate später gegessen werden.

Australische Werkzeuge und Techniken sowie einige mit ihnen verbundene Vorstellungen können weitere Hintergrundinformationen zu prähistorischen Praktiken liefern. Sie verraten viele Details, die für die allgemeine Technologieentwicklung von Interesse sind. Australien kommt besondere Bedeutung zu, obwohl genetische und kulturelle Einflüsse aus den Nachbargebieten vordrangen (z. B. kamen Hunde und die Töpferei erst sehr spät hierher). Es haben sich jedoch sehr alte Grundmuster des Werkzeuggebrauchs erhalten (allgemein setzte man Speere ein, Pfeil und Bogen fehlten). Teile des ursprünglichen Kulturmusters gingen stellenweise verloren, wie die Fähigkeit des Bootsbaues in Tasmanien, anderenorts kamen Neuerfindungen wie der Bumerang hinzu. Die relative Abgeschiedenheit über mindestens 60000 Jahre ließ jedoch eine Werkzeugtradition überleben, die als Vergleichsmaßstab für eine Beschreibung der Grundzüge einer prähistorischen Technologie dienen kann.

Die wertvollsten Erkenntnisse, die man aus den australischen Werkzeugen ziehen kann liegen darin wie man vergängliche Rohmaterialien verwendet haben kann. Australische Aborigines wählen ihre Rohmaterialien nach den Materialeigenschaften, z.B. Stärke, Haltbarkeit, Flexibilität, Konsistenz oder Form aus. Stein gehört nur selten dazu. Außerdem kennen wir die Funktion ihrer Geräte und stellen nicht nur Vermutungen an. Ja, selbst individuelle Bezüge zwischen Werkzeugen und ihren Herstellern bzw. Besitzern sind uns zugänglich. So stehen uns in einer der einfachsten Bedarfsdeckungswirtschaften Australiens Informationen zur Verfügung, die bei archäologischen Funden total fehlen.

Abbildung 63
Die Speerschleuder oder woomera. (Die Wurfenergie verbiegt den Speer beim Abwurf.)

Da alle Ausrüstungsgegenstände, die man momentan nicht braucht, mitgenommen werden müssen, entwickelten moderne Jäger und Sammler, wie ihre prähistorischen Vorfahren, Multifunktionsgeräte nach dem Motto: Stelle ein Werkzeug her und mache damit viele verschiedene Dinge. Das läßt sich besonders gut an der Speerschleuder, auch *woomera* genannt, zeigen. Am flachen Holzkörper dieses Gerätes ist an einem Ende für das Speerschleudern ein Widerhaken befestigt (manchmal in Form eines geschnitzten Tieres). Am anderen Ende ist meist mit Baumharz ein scharfer Steinabschlag befestigt, mit dem man nach Bedarf bohren oder schneiden kann. Andererseits dient der Hartholzkörper oder eines seiner Enden als Unterlage für den Feuerbohrer, als Keule oder auch als Rhythmus-Stock; das flache Holz kann man aber auch als Palette zum Mischen von Farben benutzen. Zeichnungen bzw. Schnitzspuren machen aus ihm einen Personalausweis, Notizblock oder auch eine Landkarte bzw. Informationstafel. Ähnliche Vielzweckgeräte besaßen in der Vergangenheit weite Verbreitung und die Speerschleuder gehört wohl zu den ältesten Werkzeugen. Nach ihrer Wirkung kann man sie als «erstes Gewehr» bezeichnen. Gekonnt eingesetzt und mit einem gut austarierten Speer versehen, kann man diesen treffgenau und mit großer Kraft über 100 m weit schießen.

Das Funktionsprinzip der Speerschleuder besteht darin, die Länge des Wurfarmes und damit die Hebelkraft und die Wurfenergie zu vergrößern. Das Können des Speerwerfers besteht darin, über die Verlängerung der Schleuder und den genauen Sitz des Speeres am Widerhaken den Speer auf eine zielgenaue Flugbahn zu schicken.

Obwohl Bumerangs auch aus Afrika bekannt sind, stellen sie sicher eine eigenständige australische Erfindung dar. Sie sind eine Weiterentwicklung der Wurfhölzer. Der Winkel des Bumerangs sollte am natürlich gewachsenen Stamm oder Ast vorgeformt sein, so daß der Holzfaserverlauf der Form der fertigen Waffe folgt. Einige sind stärker gebogen als andere, allen gemein ist jedoch, daß die Unterseite flach und die Oberseite leicht konvex gekrümmt ist. Jagdbumerangs kehren nicht zum Werfer zurück, sie sind auf Treffgenauigkeit, Fluggeschwindigkeit und Wurfenergie zugeschnitten. Ihre ursprünglichste Funktion lag wohl darin, Tiere aus Vogelschwärmen, die für Australiens Ökosysteme so charakteristisch sind, zu erbeuten. Über Wassergeflügel kreisende Bumerangs nutzte man auch, um die tieffliegend flüchtenden Vögel in vorbereitete Stellnetze zu treiben. Die phantasievolle Vielfalt der Einsatzmöglichkeiten zeigt, daß man Bumerangs sowohl für die Steuerung des Verhaltens der Jagdtiere, als auch zum direkten Erlegen der Beute verwendete. Das gleiche gilt wahrscheinlich auch für kämpferische Auseinandersetzungen, in denen man mit Bumerangs den Gegner verwundete oder einschüchterte, aber mit den Speeren tötete. Genauso beeinflußte man bei Känguruhs die Fluchtrichtung mit Bumerangs, erlegte sie aber mit dem Speer.

Durch wiederholtes Befeuchten und Erhitzen verdrehen sich die Enden des Bumerangs leicht gegeneinander und verleihen ihm so die Fähigkeit zurückzukehren. Aborigines stellten diese Form für Spiele her. Da der Werfer Erfahrung haben muß, eignet sich das Gerät dazu, Geschick und Können zu demonstrieren. Die Prinzipien des Bumerangfluges hatte man so gut verstanden, daß ein herabgefallenes Brigalow-Akazienblatt, das die gleiche Form besitzt, von einem erfahrenen Werfer austariert, mit dem Finger weggeschnipst werden konnte und das dann – wie zum Beweis der Aerodynamik – davonflog und in einem kleinen Bogen zurückkehrte.

Ein weiteres Gerät, das Licht in das prähistorische Technologiedesign werfen kann, ist die *koong-ga*[1] – der Nachrichtenstock. Manchmal auch als «Paß» bezeichnet (da er (der Stock) in feindlichem Gebiet die Ehrlichkeit des Trägers bezeugen konnte), wurde dieses kleine verzierte

1 Namen von Werkzeugen variieren von Stamm zu Stamm, auch von einem Dialekt zum anderen. *Koong-ga* wird der Nachrichtenstock bei den Kalkadoon in Queensland genannt.

Abbildung 64
Speerschleuder mit einer Karte von 16 Wasserlöchern, die entlang der 240 km langen Spur der totemistischen Regenbogenschlange eingezeichnet sind (Sammlung J. Kamminga).

Abbildung 65
Koong'ga oder Nachrichtenstöcke
(a) Mitteilung von Oorindimindi an «Billy» mit der Bitte um Speere.
(b) Einladung zur Versammlung. Unten = Hauptlager des Boinji-Absenders. Von unten nach oben: W = Sanddünen; N = sandiger Bach mit weiteren Hügeln. Horizontale Linien = Marion-Senke. Vertikale Linien = Ebene. Kreuzmuster = Tediboo oder 5 Meilen Abstand. W = Fluß. X = Treffpunkt bei Warenda.
(c) Zwei Seiten einer Einladung zum Tanzfest oder corrobboree. Die zwei Linien der Rückseite wurden mit «Beeilt euch» übersetzt.
(d) Die Kreuze stellen Bärte dar, der Diamant eine Vulva.
(e) Der Absender bittet für eine Initiations-Zeremonie Speere, Bumerangs und Schilde zum Mitakoodi-Fluß zu bringen. Der Adressat wird auch eingeladen.
(f) Bitte von «Sandy» in Carandotta an «Känguruh» um Lebensmittel, Speere und Bumerangs als Gegenangebot.
(g) Von Mitakoodi, Cloncurry.
(h) Von Barclay Downs.

Abbildung 66
Steckt man den Kopf eines geschossenen Affen durch die eingeschnittene Schwanzhaut, wird die Beute zur Tragetasche. Babu, ein Baka aus Kamerun (Foto Lisa Silcock).

Abbildung 67
Korb aus Rohrgeflecht zur Aufbewahrung von Getreide. Die Herstellungsmethode ist weit verbreitet (Kigezi, Uganda).

Brettchen von einem nahen Verwandten bzw. einem Freund im Namen eines bekannten Menschen getragen. Im Falle von Schwierigkeiten bei Tauschgeschäften oder Verhandlungen konnte dieser sich auf den Boten bzw. die *koong-ga* berufen. Während der Identitätsnachweis von Boten nur verbal übermittelt werden konnte, stellte die *koong-ga* sein individuelles «Markenzeichen» dar. Die eingeschnitzten Zeichen konnten rudimentär oder auch künstlerisch ausgearbeitet sein. Die Zuordnung von Zeichen und Bedeutung war ganz willkürlich, so daß ein und dieselbe Marke einen Hügel, einen Fluß oder ein Lager darstellen konnte. Diese willkürliche Bedeutungszuordnung zu geometrischen Figuren ist in der «frühen Kunst» weltweit verbreitet und hat nichts mit bildlicher Darstellung zu tun. Die Zeichen beschrieb man im australischen Pidgin als «flash» (Blickfang), die das Brettchen zum «pretty fellow» (guten Gefährten) machten. Es durfte aus allen möglichen Holzarten, wie z. B. Akazienholz oder Rattan geschnitzt werden.

Rattan ist in den Wäldern und Feuchtgebieten Südostasiens und im tropischen australasiatischen Bereich überaus häufig. Neben den eßbaren Schößlingen und Beeren liefern die Blätter, Blattrippen und Stengel flexible und ausgesprochen stabile Materialien, die sich spalten, biegen,

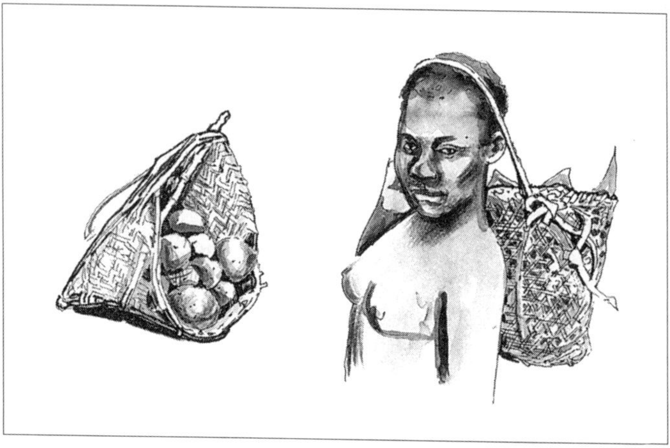

Abbildung 68
Palmblätter lassen sich problemlos zu Tragekörben verarbeiten.

formen sowie binden und anschließend in der erzwungenen Lage über einem Feuer trocknen lassen. Aus Rattan stellte man alle möglichen Formen von Körben sowie die Schäftungen von Geräten her. Frische Rattanstengel lassen sich leicht um ein Stück Holz, Knochen oder Stein winden (idealerweise in eine vorbereitete, eingearbeitete Rille), so daß nach dem Trocknen die Keule, Axt oder Picke gebrauchsfertig geschäftet war.

Für diese Technik gibt es eine Fülle natürlicher Vorbilder, wo tropische Pflanzen Konkurrenten, Erdklumpen oder Steine umschlingen, umwickeln, umkippen oder zerstören. Eine ureigene Aboriginal-Technik besteht darin, eine vorbereitete Beilklinge oder einen Dechsel in eine lebende Liane einzubinden, sie einwachsen zu lassen und erst das fertig eingeschlossene Gerät zu «ernten».

Eines der häufigsten Vielzweckmaterialien war Rinde – faserig bis schuppig und flexibel bis fest konnte sie als Hüttentür, als Kinderwiege oder als Schüssel dienen, lieferte aber auch das Material für Tücher und Decken. Einige Sorten konnte man auch zu Schnüren und Bändern verarbeiten.

Viele Schlinggewächse und Lianen sind aufgrund ihrer Festigkeit und Elastizität im wahrsten Sinne «Fertigschnüre», aber auch andere Rohmaterialien sind geeignet. So transportieren viele Jäger- und Sammlervölker noch heute die Jagdbeute mit einer «Schnur» aus Darm zum Lagerplatz. Ein aufgeschlitzter Schwanz oder eine Hautschlaufe bilden hervorragende Trageriemen. Wie der moderne Mensch benutzte wohl

Abbildung 69
(links) Herstellung von Kordeln durch Verzwirnen dünner Fäden.
(rechts) Verflechten von Fäden oder Fasern zur Seilproduktion.

auch schon der *Homo erectus* Hautstreifen und Sehnen für das Zusammenbinden von Kompositgeräten.

Auch hier finden wir in der Natur Vorbilder für die menschliche Technik. Die Tatsache, daß Sammlervölker direkte Beziehungen zwischen natürlichen Strukturen und den selbst hergestellten Äquivalenten erkennen, zeigt sich in der Sprache vieler isolierter Stämme. So tragen die schön gewebten Tragnetze der Papuas den gleichen Namen wie Vogelnester. Weber-, Schneider- und Laubenvögel sind nur die hervorstechendsten Beispiele einer Vielzahl von Vogelarten, die ihre Nester fein aus Fasern verknüpfen. Viele Nagetiere können das auch. Spinnen, besonders die großen tropischen Arten, legen auffällige und ausgedehnte Fallensysteme an, die u. a. nach dem Fußangel- und Fangnetzprinzip arbeiten. Unter den Pflanzen ist Rattan die Art, in der man sich am leichtesten verfängt; einige Fischervölker, wie die Dyirbal, benutzen ihre Widerhaken zum Fischfang. Rattanarten sind verwandtschaftlich gesehen Palmen, die zu einer lianenartigen Lebensweise übergegangen sind.

Palmen zählen zu den nützlichsten Pflanzen der tropischen Wälder. Ihre Wedel lieferten natürliches Baumaterial für Hütten. Sie waren aber auch wegen der eßbaren Früchte beliebt. Brütende Vögel zerstören die Wedel, um an Nistmaterial zu gelangen. Lockere Wedel sind ein allgegenwärtiges Baumaterial, um sich vor Regen, Wind und Sonne zu schützen oder ein Ruhelager zu bereiten. Bei vielen Arten verführen die

Einzelblätter der Wedel dazu, sie miteinander zu einer großen Fläche zu verknüpfen. In diesem einfachen Verfahren – in weiten Bereichen Ostafrikas als *mkuti* bekannt – liegen möglicherweise die «Ursprünge» des Flechtens und vielleicht auch des Webens. Viele großflächige, weiche Blattarten setzt man kurzfristig ein. Die Haltbarkeit und Festigkeit von Palmblättern dagegen prädestinierte diese dafür, aus ihnen alle Sorten von Matten, Körben, Dächern und Wänden herzustellen.

Die Herstellung von Hütten, Schutzschirmen, Zäunen und Fangzäunen erfordert eine Fülle von Verknüpfungen. Schlingen, Fallen und Netze setzen qualitativ hochwertige Schnüre voraus. Pfeil und Bogen sowie Harpunen sind auf haltbare Bindungen, Bogensehnen und Flugstabilisatoren angewiesen. Waffen und andere wertvolle Dinge mußte man sich zeitweise über die Schulter oder in einem Netz bzw. an einer Leine an einen Ast hängen können. Entsprechend brauchten Kalebassen oder andere Behälter für Wasser, Honig oder Blut eine Umhüllung aus Schnüren und eine Aufhängevorrichtung. Auf der Suche nach Bienennestern benötigte man zum Klettern oft «improvisierte» Taue. Gefangene oder getötete Tiere mußte man festbinden oder in «Päckchen» verschnüren, abgezogene Haut spannte man mit Riemen oder Kordeln auf.

Die von zeitgenössischen Sammlervölkern der Savanne bevorzugten Faserarten scheinen z.T. noch denen ihrer prähistorischen Vorfahren zu entsprechen. Zu den beliebtesten Materialien gehören die Bastfasern des Baobab *(Adansonia)* und die wilde Feige *(Ficus petersee)*. Auch der Bast verschiedener Akazienarten und des Miombo *(Brachystegia)* liefert gute Schnüre.

Zu den vielen für die Schnurherstellung geeigneten Baumarten der tropischen Wälder gehört auch die wilde Bananenart *Musa textilis* die – leicht zerlegbar – in getrocknetem Zustand sehr feine und lange Fasern liefert. Verschiedene Hibiskustypen, Hanf und eine Fülle an Schlingpflanzen und Rindenarten vervollständigen das Angebot. Kurze, dünne Fasern pflanzlichen oder tierischen Ursprungs lassen sich leicht zu einem Faden verspinnen, wenn man sie mit einer Hand über die Oberschenkel rollt und mit der anderen Hand langsam neues Material zuführt. Die Herstellung zweifädiger Kordeln durch Verzwirnen kann zweckdienlich sein, durch Wiederholung des Vorganges kann man die Dicke der Schnur bis zur Stärke eines Taues erhöhen.

Die Netze vieler tropischer Spinnenarten kann man zu festen Fäden zusammenrollen und erhält so ein selbstklebendes Bindematerial (sozusagen der prähistorische Vorgänger des Klebebandes). Die Kinder der australischen Mallanpara fischten mit sehr kurzen, beköderten Angelschnüren aus Spinnenfäden nach Stichlingen. Dies zeigt, daß die Beutefangmethode einer Tierart übernommen und abgewandelt zum Fang anderer Tierarten verwendet werden kann.

Viele Spinnenarten bauen zunächst ein Grundnetz aus weichen elastischen Fäden. In diese radiale Fläche spinnen sie einen ununterbrochenen, spiralförmigen Klebfaden ein, mit dem sie die Beutetiere fangen. Zunächst fingen und töteten die Mallanpara die Spinne; nachdem sie die Spinndrüse des Hinterleibes beiseite gelegt hatten, begannen sie in aller Ruhe das Netz abzubauen. Mit der Spitze ihrer «Angelrute» hoben sie den klebrigen Faden vom Grundgerüst ab, indem sie die sich drehende Rutenspitze von Speiche zu Speiche der immer engeren Spirale folgen ließen. So sammelten sich am Rutenende viele Schlaufen die herabhingen und eine immer stärkere «Schnur» bildeten. Durch Drehung der Rute wurde sie fest mit der Spitze verbunden. War das Netz ganz abgewickelt, besaß man eine «Angelrute» mit einer klebrigen Schnur am Ende, die man über die Wasseroberfläche zog oder sie darauf tanzen ließ. Jeder hineinbeißende Fisch verwickelte sich in der Schnur oder klebte fest und wurde so gefangen. Die Angelschnur ließ sich leicht neu beködern bzw. wieder klebrig machen, indem man die Spitze in die beiseitegelegte Spinndrüse eintauchte. Mit dieser Methode sollen trainierte Angler in kurzer Zeit sehr viele kleine Fische gefangen haben.

Die Bedeutung dieses Beispieles liegt nicht nur im genialen Erfindungsreichtum und der geistigen Umsetzung von Naturbeobachtungen, sondern in der Wahrscheinlichkeit, daß Kinder diese Methode erfunden haben (obwohl der Arzt und Anthropologe Walter Roth, der dies als erster beschrieb, erwähnt, daß auch Erwachsene Stichlinge angelten). Wenn die Erfindung derartiger Techniken auf «Kinderspiel» zurückzuführen ist, könnte ein Großteil der Technologieentwicklung ihre Ursprünge in jugendlicher Intelligenz, Spielerei und Geschicklichkeit finden.

Ein zweites Beispiel für das Fischen mit Spinnennetzen wirft noch weiterführende Fragen darüber auf, wie prähistorische Menschen beobachtete Naturphänomene systematisch für ihre eigenen Zwecke umgesetzt haben.

Bewaldete Küsten der Tropen werden oft nahezu jede Nacht fast vollständig in die Netze tausender großer Spinnen eingehüllt. Wenn die Vögel im Morgengrauen erwachen, ist die Luft wie im Altweibersommer von fliegenden Spinnfäden erfüllt, die mit der Morgenbrise auf das Meer treiben. Neben anderen Oberflächenfischen ernähren sich Hornhechte von diesen Abfällen. Die Fischer der winzigen Iwa-Insel östlich von Neuguinea müssen dieses Phänomen vor langer Zeit entdeckt haben, da sie eine komplizierte Angelmethode entwickelt haben, bei der vom Schwanz eines fliegenden Drachens Spinnfäden auf das Wasser baumelten. Diese Drachen bestanden aus Blattspreiten, die mit feinen Zweigen verstärkt waren. Ein Fischer steuerte sie vom Boot aus mit zwei Meter langen Leinen. Die frisch gesammelten Spinnenfäden hängte man

Abbildung 70
Schwimmender Baumstamm oder «Keppel-Insel-Wassertaxi».

in Strähnen über den Schwanzfaden des Drachens, so daß sie über die Wasseroberfläche glitten und die angelockten, zubeißenden Fische festklebten. Nach dem Einholen des Fluggerätes und der Beute konnte man den Vorgang erneut starten.

Bau und Handhabung dieses Werkzeuges sind zweifellos in der Isolation der abgelegenen Insel entwickelt worden. Die perfekte Beherrschung der aerodynamischen Prinzipien und ihre Kontrolle über dünne Schnüre legt nahe, daß gute Beobachtung, Erfindungsreichtum und Geschicklichkeit auch bei den vorgeschichtlichen Völkern zu einer Menge interessanter, aber leider vergessener Jagdtechniken geführt haben müssen. Die Ursprünge dieser speziellen Technologien liegen bei Menschen, die erkannten, was man mit Fäden alles anfangen kann.

Schnüre sind entscheidend wichtige Vorstufen zur Entwicklung verschiedener Fallentypen. Speziell Fischfallen zeigen eine Vielfalt von festgeflochtenen Körben und stabilen Fischzäunen bis hin zu flexibel geknüpften Netzen (in denen Rattan als Verstärkung oder Randstabilisierung auftritt). Leinen, Fischfallen und die Jagd nach Wassertieren könnten auch zur Entwicklung von Flößen und Booten geführt haben.

Auf die rudimentärste Form von Einbäumen oder Flößen müssen unsere Vorfahren wiederholt gestoßen sein. Derartige Wasserfahrzeuge müssen in vielfältigen Abwandlungen für ganz unterschiedliche Zwecke eingesetzt worden sein. Sinnvollerweise stelle man sich hier vor, welchen Schwierigkeiten vollständig an das Leben an Land angepaßte Menschen begegneten, die Flüsse oder Überflutungsflächen überqueren mußten. Krokodile stellten eine allgegenwärtige Bedrohung dar und verhinderten sicher lange Zeit die systematische Nutzung tropischer

Abbildung 71
Kinder-Flöße.

Flüsse und Seen. Es gab vielleicht die Möglichkeit nach Art der Tintenfische das Wasser mit aufgewühltem Bodenschlamm zu trüben, dies setzte jedoch die sicher nur selten vorhandene Schwimmfähigkeit voraus. Als Alternative konnten Menschen sich versammeln und in dichter Gruppe intensiv plantschend und rufend das Wasser durchqueren. Aber auch hier waren Artgenossen und das Schwimmen Voraussetzung. Eine sichere und elegantere Strategie, die man in prähistorischer Zeit wahrscheinlich häufig anwandte, könnte der Vorläufer der Boote gewesen sein. Diese Technik überlebte in Queensland bis zur Jahrhundertwende, damals entdeckten die wachsamen Augen von Walter Roth auf den Sandbänken des Mitchell Rivers eine Reihe von abgeschlagenen Mangrovenstämmen. Die Aborigines überquerten damit den Fluß, indem sie auf dem Stamm liegend an das andere Ufer paddelten. Roth bemerkte, daß diese handlichen, auf den Bänken zurückgelassenen «Fähren»

im Sinne einer Mimikry vor den Angriffen der Krokodile schützen sollten, die im wahrsten Sinne des Wortes in Schwärmen das Wasser bevölkerten. Das dünnere, bei der Fahrt nach hinten schauende Ende des Floßes erinnerte an den Schwanz dieser «Saurier»; daß die Urbevölkerung hier wenig Angst vor diesen gefährlichen Kreaturen hat, kann man schon daraus schließen, daß bei einem Besuch des Regierungsschiffes «Melbider» am Mitchell River vom Deck aus an einer Stelle des Gewässers allein elf Krokodile zu sehen waren.

Roth beschrieb auch größere Stämme, die mehrere Reisende nutzten, um längere Strecken, wie z.B. die 10 km von der Keppel Insel zum Festland zurückzulegen. In diesem Falle schwammen die Aborigines in einer Zick-Zack-Formation einander festhaltend, während der Anführer mit einer Hand den Stamm steuerte. Abgesehen von dieser Absicherungsfunktion konnten Baumstämme den Langstreckenschwimmern auch als Pausenplattform dienen und den Wechsel des Anführenden erleichtern; aber es gibt noch weitere Einsatzmöglichkeiten. Der von den Aborigines häufig benutzte Trog (*koolamon*) war eine längliche, ausgehöhlte Nahrungsschale, die der Besitzer beim Transport über Flüsse einfach wasserte und schwimmend oder watend vor sich herschob. In Tully (Queensland) entdeckte man ein weiteres Wasserfahrzeug. In diesem Fall waren fünf Stämme zu einem einfachen Floß, das man bei Hochwasser benutzte, zusammengebunden.

Je nach Region eignen sich ganz unterschiedliche Materialien zum Bau von Flößen. Junge Männer, die in den Flußmündungen Nordpapuas fischen, stellen z.B. Flöße her, indem sie 12 oder mehr lange Bambusstangen nebeneinander anordnen und sie unten und oben an überkreuz-

Abbildung 72
Fischereiflöße, Koromandelküste, Indien (Foto Belinda Breeden).

ten Streben zusammenbinden. Da diese «schwimmenden Türen» aufgrund der Konstruktion nur geringe Biegefähigkeit besitzen und besonders diagonale Belastungen nicht vertragen, setzt man sie nur auf offenen Flüssen und an ruhigen Tagen ein. Der Übergang von einem Spielzeug zu ernsthaften Geräten ist hier fließend. Stärkere und stabilere Bambusflöße sind an den Küsten und auf den Flüssen Chinas und Indonesiens weit verbreitet.

Am Turkanasee in Kenia bindet man eine Anzahl langer gerader Stämme aus leichtem Holz des Ambatch-Baumes oder der *Phoenix*-Palmen mit kurzen Querstreben zusammen, um ein einfaches Floß zu erhalten. Von ihm aus kann man Netze stellen und kontrollieren und Fische mit Speeren erlegen. Leichteren Wellenschlag übersteht es problemlos.

An den Unterläufen von Euphrat und Tigris in Mesopotamien war Schilfrohr das einzige schwimmfähige Material. In zunehmend größere Bündel zusammengefaßt stellte man daraus ein – man könnte sagen – bootsförmiges Floß her. Die Abhängigkeit von lokalen Materialangeboten wird bei den *Shashas* von der Batinah-Küste (Oman) besonders deutlich. Hier stellen die Fischer ihre Ein-Mann-Boots-Flöße aus den entblätterten Wedeln der Dattelpalme her. An beiden Enden mit Palmblattschnüren zusammengebunden, schwimmen die *Shasha*-Flöße ungefähr zwei Stunden, bevor sie sich mit Wasser vollgesaugt haben. Dies gibt dem Fischer genügend Zeit, seine Netze und Fischfallen zu kontrollieren. Auf den Strand gezogen ist es am nächsten Tag für eine weitere Reise wieder trocken. Die den Küstenverlauf begleitenden Dattelpalmenbestände stellen die einzigen größeren Bäume dieser Region.

In allen betrachteten Fällen benutzten einige «Fachleute» die Flöße kurzzeitig für spezielle Zwecke und sie verwerteten jeweils die besonders häufig vorkommenden oder die einzig vorhandenen Pflanzenmaterialien.

Die Gefahren der Floßfahrerei werden bei der Betrachtung der Aborigines im Golf von Carpentaria besonders deutlich, die bis in dieses Jahrhundert einfachste Flöße aus Mangrovenstämmen einsetzten. Die Fischer der Bentinck-Insel besuchten damals regelmäßig Riffe und vorgelagerte Inseln, da diese besondere Ressourcen anboten. Dabei «ritten sie auf den Gezeiten». Man wußte, daß das Risiko des «Gezeitenreitens» hoch war, mehr als die Hälfte aller Männer, die Wegstrecken über 14 km zurückzulegen versuchten, ertranken wahrscheinlich. Noch gefährlichere «Gezeitenreisen» auf Flößen veranstalteten die Aborigines des Buccaneer-Archipels, um die Sundastraße im Nordwesten Australiens zu überqueren. Hier staute sich das Hochwasser im 3800 km^2 großen King-Sound und floß durch eine Enge zurück ins Meer. Unter diesen Umständen ist Glück bedeutsamer als seefahrerisches Können, viele Fischer von Cockatoo und den benachbarten Inseln ertranken.

Die größte Vielfalt an Bootstypen gibt es in Südostasien, das ein Fachmann einmal das «indonesische Zentrum der Bootsvielfalt» nannte. Hier hat die Erfindung ganz unterschiedlicher Wasserfahrzeuge zum ersten Mal die menschliche Zukunft beeinflußt. Ob dies Neuentwicklungen aus dem Nichts waren oder ob man Anregungen vom javanischen Erectus übernahm, ist im Vergleich mit der Tatsache unwichtig, daß der moderne Mensch die ersten Wasserfahrzeuge erfand, das «Sesam öffne dich» für riesige neue Ressourcen. Derartige «Revolutionen» tauchen aber nicht aus dem Nichts auf. Ein Boot zu besitzen war die eine Sache, was man damit «ernten» konnte und wie weit man damit fahren konnte, die andere. Das wiederum hing von weiteren Erfindungen, wie Fischereigeräten und Segeln ab.

Genau genommen veränderte der Besitz von Booten zweifellos das Verständnis der Küste, die zuvor der äußere Rand des bewohnbaren Gebietes und danach das Zentrum aller Existenz war. Dank ihrer Boote breiteten sich die küstennahen «Randvölker» zahlenmäßig und territorial aus und wurden zu einem klar spezialisierten Seitenzweig der menschlichen Familie. In der «Enge» größerer Flußläufe entwickelt, trugen Boote die neue Lebensform der Gewässernutzung über die Mündungen in die Küstenbereiche und von dort hinaus zu den Inseln. Der größte Vorteil lag in der Erreichbarkeit bis dahin nicht erschließbarer, reicher und vielfältiger Nahrungsressourcen. Zusammen mit dem Zugriff auf viele unbewohnte Inseln boten sich den Bootsfahrern unschätzbare demographische Vorteile, die sicherlich zu einer raschen Bevölkerungsentwicklung in der südostasiatischen Inselwelt führten.

Die Vielfalt der Bootstypen im «indonesischen Zentrum» kann schon von Anfang an bestanden haben. Waren die Völker so erfinderisch, wie ich vermute, hat allein schon die Fülle regional verschiedener Baumaterialien zu unterschiedlichen Fahrzeugtypen führen müssen. Wie die *Shashas* und die mesopotamischen Binsenboote zeigen, ist bei einfach konstruierten Fahrzeugen die Grenze zwischen Floß und Boot fließend. Trotz alledem müssen wichtige Fortschritte sehr früh erzielt worden sein. Ganz gleich, ob ein Boot aus Holz oder Rinde besteht, der Fahrer sitzt mit seiner Ausrüstung *in* ihm, während er ungeschützt *auf* einem Floß fährt. Dieser Unterschied kann umso bedeutsamer sein, je bewegter die Wasseroberfläche ist, da man auf einem Floß alle transportierten Gegenstände befestigen muß. Noch größer war der Vorteil, daß man Boote leichter steuern kann und daß sie höhere Geschwindigkeiten erreichen.

Flüsse und ihre Mündungen – wo man die ersten Wasserfahrzeuge entwickelte – tragen häufig Äste, Zweige, Kräuter, Gräser und zusammengeschwemmte Abfälle oder auch ganze Baumstämme mit sich. Da ein astfreier Baumstamm sich am leichtesten durch ein derartiges Gewirr steuern läßt, halte ich es für sehr wahrscheinlich, daß das wichtigste Fahrzeug für die Ausbreitung der Menschen in Südostasien Kanus waren.

Das lokale Angebot engt die Wahl möglicher Baumstämme für den Kanubau ein. Roth erwähnt, daß man am Endeavour-River eine große Mangrove (*Sonneratia acida*) oder Käseholz (*Alstonia*) verwendete, Grauen Teak (*Gmelina*) und Weißes Mahagoni (*Canarium*) am Kap Bedford sowie Kapokbäume (*Bombax*) am Batavia River in Queensland. In den Tropen der Alten Welt ist der Karaya (*Sterculia*) weitverbreitet, der sich gut für die Kanuherstellung eignet. Viele der schnellwachsenden *Sterculia*-Arten wachsen in Flußnähe oder am Waldrand oder besiedeln Lichtungen. Ihr astfreier, symmetrischer Stamm wird 30 m hoch und ein bis zwei Meter dick. Die Rinde ist meist weich und hell. Da schnellwachsende Primärbesiedler meist kurzlebig sind und einige *Sterculia* außerdem noch auf Sandbänken in Flußnähe wachsen, fallen sie häufiger den Fluten zum Opfer. *Sterculia*-Stämme unter dem Schwemmholz waren für vorgeschichtliche Jäger sicher keine Seltenheit. Das Kernholz der Stämme ist weich und verrottet leicht, während die äußeren Bereiche härter und haltbarer sind. Pilze und Insekten greifen liegende Stämme meist von der feuchten Unterseite an, so daß es nichts Ungewöhnliches ist, in den Wäldern natürlich ausgehöhlte

Stämme zu finden. Hochwasserwellen transportierten auch diese Stämme sicherlich flußabwärts.

Abgesehen von dem Schutz vor Krokodilen und Erschöpfung, die ein schwimmender Baumstamm bietet, kann man ihn auch als Unterlage für den Transport von Nahrung und Werkzeugen nutzen. In flachem Wasser suchende Sammler müssen ihre Habe mit sich tragen oder am Ufer zurücklassen. Wenn mehrere Menschen größere Mengen an Nahrung, wie Schnecken, Muscheln, Fische, Schildkröten, ertrunkene Tiere, Nestlinge von Wasservögeln oder Lilienwurzeln zusammentrugen, konnten schwimmende «Container» eine große Hilfe sein. Dies ist nur eine von vielen Nutzungsmöglichkeiten natürlich entstandener «Kanus». Weiterentwickelt wurden sowohl Flöße als auch Einbäume sicher häufig als Plattform für Jagd, Fallenfang und das Erspeeren der Beute benutzt. Nachdem man den Vorteil der besseren Steuerbarkeit erst einmal erkannt hatte, ging man wahrscheinlich dazu über, lebende Stämme zu nutzen, anstatt nach geeigneten, abgestorbenen zu suchen.

Noch heute stellt man aus *Sterculia*- und Palmstämmen in vielen Teilen der Welt Einbäume her. *Sterculia*-Bäume gehörten noch in jüngster Zeit auf den Andamanen zu den zwölf verwendeten Einbaum-Holzarten. Natürlich gibt es noch weitere Holzarten mit ähnlichen Proportionen und Eigenschaften. Der Bootsbauer ist verständlicherweise umso mehr auf natürlich vorgegebene, passende Rohstücke angewiesen, je schlechter seine Werkzeuge sind. Daher folgten die frühen Kanubauer bei der Herausarbeitung der Form wohl stärker vorgegebenen Holzstrukturen als ein fortgeschrittener Techniker, der ein vorher festgelegtes Ziel anstrebte. Die Form des fertigen Kanus wird dabei nicht so sehr von der Vorstellung des Herstellers, sondern von der Form des Baumes bestimmt – ähnlich wie die Form der Fleischration von der des Beutetieres abhängt.

Nach dem Fällen des Baumes und der Entfernung der Rinde höhlte man ihn aus. An Bug und Heck ließ man das Kernholz stehen und füllte alle Löcher und Risse mit Ton, Wachs oder Harz aus. Der breitere, untere Abschnitt des Stammes am Bug bildete eine Standfläche für den Harpunier. Ein kleinerer, flacher Sitz im Heck war für den Steuermann vorgesehen. Nach einer rohen Zurichtung der Grundform verdünnte man von innen her die Wände, um das Fahrzeug so leicht zu machen, daß ein oder zwei Leute es bewegen konnten. Auf den Andamanen ergänzte man noch einen kleinen Ausleger, um dem Boot auf See eine größere Stabilität zu geben. Ausleger sind für Boote, die Seen, Meeresteile und Flußmündungen befahren, eine notwendige Ergänzung.

Einbäume können bei der leichtesten Rotationsbewegung umkippen. Fischer sind daher stolz auf ihre Fähigkeit, die Fahrzeuge sicher und schnell voranzubringen. Sie erreichen dies durch Übertragung von

Abbildung 73
Transport eines frisch gefällten Stammes.

Ausgleichsbewegungen auf eine imaginäre Mittellinie des Kanus, wobei sie jede Abweichung des Bootes durch kleine Gegenbewegungen kompensieren. Auch die frühen Einbaumfahrer müssen dies schon beherrscht haben, trotzdem werden sie wohl noch häufig gekentert sein.

Aber selbst in gekentertem Zustand waren diese Fahrzeuge noch tragfähig. Rindenkanus hält man oft für eine eigene Bootskategorie, sie stellen aber in Wirklichkeit nur eine andere Variante der Einbäume dar. Außerdem hielt man sie oft für primitiver als hölzerne Einbäume, da sie einfacher herzustellen sind. Diese Vorstellung ignoriert aber den ökologischen Kontext und die technischen Traditionen, in denen Geräte entwickelt werden.

Der Entdeckung geeigneter Rohmaterialien für bestimmte Dinge geht oft eine andere Nutzungsform voraus. Dadurch und durch das lokale Materialangebot wurde nicht nur entschieden, welche Materialien und Techniken man verwendete, sondern auch wo, wie und für welchen Zweck man Artefakte herstellte. Wenn man aus Rinde schon Hütten, Eßgefäße und Schnüre anfertigte und die meisten verfügbaren Bäume aus Hartholz bestanden, war es verständlich, daß man es vorzog, in kurzer Zeit und unter geringem Arbeitsaufwand ein Rindenboot zu bauen, anstatt mit viel Mühe einen langen Baumstamm auszuhöhlen, wobei alle Beile und Dechsel schnell stumpf wurden.

In Australien gab es drei Rindenbootstypen. Die einfachsten Murray-Kanus waren Seelenverkäufer aus sehr unsicheren Mulden, flache Schüsseln aus einem einzelnen, gebogenen Stück Eukalyptusrinde, vorne und hinten von Lehmklumpen zusammengehalten. Beim zweiten Typ wurde die Form des Innenraumes durch drei oder vier Streben, kurzen Holzstücken, gesichert. Einmal getrocknet, konnten diese Boote ein bis zwei Leute transportieren. Komplizierter waren «zusammengenähte» Boote. Für deren Herstellung entfernte man die gesamte, vier

Abbildung 74
(links) Dieses Steinbeil aus Neuguinea kann durch Umstecken in eine Dechsel verwandelt werden.
(unten) Kanuherstellung durch Aushöhlen von Baumstämmen mit Dechseln, Kratzern und Feuer (um das Holz zu trocknen und zu härten).

Abbildung 75
Kanus

bis fünf Meter lange Rinde einer Akazie und nähte die Enden zusammen, um Bug und Heck auszuformen. Zwei lange, dünne Stricke aus Weidenruten band man an den Rand, um die Dollborde zu bilden; den Innenraum stabilisierte man mit einer Reihe kurzer Streben. Diese Boote waren für drei bis vier Leute geeignet.

Die Tatsache, daß Rindenboote in Australien am weitesten verbreitet sind, läßt vermuten, daß die ersten Siedler in ihnen anreisten. Diese Idee haben einige mit der Vorstellung verbunden, daß primitive, wandernde Gruppen das Land zufällig erreichten. Es ist aber wahrscheinlicher, daß zum Zeitpunkt der Sunda-Sahul-Überquerung schon seetüchtige Kanus in der Entwicklung oder sogar schon in Gebrauch waren, so daß die Besiedlung die zwangsläufige Folge der Ausbreitung einer schnell wachsenden Bevölkerung war. Aus diesem Blickwinkel lag Australiens Küste nur südöstlich der nahen, riesigen frischbesiedelten Landfläche mit hohem Bevölkerungswachstum. Das Wirtschaftssystem beruhte ursprünglich auf der Nutzung eines dichten Netzes tropischer Flüsse. Mit der Abwandlung ihrer flußtauglichen Boote, konnten die Menschen auch die marinen Ökosysteme nutzen.

Man nimmt an, daß schon lange vor der Besiedlung Australiens in der asiatischen Inselwelt küstenbewohnende Kulturen weit verbreitet waren und aufgrund der regional verschiedenen Rohmaterialien und Technologietradition bereits verschiedene Bootstypen existierten. Flöße, Rinden- und Holzkanus gab es in verschiedenen Bereichen Indonesiens und Australiens bis in unser Jahrhundert. Die Fahrzeugtypen, die am wahrscheinlichsten die ersten Siedler transportierten, findet man gegenwärtig auf Timor und den benachbarten Inseln. Da dieses Südostende des Archipels etwas trockener ist, war das Angebot an Baumarten eingeschränkter. Trotzdem konnte man sowohl Rinden- als auch Holzboote herstellen.

Obwohl bekanntermaßen das Absammeln küstennaher Gewässer das Nahrungsspektrum vieler vorgeschichtlicher Völker ergänzte und Weichtiere in vielen Regionen sogar überlebensnotwendig wurden, haben Boote die Möglichkeiten der Ressourcennutzung sicher drastisch verändert. Die Instabilität beschränkte die Einsatzfähigkeit der Kanus auf Binnengewässer, mit der Erfindung des Auslegers konnte man weiter vordringen.

Ausleger kann man auf ganz verschieden mögliche Ursprünge zurückführen. Die einfachste Vorstellung ist, daß der stakende Bootsfahrer, während er mit anderen Dingen beschäftigt war, die Holzstange quer über die Bordwände legte. So könnten einfachste Anfänge ausgesehen haben. Man kann Ausleger aber auch als verkümmerte weitere Boote betrachten. Als Piraten Nord-Madagaskars die Komoren und Ostafrika überfielen (zwischen 1770 und 1820), banden sie ihre Kanus zusammen, um sie seetüchtig zu machen. Die großen «Doppelboote» des Südpazifiks kombinieren zwei (manchmal sogar mehr) Boote, um auf der dazwischenliegenden Plattform mehr Ladung, Beute oder «Meeresfrüchte» verstauen zu können. Dies waren die ersten Katamarane.

Die dritte Möglichkeit, Auslegerboote zu interpretieren, ist sie als «geöffnete» Flöße zu betrachten. Auf den Salomonen band man früher Bambusstangen zu zwei Bündeln zusammen, die als Ausleger für einen zentralen Einbaum dienten. Sie wurden so durch drei Querstreben befestigt, daß das fertige Fahrzeug eine Mischung aus Boot und Floß darstellte. Primitive Boote in dieser Weise zu typologisieren und kategorisieren ist jedoch nicht so sinnvoll wie Überlegungen anzustellen, welche technischen Probleme und ökologischen Herausforderungen das Vorgehen der ersten Bootsbauer beeinflußt haben.

Ein einzelner Ausleger an einem Andamanen-Kanu läßt sich nicht als Hinweis auf Flöße oder Boote interpretieren, es ist einfach ein Bauteil, das größere Stabilität bewirkt. Die Kanuwände sind auf beiden Seiten nahe der Dollborde durchbohrt und nehmen die Ausleger – dünne, glatte Stangen aus sehr hartem und flexiblen Holz (z.B. Mangrove) – auf, die so im rechten Winkel zum Boot befestigt sind. Die spitzen Enden dieser Stangen schauen auf der Backbordseite (links) nur wenige Zentimeter und auf der Steuerbordseite ungefähr einen Meter heraus. (Die Backbordenden könnte man auch als verkümmerte Reste ehemaliger Doppelausleger-Boote betrachten. Der Verzicht auf den zweiten Ausleger war wohl das Ergebnis sehr früher «Lehrstunden» über Ökonomie und Mechanik.) Je länger das Kanu war, desto mehr Querverstrebungen wurden nötig, bei kleinen Booten waren es minimal drei, größere brauchten bis zu neun. Wo sie den Rumpf durchquerten, wurden sie an beiden Seiten mit Rattanspältlingen zusammengebunden, die auch das Bootsinnere absicherten.

Der Auslegerschwimmer ist eine roh zugerichtete, aber gerade und sehr leichte Planke, die vorn breiter als hinten ist. In absolut trockenem Zustand durchbohrt man ihn mit kurzen, angespitzten Hölzern, die denen der Auslegerstangen ähneln. Um dem Wasser flach aufzuliegen, befestigt man den Schwimmer indirekt – mit jeweils drei der erwähnten kurzen Hölzer – an jedem Stangenende. Jede dieser Dreiergruppen sitzt quer zur Fläche des Schwimmers. Die mittlere Strebe sitzt fast am Ende der Ausleger und verbindet sie im rechten Winkel mit dem Schwimmer. Die anderen zwei Streben durchbohren diesen nahe des Randes in der gleichen Ebene wie die Ausleger und sind oben mit dem dritten Stock verbunden. Alle drei sind sorgfältig mit gespaltenem Rattan am Auslegerende zusammengebunden. Diese Rattanbindung läuft um den Schwimmer und befestigt ihn so an der Auslegerstange. Die Streben dienen als Abstandhalter. (Der Abstand entspricht demjenigen zwischen dem Wasserspiegel und den Löchern in der Bootswand.) So liegt der Schwimmer dem Wasser auf und hält das Boot in stabiler Position. Durch das Quellen des Schwimmerholzes im Wasser werden die Streben automatisch befestigt. Fünf Meter lange Boote können drei Personen (drei Auslegerstangen), neun Meter lange Exemplare mit bis zu neun Auslegern bis zu sechs Personen mit Gepäck befördern.

Diese leichtgewichtigen Boote konnten bei rauher See zwar umschlagen, waren aber schnell wieder aufzurichten und mit einem Schneckenhaus oder einer Kokosnußschale leicht leerzuschöpfen. Da Kanus zwangsläufig viel Wasser aufnehmen, war meist eine Person während der gesamten Reise mit dieser Tätigkeit beschäftigt. Dem Problem der Kanus, daß Spritzwasser vom Bug in den Schiffsrumpf gelangt, begegnete man meist damit, daß man hier spitz zulaufende Bretter anbrachte, um die Bordwand zu erhöhen. Spezialisten für die Geschichte der Bootstechnologie haben häufig die Boote mit einem Ausleger als die primitiveren Seefahrzeuge eingeschätzt. Auf der Grundlage ihrer Verbreitung und im Rahmen von Detailvergleichen muß Sulawesi ihr Ausbreitungszentrum gewesen sein.

Wenn der ausgehöhlte Baumstamm die Ausgangsform aller Folgemodelle darstellt, ist der einfache Ausleger die ökonomischste und simpelste Abwandlung. Den Anbau eines einzelnen Schwimmers mit Hilfe einiger Stangen kann fast jeder ohne komplizierte Technik bewerkstelligen. Das schafft für ein bis zwei Fischer völlig neue Möglich-

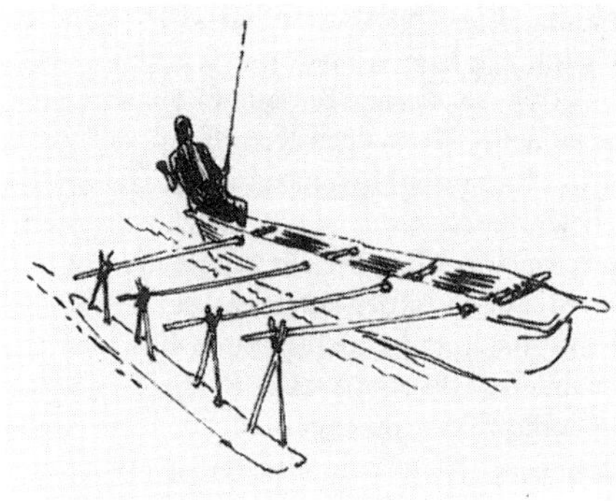

Abbildung 76
Auslegerkonstruktion.

keiten. Das Aufrichten eines gekenterten Schiffes ist viel leichter, schneller und sicherer durchzuführen, wenn das Boot einen und nicht zwei Ausleger besitzt. Auch das Fischen, Speeren, Beladen und Anbordgehen ist leichter, wenn eine Bootseite frei ist. Die Herstellung eines einzelnen Auslegers ist einfacher, Reparaturen sind schneller durchzuführen und weniger kompliziert und häufig als bei einem komplizierteren Fahrzeug. Alles in allem ist das Boot mit einem Ausleger der Hauptkandidat für frühe Seefahrtabenteuer und erreichte wohl auch als erster Bootstyp Australien.

Küstengewässer und große Flüsse gehörten zu den Hauptrouten der ersten Besiedler Australiens. Sandra Bowdler wies als erste darauf hin, daß für diese «Breitspektrum-Sammler» Großtiere nicht interessant waren. Bewohner der günstigsten Regionen konnten ortsfest werden und sogar hohe Bevölkerungsdichten erreichen. Sie belegt den Konservatismus der ersten Australier mit Hinweisen auf deren lange Zeit unveränderter Steingeräte-Traditionen.

Diese Siedler behielten wahrscheinlich über viele Generationen ihre Küstenkulturen bei, ihre Nachkommen entwickelten sich jedoch zu typischen «Binnenländern». Technologien verändern sich in langer kultureller Isolation oft und verlieren viele Feinheiten, besonders wenn diese «überflüssige Arbeit» erfordern. Klimaänderungen oder Abwanderungen in andere Ökosysteme zwingen dazu, neue Rohmaterialien zu verwenden und andere Techniken zu entwickeln.

Wenn Küstenvölker nur die Randgruppen einer viel stärkeren Bevölkerung des kontinentalen Hinterlandes darstellen, werden von den letztgenannten die wichtigsten kulturellen Strömungen ausgehen. Nur im äußersten Norden Australiens kamen die Fischervölker in Kontakt mit großen, volkreichen, seefahrenden Kulturen (wenn auch nur sporadisch). Unten in Tasmanien isolierte der steigende Meeresspiegel eine

Bevölkerungsgruppe für mindestens 8000 Jahre. Es ist signifikant, daß ihre Wasserfahrzeuge zu armseligen Rindenbooten verkümmerten, Kompositgeräte und Bumerangs verschwanden. Aus gleichem Grund kann man auch die Lebensformen und Werkzeuge der heutigen australischen Ureinwohner nicht als zuverlässige Modelle für diejenigen ihrer Vorfahren betrachten. Die Tatsache, daß die frühen Generationen den Übergang von der Küsten- zur Inlandskultur zu bewältigen hatten, erschwert die Analyse ihrer ersten Technologieschritte.

Um Hinweise darauf zu finden, welche Geräte man damals benutzte, sollte man die Siedlungsabfälle untersuchen, die die ersten Bewohner Neuirlands hinterlassen haben. Die ältesten Funde in dieser Region sind ungefähr 32000 Jahre alt, sie weisen darauf hin, daß man in der Gezeitenzone Nahrung sammelte. Dieses Volk konnte die ersten Siedlungsplätze zwar mit Booten erreichen, befuhr aber sicher noch nicht regelmäßig die See, da unter den Nahrungsresten auffälligerweise Fischgräten fehlen. Dies ist ein eindeutiger Hinweis darauf, daß ihre Bootstechnik noch keine sehr weiten Reisen erlaubte. Wahrscheinlich trieb man die Boote noch mit Muskelkraft an und besaß nur schwach entwickelte oder keine Methoden der Meeresfischerei. Das änderte sich um 20000 v. h. Siedlungsabfälle dieser Zeit, in Matenkupkum geborgen, lieferten die ältesten Belege dafür, daß Meeresfische eine Hauptnahrung der Bevölkerung darstellten. Da knöcherne Angelhaken fehlen (aber zwischen den anderen Dingen hätten erhalten bleiben müssen), glauben die Ausgräber, daß man die Fische mit Speeren, Gift, Reusen oder Netzen fing.

Netze fehlen im archäologischen Fundgut vollständig. Frühe Fischer haben sehr wahrscheinlich keine großen Stellnetze benutzt, da sie aufwendig herzustellen sind und leicht von größeren Fischräubern zerstört werden. Moderne Fischfangmethoden zeigen uns aber, was die Menschen damals gemacht haben könnten.

Walter Roth veröffentlichte 1897 genaue Beschreibungen der Fischerei durch die Ureinwohner von Queensland. Der kleinste Typ eines Netzes war ungefähr einen Meter lang und halb so breit. Es war so an zwei Stöcke gebunden, daß man es wie die Hälften eines Portemonnaies schließen konnte. Der einzelne Fischer watete durch erfolgversprechende Flachwasserzonen und versuchte so jeden erreichbaren Fisch einzuschließen. Mit einem weiteren Netztyp mußten zwei bis drei Jungen zusammen hinauswaten und eine Reihe bilden. Dieser Typ bestand aus zwei rechtwinkligen Rahmen von jeweils ungefähr 1×3 Meter Länge, die ein Netz von sechs Zentimeter Maschenweite aufspannten. Hatten die Netzträger ihre Position erreicht, versuchten die anderen Gruppenmitglieder, mit viel Geplantsche vorschreitend, die Fische in die Netze zu treiben. Bei der dritten Methode brachten zwei Männer in tieferem Wasser ein 15 bis 30 m langes Stellnetz an, das man aus lokal vorhande-

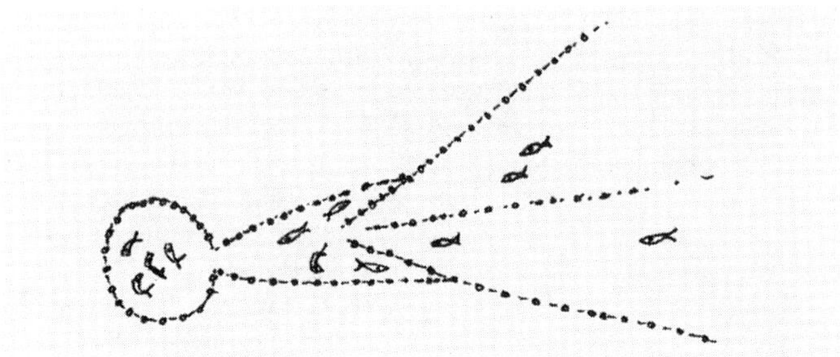

Abbildung 77
Plan eines Fischzaunes. Drei Pfostenzäune leiten die Fische in einen V-förmigen Raum, der in einem kreisförmigen Bereich endet (Pangani, Tansania, aber die Grundidee ist weitverbreitet und leicht an verschiedene Größen anzupassen).

nem Flachs herstellte. Die Netzenden saßen an Stangen fest, mit deren Hilfe die ins Wasser gleitenden Männer das Netz ufernah zwischen sich straff aufspannten. Jetzt schwamm einer von beiden wassertretend hinaus, bis er seinem Kameraden gegenüberstand, der dann in die gleiche Richtung startete. Nach 50 m trafen sie sich und hatten dann an die 1000 m^2 der oberen Wasserzone des Flusses abgefischt. Oft hielt man den unteren Netzrand mit den Zehen in die Tiefe. Im gleichen Gebiet trieben Frauen Fische der Flachwasserzonen in die Enge, wobei sie in Reihen vorwärtsgehend Zweige oder Grasbündel einsetzten. Die so konzentrierten Tiere ließen sich leicht mit Speeren töten, eine Technik, die noch heute in verschiedenen Teilen der Welt eingesetzt wird.

Im Bulia-Distrikt fischte man während der Hochwasserzeiten in kleinen Flüssen mit Hilfe von permanent errichteten Reusen aus Steinen. Die Öffnungen dieser Reusen lagen auf felsigem Grund, sie führten in einen mit Hilfe von Grasmatten oder kleinen Netzen abgeschlossenen Raum. Hierin fingen sich die Fische, die von den Fischern gefangen und durch Kopfbiß getötet wurden.

Das Grundprinzip einer Reuse besteht darin, flußabwärts schwimmende Fische in eine Art Käfig zu leiten, der die Tiere zurückhält, aber das Wasser herausläßt. Da sie leicht mit Schwemmgut verstopfen, kann man sie nicht lange unbeaufsichtigt lassen.

Für flußaufwärts wandernde Fische oder solche, die mit auflaufender Flut ankommen, müssen die Öffnungen natürlich in die andere Richtung zeigen und in hintereinandergeschaltete Trichter führen, welche die Fische konzentrieren. Mit den größeren Fischzäunen und Reusen der Flußmündungen kann man leicht alle Fische fangen, die bei Hochwasser über sie hinweg flußaufwärts schwimmen, da sie bei fallendem Wasser zwangsläufig in der Reuse landen. Hier müssen jedoch

Abbildung 78
Rechteckiges, gewebtes Palmblatt-Segel am Ausleger-Kanu.

mindestens zwei Männer Wache halten, um Verluste durch fischfressende Vögel zu vermeiden. Ortsfeste Populationen bodenbewohnender Fische können durch diese Methoden fast ausgerottet werden. Da als Folge aber die wirbellosen Tiere wahrscheinlich häufiger wurden, konnten die «Strandläufer» weiterhin mit guter Beute rechnen.

Die Bucht, an der heute Brisbane liegt, war vor über hundert Jahren Zeuge einer Jagdmethode, bei der die Jäger versuchten, Anteil an der Beute der Meeresraubtiere zu erlangen. Das klappte nur zu bestimmten Jahreszeiten. Wächter warteten auf den Landspitzen darauf, daß Fischschwärme auf die Küste zuwanderten, was sie nur taten, wenn sie von Delphingruppen verfolgt wurden. Diese waren den Aborigines so vertraut, daß sie individuelle Namen besaßen. Die Delphine wiederum kannten die Menschen so gut, daß sie auf ihre Zeichen reagierten. Schlug man in unmittelbarer Strandnähe mit Holzschlegeln in das Wasser, konzentrierten die Delphine sich sofort auf diesen Punkt und trieben die Fische ins flache Wasser, wo sie von Männern mit Speeren getötet und an Land geworfen wurden. War das «Schlachtfest» vorüber und die Fische verschwanden, verfütterte man einen Teil der Beute an die Delphine. Auch von der Proper-Bay in Südaustralien und aus dem Süden Mauretaniens gibt es Geschichten über derartige Kooperation von Mensch und Delphin. Eine noch intensivere Verbindung berichtet man vom Green-Cape der Südostküste Australiens. Hier lernte eine Gruppe von Schwertwalen die Vorteile der Harpunenjagd auf Buckelwale vor

Abbildung 79
Aus Fasern gewebtes Segel, wie es in Papua Neuguinea häufig benutzt wird.

der Station von Twofold-Bay schätzen. Die Walfänger kannten jeden Schwertwal persönlich und gaben ihnen Spitznamen wie Old Tom, Cooper, Hookey, Humpy, Jackson und Typee. Zwischen 1842 und ungefähr 1920 suchten die Schwertwale die Küstengewässer nach auftauchenden Buckelwalen ab, um sie dann in die Twofold- und Leatherjacket-Bay zu treiben. Hier bestiegen die Walfänger, welche sich die gesamte Arbeit der Suche ersparen konnten, ihre Boote, harpunierten ein oder zwei eingeschlossene Buckelwale und belohnten die Schwertwale mit den Zungen und Lippen ihrer gemeinsamen Jagdbeute.

So malerisch diese Symbiosen auch wirken mögen, sie veranschaulichen eine Strategie aller unspezialisierten Raubtiere und Aasfresser, jedes plötzlich auftretende Angebot leichten Nahrungserwerbs zu ergreifen. Fast immer werden mehrere verschiedene, fleischfressende Tierarten von diesen «Sonderangeboten» angelockt. Die schnelleren, aufmerksameren Arten lernen dabei in kurzer Zeit, die anderen als «Wegweiser» zu nutzen und ihnen die Beute streitig zu machen. So beobachtete ich z. B., wie der von einem Ibis erbeutete Fisch von einem Storch gestohlen wurde, der ihn wiederum an einen Fischadler verlor; zusätzlich versuchten Milane und Reiher an den Fang zu gelangen.

Der Übergang von der Nutzung küstennaher Bereiche zur Meeresfischerei setzt viele Veränderungen u.a. die Erfindung des Segelns voraus. Die Fähigkeit zu Segeln ist nicht zwangsläufig mit der Fischerei auf See verknüpft, sie erleichterte den Zugang zu guten Fischgründen jedoch erheblich und vergrößerte das Nahrungsspektrum und die erreichbare Fläche für Fischer gewaltig.

Auf alle Fälle kann die Erfindung des Segelns nicht viel später als die Anfänge der Meeresfischerei stattgefunden haben. Wahrscheinlich haben fischfangende Völker die Launen der Strömungen und Winde bald zu ihrem Vorteil zu nutzen gewußt. Sie konnten leicht erkennen, daß bei günstigen Winden schon ein stehender Mensch das Boot schnell antreiben konnte.

Die wahrscheinlichste Segelform dürfte eine rechteckige Matte aus zwei bis drei verflochtenen Palmwedeln gewesen sein, die ein oder mehrere *mkuti*-Wedel enthielten, deren Mittelrippe sich als Baum hoch am Mast befestigen ließ. Eine solche einfache Konstruktion könnte in der zeitgemäßen Segelsprache als «Baum-Luggersegel» bezeichnet werden.

Wieder einmal ist Südostasien das Entwicklungszentrum, in dem man die Segeltechniken am intensivsten erforscht hat. Einmal begonnen, experimentierte man mit Takelagemöglichkeiten und -techniken herum (von denen hier einige dargestellt sind). Da die Hochseesegelei und -fischerei bis vor 20000 Jahren im Südpazifik nicht voll entwickelt war, müssen die Flußmündungen und Küstengewässer über Zehntausende von Jahren die Grundnahrung der Küstenvölker geliefert haben. Die Ernährungsbasis der Küstenbewohner Neubritanniens vor 32000 Jahren unterschied sich von der vor 100 Jahren im Grunde nur durch das Fehlen von Meeresfischen. Schalentiere, Krebse, Schildkröten, Krokodile, Frösche, Vögel, Flughunde, weitere Säugetiere und natürlich Pflanzen blieben die Grundnahrungsmittel im gesamten, bewohnten Südpazifik. Ergänzungen durch Jagd und Sammeln im Hinterland wurden erst sehr spät aufgegeben. Die besondere Fähigkeit, einen großen Nahrungsanteil aus dem Meer zu gewinnen, gehörte aber von Anfang an zu den typischen Kulturmerkmalen dieser frühen Küstenvölker.

Auf dem südostasiatischen Festland kann sich an Flüssen eine tropische Kulturform entwickelt haben, die sich immer stärker von der ihrer küstenbewohnenden Nachkommen unterschied, dies ist bisher jedoch durch keine archäologischen Funde belegbar. Ein sehr spätes Vordringen in die nördlich angrenzenden Regenwälder vor ungefähr 10000 Jahren ist unter dem Namen Hoa Binhian (nach einem vietnamesischen Dorf) bekannt. Der Archäologe Peter Bellwood glaubt, daß das fast vollständige Fehlen von Fundstellen in den feuchten Regenwäldern ganz klar widerspiegelt, daß die modernen Menschen diesen Raum

Abbildung 80
Segelformen.
Von links: Rahsegel; Luggersegel; Lateinersegel; Lateinersegel mit Baum; spezielles Sprietsegel; Bermudasegel und Vorderansicht.

mieden. Er ist der Ansicht, daß die Hoa Binhian-Kultur das Vordringen – vielleicht aus dem kontinentalen Hinterland – technischer Innovationen wie Pfeil und Bogen oder Blasrohr verrät.

Mit den auf den südostasiatischen Fundstellen geborgenen Abschlägen, Geröllgeräten und Kratzern bearbeitete man wahrscheinlich hauptsächlich Holz und vielleicht Wurzeln, Knollen und Bambus. Speziell einige Kalzit-Klingen aus der Spirit-Cave in Nordwestthailand zeigen bogenförmige Gebrauchsspuren, die auf eine Bearbeitung runder Stäbe wie z.B. Bambus hinweisen. In der gleichen Fundschicht fand man verkohlte Bambusreste.

Die Bedeutung von Bambus im heutigen Südostasien ermutigte Geoffrey Pope und andere zu der Vision einer südostasiatischen Kultur, die eher auf Bambus und Hölzern, als auf Steinmaterialien beruhte. Dies soll selbst für die ersten Siedler gegolten haben. Trotz der Möglichkeit einer «spurlosen» Besiedlung ist die Ansicht Bellwoods, daß die immerfeuchten, äquatorialen Regenwälder damals nur in den Rand- und Küstenbereichen bewohnt waren, sicher richtig.

In dieser Hinsicht bildet die südostasiatische Inselwelt einen klaren Gegensatz zum indischen Subkontinent, der mindestens 150000 Jahre lang vollständig besiedelt war.

An der nordöstlichen Ecke des Arabischen Meeres, in Saurashtra, entdeckte man an der Küste bei Badalpur unter einer Austernbank eine Fülle von Werkzeugen, wie Schaber und kombinierte Schaber-Bohrer. Weitere Geräte fand man 90 km landeinwärts am Bhadar-River bei Jalpur. Sie waren in der Technik des harten Schlages mit kleinen Schlagsteinen hergestellt und durch Druckretuschieren überarbeitet. Auf 56000 v.h. datiert, ähneln diese Werkzeuge Fundstücken von der anderen Seite des Subkontinents im Rallakalava-Becken bei Madras und anderen indischen Funden. Der Zusammenhang zwischen Werkzeugherstellern, ihrer Lebensweise und der Küste ist für diese Zeiten rapider

Klimaänderungen unklar. Küstenlinien verschoben sich und weder Faunen- noch Florenelemente sind überliefert. Wahrscheinlich kamen die Banda-Siedler schon vorher hier an. Nach gegenwärtigem Wissen verraten die Funde, daß die Küstenbereiche zu den bevorzugten Lebensräumen gehörten.

Da die Umweltbedingungen die Erhaltung der Fossilien verhinderten, sind die tropischen afrikanischen Küsten genauso fundarm. Weiter südlich entlang der Sambesi- und Limpopo-Unterläufe lassen sich die Werkzeug- und Siedlungsfülle als erste Spuren der Banda in Afrika deuten.

Man kann nicht erwarten, daß die Banda als Küstenwanderer so etwas wie Steingeräte mitbrachten. Ehemalige Küstenkulturen, besonders wenn sie in Regionen mit Korallenriffen lebten und statt Steingeräten Muschelstücke, Zähne, Gräten sowie verschiedene Binde- und Knüpftechniken verwendeten, haben später die Steintechnologie entweder von anderen übernommen oder selbst neu erfunden.

Die Banda brachten wahrscheinlich neue Möglichkeiten zur Sicherung des Lebensunterhaltes und eine veränderte Einstellung zu den Ressourcen mit. Während an den Küsten Südafrikas eigenständige Wirtschaftsformen entstanden waren, beruhten die meisten Gesellschaften auf Großwildjagd. Für sie brachte die Ankunft der Banda völlig Neues. Der vielfältige Gebrauch von Giften könnte beide Partner interessiert haben. Daß man die Charaman-Picken wahrscheinlich zum Ausgraben von Wurzeln benutzt hat, wurde schon erwähnt. Falls die Banda-Kulturen die intensive Nutzung von Wurzeln in Afrika einführten, konnten die Großwildjäger Nebenprodukte wie Yams und Pflanzengifte schnell übernehmen; Gifte mußten für sie schon vorher bei Jagd und Fallenfang eine große Rolle gespielt haben. Noch heute geht man in verschiedenen Gegenden der Welt und im tropischen Afrika recht sorglos mit tödlichen Giften um. Ich sehe es heute noch genau, wie in meiner Jugend ein vor mir laufender Hadza-Jäger einen Pfeil aus dem Köcher zog und ohne seinen Gang zu unterbrechen, die vergiftete Spitze als Rückenkratzer benutzte. Klarer läßt sich die Gewöhnung an

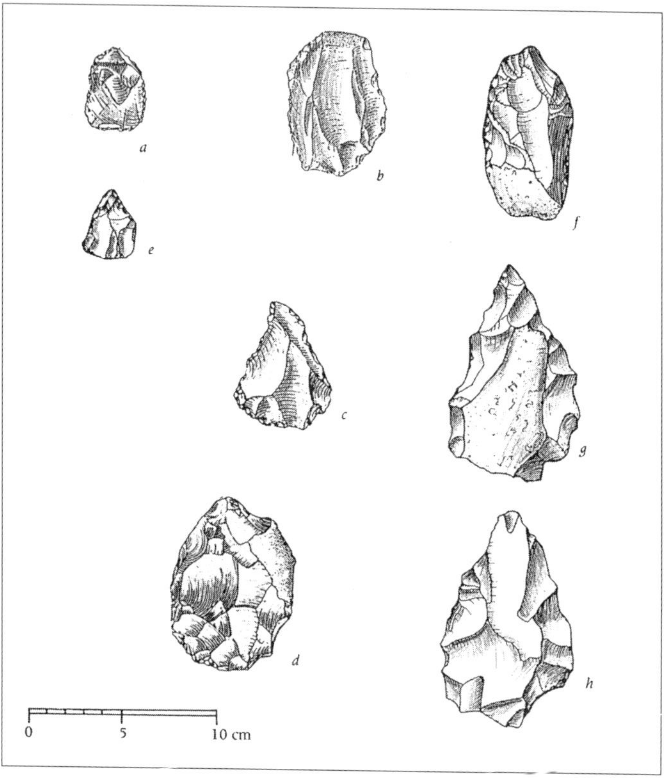

Abbildung 81
Mittelpaläolithische Werkzeuge von Jetpur und Badalpur (Nordwest-Indien) 56 800 v. h. (a)-(d); und mittelpaläolithische Geräte von Südost- und Zentralafrika (nach Misra 1987 und J.D. Clark 1970).

Leben und Tod nicht demonstrieren. Die kleine Geste illustriert aber auch, mit welcher Sicherheit prähistorische Menschen auch Kleinigkeiten des täglichen Lebens beherrschen mußten.

Die Häufigkeit der Lupemban-Fundstellen legt nahe, daß die Bevölkerung, die diese Werkzeuge herstellte, relativ dicht und weit verbreitet war. Kopfstarke Gesellschaften tendieren dazu, sich territorial aufzuspalten und das Verhalten der Gruppen und der Individuen zu reglementieren. Verstärkter sozialer Druck und die Aufspaltung in verschiedene Stämme kann interessante Auswirkungen auf die Werkzeugproduktion gehabt haben.

Geräteinventare mit überlappenden Funktionstypen wie Schaber, Schaber-Ahlen und Klingenschaber wurden durch Werkzeuge mit klarer getrennten Aufgaben abgelöst. Die Vielfalt an Werkzeugen mit jeweils engerem Funktionsbereich nahm zu, man überarbeitete sie sorgfältiger und standardisierte die Form. Innerhalb kurzer Zeit erfand man lokal verschiedene Verbesserungen und verwarf die «älteren Modelle». Diese ausgereifteren Gerätetypen erfüllten ihren Zweck sicher besser als die meist größeren Vielzweckwerkzeuge der frühen Phasen des Mittelpaläolithikums. Die Hersteller der letztgenannten Industrien waren wohl stärker nomadisch und mit einem Lebensunterhalt zufrieden, den man mit einem Minimum an Arbeit erreichen konnte. Auf diese Weise konnten nomadische Großwildjäger über Jahrtausende neben stärker seßhaften Sammlern überleben. Im Süden Zaires scheinen zwei verschiedene Kulturformen im gleichen Gebiet, aber in ökologisch verschiedenen Räumen koexistiert zu haben. Auf den offenen Savannen fand man hier die typischen, großen zweiseitig bearbeiteten Steinwerkzeuge der Großwildjäger. Die den ansteigenden Südrand des Zaire-Beckens begleitenden bewaldeten Täler lieferten dagegen fein bearbeitete Klingen und Miniaturgeräte, die eher zur Jagd auf kleinere Tiere und zur Pflanzennutzung passen.

Derartig gleichalte, klar unterscheidbare Werkzeuginventare in ökologisch unterschiedlichen Landschaftsteilen entdeckte man in Afrika, Eurasien und Australien. Aborigines Nordaustraliens stellen auf ihren jahreszeitlichen Wanderungen von Küsten- zu Inlandstationen nicht nur ihre Ernährungsweise um, sondern stellen jeweils ganz andere Werkzeugtypen her. Diese Vielseitigkeit werden auch viele vorgeschichtliche Völker besessen haben, sie bedeutet jedoch nicht zwangsläufig, daß unterschiedlich angepaßte Kulturen nicht nebeneinander existiert haben können; viele klare Beispiele heute koexistierender Kulturformen in Afrika und Asien belegen, daß es geht.

Einige Lupemban-Geräte waren sinnvollerweise schwergewichtig. Harte Erde und festes Holz lassen sich nur mit schweren, scharfen Picken und Schlaggeräten bearbeiten. Mit einem leichten Grabstock kann auch ein kräftiger Mann nicht viel erreichen. Die Nachweise der bisher ältesten, zentral durchbohrten, flachen Gerölle stammen aus Polungu im Südwesten Tansanias, sie sind ungefähr 40000 Jahre alt. Man deutet sie als Beschwerungen von Grabhölzern, aber anders als die Charaman- und Sangoan-Picken waren es keine «Wegwerfartikel». Nach Beobachtungen an heutigen Völkern wurden sie wahrscheinlich von Frauen benutzt. Im Verbreitungsgebiet dieser durchbohrten Steine muß früher regelmäßig nach Wurzeln und Knollen gegraben worden sein. Daraus läßt sich schließen, daß es in den feuchten Tropen Gebiete

Abbildung 82
Frau mit steinbeschwertem Grabstock.

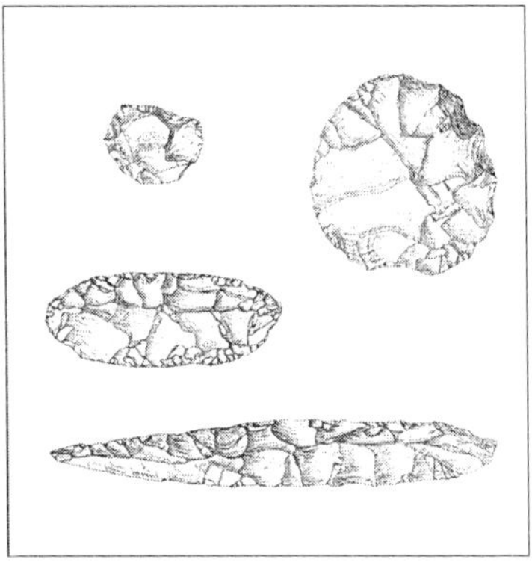

Abbildung 83
Einige Lupemban-Steingeräte (nach J.D. Clark 1970).

gab, in denen das Angebot an wildwachsenden Wurzeln und Knollen eine eher seßhafte Lebensweise ermöglichte.

Eine etwas spätere Form der Lumpenban-Industrie Zaires ist unter dem Namen Tschitolien (auf 27000 bis 14000 v.h. datiert) bekannt. Anstelle präparierter, runder Kernsteine für die Herstellung von Spitzen und Abschlägen, bevorzugte man pyramidenförmige Kerne zur Herstellung sehr kleiner, standardisierter Mikrolithen. Diese dienten wahrscheinlich, mit Pech befestigt, als Pfeilbewehrungen. Aber auch gestielte Pfeilspitzen treten in den Tschitolien-Inventaren auf; sie könnten auf Verbindungen zu den frühen Atérien-Jägern der Sahara hinweisen.

Daß Pfeil und Bogen mehrfach erfunden wurden, wird allgemein angenommen. 30000 Jahre alte gestielte Spitzen fanden sich in Angola. Die Waldbewohner nutzten eine für ihren Lebensraum typische Tierform – Affen. Aufgrund ihrer Intelligenz, der guten Beobachtungsgabe und der Lernfähigkeit lassen sich diese Tiere aber nur schwer mit Fallen erbeuten. Erfolgreicher ist die Jagd mit vergifteten Wurfspießen oder Pfeilen. Die Tschitolien-Menschen stellten sehr feine, gestielte Spitzen in einer Technik her, die sie von frühen Saharavölkern übernommen haben könnten. Das für Wüsten- und Waldbewohner gleiche Problem, scheue Beutetiere zu erlegen, löste man mit der Entwicklung von Pfeil und Bogen. Daß Pygmäen noch heute angespitze, vergiftete «Ganzholz-Pfeile» bevorzugen, legt nahe, daß dieser Bautyp in Wäldern viel älter ist.

Vor ungefähr 9000 Jahren erscheinen die ersten steinernen Pfeilspitzen am Kap. Sicherlich hat man aber hölzerne Pfeile ohne steinerne

Abbildung 84
Verschiedene Bogen- und Pfeiltypen für die Jagd auf unterschiedliche Beutearten.

Spitze schon viele Jahrzehntausende vorher benutzt. Felszeichnungen in Spanien und anderen Gebieten der Welt zeigen den Einsatz von Pfeil und Bogen, ja lassen sogar oft eine Unterscheidung von Jagd- und Kriegsbögen zu.

Zeitgenossen der Tschitolien-Leute in Südostafrika entwickelten eine Steingeräteindustrie, deren Artefakte so klein waren, daß man sie nur als Serien in Sägen oder gezahnte Dolche bzw. Keulen einsetzen konnte. Auch Reibsteine sind häufig. Diese, zwischen 20000 und 12000 v.h. in weiten Teilen Ost-, Zentral- und Südost-Afrikas verbreitete Kultur nennt man das Natchikufan. Viele heutige Bewohner im Verbreitungsgebiet dieser Kultur müssen direkte Nachfahren der Natchikufan-Leute sein.

Jungpaläolithische Artefakte aus vergänglichen Materialien konnten sich in den trocken-kühlen Klimazonen im südwestlichen Afrika besser erhalten. Und genau hier entdeckte man zahlreiche Spuren, welche die reiche Steinzeitkultur belegen: «Matratzen» aus Blättern und Gras, Gemüseabfälle, Rindenbrettchen, Holzkeile, Schlegel, Lederbekleidung und -beutel, Farbreste, Mörser und Stößel sowie die älteste, bisher bekannte naturalistische Zeichnung der Welt. Diese ungefähr 28000 Jahre alten Zeichnungen fand man in der «Apollo II»-Höhle in der südlichen Namib-Wüste. Die Künstler waren Großwildjäger, die das Gebiet in feuchten Warmzeiten bewohnten. Aus der Apollo II-Höhle stammen auch die bisher ältesten Reste von Pech auf Steingeräten. Schäftungshilfen und gestielte Artefakte sind schon seit 50000 v.h. nachweisbar. Sicherlich hat man aber schon wesentlich früher damit angefangen, Griffe an Werkzeugen festzubinden bzw. zu kleben.

Zwischen 75000 und 30000 v.h. bildete sich in Afrika eine Vielzahl gut unterscheidbarer Industrien heraus. Die Bedeutung der Holzbearbeitung für die Galerie- und Regenwaldbewohner zeigt sich in der Fülle an Steinbeilen und Dechseln sowie in wundervoll bearbeiteten Dolchklingen, deren jeweilige Form vermuten läßt, daß man sie in hölzernen oder knöchernen Griffen schäftete. Mit den ersten in der Sahara und südlich angrenzenden Regionen auftretenden Geräten mit Schäftungszungen liegen eindeutig Beweise für das Anbringen von Griffen vor. Diese Techniken haben aber sicher sehr viel ältere, wenn auch einfachere Vorläufer gehabt. Erst der Griff macht aus einer Klinge ein richtiges

Abbildung 85 >
Tiboy und Alu stellen Pfeil und Bogen mit Steingeräten her
(1) Fällen einer Sakon-Palme mit einem Keil und (2) verkürzen auf Bogenlänge.
(3) Herausstemmen eines Keilsegmentes für die Bogenherstellung.
(4) Die Sehne entsteht aus zusammengedrehten Rindenfasern.
(5) Formgebung des Bogens durch Schaben und Befestigung der Sehne.
(6) Alu testet das fertige Gerät. (Fotos J. Kamminga)

1

2

3

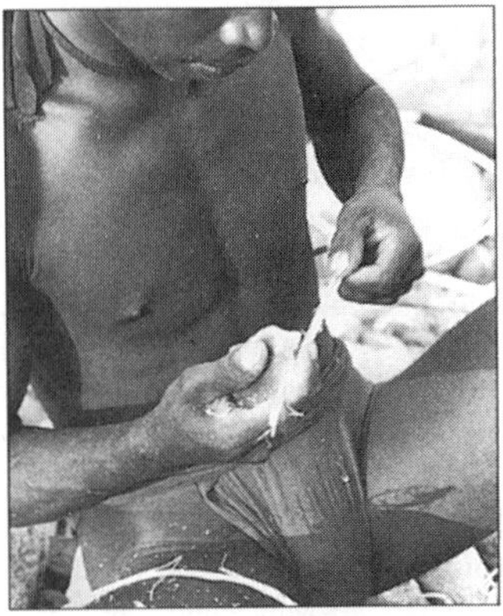
4

5

6

Messer, das geschickter und kräftiger schneidend einsetzbar war, als ein bloßer Abschlag.

Wenn die Anfänge der in der Sahara entstandenen Atérien-Industrie – wie vermutet – 70 000 Jahre zurückreichen, hat sie sehr lange existiert. Gestielte Pfeilspitzen, die sich besonders sicher an einem Schaft befestigen lassen, findet man besonders in trockenen, offenen Lebensräumen.

Das Atérien entwickelte sich zur saharaspezifischen Kultur, welche das in Nordafrika allgemeiner verbreitete und konservativere Moustérien ablöste, dessen Ursprünge man den Heidelberger-Menschen zuschreibt. Die hervorragend gearbeiteten Stielspitzen der Atérien-Menschen, die man für Pfeilbewehrungen hält, waren so leicht wie möglich, sicher wertvoll und wurden deshalb mit Vorsicht behandelt. Das meist glasartige Rohmaterial transportierte man teilweise bis zu 60 km. In der offenen, trockenen Landschaft der Wüstengebiete sind Beutetiere weit verstreut und sehr mobil, die Jäger müssen daher nicht nur weite Strecken zurücklegen können, sondern für den versteckarmen Lebensraum spezielle Jagdmethoden entwickeln. Die Atérien-Pfeilspitzen waren ein Teil der Problemlösung.

Schlingen und Fangzäune gehörten wahrscheinlich zu den erfolgreichsten Fangmethoden. Besonders wichtig waren natürliche und künstliche Engpässe, um möglichst nahe an die Beute heranzukommen. Die Entwicklung weittragender Jagdwaffen war unabdingbar. Ohne den Besitz einer Vielzahl von Fallen, Pfeilen und Giften kann selbst eine teilweise bewaldete Sahara mit gemäßigtem Klima keine größere Zahl an Menschen ernährt haben.

Bis in die jüngste Vergangenheit haben sich die Jäger auf ihren Beutezügen noch als Antilopen, Strauße, Trappen, Hornraben oder als Busch verkleidet. Selbst wenn diese Methoden schon zum Repertoire der Atérien-Menschen gehörten, kamen sie wohl nicht ohne Speerschleudern bzw. Pfeil und Bogen aus. Je ordentlicher und leichter die Werkzeuge wurden, desto sicherer konnten sie ältere, gröbere Jagdmethoden durch verbesserte Schußgenauigkeit verdrängen. Hohe Schußweite erreichte man durch geschickte Nutzung mechanischer und anatomischer Prinzipien und nicht nur durch Körperkraft.

Zur gleichen Zeit sind im Nahen Osten, wo sich seit 43 000 v. h. verschiedene Traditionen entwickelten, Veränderungen feststellbar. Man standardisierte die Vielfalt retuschierter Klingen, zerschlug, schnitt, sägte, schliff, pickte und durchbohrte Steine und befestigte die meist kleinen Stücke in Schäftungen und Griffen, um sie als Sägen, Messer, Meißel oder Schaber zu nutzen.

Man weiß heute, daß geübte Steinschläger aus jedem Rohmaterialstück jede gewünschte Form herausarbeiten können. Das angezielte Objekt kann ein Kunstwerk oder ein in der Vorstellung vorgeformtes

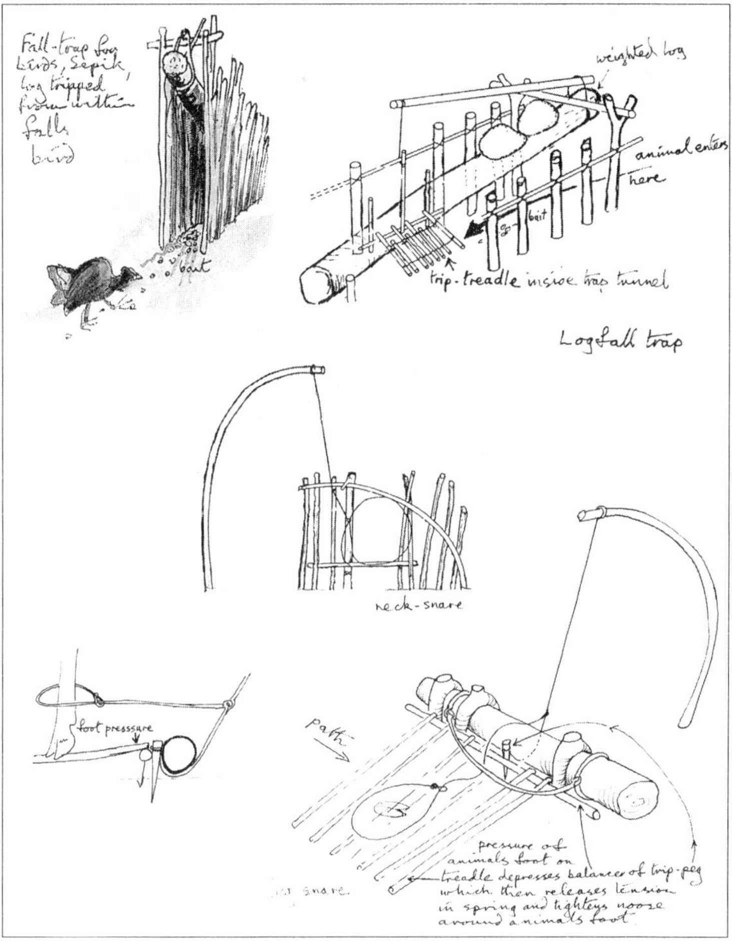

Abbildung 86
Skizzen von Schlingen- und Schlagfallen. (oben links) Schlagfalle vom Sepik, Papua. (oben rechts) Schlagfalle. (Mitte) Einfache Schlingenfalle aus Tansania (nach M. Kakeya). (unten) Fußschlinge aus Kigezi, Uganda.

Abbildung 87
Diese Tiang-Antilope wird von einer Fußschlinge gehalten, die an einem Baumstamm befestigt ist.

Idealwerkzeug sein. Der Arbeitsvorgang bedeutet dann die schrittweise, einsichtige und vorausschauende Umsetzung in die Tat. Die Ergebnisse derartiger, gezielter Arbeitsabläufe unterscheiden sich qualitativ von einem einfachen Überarbeiten natürlich vorgegebener Strukturen, mit deren Ergebnissen man Routinetätigkeiten wie Zerschlagen, Schneiden, Brechen oder Kratzen durchführen will. Die komplexeren Geräte setzen qualitativ bessere Rohmaterialien voraus, die man nicht so leicht in den Geröllen am nächsten Flußufer findet. Da man selteneres Material suchen, transportieren und aufbewahren mußte, wurden Prospektionsexpeditionen notwendig. Die Bewertung von Werkzeugkulturen kann man sowohl aus der Sicht der Hersteller als auch der Benutzer angehen. Die Produktion feinerer, sorgfältig bearbeiteter Geräte aus lokal beschränkten Rohstoffvorkommen setzt Spezialisten voraus, bei denen eine klar angestrebte Endform ein systematisches Vorgehen in bestimmten Arbeitsschritten erzwingt.

Paul Mellars von der Cambridge Universität hat nachgewiesen, daß die jungpaläolithischen Werkzeuge im westlichen Eurasien von Menschen hergestellt wurden, die in erkennbaren Zielvorstellungen übereinstimmten. Er glaubt, daß Entwicklungen und Veränderungen, kompliziertere Muster und Standardisierung auf soziale und symbolische Faktoren zurückzuführen sind. Auf diesem Gedankenhintergrund verschärft sich die Bedeutung von dem, was Mellars die «Taxonomie bzw.

mentale Kategorisierung der Werkzeugformen» nennt. Geschlecht und Status des Werkzeugbenutzers, Art des Rohmateriales und jahreszeitliche Aspekte lassen Werkzeugindustrien so in einem größeren sozialen Kontext erscheinen.

Die zwei Formen der mittel- bzw. jungpaläolithischen Technologiekomplexe in Europa wurden von zwei verschiedenen Menschentypen produziert, den Neanderthalern und den modernen Menschen. Die jüngeren Werkzeuge gingen jedoch nicht durch einen plötzlichen Entwicklungsschub aus den älteren hervor, sondern die ursprüngliche Bevölkerung wurde durch neue Völker im Besitz einer anderen und fortgeschritteneren Technologie verdrängt. Zwischen 43000 und 40000 v.h. breitete sich das Aurignacien schnell in Europa aus. Das Vordringen in kalte Gebiete setzte entsprechende Kleidung, Unterkünfte, Lagerausrüstungen und geänderte Zubereitungs- und Konservierungsmethoden der Nahrung voraus. Obwohl diese Herausforderungen die technische Entwicklung beschleunigt haben mag, liegen ihre Ursprünge, wie Mellars analysierte, nicht in Europa, sondern scheinen über den Nahen Osten aus Afrika gekommen zu sein. Ihre dortige Entwicklung war kein plötzliches Ereignis, sondern läßt sich wahrscheinlich auf weit zurückliegende Ereignisse im Herzen Afrikas zurückverfolgen.

Dort fing zwischen dem Sambesi und dem Äquator mit dem Auftreten der Lupemban-Kultur der Trend zu kleineren Werkzeugen mit eingeschränkterem Funktionsbereich an. Vielleicht ist es kein Zufall, daß dies genau die Region ist, in der die ersten Banda-«Strandläufer» Kontakt mit den eingeborenen Jägergruppen aufnahmen und die Besiedlung des Hinterlandes begann. Der Übernahme neuer Ideen und der Ausweitung des Nahrungsspektrums durch bessere «Erntetechniken» folgte eine lange Periode des Konservatismus. Der Zusammenprall dieser gegensätzlichen Wirtschaftssysteme in Afrika kann der Anstoß für all die folgenden Entwicklungen gewesen sein.

Da ein erweitertes Nahrungsspektrum und eine verbesserte Werkzeugtechnik auch mehr Menschen ernähren konnte, ist anzunehmen, daß sich die «neuen Ideen» in Afrika weit ausbreiteten. In den Randbereichen wird ihr Einfluß geringer gewesen sein, die schnelle Veränderung der Steinwerkzeuge in dieser Periode legt jedoch nahe, daß die Kulturen Äquatorial- und Nordafrikas sowie des Nahen Ostens stärker beeinflußt wurden als bisher angenommen.

In diesem Zusammenhang hat der Archäologe Ray Innskeep mich darauf hingewiesen, daß zwischen Lupemban- und Aurignacien-Werkzeugen eine bedeutungsvolle Ähnlichkeit besteht. Beide Industrien besaßen sehr symmetrische Kurvenkratzer, bei denen man aus einem ovalen Stein eine breite, halbkreisförmige Bucht herausgearbeitet hatte, um eine Art Hohlmeißel herzustellen. Das Gerät ließ sich mit einem Griff versehen, lag aber sicher aufgrund der Form des Ausgangssteines auch so gut in der Hand.

Das plötzliche Erscheinen typenreicherer Geräteinventare beinhaltet mehr als eine reine Erhöhung der Zahl unterscheidbarer Typen. Viele der erhaltenen Steingeräte dienten der Bearbeitung vergänglicher Materialien wie Holz, Rohr, Gras, Harz, Rinde, verschiedene Fasern, Haut, Knochen und anderer Kompositgeräte. Aus der Zunahme der Ausrüstungsgegenstände läßt sich auch schließen, daß man die Ressourcen besser und intensiver nutzte, was wiederum bedeutet, daß man weniger nomadisch war, höhere Bevölkerungsdichten erreichte und die Vielfalt der nutzbaren Lebensräume erschloß. Komplexere und kooperative Kulturformen wurden nötig, die zunehmender Konkurrenz und entsprechend häufigeren Auseinandersetzungen durch effektivere, subtilere Methoden – sprich anderes soziales Verhalten – begegneten.

Das Verhältnis von Werkzeugtechnologie und Psychologie wurde bisher zu wenig beachtet, aber gerade hier mag ein Schlüssel zum Verständnis der Neuerungen liegen. Hier findet man die zentrale Motivation von Kindern, sich – stolz auf ihr handwerkliches Können – in die Gesellschaft einzubringen. In einigen zentralafrikanischen Gesellschaften erlangen Kinder oft die Bewunderung der Älteren (meist den Brüdern der Mutter), indem sie ihnen kleinere Beutetiere schenken, die schwer zu fangen sind. Aber auch Erwachsene versuchen andere durch ihre Fähigkeiten zu beeindrucken. Daher kann die Motivation, die Seetüchtigkeit eines Fahrzeuges zu steigern, allein in der Anerkennung liegen, die man für einen erfolgreichen Jagdausflug bekommt (wie z.B. das Sammeln von Vogel- oder Schildkröteneiern in einer sehr kurzen «Erntezeit»). Solche Expeditionen mußte man gut vorbereiten, da ein Mißlingen Schande über alle, besonders aber die älteren Teilnehmer brachte. Größere Stabilität, Wendigkeit und Schnelligkeit waren sicher ganz praktische Vorteile, man kann sich aber genausogut vorstellen, daß viele vorgeschichtliche Menschen sich einfach nicht lächerlich machen wollten und versuchten, durch geschickteren Einsatz verbesserter Werkzeuge die Bewunderung der Mitmenschen zu erringen.

Die vermehrte Anzahl miniaturisierter Werkzeugtypen hatte sicherlich weitreichende soziale Konsequenzen. Die notwendigerweise besseren handwerklichen Fähigkeiten der Hersteller und Benutzer jungpaläolithischer Geräte wird deren Verhalten geändert und neue Erfindungen provoziert haben. Ein Hauptziel der Kindererziehung muß in der Weitergabe der Handwerkskunst bestanden haben. Hervorragende Steinschläger dürften in diesen Gesellschaften einen höheren sozialen Stellenwert besessen haben, als in den davor existierenden Gesellschaften mit einer primitiveren Technologie. Die öffentlichen

Demonstrationen der Arbeitsabläufe führten zu einem verstärkten und verbesserten Informationsaustausch. Dies gab Anstöße für weitere Entwicklungen, auch wenn diese z.T. nur minimale Verbesserungen im Aussehen bedeuteten.

Neben den praktischen Vorteilen technischer Fähigkeiten erkannte man sicher bald, daß sie auch Macht bedeuteten, was zu verschiedenen sozialen Konsequenzen führte. Wir wissen nicht, ob prähistorische Menschen ihre Technologie mit Moralvorstellungen maßen; einen Ansatz dafür, sie als gut oder schlecht zu bewerten, finden wir aber bei einigen Zairern im Wort *pomoli*. Es ist nicht klar, ob das *pomoli*-Konzept früher weiter verbreitet war, es verdient jedoch weit über sein Ursprungsgebiet in abgelegenen Wäldern hinaus Beachtung.

Im Kinderspiel und dem Bemühen der Erwachsenen, den Nachwuchs über Pflanzen und Tiere zu unterrichten, sind Initiation, Unterhaltung und humorvolle Spiele untrennbar verbunden. Die Musik als «Nebenprodukt» der Arbeit, der Jugendzeit oder des Ausdrucks reiner Lebensfreude ging wahrscheinlich ihrem Einsatz bei Ritualen voraus.

Bei Haua Ftea an der nordafrikanischen Küste fand man einen hohlen Knochen, der wie eine moderne Flöte mehrere Bohrlöcher besaß, das bisher älteste «Musikinstrument» der Welt. Die weitverbreitete Vorliebe für Knochenflöten könnte ein Abfallprodukt der Knochenmarkgewinnung sein. Während man an den Knochen saugte oder hineinblies, um das delikate Mark zu erreichen, konnte man die akustischen Eigenschaften einer hohlen Röhre sicher nicht überhören. Die oben erwähnte Flöte ist ungefähr 85000 Jahre alt. Schlaginstrumente müssen zu den frühesten musikerzeugenden Geräten gehört haben. Bei vielen Arbeitsgängen schlug man verschiedene Materialien aneinander und viele Jungtiere, besonders der Menschenaffen, genießen diese Möglichkeit, Lärm zu machen. Noch heute findet man vom akustischen Begleiten des Hammerschlages und der rhythmisch koordinierten Arbeit bis hin zum entsprechenden Trommeln und Stampfen alle Übergänge. Das Summen der Insekten, das Auskratzen eines Schildkrötenpanzers, klingende Feuersteinabschläge, ein ins Wasser fallender Baumstamm oder das Echo im Tal gehörten zu den täglichen Erfahrungen prähistorischer Menschen. Das Nachahmen von Vogel- und Tierstimmen ist weltweit verbreitet; viele dieser Geräusche lassen sich besser singen als sprechen. Derartig improvisierte Imitationen können mit kindlichem Spiel angefangen haben. Ich bin sicher, daß Kinder und die Kindheit das Zentrum steinzeitlicher Kulturen bildeten, deren Kontinuität aber auch ihren Fortschritt garantierten.

In der Kulturgeschichte hält man seit langem die Erfindung des Rades für eine der bahnbrechenden Entdeckungen. Amerikanische Indianerkinder spielten aber schon lange vor den Azteken und Kolumbus mit kleinen Spielzeugtieren auf Rädern. Die an der karibischen Küste bei Tampico ausgegrabenen, aus Ton gebrannten Stücke wurden wahrscheinlich von Kindern erdacht. Selbst wenn sie, wie einige Archäologen vermuten, Kultfiguren sein sollten, beweisen sie spielerischen Erfindungsgeist. Die Rädern innewohnenden, technischen Potentiale können aber nur dann umgesetzt werden, wenn entsprechender sozialer Druck und große Haustiere vorhanden sind, die man vor die erste Karre oder den ersten Wagen spannen konnte. Die Spielzeuge von Tampico zeigen einerseits, daß man damals mit der vorhandenen Technik zufrieden war und belegen andererseits Entwicklungspotentiale des «reinen Kinderspiels».

Wie in allen prähistorischen Gesellschaften lernten Kinder die für eine komplizierte Welt notwendigen Überlebenstechniken in der Familie bzw. im Clan. Jegliche Naturkatastrophe, die schlagartig eine bestimmte Teilgruppe (z. B. alle erwachsenen Männer) vernichtete, mußte die Überlebenden dazu verdammen, verlorenes Spezialwissen neu zu erwerben. Einige isolierte Gruppen in Australien und Ozeanien waren diesem Risiko besonders stark ausgesetzt.

Für Menschen, die sich näher an den Wanderwegen und einflußreichen Kulturzentren befanden, waren zunehmend schnellere Kulturänderungen unausweichlich. Das Verhältnis von Kultur und Ökologie konnte problematisch sein. Die Entwicklung ökologisch unterschiedlich angepaßter Wirtschaftssysteme ist für die häufig gestellte Frage, wie streng bestimmte Technologien an religiöse oder ethische Gruppen gebunden waren, relevant. Es scheint so, als ob prähistorische Technologien sich umso schneller über geographische, ökologische und rassische Grenzen ausbreiten, je mehr sie die Ausbeutung weitverbreiteter Ressourcen verbesserten (wie z. B. die Jagd auf Großtiere). Betrafen sie jedoch spezialisierte Überlebenstechniken von regionaler Bedeutung (wie z. B. Methoden, hohe Bäume zu besteigen oder Meeresschildkröten bzw. Wüstenratten zu fangen), überquerten sie diese Grenzen nur langsam. Unterschiedliche Kulturen konnten solange eng beieinander existieren, wie sie auf die Nutzung unterschiedlicher Ressourcen bzw. Lebensräume spezialisiert waren.

Kleinere technische Vorteile konnten sehr schnell zu einer Ausweitung des Lebensraumes und zum Anstieg der Bevölkerungsdichte führen. Dies übte auf die unterlegenen Nachbarn den Druck aus, die Neuentwicklungen möglichst schnell zu übernehmen.

Von den ersten Anfängen bis heute mußten alle Gesellschaften versuchen, in ihren Methoden des Nahrungserwerbs, den Arten des sozialen Zusammenhaltes sowie in ihren Waffenarsenalen «up to date» zu bleiben. Jede brauchbare Neuerung brachte zunächst den Erfindern und ihrer unmittelbaren Umgebung Vorteile, unterschied sie aber auch sehr bald von den Nachbarn. Lagen die Vorteile in mehr Nahrung oder einem größeren Lebensraum, so daß man zusätzliche Kinder ernähren und eine höhere Bevölkerungsdichte garantieren konnte, ging der Einfluß und die Zahl der Nachbarn zurück, oder sie wurden im Kampf ganz vernichtet.

Die Geschichte liefert zahlreiche Beispiele für Gefechtssiege durch überlegene Waffen (wie in Agincourt, wo Langbogenschützen durch Zielsicherheit und hohe Schußfolge die Kavallerie besiegten). Neuere Agincourts finden sich im Golfkrieg oder den Bomben von Nagasaki und Hiroshima. Wenn das mit Spinnweben nach Stichlingen fischende Kind der Bruder des Mannes ist, der die Atombombe erfand, kann keiner den Problemen der Technologieentwicklung entrinnen.

6
Ist Anpassung real?

Im Jahr 1775 verkündete Immanuel Kant, daß Menschen und ihre Rassen das Ergebnis von Anpassungsvorgängen sind. Er glaubte, daß diese ganz real und übernatürliche Erklärungsversuche falsch sind.

Als er die Menschen in vier Gruppen einteilte, folgte er seinem Zeitgenossen Linnaeus; im Gegensatz zu diesem betrachtete er aber jede Gruppe als das Produkt unterschiedlicher Klimaregionen. Indem er allen Himmelsrichtungen unterschiedliche Temperaturen und Feuchtigkeitsgrade zuordnete, «entdeckte» er, daß die feucht-heiße Achse «Indianer» hervorbrachte und die heiß-trockene «Schwarze». «Weiße» stammten aus feucht-kühlen Gebieten und «Mongolen» waren das Ergebnis des Selektionsdruckes in trocken-kalten Klimazonen.

Für eine reale Welt und natürliche Selektionsprozesse war dies eine zu einfache Erklärung. Kant wollte jedoch die religiösen und philosophischen Autoritäten seiner Zeit herausfordern und widersprach daher den überkommenen Lehrmeinungen. Er versicherte allen, daß Menschen als veränderliche Einheiten seit langer Zeit in unterschiedlichen Lebensräumen existierten, die angepaßte Menschenformen erzwangen. In beiderlei Hinsicht hatte er Recht. Dies war für einen zurückgezogen lebenden europäischen Schriftsteller, fast hundert Jahre vor dem Erscheinen von Darwins «Origin of Species», auch dann eine bemerkenswerte Einsicht, wenn es nicht mit subtiler Sachkenntnis und Forschung untermauert war. Kant konnte keine speziellen Selektionsgründe benennen, was von seinem «Quartett» übrigblieb, war eine Beschreibung derjenigen Bedingungen, unter denen sich unsere *gemeinsamen* Merkmale entwickelten. Er konnte noch nicht wissen, daß wir alle Afrikaner sind.

Kant hatte darin recht, daß menschliche Populationen, die längere Zeit extremen Klimaten ausgesetzt sind, entsprechende, genetische Anpassungen entwickeln. Genauso haben regionale Menschengruppen genetische Abwehrmechanismen gegen äußere Bedrohungen, wie

Krankheiten, Parasiten und bestimmte Lebensmittelinhaltsstoffe gefunden.

Eine besonders interessante Frage nach der Natur dieser Anpassung ist, wie die Umwelt heranwachsende Kinder beeinflußt. Sie würden zu den ersten gehören, die an Krankheiten, Parasiten, Streß und all dem sterben, dem sie durch die Lebensweise ihrer Eltern ausgesetzt werden. Zu den wenigen überlebenden Kindern (die geschlechtsreif wiederum eigene Kinder haben konnten), gehörten sicher auch diejenigen, die geringe, genetisch bedingte Vorteile besaßen.

Zu allen Bereichen der Anpassung gibt es neue und fortschreitende Erkenntnisse, besonders in der Physiologie und der Molekularbiologie. Blutgruppen- und Enzymuntersuchungen, die man weltweit in Routineuntersuchungen in Krankenhäusern durchführt, ermöglichen globale Kartierungen, die alle möglichen, z.T. unerwarteten Verbreitungsmuster aufdecken. Das reicht von transkontinentalen Gradienten bis hin zu absolut überraschenden Verbreitungsgrenzen, die mitten durch sonst homogene Bevölkerungsgruppen führen. Diese Verbreitungsmuster (die auf Allel-Frequenzen in Populationen beruhen) decken jedoch auch auf, daß Gene im individuellen Vergleich am stärksten variieren.

Gene mutieren ungerichtet und zufällig. Darüber hinaus sind die meisten Mutationen (besonders die strahlungsinduzierten) gefährlich. Sie töten ihren Träger meist schon im Mutterleib, bei der Geburt oder etwas später durch natürliche Einflüsse. Genetische Veränderungen, die ihren Träger überleben lassen, sind meist neutral. Nur ein verschwindend kleiner Anteil bringt wirkliche Vorteile, aber genau der sorgt dafür, daß seine Besitzer besser als andere überleben und sich besser fortpflanzen können.

Diese Mutationen stellen den eigentlichen Antrieb für die Entwicklung der Artenvielfalt und die strukturellen Veränderungen innerhalb der Art dar. Mutationen haben die Menge der genetischen Information erhöht und so immer mehr Lebensformtypen geschaffen. Die Fülle der beobachtbaren Variabilität ist aber nicht auf die so seltenen Mutationen zurückzuführen, sondern auf die Rekombination etablierter, elterlicher Genformen (Allele, d.Übersetzer). Es gibt eine Fülle solcher veränderter Gene, die in wechselnden Zusammenstellungen einzigartige Individuen hervorbringen, dabei aber keine neue Information in die Population einbringen. Dagegen können Einwanderer völlig neue Allele mitbringen.

Einwanderer-Allele können sich in der neuen Umgebung negativ, neutral oder positiv auswirken, das Ergebnis solcher Einmischungen ist aber immer eine Zunahme an genetischer Information.

Wie alle anderen Tiere wird auch jeder Mensch durch das geformt, was er oder sie von den leiblichen Eltern erbt. Jeder von uns ist über die

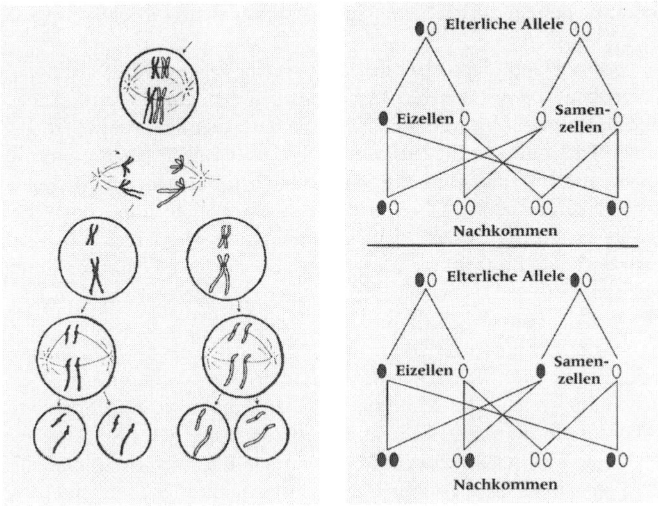

Abbildung 88
(links) Meiose, bei dieser Zellteilung erhalten die Tochterzellen nur die Hälfte der Chromosomen der Mutterzelle. (rechts) Zwei Beispiele für dominanten und rezessiven Erbgang. Träger von ein oder zwei dominanten Allelen (schwarz) besitzen das entsprechende Merkmal. Das rezessive Merkmal tritt auf, wenn beide Allele rezessiv (weiß) sind.

zwei elterlichen Zellen, die uns erzeugten, zurückblickend mit immer mehr Vorfahren verwandt, bis auch die wiederum in einem Vorfahrenpaar zusammenlaufen, das wir gemeinhin Adam und Eva nennen. Diese gemeinsamen Vorfahren sind der Grund dafür, daß wir einander ähnlicher sind als einem Molch, einem Nachtaffen oder auch einem Neanderthaler. Wenn die Nachkommen von Adam und Eva sich heute voneinander unterscheiden, liegt das zum einen an der Rekombination und zum anderen an zahllosen, winzigen Veränderungen in unserer Genchemie, die seit jenem ersten Zeugungsakt unter dem afrikanischen Mond stattgefunden haben.

Gene speichern alle Informationen, die für die Herausbildung eines Fötus, das Heranwachsen eines Kindes und die Funktion eines komplexen Lebewesens nötig sind. Sie sind Teil unserer Chromosomen. Menschen besitzen 23 Chromosomenpaare (Schimpansen 24). Man kann diese «Informationspakete», die bei jeder Befruchtung weitergegeben werden, im Mikroskop erkennen.

Die Wirkung dieser Gene ist weitgehend chemischer Art, sie verursachen die Bildung von Eiweißmolekülen, die aus langen Aminosäureketten bestehen. Den Kettenzusammenbau steuert das DNA-Molekül.

Ob ein Gen adaptiv ist oder nicht, ist eine Frage der Bewertung. Im folgenden sind die chemischen Grundlagen der Mutation und Anpassung exemplarisch dargestellt. Normale Blutzellen sind rund. Während ihres Wachstums ist die exakte Synthese einer langen Aminosäurensequenz für ihre spätere Funktion unabdingbar. Bei manchen Menschen führt eine veränderte DNA-Struktur an einer Stelle zum Einbau von Valin, anstatt der hier richtigen Glutaminsäure. Das Ergebnis ist, daß sich die roten Blutkörperchen sichelartig verformen. Genauere Untersuchungen dieser als Sichelzellenanämie bezeichneten Krankheit lehrten uns, die Humangenetik besser zu verstehen.

Gene sind entweder dominant oder rezessiv. Dies drückt sich darin aus, mit welcher Wahrscheinlichkeit sie bei den Nachkommen in Erscheinung treten. Das Kind zweier Eltern, die beide ein dominantes Allel für ein bestimmtes Merkmal besitzen, trägt dieses Merkmal mit 75%iger Wahrscheinlichkeit. Besitzt nur ein Elternteil ein dominantes Allel, erbt das Kind die dominante Eigenschaft mit 50%. Betrachtet man die rezessiven Allele, so treten ihre Merkmale unter den Nachkommen entsprechend seltener auf. Die Weitergabe rezessiver Allele wird oft durch die dominanten maskiert. Rezessiv vererbte Merkmale können nur dann in Erscheinung treten, wenn beide Eltern die rezessive Anlage zumindest einmal tragen. Verfolgt man in Gedanken ein dominantes, selektionspositives Allel zurück in die prähistorische Vergangenheit, leuchtet sofort ein, daß vorteilhafte Allele sich schnell weit – selbst über ganze Kontinente – ausbreiteten.

Viele Merkmale, die wir auf einzelne Gene zurückführen, werden in Wirklichkeit von mehreren Genen gesteuert (Polygenie). So hat man z.B. berechnet, daß die Hautpigmentierung des Menschen von drei oder vier Genen bestimmt wird.

In jeder Diskussion über zwischen Menschen auftretenden Unterschieden muß man klären, ob sie auf Mutationen (unabhängig davon, ob sie gut oder schlecht sind), natürliche Selektion oder individuell erlebte Umwelteinflüsse (Modifikationen) zurückzuführen sind.

Betrachten wir drei kurze Beispiele. Nehmen wir zunächst den menschlichen Zwergwuchs. Diese Erbkrankheit, auch als Chondrodystrophie bekannt, wird durch ein einzelnes, mutiertes Allel verursacht, das den Wuchs der Langknochen behindert. Als zweites finden wir, daß die natürliche Selektion in verschiedenen Teilen der Welt, besonders in dichten Tropenwäldern, zu einer Verkleinerung des Gesamtkörpers unter Beibehaltung der Proportionen führte. Die Baka, Batwa und Bambuti-Pygmäen Äquatorialafrikas sind bekannte Beispiele. Schließlich kann auch Mangeldiät, unzureichende Bestrahlung und fehlendes Training zu kleinerem Körperbau führen. Der letzte Fall von Kleinwüchsigkeit ist nicht auf genetische Ursachen zurückzuführen.

Die Suche nach den Ursprüngen unserer verschiedenen Merkmale führt oft zu Überraschungen, ist aber ohne Genetik unmöglich. Die Analyse des menschlichen Genoms (der Gesamtheit aller Erbinformationen einer Art) steht heute im Zentrum internationaler Bemühungen. Bisher können wir einige grobe Aussagen machen.

Schauen wir in den Spiegel. Das kleine Kinn und die vergleichsweise winzigen Zähne sind das Erbe von Ahnen, die ihre Kiefer langsam, aber stetig von einer Fülle ihrer ursprünglichen Aufgaben befreiten. Die vor einer Million Jahre brennenden Lagerfeuer, die Steinmesser und Mahlsteine ersetzten z.T. die Funktion unserer eingebauten «Mahlgeräte» – der Zähne.

Die Verkürzung der Kiefer und Verkleinerung der Zähne sind Teil des allgemeinen Trends der Entwicklung der Mensch zu grazilerem Bau. Paradoxerweise haben die technologischen und organisatorischen Fortschritte, die zu unserem Markenzeichen wurden, auch bewirkt, daß wir im Vergleich zu unseren Vorfahren «schwach» aussehen. Die Abflachung und Verkürzung unserer «Schnauze» wurde durch feine Veränderungen der Knochenphysiologie erreicht. Sowohl in der Individualentwicklung, als auch während der evolutiven Abläufe kontrollieren Gene, ob Knochenstrukturen verstärkt werden oder verkümmern. Die technischen Abläufe dieser Änderungen sind mit dem Gipsmodellieren vergleichbar. Sollen Strukturen verstärkt werden, lagern aktive Zellen Knochensubstanz an. Diese Zellen heißen Osteoblasten, nach dem griechischen *blastos* für «wachsen» oder «knospen». Gegensätzlich wirken die Osteoklasten (nach dem griechischen *clastos*, «abbauen»), die als aktive Zellen die Knochenoberfläche sozusagen wegfressen. Solche An- und Abbauten finden ganz gezielt an bestimmten Stellen statt. So sitzen die lang bewurzelten Affenzähne in tiefen Zahnfächern, die dadurch verstärkt werden, daß Osteoblasten über große Teile des Gesichtsschädels Knochenmasse ablagern. Mit abnehmender Wurzellänge übernahmen die Osteoklasten die Arbeit und bauten die jetzt überflüssige Knochenmasse ab. Der Anthropologe Tim Bromage ist in der Lage, die Stellen des Auf- und Abbaus an fossilen Knochen zu erkennen. Sie scheinen gleichzeitig mit den Unterschieden zwischen *Australopithecus* und *Homo* aufzutreten, mit der einen Ausnahme, daß er auch über den verkleinerten Schneidezähnen des «Nußknackers» (*Paranthropus*) Abbauregionen entdeckte.

Die Verkürzung des Kiefers hatte Nebeneffekte. Kräftige Zähne mit langen Wurzeln in mächtigen Kiefern benötigen eine ausgeprägte Muskulatur, die am Schädel große Ansatzflächen voraussetzt. Geringere Kaukräfte hätten zur Reduktion der verstärkten Brauenregion führen

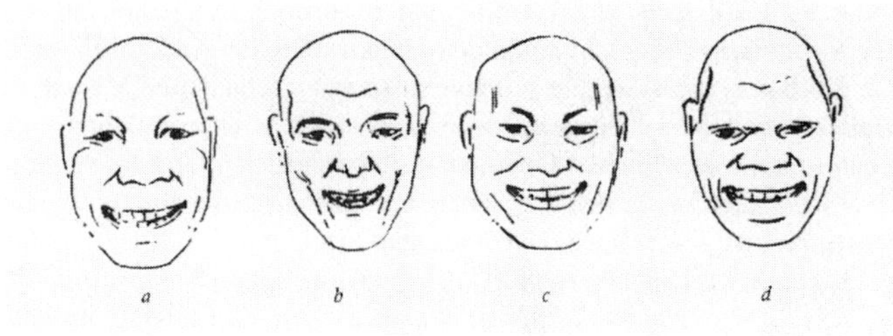

Abbildung 89
Einfache Erbkombinationen von Brauen und Zähnen
(a) schmale Brauen, große Zähne (schmales Gesicht);
(b) ausgeprägte Brauen, kleine Zähne;
(c) schmale Brauen, große Zähne (breites Gesicht);
(d) ausgeprägte Brauen, große Zähne.

können, aber wie so oft, verschwinden überflüssige Strukturen nicht sofort. Die funktionslosen Seitenzehen der Pferde brauchten für ihr «Verschwinden» viele Millionen Jahre. So ist es nicht verwunderlich, daß die Brauenwülste – wie der verkümmerte Schwanz (das Steißbein) – sich nur langsam verkleinerten. Wir müssen sie als Last der evolutiven Vergangenheit mitschleppen.

Überaugenwülste korrelieren manchmal mit insgesamt kräftigerem Muskel- und Körperbau. Auch pathologisch oder hormonell verstärkte Knochenbildung führt zu verstärkten Anlagerungen in diesem Bereich. Große Männer bilden sie wahrscheinlicher aus als Frauen; diese Tendenz kann jeweils von Genen bzw. Hormonen verursacht sein und regional gehäuft auftreten oder von einer Kombination aller Faktoren gesteuert werden. Zusätzlich kann die Verbreitung eines starken Körperbaues in guten Zeiten zu- und in schlechten Zeiten abgenommen haben, so daß sich die Größe der Brauenwülste entsprechend verhielt.

Periodische Schwankungen der Körpergröße konnten interessante Nebeneffekte gehabt haben. Die Zu- bzw. Abnahme der absoluten Größe beruhte meist nicht auf einer gleichmäßigen Veränderung aller Körperproportionen. Die sich daraus ergebenden Proportionsänderungen, auch als Allometrien bezeichnet, konnten unbedeutend oder auch gravierend sein. So konnten z. B. in verschiedenen Populationen mit der Körpergröße im Verlauf der Zeit auch die relativen Größen der Zähne und Kiefer schwanken. Gleichzeitig konnte unabhängig davon ein weiteres Merkmal, das auch von der Körpergröße abhing, eigene Proportionsänderungen durchlaufen. Diese Unabhängigkeit läßt sich an Brauen und Zähnen leicht illustrieren. Afrikaner tendieren zu schmalen Brauen und großen Zähnen, viele Europäer kombinieren entweder eine große oder kleine Stirnregion mit kleinen Zähnen, Mongolide zeigen die Tendenz zu Kleinstirnigkeit mit großen Zähnen und australische Aborigines kombinieren eine ausgeprägte Brauenregion mit großen Zähnen – d.h. jede mögliche Kombination ist zu finden. Beide Merkmale entwickeln sich zwar zurück, tun dies jedoch unabhängig voneinander. Ausgeprägte Körpergrößenunterschiede konnten in der Vergangenheit schon sehr eng benachbart vorkommen (wie sie es auch heute noch an scharfen, ökologischen Grenzen in Äquatorialafrika tun).

Kleine, leicht gebaute Menschen haben viele Vorteile. Sie sind schneller, können besser klettern und mit weniger Nahrung auskommen. In einigen Klimazonen haben sie aber auch Nachteile; sie frieren in der Kälte eher und sind schlechter dran, wenn Körperkraft über die mögliche Ressourcennutzung entscheidet. Viele Völker, deren Durchschnittsgröße bei 1,5 m liegt, nennt man «Pygmäen». Obwohl ihre genetisch programmierten, charakteristischen Merkmale ein Ergebnis der natürlichen Selektion sind, gibt es noch zusätzliche Umweltfaktoren, die ihre Endgröße beschränken.

Es hat den Anschein, als ob kleine Menschen auf tropische Regenwälder, besonders in Bergregionen, beschränkt sind. Starker Regen wäscht viele Spurenelemente und Mineralien aus. Die Kombination einer dichten Kronenregion mit starker Bewölkung hat eine geringe Strahlungsintensität zur Folge, was die Vitamin D-Bildung einschränkt. Anpassungen an derartige Umweltbedingungen dauern lange und es scheint, daß diese Völker schon lange vor Ort existieren. «Zwergvölker» sind unabhängig voneinander in den Bergregionen und Tieflandwäldern Afrikas, der Andamanen, Malaysias, der Philippinen, Neuguineas, der Salomonen, der Neuen Hebriden und in Nordqueensland entstanden. Das Fehlen bestimmter Nährstoffe und direkter Sonnenbestrahlung scheint eine gemeinsame Ursache zu sein, es gibt aber Ausnahmen (wie z.B. die gutgenährten, küstenbewohnenden Andamanen Insulaner). In den meisten Fällen ähneln diese Völker genetisch ihren größeren Nachbarn, sie gehören aber zweifellos zu sehr alten Reliktkulturen.

Extremen Körperbau findet man oft in besonderen Klimasituationen, ihre kontrastierenden Merkmale lassen sich oft gut mit physiologischen Faktoren begründen. Kleine, kräftige Körper können gute Fettreserven anlegen, was sich für das Überleben der arktischen Eskimos als günstig erwiesen hat, da es sie vor Wärmeverlusten schützt. Dagegen verlieren große, schlanke, athletische Körper viel schneller Energie. Die Niloten mit ihren extremen Körperproportionen leben an den Flüssen und Seen Äquatorialafrikas. Als ursprüngliche Jäger und Fischer bewohnten sie freie Landschaften, in denen sie unsichere Ressourcen nutzten. Sie mußten lange Trecks unternehmen, um den wandernden

Herden zu folgen und vor Überflutungen zurückweichen oder Wasserlöcher suchen.

Betrachten wir noch einmal das menschliche Gesicht, das Identität verleiht und anziehend oder bedrohlich erscheinen kann. Es ist unser «Ausdrucksorgan» – Menschen reagieren auf kleinste mimische Veränderungen stärker als auf alle anderen Körperbewegungen. Zu den beliebtesten Szenen der Stummfilmzeit gehörte es, wenn sich zwei Schauspieler gegenübersaßen, von denen der eine ruhig und unbeeindruckt einem anderen, wild gestikulierenden Partner gegenübersaß. Eine Nahaufnahme des Ruhigeren zeigte dann, wie dieser den anderen mit ruhigen Augen und unauffälligen Mund- oder Fingerbewegungen fertigmachte.

Augen, Mund und ihre unmittelbare Umgebung sind die einzigen Organe für unseren Gesamtausdruck – der Rest ist Körpersprache. Ein sorgfältiger Vergleich findet hier keine großen Unterschiede zwischen Affe und Mensch. Die ursprüngliche Funktion der Zähne ist noch heute so bedeutsam, daß sie für sekundäre Dinge, wie die Kommunikation, nicht stark abgewandelt werden konnte. Nebenbei bemerkt, die kommunikative Kraft von Augen und Mund ist schon bei Affen und anderen Tieren ausgeprägt (bei einem Gorilla sicherlich ausdrucksstärker als bei einem Durchschnitts-Schauspieler). Dominanz und Unterlegenheit erkennt man bei Mensch und Tier an den Blickkontakten. Die Augen und Augenbrauen haben sich im Zusammenhang mit Rangordnungsstrukturen bis heute als wichtig erwiesen. Die populäre Presse vermutete einst vom sowjetischen Präsidenten Leonid Breschnew, daß er die Spitzenposition aufgrund seiner Augenbrauen erreichte.

Wie konnte der Gesichtsausdruck an der menschlichen Evolution mitwirken? Können individuell beobachtbare Unterschiede irgendeinen Anpassungswert besitzen?

Beginnen wir mit den Augen. Das normale menschliche Auge ist, wie das der meisten Tiere, braun oder fast schwarz, eine natürliche «Sonnenbrille». Viele helläugige Tiere, wie z.B. Katzen, sind nachtaktiv, so daß die Vorteile der Dunkeläugigkeit wegfallen. Auch die Mehrzahl der Vogelarten besitzt braune Augen, obwohl viele auch eine weiße, gelbe, grüne, blaue, purpurfarbene oder orange Iris besitzen. Bei manchen Arten der Störche unterscheiden sich die Geschlechter nur an der Irisfärbung; bei anderen Vögeln färben sie sich je nach Stimmung, Rang oder Alter um. Offensichtlich benutzen diese Arten ihre farbigen Augen bei der Balz, im Territorialverhalten oder bei Rangkämpfen im Schwarm.

Blauäugige Menschen sind heute weltweit verbreitet. Die zum Pigmentverlust und somit zu blauen Augen führende Mutation hat sich anscheinend mehr als einmal durchgesetzt. Kleinere Vorkommen blauäugiger Volksgruppen in Afrika, Indien und bei einigen Indianern Nordamerikas führt man auf regional aufgetretene Mutationen zurück. Genauso wie australische Aborigines ihre Gene auf eine Handvoll Einwanderer zurückführen können, sind blaue Augen unter den frühen Besiedlern Nordeuropas aufgetreten. Die Mutation muß nach 35000 v.h., wahrscheinlich nach dem Gletscherrückzug aus dem Ostseegebiet vor 16000 Jahren, das erste Mal aufgetaucht sein. Sie breitete sich danach entlang der Ostseeküste aus, wo mehr als 80 % der heutigen Bevölkerung blaue Augen besitzen.

Da wir von den Vorteilen brauner Augen wissen, stellt sich die Frage, warum sich blaue Augen dann regional so stark ausbreiten konnten. Man hat versucht, physiologische und ökologische Begründungen zu finden; das beste gefundene Argument war jedoch nur, daß die natürliche Selektion gegen blaue Augen aufgrund der kurzen Sommer in Skandinavien zumindest schwach war. Wenn eine einzige Mutation nicht Erklärung genug sein kann, läßt sich vielleicht argumentieren, daß Blauäugigkeit das Nebenprodukt eines anderen vorteilhaften Merkmales, des allgemeinen Pigmentverlustes, war. Wenn neutrale Mutationen keine befriedigende Erklärung liefern, können wir jedoch auf die Ausdrucksfähigkeit der Augen zurückgreifen. Hier lassen sich Menschen und Vögel vergleichen.

Betrachten wir die sehr ähnlichen braunen und schwarzen Sichelschnäbel des Hochlandes von Neuguinea. Diese Paradiesvogelarten treffen in einer Höhe von 2000 m aufeinander, der braune bewohnt die Gipfelregionen, der schwarze die tieferen Bereiche. Der auffallendste Unterschied liegt nicht in der etwas helleren Färbung des erstgenannten, sondern darin, daß er eine leuchtendblaue und der andere zinnoberrote Augen hat. Vorausgesetzt, die Augenfarbe der Männchen ist ein Ergebnis sexueller Selektion, muß man sie auf das unterschiedliche Wahlverhalten der Weibchen in verschiedenen Höhenstufen zurückführen. Überraschenderweise geht auch hier, ähnlich wie beim Menschen, Blauäugigkeit mit einem allgemeineren Pigmentverlust bei Haut und Haaren, bzw. Federn, einher. Eine ähnliche Abnahme der Pigmentierung von Augen, Haut und Haaren finden wir bei den Völkern des Ostseeraumes. Auf ihren Wanderungen nach Norden mußte Hellhäutigkeit zunehmend begünstigt werden, um genügend Vitamin D in der Haut synthetisieren zu können. Da die hier ablaufende Vitaminproduktion von der Sonnenbestrahlung abhängt, wurden «schützende» Pigmente nachteilig. Die geringere Hautpigmentierung war also vorteilhaft und die helleren Augen und Haare genetische «Abfallprodukte», die erst später durch sexuelle Bevorzugung verstärkt werden konnten.

Die Gründerpopulation mit diesen charakteristischen Merkmalen muß klein gewesen sein, aber gute Möglichkeiten besessen haben, sich nach Norden auszubreiten. Die Bevorzugung blonder Partner muß bei diesen Jägergruppen sehr groß gewesen sein, da eine gegenwärtige Häufigkeit hellhäutiger Typen von 80% aufgrund der Verdünnungseffekte durch spätere Zuwanderung und Vermischung auf eine frühere, nahezu 100%ige Verbreitung schließen läßt.

Ganz abgesehen davon, daß blaue Augen sehr apart wirken, verschiebt sich bei ihnen auch die optische Abgrenzung von der weißen Augenhaut stärker zur Pupille. Diese Verschiebung ist folgenschwer, da die Iris einen konstanten Durchmesser besitzt, die Pupille sich jedoch bei Belichtungsänderungen bzw. parallel zu emotionalen Zuständen vergrößert bzw. verkleinert. Pupillen senden verständlichere Signale als die Iris. Dies gilt besonders für Aggressionen; der Ausdruck «jemanden anstarren» beschreibt den kleinen, schwarzen Kreis der Pupille in der schimmernden, hellen Umgebung des Augapfels.

Partnerwahl kann zwischen isolierten Populationen, wie denen auf Inseln, Halbinseln oder ökologischen Enklaven, große Unterschiede entstehen lassen. Das skandinavische Beispiel verdeutlicht, daß sogenannte «Rassentypen», die heute große Landstriche bewohnen, ihre typischen Merkmale u.U. den besonderen ästhetischen Bevorzugungen ursprünglich isolierter, kleiner prähistorischer Stämme verdanken.

Bewertungskriterien, wie «schön», «eindrucksvoll», «richtig» oder allgemein «gut» sind oft von Ort zu Ort verschieden. Bevorzugung bestimmter Gesichtsmerkmale verraten sich oft in traditionellen Begriffen, Gesängen und Metaphern, mit denen man die Schönheit von Männern oder Frauen preist. In China liebt man helle, runde Gesichter ohne vorspringende Gesichtsanteile, schwarze Augen und lange, glatte, schwarze Haare; im Kaukasus bewundert man «Gazellen-Augen», eine kräftigere Nasenbildung und kantige Gesichtsformen; eine «Haut wie Auberginen», rundes Gesicht und abgeschrägte Zähne bilden das Schönheitsideal am Oberlauf des Nils. Darwins Vorstellung, daß lokale ästhetische Bevorzugungen als Selektionskraft in der Menschheitsentwicklung wirkten, ließe sich mit einer Fülle weiterer Beispiele belegen.

Diejenigen, die Gesichtsmerkmale zu sehr auf Umwelteinflüsse zurückführen wollen, sollte der Unterschied zwischen Nordeuropäern und Nordchinesen vorsichtig machen. Die erstgenannten besitzen eine Merkmalsmischung aus relativ modernen, blauen Augen und blonden Haaren und eher ursprünglichen Eigenschaften, wie starker Behaarung und ausgeprägten Überaugenwülsten. Ostasiaten besitzen dagegen schwarzglänzende Haare, dunkle Augen, ergänzt durch eine Kombination älterer Merkmale, wie breite, flache Wangen und schaufelförmige Zähne. Das Argument, daß behaartere Menschen besser vor Kälte geschützt seien und Europäer gegenwärtig an Kälte gut angepaßt seien, ist nicht stichhaltig. Lange Nasen sind frostanfälliger und helle Augen stärker durch Schneeblindheit gefährdet. Europäer und Chinesen hielten sich mit Hilfe von Feuern, Pelzen und guter Nahrung warm. Technologie – nicht Natur – schützte sie vor der Kälte. Abgesehen davon sind die körperlichen Anpassungen der Mongolenvölker überzeugender.

1950 nahmen die Anthropologen Coon und Birdsell Kants Idee, daß die Chinesen an kaltes, trockenes Klima angepaßt wurden, wieder auf. Sie behaupteten, daß die abgerundete, haarlose Körperoberfläche mit einer dicken Schicht von Unterhautfettgewebe vor Frost schütze und die langgeschlitzten, schwarzen Augen Schneeblindheit verhindern. Laborexperimente, welche die Reaktion von Europäern und Japanern auf sehr kalte Luft testeten, belegten, daß die letztgenannten dabei höhere Hauttemperaturen behielten. Dies ist einerseits auf eine bessere Durchblutung zurückzuführen, andererseits aber auch auf eine stärkere, genetisch bedingte Wärmeproduktion.

Ursprünglich waren Populationen moderner Menschen keinen Extremtemperaturen ausgesetzt. Die verbreitetste energiesparende Reaktion auf leichte Kälte, zweifellos die lange Zeit vorherrschende Umweltbedingung, besteht darin, die Durchblutung der oberen Hautschichten zu drosseln und diese über Nacht auskühlen zu lassen. So können australische Ureinwohner und Afrikaner selbst in kühlen Nächten ungestört schlafen ohne zu frieren.

Dagegen mußten nach Norden vordringende Völker Schutzmechanismen gegen Frost entwickeln. Die meisten Mongolenvölker, besonders die Eskimos, vermindern das Risiko von Erfrierungen durch einen intensiveren Energieumsatz und erhalten auch über Nacht die Durchblutung der äußeren Hautschichten. Auch Europäer halten die Körpertemperatur – besonders der Hände und Füße – hoch.

Die Nachteile der ursprünglichen Steuerung der Körpertemperatur machen sich nur unter extremer Kälte bemerkbar. Bei Winterübungen des amerikanischen Militärs zeigte sich, daß Soldaten afro-amerikanischer Abstammung häufiger Erfrierungen erlitten als solche aus orientalisch-europäischen Ursprungsgebieten. Dagegen trifft weiße Amerikaner schneller der Hitzschlag als farbige Amerikaner; diese können, obwohl sie vergleichsweise genauso viel schwitzen, ihre Körpertemperatur stabiler halten.

Nur wenige werden leugnen, daß die nördlichsten Mongoliden, d. h. die Inuit oder Eskimo, von allen Menschen am besten an das Leben am Polarkreis angepaßt sind. Man vermutet, daß die direkten Vorfahren der Eskimo und anderer Mongolenvölker länger Zeit gehabt haben, sich an extreme Kälte anzupassen. Da ihre Ursprünge aber noch nicht genau bekannt sind, muß es eine Vermutung bleiben. Die Vorfahren der Europäer aber starteten ihren «Marsch» nach Norden sicher nicht vor

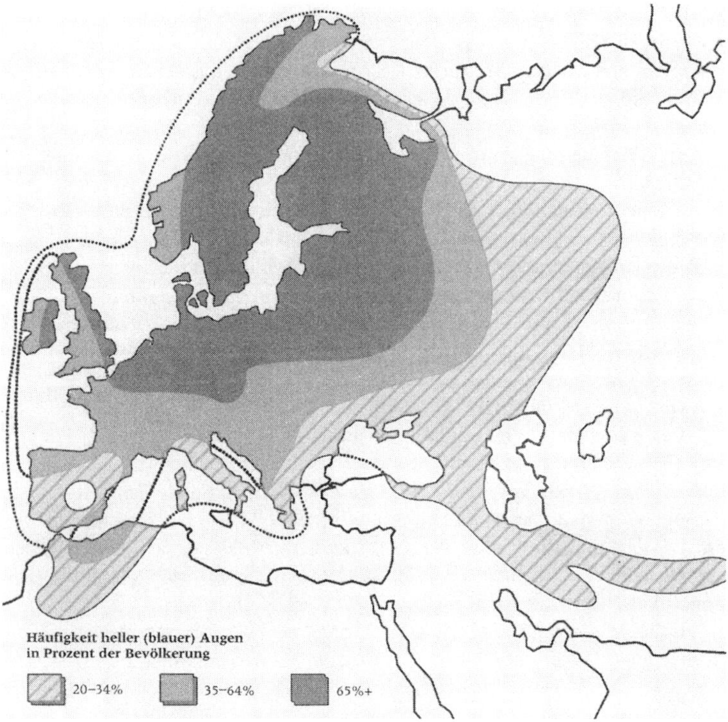

Abbildung 90
Diese Karte Nordeuropas zeigt die Verbreitung heller (blauer) Augen in Prozent (teilweise nach Coon, Garn und Birdsell 1950).

43000 v. h. Da viele Südeuropäer behaarter als Nordeuropäer sind, kann man Behaarung nicht als Kälteanpassung deuten.

Haare sind ein typisches Säugetiermerkmal. Ihre ungleiche Verteilung im Gesicht teilt der Mensch mit den Menschenaffen, einigen Großkatzen und manchen Tieraffen. Wir stimmen auch darin mit vielen Tieren überein, daß Haarbüschel warme Drüsenregionen bedecken, die hormonale und andere Signalstoffe freisetzen.

Normalbehaarung dient als Schutz vor gemäßigten Temperaturschwankungen; die bei fast allen Menschen vorhandene Kopfbehaarung

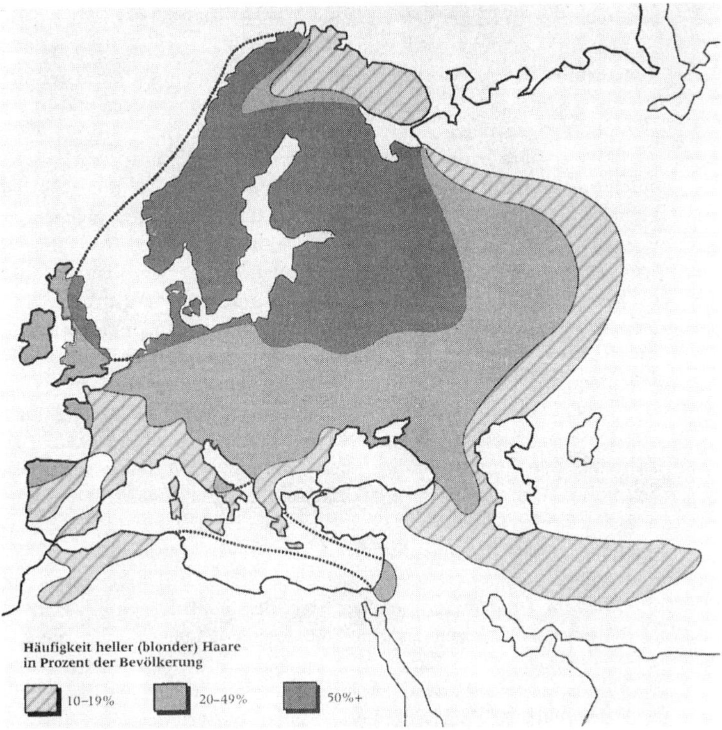

Abbildung 91
Verbreitung heller (blonder) Haare in Nordeuropa (teilweise nach Coon, Garn und Birdsell 1950).

dient zweifellos (in engeren Grenzen) dazu, die Hirntemperatur vor starken Schwankungen zu schützen. Normalerweise besitzen beide Geschlechter eine Kopfbehaarung. Mit Bärten ist das anders; Temperaturisolation und Duftsignale sind hier auszuschließen. Bärte vergrößern das Gesicht optisch. Ob dies primär dazu dient, Männer oder Frauen zu beeindrucken, bleibt strittig (möglicherweise stimmt beides). Die ungleiche Verteilung von Bärten auf warme und kalte Klimazonen sowie auf unterschiedlich pigmentierte Völker ist interessant. Auch hier scheinen kulturelle Bevorzugungen unserer prähistorischen Vorfahren eine wichtige Rolle gespielt zu haben. Hochentwickelte Kulturen, die Konformität anstreben, stört diese Erinnerung an prähistorischen Individualismus, die Antwort heißt: Rasieren. Kulturen, die zivilisiert erscheinen wollen, aber dennoch diesen Unterschied von Frau und Mann akzeptieren, gehen den Kompromiß im Schnäuzer ein.

Ausgeprägte Bärte oder deren Fehlen kann größte Auswirkungen auf die Kommunikation haben. Mund und Augen sind die stärksten Signalsender des Gesichtes. Dabei sollte der Mund als sprechendes Organ besonders gut zu sehen sein, da er alle akustischen Äußerungen, wie sprechen, singen oder rufen, mimisch begleitet. Wie sieht das aber bei bärtigen Männern aus, deren gesamter sprachlicher Ausdruck durch Haarbewuchs verdeckt ist? Führte dies zu langfristigen, prähistorischen Folgen? Sind Sprache und Ausdruck bei Völkern mit bärtigen Vorfahren abgewandelt?

Völker, bei denen kein Geschlecht starke Gesichtsbehaarung trägt, können eine größere Ausdrucksvielfalt nutzen, ihr Mund kann – im Zentrum der Aufmerksamkeit des Zuhörers – Mitteilungen durch Schmollen, Grimassen und eine dramatische Mimik unterstützen. Lippen sind bei bartlosen Völkern stärker von der umgebenden Gesichtshaut abgegrenzt, dies scheint sich auch in einigen komplizierteren Dialekten und Sprachstilen widerzuspiegeln. Selbst heute erscheinen Gestik und Sprache einiger Tropenvölker besonders eindrucksvoll, was manchen nordeuropäischen Sprachen zu fehlen scheint. Ziehen Sie aus diesen Vergleichen ihre eigenen Schlüsse. Als ich jedoch töricht genug war zu behaupten, Bärte führten dazu, daß der Inhalt der Mitteilung wichtiger würde als die begleitende Mimik, antwortete mir die Anthropologin Alison Jolly: «Keiner achtet auf den Inhalt der Rede eines Bärtigen. Viele sind so vom Bart und seiner Optik beeindruckt, daß das Publikum allem ohne Fragen zustimmt. Bei Reden bartloser Menschen achtet man mehr auf den Inhalt. Jeder (Mädchen und Frauen eingeschlossen) weiß, daß Mädchen und Frauen sprachlich gewandter sind.» Ich konnte mich von meiner Theorie nur verabschieden, indem ich «Bin ich ein Kater oder ein Affe?» in meinen Bart brummelte.

Ein Organ, das hervorragendste und zentralste von allen, blieb bisher unverändert – die Nase. Für deren erstaunliche Vielfalt an Formen und Größen gibt es noch keine befriedigende Erklärung. Schon 1923 stellten die beiden Anthropologen Thomson und Buxton eine Beziehung zwischen Klimazonen und menschlichen Nasenformen fest. Sie zeigten, daß sowohl Feuchtigkeit als auch Temperatur mit den Abmessungen der Nasen, dem sogenannten «Nasenindex» in Verbindung stehen. Sie glaubten, daß kleinere Nasen die eingeatmete Luft befeuchten und erwärmen, und deshalb in kalten und trockenen Klimaten einen Vorteil bieten. Solche «Spezialnasen» sollten daher in diesen

Lebensräumen vorhersagbar häufiger auftreten. Schmale, enge Nasen mußten nach ihrer Meinung diese Funktionen besser erfüllen, als die breiten Nasen, die dann den ursprünglichen und tropischen Formentyp darstellen. Ein anderer Erklärungsversuch war, daß die Verengung der Nasenöffnungen eine Folge des Schrumpfens der Kieferregion sei. Auf alle Fälle deutete man schmale Nasen als Sekundärentwicklungen des modernen Menschen. Die Unabhängigkeit der Nasenform von anderen Gesichtsmerkmalen zeigt wiederum, wie viele eigenständige Variable in einem komplexen System wie dem menschlichen Gesicht vorkommen.

Das Gesicht teilt mit dem restlichen Körper das auffälligste Merkmal – die Hautfarbe. Evolutive Gründe für Pigmentierungsunterschiede liegen darin, daß Menschen unterschiedlicher Sonnenbestrahlung ausgesetzt waren. Extreme Pigmentierungsformen können in einer nicht dazu passenden Umwelt fatale Folgen haben. Der weitverbreitete mittelbraune Hauttyp kann in Abhängigkeit von der Bestrahlung dunkler oder heller werden.

Unter vielen älteren Theorien behauptete eine, daß der moderne Mensch ursprünglich schwarz war und danach über braune Zwischenstufen immer mehr Pigmente verlor. Andere gingen davon aus, daß die selektiven Veränderungen sehr schnell abliefen und unterschiedliche Pigmentierungstypen in verschiedenen Regionen mehrfach unabhängig voneinander entstanden. Nach gegenwärtigen Vorstellungen fing alles mit hellbrauner Haut an und die extremen schwarzen und sehr hellen Hauttypen entwickelten sich erst später.

Depigmentierung ist für ein Tier eine radikale Veränderung. Die Tatsache, daß dieser Färbungstyp sich zahlreich und erfolgreich durchsetzte, muß man auf Selektionsvorteile zurückführen. Und wieder einmal liegt die Erklärung darin, daß der Körper auf diese Weise speziellen klimatischen Problemen begegnet.

Nordische Völker hatten spezielle Probleme mit dem Kalzium-Stoffwechsel. Das zeigt sich an zahlreichen Skeletten aus der Zeit von 15000 bis 10000 v.h., besonders in Schweden. An den Knochen und Zähnen dieser prähistorischen Menschen fällt die unzureichende Kalziumablagerung auf, was sich zunächst durch Calciferolmangel erklären läßt, den man wiederum auf zu wenig Sonnenbestrahlung und einseitige Ernährung zurückführt.

Der Knochenaufbau, normales Wachstum und die Nierenfunktion sind vom Kalziumstoffwechsel und damit vom Calciferol – oder Vitamin D3 – abhängig. Da dieses bei Sonnenbestrahlung aus Steroiden *in* der Haut, aber *unter* der Pigment-Schutzschicht gebildet wird, kann zu starke Absorption durch Pigmente schwerwiegende Folgen für heranwachsende Kinder oder Schwangere haben. Jede Störung des Kalziumstoffwechsels beeinträchtigt die Gesundheit einer Frau und ihres Nachwuchses sowie auch ihre Überlebensdauer. Während der Schwangerschaft und des Stillens verliert sie, um den Zahn- und Knochenbau des Kindes zu ermöglichen, eigene Reserven. In besonders schweren Fällen bekommen beide nicht genug Kalzium. Noch größer ist das Risiko für rachitische Mütter. Ihr Geburtskanal im Becken kann im Vergleich zu gesunden Frauen nur halb so groß sein. Im hohen Norden scheint für prähistorische Mütter das Risiko, bei der Geburt zu sterben, besonders hoch gewesen zu sein. Gefährdung durch Rachitis stellt den wichtigsten Selektionsfaktor dar, der zu einer pigmentärmeren, strahlendurchlässigeren Haut führte.

Möglicherweise gab es noch weitere Selektionsvorteile, sie waren im Vergleich zum Kalziumstoffwechsel aber sicher weniger wichtig. Melaninproduzierende Zellen entstehen aus dem gleichen embryonalen Keimblatt wie Nervenzellen, und Melanin wird über die gleichen biochemischen Reaktionsketten gebildet, wie die Neurotransmitter des Nervensystems. Beide sind Nebenprodukte des DOPA, einer Aminosäure, die aus der Vorstufe Tyrosin entsteht. Man glaubt festgestellt zu haben (soweit mir bekannt, aber noch nicht im Zusammenhang mit Menschen), daß melaninarme Tiere weniger streßanfällig sind und (wie z. B. Laborratten und -mäuse) weniger stark auf Umweltreize reagieren. Unwissenschaftlich formuliert sind sie phlegmatischer. Obgleich die Volkesstimme die bleichen «Nordlichter» immer wieder als ruhig und weniger agil als ihre südlichen, dunkleren Verwandten bezeichnet hat, ist es sehr zweifelhaft, ob derartige Unterschiede (soweit sie überhaupt existieren) tatsächlich meßbar sind.

Trotz alledem sucht man weiter nach physiologischen und psychologischen Unterschieden, die mit einfachen, äußeren Erscheinungen einhergehen. Pigmentarme Augen sind da sehr beliebt. Amerikanische Psychologen haben – vielleicht von der nationalen Begeisterung für Wettkampfspiele angetrieben – Merkmale gesucht, die Hinweise auf sportlichen Erfolg liefern könnten. Einer von ihnen glaubt herausgefunden zu haben, daß braunäugige Wettkämpfer in rasanten, reaktionsschnellen Sportarten besser abschneiden und blauäugige Personen in Wettbewerben gewinnen, die langfristigere, geplante Aktionen voraussetzen. Dieses Ergebnis muß man aber eher auf kulturelle als auf physiologische oder anatomische Unterschiede innerhalb der amerikanischen Gesellschaft zurückführen.

Kehren wir zur Vorgeschichte und dem Zusammenhang von Sonnenstrahlung und Pigmentierung zurück; überlegen wir, wie die ersten modernen Menschen auf dieses Problem reagierten.

Die große Mehrheit aller Säuger meidet die heißesten Tagesstunden und die menschlichen Bewohner der großen Waldgebiete Afrikas und Asiens werden sich darin kaum unterschieden haben. Es gab wenig

Grund nach dem Spruch zu leben: «Verrückte Hunde und Engländer gehen in die Sonne». Sich der mittäglichen Tropensonne auszusetzen, erfordert größere evolutive Anpassungen als allgemein angenommen. Allen um diese Tageszeit aktiven Bewohnern offener Lebensräume stellten sich die gleichen Probleme. Selbst Oryx-Antilopen, Gazellen und Dromedare ziehen es vor, um diese Zeit zu ruhen. Die Hauptgefahren bestehen in Überhitzung, Austrocknung und Gewebezerstörung in und unter der Haut durch zu hohe Strahlendosen. Solange Menschen und Tiere auch ohne langen Aufenthalt in Hitze und Sonne überleben konnten, bestand ein Selektionsdruck gegen abweichende Verhaltensweisen, da strahlungsverursachte Schäden die Überlebensfähigkeit minderten.

Dieses «Sonnen-Tabu» wurde aus mehreren Gründen in Südostasien gebrochen. Das Sammeln von Schalentieren und anderen Organismen in Wattgebieten und Gezeitentümpeln mag zunächst die Nutzung von Flüssen und Waldrändern nur ergänzt haben, mit der Entdeckung der ungeheuren Nahrungsmengen wird ihre Bedeutung jedoch immer stärker zugenommen haben. Mit dem Einsatz von Booten und Flößen setzte sich die neue Wirtschaftsform im gesamten Bereich dieser Inselwelt durch. In dreierlei Hinsicht wurden die Inseln dadurch bedeutsam: technologisch, ökologisch und genetisch. Eine Technologie, die die Leute zu den Inseln gebracht hatte, war zumindest für ökologische Ressourcen in Festlandnähe entwickelt worden. Da Menschen konservativ sind, werden die Siedler weiterhin die Küstenbereiche genutzt haben, ihre überkommene Technik und ihre kulturellen Traditionen, die sie hergebracht hatten, bewährten sich weiterhin.

Nach der Besiedlung von immer mehr Inseln unterschieden sich diese Inselvölker zunehmend von den ursprünglichen Festlandkulturen. Kontakte zwischen den Inseln und zum Festland ließen sich nur über Wasserfahrzeuge aufrechterhalten. Der Kontakt zum Festland brach weitgehend ab und Boote waren die einzigen Hilfsmittel, welche die genetische Einheit und Einzigartigkeit der Insulaner garantieren konnten. Die Erfindung von Wasserfahrzeugen gab den Evolutionswegen und der Entwicklung menschlicher Vielfalt eine völlig neue Grundlage. Genetische Veränderungen hingen plötzlich von einer neuen Technologie ab.

Die neue südostasiatische Wirtschaftsform verlangte, daß man sich der Sonne aussetzte. Der Tag-Nacht-Rhythmus wurde bei den Küstenkulturen abgelöst von tidenabhängigen Phasen. Wann man nach Nahrung suchte, legte nicht mehr der Mensch fest, sondern das Meer, das auf die Menschen keine Rücksicht nimmt. Alle, besonders Frauen und Kinder, die weitgehend die Sammelarbeit verrichteten, mußten in die äquatoriale Sonne hinaus, die – von Sand, Schlamm und Wasser reflektiert und verstärkt – zu Hitzebelastung, Sonnenbrand und Austrocknung führte.

Neuere Untersuchungen zeigen, daß unpigmentierte Neugeborene nach der Geburt zu wenig Schutz besitzen und innerhalb weniger Minuten Hautverbrennungen erleiden können. Darüber hinaus kann zu starke Bestrahlung zeitverzögert zu Hautkrebs führen, der den Betroffenen oft vor der Geschlechtsreife tötet.

Während die Selektion bei Festlandbewohnern *gegen* den Aufenthalt in der Sonne arbeitete, kam es nun zu einer totalen Umkehr und eine stärkere Selektion sprach bei den Insulanern *für* Strahlungs- und Hitzetoleranz. Die Bedeutung dieser geänderten Selektionsrichtung kann man nicht deutlich genug betonen.

Charles Darwin deutete als erster an, daß dunkle Haut den Körper vor schädlicher Strahlung schützt. Man vermutete auch, daß schwarze Haut eine direkte Anpassung an tropische Bedingungen ist. J.B.S. Haldane meinte 1956, daß derartige Anpassungsvorgänge Zeit benötigen und veranschaulichte dies an den südamerikanischen Indianern, die über 10000 Jahre gebraucht haben, um dunkler zu werden. Wenn sich neuere archäologische Datierungen bestätigen sollten, muß man diesen Schätzwert verdreifachen. Tatsächlich belegen die braun bzw. rötlich gefärbten Indianer, daß der Druck, dunkler zu werden, *nicht* zwangsläufig mit dem Leben in den Tropen verbunden ist. Eine Weltkarte der ultravioletten Strahlenbelastung zeigt, daß es keine Korrelation zwischen schwarzer Haut und Sonnenbestrahlung gibt. Verhaltensänderungen können diese Belastung mindern, und genau das tun viele nichtschwarze Tropenbewohner. Selbst die archetypischen Afrikaner, die Khoisan, meiden während der heißen Tagesstunden die direkte Sonnenbestrahlung.

Welche negativen Auswirkungen hat also zu viel Sonne? Ultraviolette Strahlen im Sonnenlicht führen bei unbedeckter Haut zu Sonnenbrand. Neben der Zerstörung der Zellen kann es zu Veränderungen der Blutgefäße in der Oberhaut und somit zur Entstehung von Brandblasen und Ödemen führen (auch Erythema genannt). Elastische Fasern und das Kollagen der Haut zerfallen und verursachen einen Spannungsverlust der Haut, die runzlig wird. So entstandene Verletzungen bilden die Eingangspforte für alle möglichen Krankheitserreger und erschweren eine Temperaturregulation durch Schwitzen. Hitzebelastung ermüdet wiederum das Herz.

Während Nordländer unter zu wenig Sonnenlicht leiden, kann ein Zuviel auch zu toxischen Konzentrationen von Vitamin D führen. Ein unbekleideter Weißer kann in einer Stunde bis zu 120000 Einheiten Calciferol bilden. Dies ist der dreifache Tagesbedarf. Andauernde Überproduktion an Calciferol verursacht krankhafte Kalziumablagerungen wie z.B. Nierensteine (Kalzium-Steinchen entstehen auch bei Unterversorgung mit Wasser im Stoffwechsel, ebenso ein Nebeneffekt häufiger Überhitzung). Zuviel UV-Licht soll auch einige lichtempfindliche, essentielle Nährstoffe und Vitamine zerstören, z.B. Riboflavin, Vitamin E und Folsäure. Dies hat u.a. fatale Auswirkungen auf die Fruchtbarkeit. Eine von dieser Krankheit befallene Population wird schneller zusammenbrechen, als eine gesunde.

Die bei weitem schlimmste Folge von Sonnenbrand ist der Hautkrebs, ein unkontrolliertes Wachstum abnormer Zellen, der in verschiedenen Formen auftritt. Der häufigste Typ befällt Basalzellen. Seltener sind Schuppenzellen-Karzinome, während Melanome als kleine schwarze Hautflecken beginnen, die sich später in tieferliegende Gewebe ausbreiten und zum Tode führen können. Die weniger aggressiven Formen führen meist sehr langsam zum Tod, reduzieren aber dennoch die Lebenserwartung der von ihnen betroffenen Individuen. Unter prähistorischen Bedingungen haben Hautkrebserkrankungen den Körper für jegliche Sekundärinfektion geöffnet. Weiße Amerikaner, besonders ausgesprochene Sonnenanbeter, bekommen sieben- bis achtmal häufiger Hautkrebs als Schwarzamerikaner, die in den gleichen Städten leben.

Melanome, die sich schnell entwickeln und viele Kinder töten, sind in den Tropen häufiger. Bis in die jüngste Vergangenheit starben die Hälfte aller an Melanomen erkrankten weißen Australier. Selbst heute sind bei einer auf 15% reduzierten Todesrate noch Tausende in den letzten zehn Jahren in Australien an Melanomen gestorben. Sehr geringe Krebsraten unter der schwarzen australischen Bevölkerung und eine gute Vorsorge bei den dort lebenden Weißen durch technische und medizinische Mittel, scheint die natürliche Selektion aufzufangen, aber nur fast; in Cairns, Nordqueensland, erkranken 10% aller 60 bis 69 jährigen Männer an Hautkrebs und die hier durch Melanome bewirkte Todesrate ist die weltweit höchste.

Gegenwärtig wird die Wirkung der natürlichen Selektion durch zahllose kulturelle und technische Mechanismen gemildert. Ohne diese tödlich wirkenden Naturkräfte direkt kennengelernt zu haben, leugnen einige Sesseltheoretiker, daß Selektion auch heute noch wirkt. In vielen Ländern der Welt können Menschen aber nur aufgrund biologischer Anpassungen oder mit Hilfe ausgeklügelter medizinischer und technischer Hilfen überleben, fehlen diese, sinkt ihre Lebenserwartung. Sonnenschutzcreme, Sonnenschirme, Hemden und Strohhüte sind der Ersatz für dunkle Augen und dichtem krausem Haar.

Als ursprüngliche Tropentiere vertragen die meisten Menschen Hitze. Wir alle besitzen ungefähr gleichviele Schweißdrüsen (ungefähr 5000). Auch die Zahl der Melanocyten, lebender Zellen in den tieferen

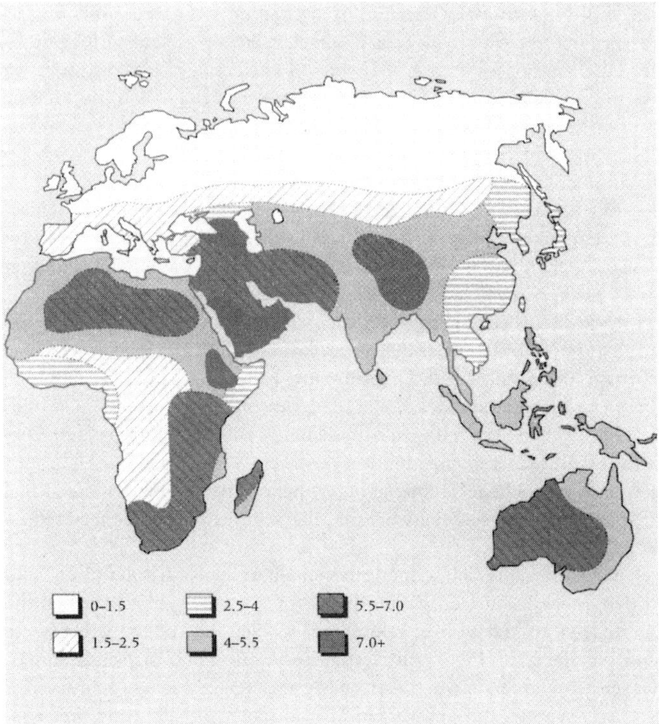

Abbildung 92
Intensität der UV-Strahlung in der Alten Welt. Die Verteilung zeigt, daß dunkle Haut keine direkte Anpassung an hohe UV-Strahlungsintensität sein kann (die ist aufgrund der dünnen Ozonschicht in hohen, wenig bewölkten Bergländern besonders hoch).

Hautschichten, ist bei allen annähernd gleich. Diese wachsen und teilen sich lebenslang und produzieren Melanin, bei Hellhäutigen langsam, bei Dunkelhäutigen schnell. Da Melanin UV-Licht absorbiert und reflektiert, wirkt es wie ein Sonnenfilter. Darüber hinaus reagieren Melanocyten auf Änderungen der Bestrahlung. Nimmt diese zu, steigern sie die Melaninproduktion, nimmt sie ab, geht die Produktionsrate zurück.

Verschiedene Hautfärbungen sind die Folge genetisch unterschiedlich gesteuerter Anordnung und Verteilung des Farbstoffes in tieferen Hautschichten. Das bei allen hellbraun bis weiß gefärbten Hauttypen auftretende Verteilungsmuster entsteht folgendermaßen: Die Melanocyten synthetisieren Melanin und verpacken es in kleinen, Melanosomen genannten Einheiten, die in die untere Epidermis eingelagert wer-

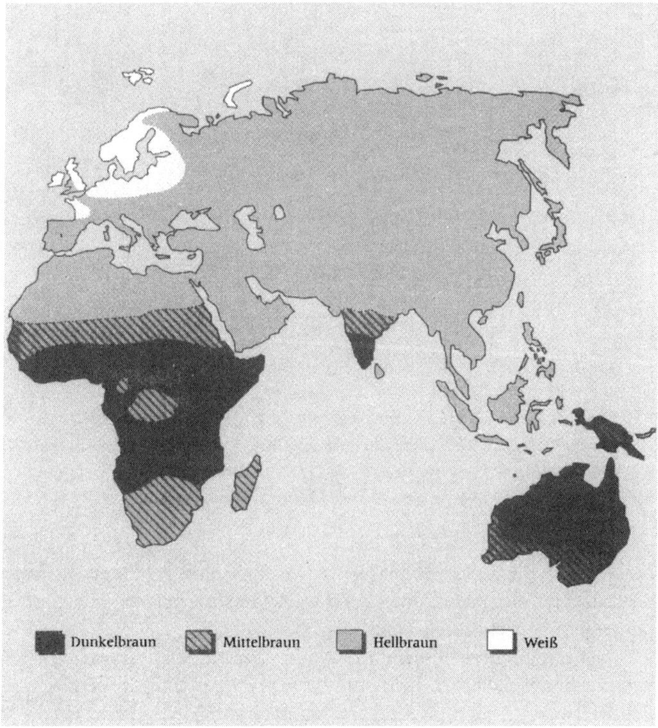

Abbildung 93
Die Karte der Alten Welt zeigt die Verbreitung unterschiedlicher Pigmentierungstypen (nach verschiedenen Autoren).

den. Während dieses Transportes formen sie Komplexe die von einer Membran zusammengehalten werden.

Bei der Anpassung an geringe Lichtintensitäten reduzieren Nordeuropäer Größe und Zahl der Melanosome sowie die Gesamtdicke der Haut und der Pigmentschicht. Diese läßt mehr Licht in die darunterliegenden Gewebe eindringen, eine Anpassung, die nur dort sinnvoll war, wo die Sonne nur schwach und saisonal scheint. Diese nordwestlich verbreitete Abwandlung nahm eine Beschränkung der Vielseitigkeit in Kauf, die meisten anderen Menschen behielten einen flexibleren Typ der Melaninphysiologie bei.

Der Übergang zu einer Nutzung der sonnendurchfluteten Gezeitenzonen der Meere und eine von anderen Menschen isolierte Lage,

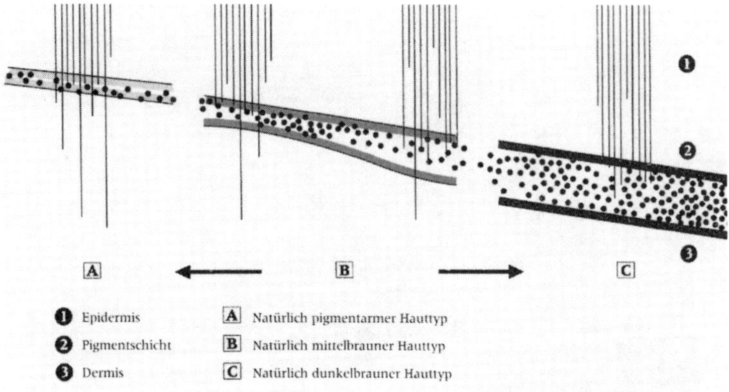

Abbildung 94
Haut und UV-Licht. Sowohl die Epidermis als auch die Pigmentschicht können dick oder dünn sein. Einige UV-Strahlen dringen nicht bis zur Pigmentschicht durch.

brachen mit allem vorher Dagewesenen. Es führte zu überaus starker Selektion auf die Ausbildung eines besonders wirksamen und permanenten Sonnenschutzmechanismus.

Neuere Untersuchungen zur Mikrostruktur und genaueren Physiologie der Melanine deckten auf, daß schwarze Haut im Vergleich zu den Melanosom-Komplexen der braunen und helleren Haut eine evolutionäre Neuerung darstellt. Diese besteht – vereinfacht gesprochen – darin, daß die Melanosome enthaltenden Hüllen zerstört wurden und sie freisetzten, so daß sie eine gleichmäßig verteilte, dichte Schicht ausbilden. Freie Melanosome unterscheiden sich vom vorherigen Typ histologisch: sie sind größer, zahlreicher und anders in die Epidermis eingelagert. Diese Sonderform der Melaninphysiologie ist schon vor der Geburt nachweisbar und hält lebenslang an. Die Vererbung dieses Hauttyps ist noch nicht vollkommen erforscht. Durch die Kombination theoretischer Überlegungen (wie zukünftige Generationen aus Mischehen schwarzer und weißer Amerikaner aussehen könnten) mit den Forschungsergebnissen, schlossen W. Bodmer und L. Cavalli-Sforza (1976), daß drei bis vier Gene die Hautpigmentierung festlegen, d.h. es sind nur wenige Genorte betroffen. Das bedeutet, daß die evolutive Umfärbung heller Hauttypen zu sehr dunklen über eine relativ einfache Neuverteilung der Melanosome ablaufen konnte und damit eine relativ kleine evolutive Änderung bedeutete. Daraus folgt, daß schwarze Haut eine modernere Erscheinung der Evolution darstellt.

Die Tatsache, daß freie Melanosome nur bei Melanesiern (wie Salomonen-Insulanern), australischen Ureinwohnern, Afrikanern und Amerikanern afrikanischer Abstammung vorkommen, ist überaus interessant. Die jüngste Entdeckung eines bei heute so weit verbreitet lebenden Völkern gemeinsam auftretenden Merkmales, läßt sich nur durch die Abstammung von gemeinsamen Banda-Vorfahren deuten. Ihr gemeinsamer Ursprung, der durch weitere Fakten gestützt wird, macht es wahrscheinlicher, daß diese spezielle Genkombination auf eine gemeinsame, frühe Gründerpopulation zurückzuführen ist, als daß sie unabhängig voneinander in verschiedenen Tropengebieten mehrfach entstanden ist.

Während die besonders helle Haut einiger Europäer zusammen mit blauen Augen und blonden Haaren auftritt, ist schwarze Haut mit sehr dunklen Augen und schwarzem Haar kombiniert. Tests an dunkeläugigen Menschen zeigten, daß sie selbst in hellstem Licht noch ausgesprochen scharf sehen konnten. Mischlinge können zwar blaue Augen und dunkle Haut haben, was aber viel seltener als dunkle Augen und helle Haut auftritt. Die sich häufiger durchsetzenden Merkmale sind dominant vererbt.

Dunkelhäutige Menschen sind normalerweise schwarzhaarig. In zwei Regionen jedoch – in Südwestaustralien und in einem ebenso abgelegenen Gebiet Melanesiens – besitzen fast alle Kinder und einige erwachsene Frauen strohblonde Haare. Aus skandinavischer Sicht am anderen Ende der Welt, haben zwei Randpopulationen ein übereinstimmendes Merkmal entwickelt, möglicherweise auch hier eine Folge lokaler Schönheitsideale. Anders als beim Albinismus, betrachtete man den Blondschopf bei Kindern und Frauen als sehr attraktiv, so daß soziale und sexuelle Selektion ihre Wirkung zeigen konnte.

Fehlende Körperbehaarung ist bei Tropenbewohnern besonders auffällig. Dieser «Verlust» beruht in Wirklichkeit auf einer Miniaturisierung der Haare, die dadurch nahezu «unsichtbar» werden, als ob der Baby-Flaum sich nicht zur Erwachsenenbehaarung auswächst. Die Tatsache, daß dieses Merkmal bei äquatorialen Bevölkerungen am weitesten entwickelt ist, scheint den Zusammenhang zwischen Haarlosigkeit und Wärmeabgabe zu bestätigen. Starke Behaarung kann nicht nur den Kühleffekt des Schwitzens behindern, sondern erhöht auch die Infektionsmöglichkeit über die Follikel. Bei 38°C Umgebungstemperatur produziert der Körper bis zu 28 Liter Schweiß am Tag. Dadurch verliert man neben unerwünschten Stoffwechselprodukten bis zu 15 % der körpereigenen Salzreserven. Es ist einleuchtend, daß diese Ausscheidungen besser abgewaschen, als in dichter Behaarung angesammelt werden.

Nur an einer Stelle sind Haare in heißem Klima wichtig, auf dem Kopf. Obwohl schwarzpigmentierte Völker die vergleichsweise geringste Körperbehaarung tragen, besitzen sie ausgesprochen dichte Kopfbehaarung. Je runder der Haarquerschnitt ist, desto gerader ist das Haar. Dieser Typ herrscht bei den meisten Säugern, inklusive Affen und Mensch vor. Glatte Haare sind primitiver als krause, die ihre Spiralform durch eine Abflachung des Querschnittes erhalten. Kraushaare bilden über dem Kopf eine dichtere und dickere Isolationsschicht, die vor zuviel Hitze und Sonnenbestrahlung schützt.

Pigmentbildung und Haarstruktur waren für die frühen Banda noch nachteilig, die Haarstruktur scheint sich jedoch (da viele australische Aborigines glatte Haare besitzen) später als die Hautpigmentierung verändert zu haben. Wo Aborigines trotzdem Kraushaar tragen (in Nordaustralien) scheint es eher auf spätere genetische Einflüsse aus Melanesien zurückzuführen zu sein. Diese begrenzte Verbreitung deutet auf eine Entstehung nach der Erstbesiedlung Australiens hin, könnte aber auch auf einen Ursprung aus eher westlichen Bandaregionen hindeuten. Obwohl die Abflachung der Haarquerschnitte nur eine geringe genetische Veränderung ist, spricht die Verbindung mit einer Fülle weiterer Banda-Merkmale für einen gemeinsamen Ursprung.

Die Entstehung krauser Haare ist jedoch nicht auf schwarze Haare beschränkt. Das Auftreten krauser Haare in einigen norwegischen Familienstammbäumen belegt, daß das Merkmal auch mehrfach unabhängig voneinander entstehen konnte. Blondes Kraushaar wird durch ein einzelnes, dominantes Gen vererbt, das bei den erwähnten Norwegern das Ergebnis einer sehr jungen Mutation sein muß.

Wenn der flache Querschnitt bei schwarzen Haaren unter extremer Selektion durch Strahlung und Hitze entstanden ist, müssen wir die Entstehungsgebiete in äquatorialen Inselregionen der Banda suchen. Im Bereich der Nordküsten Sumatras und der malaysischen Halbinsel finden sich eine Fülle von Inseln mit ganzjährigen Temperaturen um 26°C. Kleinere, kraushaarige Restvölker mit schwarzer Haut finden sich in der Nachbarschaft, auffällig sind die Semang und Batek Malaysias und die Andamanesen. In Anbetracht der Tatsache, daß Kraushaar dominant vererbt wird, scheint die Seltenheit kraushaariger Vertreter der Vorstellung zu widersprechen, daß hier das Ursprungszentrum dieses Merkmales liegen soll. In vielen Kulturen, die eine Rassenvermischung zuließen, hat sich krauses Haar stark durchgesetzt. Andererseits konnten in Gesellschaften, bei denen Heirat mit Gruppenfremden tabuisiert war, diese leicht erkennbaren Haut- und Haarmerkmale schnell zu sozialen Grenzen werden, die man nur schwer übertreten konnte.

Die Reproduktionsrate von Völkern hängt von vielen verschiedenen und oft kulturellen Faktoren ab. Einer ist eindeutig genetischer Art – die Häufigkeit von Zwillings- oder Mehrlingsgeburten. Für Jäger- und Sammlervölker bringt eine Bevölkerungszunahme keine Vorteile. Viele dieser Gruppen führten bis in letzte Zeit noch Geburtenregelung durch, u.a. weil die Mütter nicht nur die Kinder tragen und großziehen, sondern auch einen Großteil der Nahrung sammeln und zubereiten mußten. Obwohl ältere Kinder die Mütter unterstützen können, stellt für sie das Herumtragen und Versorgen der Kleinen eine Behinderung dar. In manchen Gesellschaften betrachtete man Zwillingsgeburten daher als Katastrophe bzw. schlechtes Omen und tötete oft eines der Kinder oder beide.

Ackerbauern dagegen ziehen aus zusätzlichen Helfern bei der Feldarbeit großen Nutzen. Männer in polygamen Gesellschaften können so große Macht über die bloße Anzahl der Feldarbeiter und deren Produktivität erlangen. Vor diesem gedanklichen Hintergrund ist interessant, daß Geburten zweieiiger Zwillinge weltweit verschieden häufig sind (eineiige Zwillinge treten überall mit nahezu gleicher Häufigkeit auf). In China kommen auf 1000 Geburten 2,5 Zwillingsgeburten, in Nigeria sind es fast 40. Ein so großer Unterschied scheint auf eine selektive Begünstigung von Zwillingsgeburten seit der Entstehung des Ackerbaues in Afrika zurückzugehen, gleichzeitig blieb China (unter dem Einfluß anderer, kultureller Bedingungen trotz des Besitzes des Ackerbaues) beim älteren Vermehrungsmuster.

Während die Anpassung an klimatische Bedingungen leicht erkennbare, typische Merkmale an Haut, Haaren und Gesichtsform herausarbeitete, sind verschiedene Strategien der Krankheitsabwehr äußerlich nicht festzustellen. Dies gilt nicht nur für unsere genetisch vorprogrammierten Abwehrmechanismen, sondern entsprechend auch für die Anfälligkeiten gegenüber Erregern.

Es ist ein Wunder, wie das komplexe System, das einen einzelnen Menschen entstehen läßt, ihn erhält und repariert, ein Leben lang effektiv arbeiten kann. Es gibt aber auch Gene, die einen fehlerhaften Stoffwechsel verursachen. Eine neuere Liste enthält 2336 bekannte Abweichungen, meist Krankheiten, die alle auf einem einzelnen Gen bzw. Allelpaar beruhen. Alle Völker sind davon betroffen. Genetisch verursachte geistige Behinderungen sind z. B. weitverbreitet und betreffen 0,08 % aller Neugeborenen, Taubheit tritt mit 0,05 %, Blindheit mit 0,02 % und Albinismus mit 0,01 % auf. Andere, wie die Tay-Sachs-Krankheit sind viel seltener, treten aber in manchen Populationen gehäuft auf.

Die genetischen Anpassungen der verschiedenen Blutgruppen sind besser bekannt. Der Blutgruppenpolymorphismus stellt einen der vielen Abwehrmechanismen des Körpers dar. Polymorphismen sind weit über Kontinente und Rassengrenzen verbreitet. Die hohe Anzahl regionaler Konzentrationen bestimmter Blutgruppen scheint darauf hinzuweisen, daß einzelne Allele von einem Ursprungsgebiet ausgingen und regional häufiger wurden, da sie hier Vorteile boten. Viele dieser Aspekte hat man erst jüngst entdeckt, ihre Funktionszusammenhänge sind noch weitgehend unbekannt und viele Allele könnten selektionsneutral sein.

Null ist die am weitesten verbreitete und älteste Blutgruppe, die wir auch mit einer Menschenaffenart – den Schimpansen – teilen. Nach Blutgruppentests scheint sie bei 15% der Schimpansen vorzukommen.

Der Anpassungswert von Blutgruppen ist schwer nachweisbar, die meisten Fachleute glauben, daß sich die Blutgruppenvielfalt, wie die meisten anderen Bluteigenschaften, als Teil unserer Abwehrmechanismen gegen Umweltgefahren, besonders Krankheiten, entwickelte. Ein Hinweis auf die Rolle der Blutgruppen bei der Krankheitsabwehr findet man darin, daß die Blutgruppe 0 in früheren Pestgebieten besonders selten ist. Träger dieser Blutgruppe sind bei einer Erkrankung an Pest besonders gefährdet, A und B dagegen weniger. Tests zeigten, daß Leute mit A und B dagegen geringfügig, aber meßbar seltener von Mücken gestochen werden, so daß auch sie ihre Vorteile haben. Menschen mit Blutgruppe A erkranken statistisch signifikant seltener an Magengeschwüren als O-Typen. Als «Ausgleich» sind sie aber empfänglicher für Pocken und Typhus. Auf diese Weise half der genetische Polymorphismus wahrscheinlich immer, daß Kerngruppen der Bevölkerung überlebten, die nach der Epidemie die fast vernichteten Populationen wieder aufbauen konnten.

Wie bekämpfen Gene die Krankheiten? Zumindest ein Gen, das mit Krankheitsabwehr zu tun hat, ist genauer bekannt. Das «P1»-Gen (das unter Südafrikanern, einschließlich der Khoisan häufig ist) scheint für die Antikörperbildung bei Wurmbefall aktiv zu werden, da die Oberfläche von Spulwürmern Antigene trägt, die zu P1 passen.

Die geographische Verteilung bestimmter Allele und der dazu möglicherweise passenden Krankheitsbilder steht derzeit im Zentrum der wissenschaftlichen Forschung. Die Tropen stellen eine wahre Fundgrube zahlreicher, regional begrenzter Krankheiten und Parasiten dar. Sumpffieber, tropische Viren und bestimmte Malariaformen sind in Teilen Brasiliens und Afrikas endemisch. Große, bewohnbar erscheinende Gebiete sind als Folge von Tabuvorschriften unbesiedelt oder weil die Bevölkerung hier ausstarb. Andere Landstriche tragen eine dichte Bevölkerung, weil man aufgrund der langen Auseinandersetzung mit einer hier vorkommenden Krankheit Resistenzmechanismen entwickelte.

Von den vielen Nachweisen für die durch Selektion entstandene Abwehr von Krankheiten sind keine so überzeugend wie die fünf Erbanlagen (weitere harren vielleicht noch der Erforschung), die vor Malaria schützen. Malaria bedroht ortsfeste Ackerbauern anscheinend

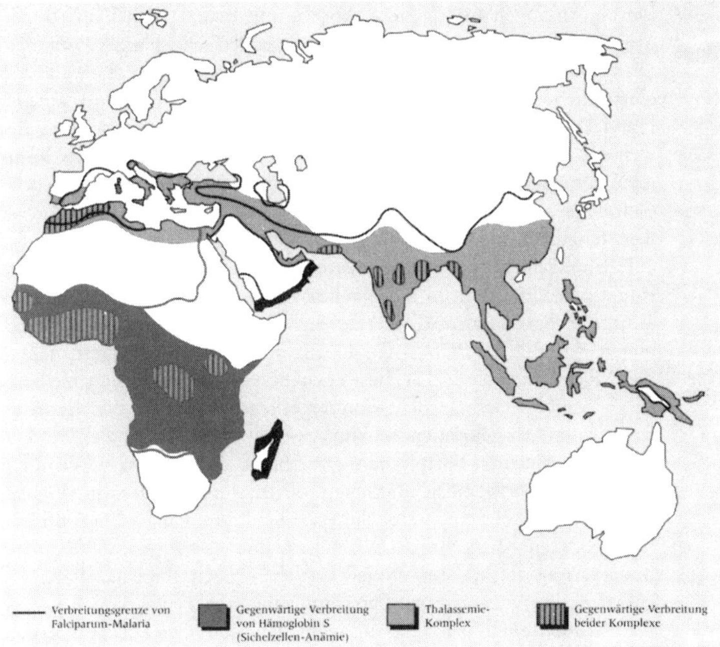

Abbildung 95
Verteilung von Falciparum-Malaria und einigen genetischen Abwehrmechanismen.

stärker als die nomadischen Jäger und Sammler. Die Entstehung genetisch determinierter Abwehrmechanismen gegen Malaria ist einer der überzeugendsten Belege dafür, daß Anpassung etwas ganz reales ist. Kartiert man die Verbreitungsgebiete dieser fünf Anlagen auf einer Weltkarte und vergleicht sie mit der Verbreitung von *Falciparum malariae*, findet man eine fast totale Übereinstimmung.

Trotz massiver Anti-Malaria-Kampagnen erliegen jährlich Millionen Menschen dieser Erkrankung. Als der Mensch noch seltener, weiter verbreitet und mobiler war, konnten die Mücken den Infektionszyklus nicht so leicht aufrechterhalten, so daß Malaria ursprünglich vielleicht auf kleine, nicht-menschliche Gruppen beschränkt war.

Der Malaria-Erreger, ein Einzeller – *Plasmodium* – wird von weiblichen Mücken (die Blut für die Eiproduktion benötigen) übertragen.

Durch Ansaugen und spätere Abgabe mit dem Speichel übertragen Mücken der Gattung *Anopheles* diese Parasiten sehr schnell; *Plasmodium* vermehrt sich in synchronen Vermehrungsschüben, die jeweils von einem Fieberanfall des Wirtes begleitet werden. Als Nordeuropäer den Handel mit Westafrika aufnahmen, wurde die Krankheit als «Grab des weißen Mannes» bekannt. Von außerhalb des Malariagebietes kommend, besaßen die Händler keinen genetischen Schutz vor Malaria oder Gelbfieber. Die Lokalbevölkerung dagegen war im Besitz mehrerer Resistenzmechanismen. Dazu gehört auch die Sichelzellenanämie, die z.T. Blutkrankheiten und -parasiten abwehrt. Anscheinend können Infektionskeime sich im Sichelzellen-Blut schlechter festsetzen. Dies könnte erklären, warum Träger des Sichelzellengens HbS in Malariagebieten Vorteile gegenüber den normalblütigen HbA-Trägern haben. Der Mischerbige HbS/HbA besitzt ein normales und ein Sichelzell-Allel. Reinerbige Sichelzell-Erkrankte erliegen meist in der Kindheit schon der ausgeprägten Anämie. Der sonst normale Bluttyp (HbA/HbA) bringt Fortpflanzungsnachteile, da bei malariaerkrankten Männern, selbst wenn sie überleben sollten, durch wiederholte Fieberschübe mit hoher Temperatur die Spermienbildung behindert und ihre Fruchtbarkeit eingeschränkt wird. In Gebieten wo bis zu 100% der Bevölkerung mit Malaria infiziert ist, leben mischerbige Sichelzell-Allel-Träger länger, sind fruchtbarer und zeugen mehr Kinder.

Plasmodium in der Blutbahn regt jeden Menschen zur Antikörperbildung an, die jedoch, meist nutzlos ist. Nach jüngsten Untersuchungen scheint es, als ob die Parasiten von einer Schicht besonderer Eiweißmoleküle bedeckt sind, die nur mit Hilfe ganz bestimmter menschlicher Gene «erkannt» und daraufhin durch das mobilisierte Immunsystem bekämpft werden können.

Ein Teil der Immunantwort beruht auf den hochvariablen menschlichen HLA-Antigenen (human leucocyte antigen=HLA), deren Gene auf Chromosom 6 liegen. Zwei Gene dieses Komplexes schützen nachgewiesenermaßen Westafrikaner vor Malaria und man hat berechnet, daß mindestens 2500 Generationen unter Selektionsdruck durch Malaria gestanden haben müssen, um die heutige Allelhäufigkeit zu erreichen. Die schützenden HLA-Allele sind bei Äquatorial-Afrikanern häufig (nahezu jeder zweiter Nigerianer besitzt sie), aber unter Nicht-Afrikanern ausgesprochen selten. West-Afrikaner, die nicht zumindest eines dieser Allele besitzen, erkranken oft an schwerer Malaria.

West-Afrikaner besitzen weiteren genetischen Schutz durch den afrikanischen Duffy-Genotypen (Fy Fy), der die Widerstandsfähigkeit erhöht und durch den G6PD (Glukose-6-Phosphatdehydrogenase)-Mangel. Dieses x-chromosomal-gebunden vererbte Merkmal findet sich auch um das Mittelmeer und weit in den Tropen – besonders im

Fernen Osten. Ein weiterer, genetischer Malaria-Puffer ist Hämoglobin E. Insgesamt finden sich in den roten Blutkörperchen tropischer Völker mindestens fünf Mutationen gegen die Krankheit manifestiert. Die dänischen Matrosen und die englischen Händler, die im 18. Jahrhundert in Accra und Calabar starben, unterschieden sich von den sie betreuenden Afrikanern durch das Fehlen dieser Resistenzmechanismen.

Der allen bekannte transatlantische Handel mit westafrikanischen Sklaven stellte nicht nur eine unmenschliche Umwandlung von Menschen in Handelsgut, sondern auch die Ausbeutung biologischer «Fitneß» dar: Viele Afrikaner arbeiteten für Profit und Kommerz weniger Europäer. Auch heute noch profitieren die Nachkommen jener Sklaven in der Karibik vom ererbten Schutz vor Hautkrebs und Sonnenbrand. Noch vorteilhafter war für sie – besonders entlang der «Fieberküste» der mittelamerikanischen Karibik – der Schutz vor Malaria durch die oben erwähnten Resistenz-Allele. Für den normalen Untersucher, der diese genetischen Aspekte nicht beachtet, ist das Haupterkennungsmerkmal importierter «Fitneß» in der Karibik heute das weitgehende Vorherrschen afrikanischer Merkmale. Das kann jedoch trügerisch sein.

Die Entdeckung, daß sich in Mittelamerika und der Karibik hinter afrikanischem Äußeren weitgehend indianische Allele verbergen können, hat einige Genetiker neugierig gemacht. Ein Team der Universität von Kansas entdeckte das Phänomen erstmals in Tlaxcala, Mexico und konzentrierte sich dann auf die «schwarzen Kariben» von Belize und St. Vincent.

Die ursprünglichen Bewohner der St. Vincent-Insel waren Arawak-Fischer. Später wurden sie von Kariben aus Südamerika unterworfen. Während die meisten Karibikinseln nicht lange nach der Ankunft von Kolumbus durch europäische Großmächte annektiert wurden, blieb St. Vincent bis 1668, als britische Besatzer auftauchten, unberührt. Dies war jedoch nicht der erste Einfluß von außen. Von Nachbarinseln entwichene afrikanische Sklaven und andere Flüchtlinge waren von den St. Vincent-Bewohnern aufgenommen oder wiederum versklavt worden. Irgendwann im 16. Jahrhundert vermischte sich die Bevölkerung und entwickelte sich zu einer, vom englischen Reisenden W. Young 1795 «schwarze Kariben» genannten Gruppe. Obwohl sie für die Inselwelt typisches Karibisch sprachen und kulturell Indianer waren, erkannte man schon im 18. und 19. Jahrhundert ihre negroiden Züge:

> *Eine Karibenschönheit steckt auch in der Krinoline... nur noch wenige besitzen die ursprüngliche Hautfarbe: die meisten sind «schwarze Kariben». Diese letztgenannten sind Rassenmischlinge, die in ihrem Aussehen eher Afrikanern als Amerikanern ähneln (Chester, 1869).*

Das Kansas-Team erfaßte die Allelvorkommen der Bevölkerung in Sandy Bay, einer Enklave von Schwarz-Kariben am bergigen Nordende von St. Vincent. Sie stellten 43% typisch amerikanische Allele, 16% europäische und nur 41 % afrikanische fest. Wenn typisch afrikanisches Aussehen nach 400 Jahren der Vermischung mit nur 41% typischer Allele erreicht wird, sagt dies viel über die phänotypische Erscheinung der erhaltenen Gene und deren Selektionsvorteile aus.

Die Sandy Bay Enklave überlebte zwei große Vulkanausbrüche, diverse Hurrikane sowie Pocken (1849), Gelbfieber (1852) und Cholera (1854). Diese Leute sind die letzten Nachkommen einer Gruppe, die man nach einem Vernichtungsfeldzug 1795 auf einer vorgelagerten Insel aussetzte. Ironischerweise hieß das Schiff, das sie dorthin brachte, HMS *Experiment.*

Das heutige Ergebnis dieses «Experimentes» sind ungefähr 54 Ortschaften, die entlang der mittelamerikanischen Küste zwischen La Fe und Stann Creek liegen. In weniger als 200 Jahren wuchs die Bevölkerung am Festland zu einer 80000 Kopf starken Gruppe an ohne ihre kulturelle Identität zu verlieren (man nennt sie auch Garifuna oder Morenales). Sie haben sich darüber hinaus mit anderen Küstenbewohnern vermischt, deren Rassengeschichte noch komplexer ist. So gibt es z.B. die Meskitos, eine weitere afro-amerikanische Gruppe, vertriebene Haitianer und Kreolen (eine weitgehend afro-europäische Mischung) und verschiedene Maya/Ladinos, d.h. euro-amerikanische «Hybriden». Die Kansas-Studie lieferte eine Vorstellung von der genetischen Variabilität all dieser «Mixturen»: wie z.B. 42 verschiedene Formen des GM-Blutgruppensystems anstelle von 11 bei Europäern. All diesen Volksgruppen ist ein mehr oder weniger großer Anteil typisch afrikanischer Allele, aber ein vorwiegend afrikanisches Aussehen gemeinsam. Ihr Vorherrschen an der karibischen Küste und dem «Golf der Moskitos» ist ein typischer Ausdruck der Robustheit von Hybriden und ein Ergebnis der natürlichen Selektion.

Resistenzmechanismen gegen häufige Infektionskrankheiten fehlen besonders bei isoliert lebenden Inselbewohnern. Im Zentralpazifik starben viele Menschen an Masern und anderen Krankheiten, die bei den Matrosen, die sie eingeschleppt hatten, einen harmlosen Verlauf nahmen. Viele Insulaner sahen in diesen Abenteurern die «Pest» und versuchten sie zu vertreiben. Wahrscheinlich gründet sich die Furcht mancher verängstigter Stämme, die bis heute auf Nord Sentinel sowie den südlichen und mittleren Andamaneninseln herrschen, auf solchen Vorahnungen. Bis heute haben sie Kontakte mit der Außenwelt gemieden und überlebt, während ihre Verwandten auf den Nachbarinseln weitgehend an durch Syphilis verursachter Unfruchtbarkeit ausstarben.

Diese venerische Krankheit hält man allgemein für ursprünglich nordamerikanisch. Nach dem Volksmund sollen Matrosen die Krankheit von der ersten Reise des Christopher Kolumbus nach Spanien gebracht haben. Da die Krankheit neu und sehr ernsthaft war, wurde ihre schnelle Ausbreitung durch Europa gut dokumentiert. Damals versuchte man ihren Ursprung in guter Tradition den jeweiligen Feinden in die Schuhe zu schieben, so wurden die «Spanischen Pocken» zu englischen, französischen oder was auch immer, je nach den beteiligten Nationen. Die Krankheit wirkt sich bei Indianerbevölkerungen eindeutig weniger stark aus, ein Hinweis darauf, daß sie sich evolutiv länger mit den Erregern auseinandergesetzt haben. Bis heute waren fast alle Völker mehr als ein Jahrhundert den Erregern ausgeliefert und die Reaktionen sowie das Krankheitsbild scheinen schwächer zu werden.

Größere Krankheitsanfälligkeit aufgrund fehlender Kontakte mit den Erregern setzt aber nicht totale Isolation voraus. Als verfolgte Juden sich um die Jahrhundertwende aus den übervölkerten Ghettos Osteuropas flüchtend in ähnlich dicht bewohnten Städten der USA sammelten, waren viele von ihnen tuberkulös. Noch mehr jedoch hatten in vielen Generationen des Ghettolebens eine Resistenz erworben. In New York und Chicago trafen sie auf zahlreiche Auswanderer aus dem ländlichen Irland. Wie sich herausstellte, waren diese für Tuberkulose viel anfälliger, wahrscheinlich weil ihr Kontakt mit den Erregern weniger intensiv und lange angedauert hatte. Obwohl die Epidemie durch Gesundheitsfürsorge eingeschränkt wurde, hätte ihr Verschwinden durch Resistenz beschleunigt werden können.

Nur einige Krankheiten – wie manche Umweltfaktoren – erfordern eine genetische Veränderung. Vielen kann man schon durch Kontakt und «Training», besonders von Kindheit an, begegnen. So haben sich einige Völker an extreme Höhenlagen, z.B. im Himalaya, den Anden und den Alpen angepaßt. In allen Fällen kamen diese sonst so verschiedenen Menschengruppen zu gleichen Lösungen im Bereich der «Blutchemie», des Kreislaufes und der Atmung.

Zahllose Tests zur menschlichen Physiologie beweisen, daß ein trainierter Mensch in nahezu allen Meßwerten besser abschneidet als ein untrainierter. Der Vorteil individueller Anpassung ist offensichtlich sehr groß. Diese Möglichkeit, den Umweltherausforderungen in persönlicher Auseinandersetzung zu begegnen, ist die Modifikabilität (individuelle Anpassungsfähigkeit im Rahmen genetisch festgelegter Grenzen). Sie ist allen Menschen gemeinsam und scheint die zwischen verschiedenen Bevölkerungsgruppen bestehenden Unterschiede nahezu verschwinden zu lassen. Modifikabilität ist jedoch nicht dasselbe wie Anpassung, da der letztgenannten genetische Veränderungen über Generationen zugrundeliegen.

Im Falle des Lebens im Hochgebirge mit geringem Sauerstoffdruck läßt sich Modifikation nur schwer gegen Anpassung abgrenzen. Zu den vielen Herausforderungen der Gebirge gehört als erstes die dünne Luft. Um trotzdem an genügend Sauerstoff zu kommen, besitzen Bergvölker große Lungen. Da Schwangere für zwei sorgen müssen, kann für sie die Sauerstoffversorgung kritisch werden. Jede Lungenerkrankung durch Grippe oder Bronchitis kann zum Abort des ungeborenen Kindes führen. Dies hat zur Folge, daß die Geburtenrate in Hochlagen (was man speziell für Peru nachgewiesen hat) kleiner ist, als in den Vorbergen oder an der Küste.

Hochgebirgsbewohner sind klein, besitzen eine großvolumige «Tonnenbrust», leiden häufiger an Atemwegserkrankungen, besitzen aber gesündere Herz-Kreislaufsysteme als ihre tieflandbewohnenden Nachbarn. Steigen sie in die Vorgebirge hinab, schneiden sie im sportlichen Vergleich mit Konkurrenten aus tieferen Lagen meist besser ab. Ein an alpine Bedingungen angepaßter Mensch kann bis zu 40% mehr Luft einatmen als ein Küstenbewohner. Die Anzahl von Kapillaren in Lunge, Gehirn und Muskulatur sind bei alpinen Völkern erhöht. Dies führt insgesamt zu einer besseren Versorgung der Gewebe mit Sauerstoff.

Die Erkenntnis, daß sowohl Individuen als auch ganze Populationen charakteristische Eigenheiten besitzen, ist einerseits für die Medizin von großer praktischer Bedeutung, hat aber auch soziale und politische Konsequenzen. Die größte Herausforderung stellt sie jedoch an unser Selbstverständnis. Der bei weitem größte Anteil von dem, was wir als entwickelte Wesen sind, stammt aus den Umweltanpassungen unserer jagenden und sammelnden Vorfahren.

7
Evas Nachkommen

Genauso wie unsere Sicht der Welt und der Ursprünge des Menschen von persönlichen Erfahrungen abhängen, liegt der Anfang aller Taxonomie in der Beschreibung von Fremden und im Erklären ihrer Fremdartigkeit. Alle Taxonomien spiegeln die Begrenzungen ihrer Erfinder wider und enthalten deren typische Art, Wissen zu strukturieren. So entstammte Carl von Linnés Systematik biblischen Vorstellungen, nach denen eine unbekannte (aber göttlich vorbestimmte) Anzahl unveränderlicher Arten seit der Schöpfung bestand. Er drückte das folgendermaßen aus:

> *Ich unterscheide wirkliche Arten des allmächtigen Schöpfers von den abnormen Varietäten der Züchter; den ersten gestehe ich wegen ihres göttlichen Ursprunges eine größere Bedeutung zu, als den letzteren. Die erstgenannten bestehen noch immer und bestanden seit dem Beginn der Welt.*

Für seine Klassifizierung nutzte Linnaeus (sein lateinischer Name) gut erkennbare Form- und Farbmerkmale. Auch bei der Einteilung des Menschen in vier Varietäten – weiße Europäer, gelbe Asiaten, schwarze Afrikaner und rotgefärbte amerikanische Indianer – wich er nicht von diesem Verfahren ab. Die Absurdität dieser Einteilung erhält sich bis heute in einer veralteten Umgangssprache, das typologische Denken ist halt immer noch sehr lebendig.

Europäer des 18. und 19. Jahrhunderts waren nicht nur überaus stark in dieser typologischen Denkform gefangen, sie suchten auch «Idealtypen» (später in «Durchschnittstypen» umbenannt). Klassische Schönheitsvorstellungen beeinflußten die Forschung und führten zumindest im Fall eines Anthropologen, Kretschmer, noch 1930 dazu, daß er nach den «schönsten Vertretern» der Menschen suchte, er schuf sogenannte Konstitutions-Typen.

In ähnlicher idealistischer Tradition stand Dr. Johann Blumenbach (1770), als er den Begriff Kaukasier schuf, um den von ihm erkannten «typischen» Westeuropäer zu beschreiben. Diese wirklichkeitsfremde Namengebung ist auf einen sich damals in seinem Besitz befindlichen Schädel zurückzuführen, den man in der Nähe des Ararat (im Kaukasus) ausgegraben hatte. Blumenbach meinte, daß dieser Schädel einem der von ihm aufgestellten fünf perfekten Rassentypen entsprach. Obwohl man inzwischen genetisch nachgewiesen hat, daß dieser Bezeichnung keine wirkliche Bedeutung zukommt, wird sie noch immer für viele westeuropäische Völker und ihre Nachfahren benutzt.

Dieser weitgefaßte Begriff beschreibt eine frühere Bevölkerungsgruppe, deren angenommene Verbreitungsgrenzen ausgesprochen unklar sind. Es ist eine typische «Papierkorb-Theorie» mit der man versuchte, alle Menschen westlich der «Mongoliden» und nördlich der sogenannten «Negroiden» zusammenzufassen. Trotz unklarer Grenzen führte die moderne Übereinstimmung von Ländergrenzen, Kontinenten und sogenannten «Rassen» dazu, daß sich viele Leute nicht vorstellen können, daß diese «Typen» sich seit Jahrtausenden genetisch vermischt haben.

Der Idee, daß alle Menschen in gewissem Grade auf einen gemeinsamen afrikanischen Ursprung zurückzuführen sind, begegnete man zunächst mit Unglauben. Diese Theorie konnte sich nicht unwidersprochen durchsetzen und ihre Gegner bezeichneten sie nicht gerade zimperlich als «Garten Eden»-Hypothese.

Dabei paßte die Bezeichnung eigentlich ganz gut, da die aufgrund von Fossilfunden zuerst von Paläontologen formulierte Vorstellung durch umfangreiche Analysen menschlicher mitochondrialer DNA (mtDNA) durch Molekulargenetiker aus Berkeley, Kalifornien, gestützt wurde. Rebecca Cann und ihre Kollegen vermuteten, daß alle modernen Menschen von einer afrikanischen «Eva» abstammen. Die Eichung ihrer molekularen Uhr wies darauf hin, daß irgendwann zwischen 140000 und 290000 Jahren v. h. genetische Innovationen entstanden, wodurch «Eva» im biblischen Sinne die Menschheit begründete. Diese sehr grobe Altersangabe paßt zu den groben Fossil-Datierungen.

Cann's ursprüngliche Veröffentlichung im Wissenschaftsjournal «Nature» führte zu einer Reihe kritischer Antworten ihrer Genetiker-Kollegen. Sowohl die Methoden der Kartierung und Messung von Unterschieden, als auch die Eichung molekularer Uhren stehen im Mittelpunkt wissenschaftlicher Kontroversen. Naruya Saitou und Keichi Omoto wiesen nachdrücklich darauf hin, daß Daten zur mtDNA allein nicht ausreichen um festzustellen, wann der menschliche Stammbaum sich aufspaltete. Professor Alan Templeton ging weiter und behauptete, daß frühe Vermengung von Populationen die DNA so vermischt haben könnte, daß eine wirkliche Rekonstruktion unmöglich ist. Glücklicherweise bestätigen andere Quellen die «Out of Africa»- bzw. «Garten Eden»-Hypothese.

Kritik an der Hypothese wurde aus dem Lager derjenigen laut, die sich nicht vorstellen konnten, daß so «allgemeine» Menschentypen, wie die des Mittelmeerraumes und Indiens von «spezialisierten» modernen Afrikanern abstammen sollten. Es ist nicht allgemein bekannt, daß Afrika und Indien die beiden Gebiete der Erde sind, die über die größte Vielfalt an Menschentypen ‹verfügen›; sie sind bei weitem nicht einheitlich und Afrikaner sind genetisch vielfältiger als jede andere Bevölkerung. Nicht-Afrikaner erkennen dies meist nicht, weil sie sich von einem gemeinsamen Merkmal – der Hautfarbe – täuschen lassen.

Die in weiten Bereichen der Altwelt-Tropen abgelaufene Vermischung menschlichen Genmaterials läßt sich nicht entwirren. Es war ein Fehler zu glauben, daß man bei diesen Völkern mit Hilfe einfacher Hilfsmarken die Auswirkungen des 20. Jahrhunderts einfach herausrechnen kann. Einige Kritiker der «Out of Africa»-Theorie litten unter diesem Nachteil. Sie konnten sich mit der Vorstellung, daß moderne Afrikaner die Adams und Evas waren, die sich vermehrten und die Welt besiedelten, nicht anfreunden.

Die Genetik steckt zwar immer noch in den Kinderschuhen, konnte aber schon viel zum Verständnis der Menschwerdung beitragen. So wiesen Molekularbiologen inzwischen nach, daß die Rassendifferenzierung erst relativ spät ablief. 1980 verglich B.D. Latter den Proteinpolymorphismus verschiedener großer «Untergruppen» des Menschen. Er entdeckte, daß die Unterschiede zwischen *Individuen* der gleichen Rassengruppe 84% der Varianz betrug. Anders gesagt, Unterschiede zwischen Rassen sind nur 1/6 so groß wie die zwischen Individuen.

Als Rebecca Cann und ihre Kollegen die Idee der afrikanischen Eva veröffentlichten, bestand ein grundlegendes Argument in der außerordentlichen Vielfalt der mtDNA bei San-Frauen in einem kleinen Gebiet Südwestafrikas. Ihre Folgerungen beruhten auf der Tatsache, daß mtDNA nur in der mütterlichen Linie vererbt wird. Weil die väterlichen Mitochondrien nicht mit der Samenzelle in die Eizelle eindringen, spielen sie keine Rolle. Die «Kraftwerke» der Zelle, die Mitochondrien, besitzen unabhängig vom Zellkern ihre eigene DNA mit 37 Genen.

Während Negativ-Mutationen ihre Träger schädigen und sich so selbst vernichten, gibt es Sequenzen auf der mtDNA, auf denen sich Neutral-Mutationen mit bestimmter Rate, die man für berechenbar hält, ansammeln. Genetisches Material, das nicht an der Rekombination teilnimmt, wie die mtDNA, verrät viel über vergangene Abläufe und eignet sich (eine richtige Eichung vorausgesetzt) als molekulare Uhr.

Die Datierung von Evas Geburtstag beruhte auf der Annahme, daß die mtDNA bei allen Wirbeltieren mit einer konstanten Rate von 2 bis 4 % pro Millionen Jahre mutiert. Man vermutete, daß diese sich ansammelnden Mutationen selektionsneutral sind.

Obwohl das Konzept der genetischen Uhren noch immer kontrovers diskutiert wird, gibt es eine überraschende Übereinstimmung zwischen den mtDNA-Unterschieden innerhalb bestimmter Populationen und der Dauer, die sie wahrscheinlich isoliert lebten. So stimmten 30 Siedler in Venezuela in ihrer mtDNA absolut überein. Eine größere Stichprobe in Japan zeigte 0,26 % Unterschiede und 951 Italiener waren zu 0,32 % divergent. Dagegen fand man bei nur 34 San-Frauen der Kalahari mit 0,59 % die stärksten bisher festgestellten Unterschiede. Weitere Stichproben in Afrika ergaben höhere Werte als europäische bzw. solche des Nahen Ostens. Theoretisch müßten die größten Unterschiede da zu finden sein, wo weibliche Fortpflanzungslinien am längsten vor Ort existieren. Sie müßten ihre mtDNA-Vielfalt auch dann beibehalten haben, wenn männliche Partner von außen eingewandert sind.

Derartig divergente mtDNA findet sich nicht außerhalb Afrikas. Daraus folgt, daß der moderne Mensch hier lange Zeit lebte, bevor er nach Eurasien vorrückte. Man nutzte die mtDNA für die Erstellung eines Stammbaumes, da sie nicht im Sinne Mendels rekombiniert, sondern mit gleichmäßiger, zuverlässiger Rate Mutationen anhäuft, welche die Mutter an die Tochter weitergibt. Wann auch immer eine Gruppe auswandert, um eine neue «Dynastie» zu gründen, geht die Gesamtvariabilität innerhalb der Gruppe zurück. Daher lassen sich aus den großen Unterschieden von 0,59 % unter nur 34 Frauen drei Dinge ableiten. Erstens müssen die San zu den ortstreuesten Menschen der Erde gehören. Zweitens müssen ihre weiblichen Vorfahren in Südafrika immer zahlreich gewesen sein und drittens müssen die San-Gene dort länger existiert haben als irgendwelche menschlichen Gene irgendwo anders auf der Erde.

Dies schließt jedoch eine genetische Vermischung mit Nachbarn nicht aus. Einige Blutgruppen, besonders die Haptoglobine (Hp^1), die im ganzen tropischen Afrika häufig vorkommen, belegen, daß langfristig ein Genfluß zwischen den San und anderen Afrikanern bestand. Haptoglobin I tritt bei den San mit 18-30 % Anteil auf. Andererseits fehlen einige in Afrika sonst häufige Bluttypen bei ihnen völlig.

Die modernen Khoisan sind nachweisbar kleiner als ihre Vorfahren (vielleicht eine Anpassung an ihr beschränktes Verbreitungsgebiet und spezielle Umweltbedingungen). Auf alle Fälle belegen größere Fossilienzahlen, daß ein großer, aber klar den Khoisan zuzuordnender Menschentyp über viele Jahrtausende weite Teile des südlichen Afrikas bewohnte.

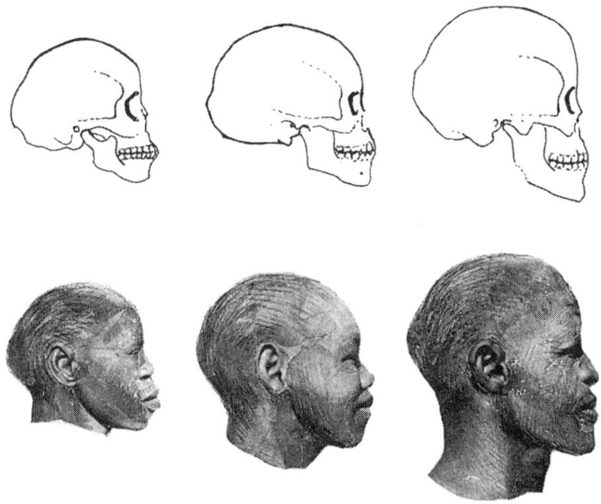

Abbildung 96
Die reduzierte Größe der modernen Khoisan, Schädel und Rekonstruktionen. (links) Moderner Khoisan. (Mitte) Spätpaläolithisches Fossil, Khoisan-Schädel von Fishoek, Südafrika. (rechts) Der spätpaläolithische Schädel von Homa Bay, Kenia ähnelt einem kräftig gebauten Khoisan.

Den ältesten Schädel, dem man zunächst eindeutige Khoisan-Merkmale zusprach – ein Gesichts- und Hirnschädelfragment –, fand man bei Florisbad, Südafrika. Inzwischen stellt man ihn, obwohl undatiert und nicht vollständig, eher in die Nähe von Fossilien aus Tansania, Sudan und Marokko als in die Khoisan-Verwandtschaft. Viel aufregender am Florisbad- und anderen alten afrikanischen Schädeln, ist nicht so sehr ihre entfernte Verwandtschaft mit modernen Afrikanern, sondern, daß diejenigen Merkmale, die sie von den Khoisan unterscheiden, sie gleichzeitig in die Nähe der Australier und frühen Europäer rücken. Anders ausgedrückt, die Khoisan haben sich, wie alle anderen, weiterentwickelt, stehen aber in einer direkten Abstammungslinie zu den ersten Afrikanern, aus denen sich so verschiedene und entfernte Völker, wie australische Ureinwohner und Europäer entwickelten.

Gene, wie die mtDNA, die nicht an der Informationsspeicherung beteiligt sind, sind als Verwandtschaftsindikatoren wertvoll. Die Häufigkeit selektierter Allele kann sich sehr schnell ändern und daher nichts über die Vergangenheit verraten. Auch das Y-Chromosom

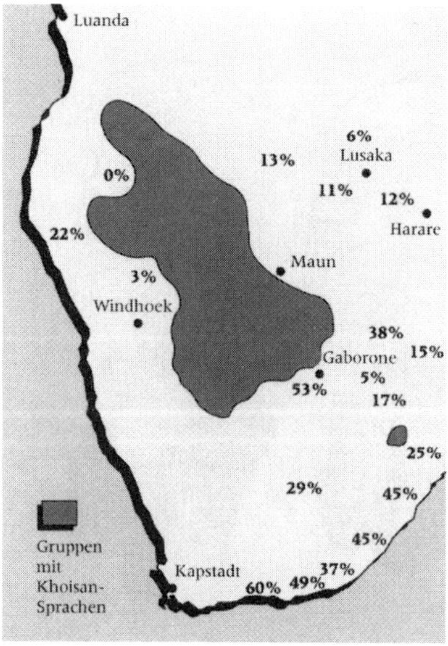

Abbildung 97
Heutige Verteilung der San mit hochgerechneten Angaben zur Frequenz des «Khoisan-Gens» Gml 13,17 in Nachbargruppen (nach Jenkins, 1970).

enthält nicht-codierende Bereiche. Untersuchungen der hier auffindbaren Unterschiede weisen ebenfalls auf einen afrikanischen Ursprung hin.

Khoisan-Allele sind bis heute im südlichen Afrika weit verbreitet. Ihre besonderen Eigenheiten finden sich, mehr oder weniger stark, bei fast allen Menschen Südafrikas (mit Ausnahme junger Einwanderer wie Europäern, Asiaten und den Ovambos). Der genetische Marker der Khoisan ist Gml, 13, 17. Die unterschiedlichen Häufigkeiten dieses Allels bei Afrikanern im Südteil des Kontinents deuten darauf hin, daß sie noch Khoisan-Erbe in sich tragen. Das Allel tritt unter den Xhosa mit 60%, den Zulu mit 45% und im entfernten Malawi mit 11% auf. Unter ihren nächsten Nachbarn scheinen nur die Ndebele, Ovambo und südangolanische Stämme unvermischt zu sein, was nahelegt, daß diese erst in letzter Zeit aus Äquatorialafrika einwanderten.

Heute gibt es in Botswana, Namibia und Angola nur noch ungefähr 70000 San. Ihre Kultur wird durch Druck von außen, wie die Rekrutierung zur Armee oder durch das Arbeiten in Minen, immer stärker vernichtet. Wann immer man eine «neue Buschmann-Gruppe» entdeckt zu haben glaubte, stellte sich heraus, daß alle jungen Männer eine Zeitlang in einer Goldmine in der Nähe Johannesburgs gearbeitet hatten – die Verführung der großen Städte!

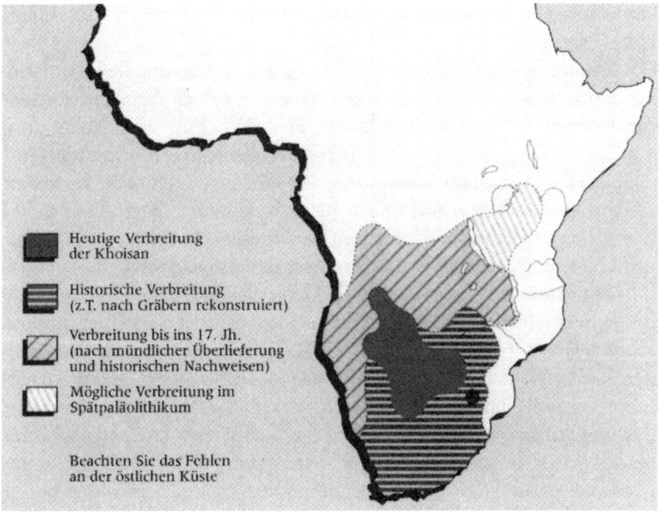

Abbildung 98
Rückgang der Khoisan.

Die schlimmsten Auswirkungen auf das Leben der San hatten in den letzten Jahren der Krieg zwischen afrikanischen Streitkräften und nationalistischen Guerillas, sowie von der Weltbank finanzierte Viehzuchtprojekte in Botswana. Beide Entwicklungen machten aus Mitgliedern vormals freier Gesellschaften Abhängige und beschleunigten den Kulturenwandel der San und Khoi in Südafrika.

Die Khoi waren das erste südafrikanische Volk, auf das europäische Handelsschiffe stießen. Sie waren Schafzüchter, deren Territorien um Wasserstellen lagen. Erste Kontakte förderten ihr unternehmerisches Verhalten, sie versorgten die in der Table Bay ankernden Schiffe mit Fleisch und Wasser. Mindestens ein Khoi vom Kap der Guten Hoffnung ging im 17. Jahrhundert nach Europa, um dessen Geschäftspraktiken zu erlernen. Als jedoch holländische Siedler die Südspitze Afrikas im 18. Jahrhundert übernahmen, machte man aus den Khoi «Hottentotten»-Sklaven und Diener. Mit dem später einsetzenden Wachstum der Städte vernichtete man ihre Identität noch mehr. Jetzt eine Minderheit, schlossen sie sich anderen Minderheiten des städtischen Arbeitsmarktes an, auf dem ihre historischen Wurzeln und ihre menschliche Würde im bedeutungslosen Wort «Farbige» unterging. Obwohl die Art und Weise, wie sie Unabhängigkeit und Identität verloren, ausgesprochen entwürdigend war, stellt ihr Überwechseln in andere soziale Systeme weder etwas für sie Spezifisches dar, noch war es in ihrer eigenen Geschichte etwas Neues.

Studien an Genfrequenzen der Khoisan zeigten, daß die Ureinwohner dieser Region Erbanlagen mit nahezu jeder eindringenden Menschengruppe austauschten, und daß dieser Vorgang auch heute noch anhält. Eine logische Konsequenz ist, daß die Khoisan selbst nie genetisch «reine» Gruppen waren und man sie daher auch nicht als unverfälschte Ureinwohner Südafrikas betrachten kann. Trotz allem stehen Menschen mit Khoisan-Vorfahren der direkten Verbindungslinie von uns zu unserer gemeinsamen «Großmutter» am nächsten.

Wir können nicht erwarten, in Khoisan-Gesichtern die Züge Evas direkt wiederzufinden, man findet jedoch an weit verteilten, überraschenden Plätzen einige stark übereinstimmende Merkmale. Ihre kurzen, breiten, flachen Gesichter mit ovalem Umriß und kräftigen Augenlidern verglich man oft mit Chinesen. Bei näherer Betrachtung wird klar, daß dies nur eine rein oberflächliche Ähnlichkeit ist. Trotzdem könnten beide Völker noch heute einen kleinen Anteil der charakteristischen Merkmale von Evas frühen Nachkommen teilen. Einer der besten Kenner der Khoisan, William Howells glaubt, daß diese und andere typische Merkmale auf eine Reduktion, die «sowohl die Skelett- und Schädelmaße betraf, sowie auf Veränderungen der Gesichtszüge – besonders im Brauen- und Gesichtsbereich» zurückzuführen sind. Während man sehr wahrscheinlich einige Unterschiede zwischen den Khoisan und ihren größeren Vorfahren auf spätere genetische Vermischungen zurückführen kann, könnten andere Merkmale wirklich nahezu unverändert erhalten sein.

Mehrere Studien an jüngeren prähistorischen Populationen deckten eine große Variabilität im Körperbau und eine eindeutige Tendenz zu grazileren Menschentypen auf. Obwohl einige Entwicklungen leicht umkehrbar sind (dramatische Zunahme der Körpergröße und der Knochenentwicklung sind in kürzester Zeit möglich), lassen sich regionale Charakteristiken dieser Veränderungen feststellen. Für die frühen Afrikaner besteht noch immer das Problem, daß man zu wenig Fundstücke besitzt, um die Grenzen der Variationsbreite bestimmen zu können. Die ältesten Fossilien lassen aber vermuten, daß die frühesten Populationen sich nur sehr langsam aufspalteten. Die Veränderungen liefen schneller ab, als die Menschen zahlreicher wurden und sich an immer mehr verschiedene Lebensräume in einem zunehmend größeren Gebiet anpaßten. Dieser frühe Konservatismus schloß jedoch beachtliche, individuelle Variabilität in Größe und körperlicher Entwicklung nicht aus.

Im Falle des kleinen Verbreitungsgebietes der Khoisan müssen wir ihre Anpassungen an den Umweltbedingungen ihres ursprünglich größeren Lebensraumes im südwestlichen Afrika messen. Wenn sie

Abbildung 99
Khoisan. Collage verschiedener Individuen bestehend aus Kind, junger Erwachsenen und älterer Frau, sowie mittelaltem Mann (Fotos R. White).

jedoch ältere, allgemeinere Merkmale erhalten haben sollten, dann gehörten die abgerundeten, flachen Gesichter nicht nur zu den Khoisan, sondern zu einer größeren Gruppe von Evas Nachfahren. Aus dieser Sicht ist der Fund von ungefähr 110000 Jahre alten Khoisan-ähnlichen Schädeln (besonders Qafzeh IX) aus Djebel Qafzeh in der Levante weniger überraschend als zunächst angenommen. Schwerer ist ein anderer «Khoisan»-Schädel aus Liujang in China einzuschätzen, der anscheinend nur 20000 Jahre alt ist.

Moderne Khoisan sind ausgesprochen breitschädelig (brachycephal). Dies scheint, wie ihre Kleinheit, mit ihrer jüngeren, eingeschränkten Verbreitung verbunden zu sein. 33 jungpaläolithische Skelette von Gwisho, Sambia, die alle ohne Zweifel von Khoisan-Vertretern stammen, sind größer als die moderneren San und besitzen längere Schädel. Zusätzlich waren die Gwisho-Männer wesentlich größer als die Frauen; dieser Sexualdimorphismus tritt bei modernen San nicht auf. Die längeren Köpfe und die stärkeren Geschlechtsunterschiede der Gwisho-Khoisan-Typen sind einigen Merkmalen von Nordostafrikanern ähnlich. Ein Schädel von Homa Bay in Kenia vereint ähnliche Merkmale (s. S. 271).

Das Gebiet um die großen Seen in Ostafrika und Äthiopien ist womöglich das Ausbreitungszentrum des modernen Menschen. Heute leben in Kenia und Äthiopien viele verschiedene Völker, die meist lange

Schädel, vorstehende Nase und Kinn sowie athletischen Körperbau besitzen. Die Khoisan scheinen typische Merkmale der «südlichen Nachkommen» Evas erhalten zu haben, während nördlich des Äquators wahrscheinlich eine Kontinuität zwischen Menschen des Omo I-Typs und einer sehr konservativen Linie bestand, die man in Europa Cro-Magnon und in Nordafrika Mechta Afalou nennt.

Verglichen mit den Mechta Afalou oder den Cro-Magnon sind moderne Nordost-Afrikaner grazil und schlank, es gibt aber keinen Grund zur Annahme, daß sie nicht einige ihrer Gene bis zu den frühesten Bewohnern der nördlichen Hälfte Afrikas zurückverfolgen können. Heute teilt man diese Völker in Sprachgruppen ein: Kuschiten am Horn von Afrika, Berber (Tuaregs) im Nordwesten, tschadische Völker, Niloten und die dazwischen lebenden Nil-Saharer.

In einer Studie des Bevölkerungswandels über die letzten Jahrtausende fand M.C. Chamla heraus, daß der kräftig gebaute Cro-Magnon-Typ bis zum Ende des Neolithikums weit verbreitet war. Gegen 10000 v.h. tauchen proto-mediterranische Menschen – eindeutig Vorfahren der heutigen Nordafrikaner – an denselben Fundstellen auf. Diese Menschen waren aber genauso robust wie ihre Vorgänger. So könnte auch hier die von Howell angenommene «Evolution in kleinen Schritten» gearbeitet haben. Chamla bemerkte auch, daß mit dem Zurückweichen der Cro-Magnons die Mediterraner, ohne große Veränderungen des Grundtyps, graziler wurden.

Heute herrscht im Nahen Osten dieser zur semitischen Sprachgruppe gehörende Menschentyp vor. Man rechnet Mediterraner häufig zur formenreichen Kategorie der «Kaukasier». Trotz der beobachtbaren Vielfalt, die weitgehend mit kulturellen und nationalen Unterschieden einhergeht, erstreckt sich ihr modernes Verbreitungsgebiet vom Atlantik bis zum Golf von Bengalen.

Westliche Invasoren sind in aufeinanderfolgenden Wellen nach Indien vorgedrungen und es ist zu erwarten, daß ihre Auswirkungen jeweils die Spuren früherer indischer Populationen fast völlig verwischten. Wie die ersten großen Gebiete, die von Afrikanern auf der Ostwanderung besiedelt wurden, sollte auch Indien Hinweise auf die Vergangenheit liefern – wenn schon nicht in den lebenden Menschen, dann wenigstens in archäologischen Funden. Die Vermischung der Völker ist mit genetischen Analysen nur schwer aufzudecken. Knochen und Funde aus organischem Material sind in Indien überaus selten. Jahrtausende dichter und großflächiger Besiedlung gingen wegen des aggressiven, feuchtwarmen Klimas nahezu spurlos vorüber.

Trotzdem, es gibt archäologische Funde und einige Süd-Inder haben genug Ähnlichkeit mit frühen Afrikanern um zu bestätigen, daß Indien das Ziel früher afrikanischer Auswanderer war. Eisenzeitliche

Abbildung 100
Ostasiatische Inselbewohner. (oben) Mittelalter und älterer Ainu (Hokkaido). (unten links) Mittelalter Ainu (Hokkaido). (unten rechts) Mittelalter Mann aus Taiwan.

und neolithische Schädel aus Bayana und Sailkot in Kerala sowie aus Adithanallur in Tamil Nadu besitzen gut entwickelte Überaugenwülste, fliehende Stirn und einen insgesamt kräftigen Bau, wie er für alle frühen, modernen Menschen typisch ist; die Ausgräber bezeichneten den Menschentyp als proto-australoid.

Heute könnte man nur wenige Süd-Inder kräftig nennen. Sie sind, wie fast alle anderen Menschen, leichter als ihre Vorfahren gebaut. Trotzdem scheinen hier an der Südspitze eines dicht besiedelten Subkontinents einige konservative Abstammungslinien eine gewisse genetische Kontinuität aufrechterhalten zu haben. Man könnte dies mit ähnlichen Situationen auf anderen Kontinenten vergleichen, wo ältere Populationen, von den großen Bevölkerungsströmen weniger beeinflußt, in abgelegenen Randgebieten überdauerten. Man darf natürlich die Wanderungen der Menschen entlang der Küsten des Indischen Ozeans nicht vergessen. Einige südindische Stämme, wie die Kond, Chenchu, Juang und Yerukala, sind noch heute zumindest teilweise Jäger und Sammler und vermischen sich daher mit Nachbarvölkern nur wenig. Außerdem haben sich Unterschiede zwischen verschiedenen Bevölkerungsgruppen in Indien durch die seit langem existierenden Kasten und Religionsgruppierungen erhalten.

Da den sehr frühen Einwanderern die längste Zeit zur Verfügung stand, auch in schwierige Grenzbereiche der Umwelt vorzudringen, ist es nicht verwunderlich, ihre Restgruppen genau da zu finden. Die abgelegendsten und isoliertesten bewohnbaren Gebiete des Fernen Ostens sind die Inseln Hokkaido und Sachalin. Dort überleben nur noch wenige Ainu, die durch die Vermischung mit der japanischen Hauptgruppe jedoch langsam ihre Identität verlieren. Genetische Unterschiede zwischen Japanern und Chinesen zeigen, daß die erstge-

Abbildung 101
Australier. (oben, von links) Mittelalte Frau aus Queensland; Mittelalte Frau aus Tasmanien; Jugendlicher aus Queensland; Frau aus Arnhemland; Ältere Frau aus Westaustralien. (unten) Erwachsener Mann aus Queensland; Älterer Mann aus Südaustralien; Älterer Mann aus Zentralaustralien; Erwachsener und älterer Mann aus Arnhemland.

nannten Ainu-Erbe besitzen. Die Ainu sind direkte Nachfahren der Jõmon, der Vertreter eines Volkes, das vor 12000 Jahren in ganz Japan verbreitet war. Wahrscheinlich spalteten sie von den ersten Paläolith-Völkern des Fernen Ostens ab. Die isolierte Lage der Jõmon und Ainu verhinderte genetische Vermischung und könnte so ihre konservativen Merkmale erklären. Von allen Völkern des Fernen Ostens behielten sie die ursprünglichsten Merkmale, die mit indischen Einwanderern hierher vorgedrungen sind, am besten bei. Sie besitzen eine ausgeprägte Brauenregion und eine kleine Vertiefung an der Nasenwurzel. Ihre langen Köpfe haben ein kurzes Gesicht, die Nasen sind breit und die Augen der Männer meist viel weniger schlitzförmig als bei den meisten Bewohnern des Fernen Ostens. Ihre reiche Körperbehaarung ist eher gewellt und dunkelbraun als glatt und schwarz. Sie sind kräftig gebaut, aber im allgemeinen sehr klein. Genetisch ähneln sie am stärksten Süd-Japanern.

Dr. T. Kanaseki und Dr. K. Hanihara wiesen nach, daß moderne Japaner das Ergebnis einer sehr späten Einwanderung von Festlandsbevölkerung (weitgehend Yayoi aus Korea) sind, die vor ungefähr 2300 Jahren Kyushu erreichten und sich stark mit den Ainu vermischten. Selbst heute gleichen West-Japaner mehr den «Yayoi» (höhere Stirn, flachere Nase und flacheres, runderes Gesicht) während die Ost-Japaner mehr den Jõmon ähneln (kleinerer Körper, längerer Kopf, kleinere Stirn, breitere Nase und bräunlicheres Haar).

Die Vorstellung, daß die ersten Einwanderer am wahrscheinlichsten in die abgelegendsten bewohnbaren Gebiete vordrangen und sich an sie anpaßten, gilt auch für die Australier. Während die Ainu den frühesten nordöstlichen Vorposten darstellen, sind die Australier das südöstliche Gegenstück. Es gibt aber einen wichtigen Unterschied. Der Weg nach Süden verlief über viele Inseln und überquerte den Äquator. Die zum Überleben in dieser Klimazone notwendigen Verhaltensweisen und Technologien stellten eine Art von Kultur- und Physiologiefilter dar, den die Proto-Australier durchqueren mußten.

Der Kontrast zwischen prähistorischen und modernen Menschen – schwer und «knochig» auf der einen sowie leicht und jugendlich auf der anderen Seite – sind sowohl fossil als auch bei der heutigen Bevölkerung in Australien besonders ausgeprägt zu finden. Hier existieren und existierten gleichzeitig ausgesprochen robust gebaute und kleine grazile Menschentypen. Die erstgenannten bewohnen den Süden Australiens, mit sehr heißen, trockenen Sommern und kalten Wintern; die letztgenannten den dichtbewaldeten Nordosten mit sehr feuchtem Klima.

Nach einer sehr frühen Studie an australischen Ureinwohnern stellte der Anthropologe Birdsell metrische und physische Unterschiede zwischen Populationen im Nordwesten und denen im gemäßigten Südosten fest. Die ersten stellte er in die Verwandtschaft der Wedda aus Ceylon. Er begründete dies mit ihrer Tendenz zu großen Körpern, flachen Nasen, ausgeprägter Brauenpartie, schmalem Hirnschädel hinter einem breiten Gesicht und dem weitgehenden Fehlen von Glatzenbildung. Südlichere Aborigines sind weniger schwarz, mit breitem Brustkorb, behaarter, besitzen einen breiteren Nasenrücken und ältere Männer tragen oft eine Glatze. Diese Merkmalskombination nannte er «Murrayan». Er behauptete, daß – bis auf die Körpergröße – alle Meßwerte denen der Ainus am ähnlichsten waren. Birdsell stellte für die Nordqueensländer einen dritten Typ auf, da sie – wie genetische und kulturelle Übereinstimmungen belegen – die längsten und engsten Kontakte nach Neuguinea besessen haben.

Aufgrund dieser Unterschiede ging man von drei, von Asien ausgehenden, aufeinanderfolgenden Invasionswellen aus. Es gibt aber eine einfachere Erklärung. Die Wedda, Ainu und Australier haben einen gemeinsamen Ursprung, entwickelten sich dann jedoch in relativer oder völliger Isolation weiter. Die nördlichen Aborigines und die Wedda leben jeweils in tropischer Umwelt, während die Ainu und die «Murrayans» auf ungefähr gleicher Breite nördlich und südlich des Äquators wohnen. Und obwohl alle Aborigines den «äquatorialen Küstenfilter» der Banda durchquert haben müssen, standen sie nicht lange genug unter extrem tropischem Selektionsdruck, so daß sich einige allgemeine

Merkmale erhalten oder im Süden wieder auftauchen konnten. Unabhängig davon, ob diese Merkmale adaptiv waren oder nicht, wir finden sie, weil ihre Träger relativ isoliert vom Genfluß lebten, sowohl bei «Murrayans» als auch bei den Ainus.

Gegenwärtig stimmt man darin überein, daß die australischen Ureinwohner ihre typischen Eigenschaften einer sehr kleinen Zahl von Vorfahren verdanken. Aber wievielen? Die Annahmen einer Eva in Afrika und einer späteren in Australien widersprechen sich. Der australische Zoologe John Calaby hatte die ironische Vision, wie diese Eva als schwangere Frau allein an Australiens unberührter Küste landete. Calabys humoriger Beitrag zu dieser frühen Diskussion über den Ursprung der Aborigines brachte die ökonomischste Begründung und richtete das Augenmerk auf die Frage, wieviele Menschen denn als Siedler kamen.

Mark Stoneking ging 1986 dieser Frage mit einer Untersuchung der mtDNA nach, er fand 15 bis 20 Abstammungslinien, die er auf die entsprechende Zahl einwandernder Frauen zurückführte. Die Nachkommen dieser Gründerpopulation breiteten sich über ganz Australien aus, stießen dabei aber auf Barrieren, die sie zeitweise aufhielten. Dazu gehörten das Meer, das unwirtliche Land am wahrscheinlichen Anlandungsort im Nordwesten und die Anzahl der bereits vorhandenen Menschen. Für nachfolgende Siedler waren die Lebenschancen stark eingeschränkt, da alle bewohnbaren Lebensräume schon in fester Hand waren, so daß Neuankömmlinge entweder vernichtet oder von schon vorhandenen Bevölkerungsgruppen genetisch «aufgesogen» wurden.

Man hat mehrfach abzuschätzen versucht, wieviele Aborigines bei der Ankunft der ersten Europäer in Australien lebten. Ein weitgehend angezweifelter Schätzwert liegt bei 300000 um 1790. Realistischere Berechnungen kommen auf 1,5 Millionen. Wahrscheinlich hat die Bevölkerung in 60000 Jahren mehrfach ab- und zugenommen und dabei beide vermuteten Werte wiederholt erreicht. Jägern standen 1790 sicher weniger Ressourcen zur Verfügung als zuvor. Diese nutzbar zu machen, brauchte sicherlich eine längere Zeit der Anpassung; intensive Jagd auf leicht erreichbare Großtiere, kombiniert mit klimatischen und feuer-induzierten Veränderungen, führten aber sicher nicht nur zum Aussterben einiger Wildarten, sondern auch zu Populationsschwankungen des Menschen.

Die bei Aborigines gefundene genetische Variabilität führte zur Bildung komplizierter Theorien widersprüchlicher Sichtweisen; einige gehen von großen Einwanderungswellen aus verschiedenen Regionen des südlichen oder östlichen Asiens aus, andere von totaler Isolation. Die Allel-Vielfalt der Aborigines kann vier Gründe haben: Neumutationen, Gendrift durch Partnerwahl in isolierten Gruppen, lokale Selektionsfaktoren und einwandernde Allele. Genetische «Profile» scheinen abzusichern, daß die Aborigines einen demographischen «Flaschenhals» durchliefen, denn sie besitzen ein kleineres genetisches Spektrum als ihre Nachbarn, hatten aber Zeit genug, eigene lokale Anpassungen zu entwickeln.

Daß Jäger und Sammler in kleinen, weit verteilten Gruppen leben, hat eigene Auswirkungen auf deren Genetik gehabt. So fehlt den meisten Aborigines-Gruppen das B-Allel des ABO-Blutgruppen-Systems. Das menschliche Antigen-System der Leukozyten verbindet die Ureinwohner Australiens mit denen von Neuguinea, wenn auch nur schwach. Eine weitere Übereinstimmung findet man in der Peptid B6-Mutante, die nur bei einer kleinen Gruppe am Golf von Carpentaria und einem vergleichbar kleinen Stamm der Asmat im Südwesten Neuguineas auftritt. Ähnlichkeiten zwischen den Küstenbewohnern flacher, zeitweise austrocknender Küstenbereiche sind zu erwarten, es ist aber überraschend, daß sich südlich des Küstensaumes große Unterschiede zwischen Aborigines und Melanesiern nachweisen lassen.

Diese zwischen Australiern und den Papuas auftretenden Unterschiede könnten durch den intensiven Kontakt der letztgenannten mit dem südostasiatischen Festland verstärkt worden sein. Hierbei drang um 10000 v.h. zweifellos die Landwirtschaft mit Schweinezucht und Taroanbau nach Südosten vor. Ackerbau ernährt viel mehr Menschen. Man schätzt die prähistorische Bevölkerung Neuguineas insgesamt auf über zwei Millionen. Die viel größere Landmasse Australiens hat nie so viele Menschen beherbergen können. Aus der Kombination von kleineren Anzahlen und isolierten Gruppen folgten zwangsläufig eigene «Allel-Muster».

Während Australien vorwiegend offene, trockene Landschaften besitzt, in denen man als Sammler und Fischer leben kann, bietet sich das weitgehend bewaldete Melanesien für Ackerbau und Fischerei an. Obwohl die lokalen Stämme sich in Hinsicht auf Sprache und Ursprung als einzigartig betrachten, belegen ihre übereinstimmenden Merkmale eine regelmäßige Vermischung auf und zwischen den Inseln seit der Zeit der Banda und sehr junge, aber folgenschwere Einwanderungen von «austronesisch» sprechenden Volksgruppen, die eher Polynesier bzw. Südostasiaten als Melanesier waren. Auf einigen Inseln und in bestimmten Hochlandtälern finden sich stark abweichende Stämme, die große Hakennasen (im Hochland) oder blonde Haare und schmale Gesichter (auf den Inseln) besitzen. Nur wenige führen diese lokalen Merkmale im Südpazifik auf die isolierte Lage zurück. Die gegenwärtige Sitte, Heiratspartner außerhalb zu suchen, ist bestimmt nicht neu, aber ein weiterer Grund für die Formenvielfalt.

Abbildung 102
Vielfalt der Polynesier. Diese Gruppe von Bewohnern des abgelegenen Golgol-Tales in Papua Neuguinea belegen die physische Vielfalt moderner Papuas.

Die immense Fülle verschiedener Völker, Sprachen, Kulturen und Genotypen Melanesiens hat mehrere Ursachen. Die erste liegt in den häufigen Wanderbewegungen mobiler Schiffahrts-Völker. Zweitens läuft dieser Vorgang schon seit mindestens 50000 Jahren, besonders im zerklüfteten Hochland Neuguineas ab. Die damit einhergehenden, immer komplexeren Veränderungen fügten der ursprünglichen Vielfalt weitere Mischgruppen hinzu. Drittens hatten schon die Banda angefangen, sich zu verändern, bevor sie Australien und Neuguinea erreichten. Damals traten bestimmte genetische Linien auf, die sich ausbreiteten.

Betrachtet man die Zahl der Sprachen, gewinnt man einen Eindruck von der kulturellen und menschlichen Vielfalt des Südpazifiks. Es gibt von Timor bis zu den Salomonen ungefähr 18 Papua-Sprachgruppen und hunderte von austronesischen Sprachen, die erst spät, d.h. vor ungefähr 5000 bis 7000 Jahren eingeführt wurden. Die Fülle australischer Sprachen war von den papuanesischen zu lange isoliert, um noch Ähnlichkeiten aufzuweisen. Dr. Greenberg – ein Linguistik-Experte – hofft darauf, noch Übereinstimmungen zwischen Papua-, Andaman- und Tasman-Sprachen zu finden. Sollte er das schaffen, würde es bedeuten, daß extrem isolierte Kulturen Sprachmuster über viele Jahrzehntausende erhalten könnten.

Zu den vielen weitverstreuten Populationen mit dunkler Haut und Kraushaar gehören zahlreiche Reliktgruppen, die man gemeinhin Negritos nennt (wie die Spanier die schwarzen Filipinos nannten). Sie kommen in ganz Südostasien vor und die meisten, besonders die des

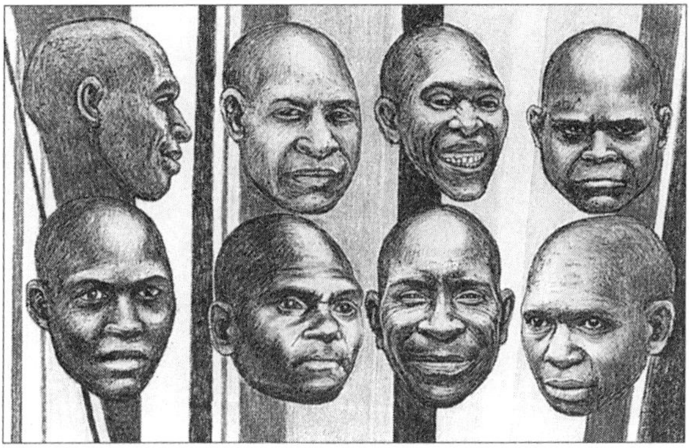

Abbildung 103
Melanesier. (oben, von links) Erwachsener Gogodala-Mann aus Neuguinea; Erwachsener Huli-Mann, Neuguinea; Mittelalter Hochlandbewohner, Neuguinea; Mittelalter Telefomin-Mann, Neuguinea; (unten) Erwachsene Frau von den Salomon-Inseln; Mittelalte Frau aus Vanuatu; Erwachsener Kewa-Mann, Neuguinea und erwachsene Duna-Frau, Neuguinea.

Festlandes oder nahegelegener Inseln, besitzen genetische Ähnlichkeiten mit ihren mongoliden Nachbarn.

In breit gestreuten genetischen Untersuchungen an sechs Gruppen auf den Philippinen stellten japanische Wissenschaftler fest, daß die großen, dunkleren Mamanwa von Mindanao mit ähnlich aussehenden Minderheiten auf Timor und den Molukken verwandt sind. Weiter nördlich waren die Negritos der sie umgebenden, mongoliden Bevölkerungsmehrheit ähnlicher. Es gab aber Verbindungen von den Mamanwa zu den Agta und Dumagat im Osten, während die Aeta und Batak im Westen sich unterschieden und mit den Semang in Malaysia verwandt sein sollten. Die Studien belegen also, daß auch innerhalb der Negritos große Unterschiede auftreten. Trotzdem folgerten die Forscher, daß alle Gruppen über eine Ursprungslinie auf spätpleistozäne Sundaland-Populationen zurückführbar sind. Da man lange Zeit glaubte, daß Negritovölker über konvergente Evolution unabhängig voneinander entstanden, ist dieses Ergebnis besonders wichtig. Die frühere Meinung beruhte auf der Vorstellung, völlig isolierte Gruppen könnten durch unbekannte Faktoren die gleiche Entwicklungsrichtung einschlagen. Kein genetischer Hinweis stützt diese – gelinde gesagt – dubiose Theorie.

Bis in jüngste Zeit waren die Agta auf Nord-Luzon nomadische Jäger (aber mit sehr kleinen Territorien). Sie befischten die Flüsse in der

Abbildung 104
Tumoy, ein junger Agta-Mann (Filipino) mit Pfeil und Bogen sowie Lendenschurz aus Rindenstoff (Foto J. Kamminga).

Abbildung 105
Tero, ein Agta-Negrito mit zwei Tagalog-Besuchern aus Manila. Baclai, Nordost-Luzon, Philippinen (Foto J. Kamminga).

Nähe von Kap Engano, gruben nach wildem Yams und Farnen, stellten Fallen und jagten Wildschweine. Ihre Scheu vor Kontakten mit Fremden läßt sich daran ermessen, daß sie bis in die Mitte des 20. Jahrhunderts ihre Pfeilspitzen aus Bambus und nicht aus Metall herstellten. Heute fallen sie Landraub und Verfolgung zum Opfer.

Die schwarzen Minderheiten Südostasiens gehen heutzutage langsam in den sie umgebenden, nationalen Volksgruppen auf, den Indonesiern, Malaien, Filipinos, Indern usw., ein sich immer stärker beschleunigender Vorgang, der seit Jahrtausenden ablief. Allen diesen Völkern ist eine lange zurückreichende Verbindung durch ihr Banda-Erbe gemein. Die weitverstreute Insellage forderte nicht nur eine divergente Entwicklung früher Banda-Gruppen, sondern auch mehr oder weniger große, spätere genetische Einmischungen vom Festland oder von anderen Inseln aus. Man gab ihnen die verschiedensten Namen, die meist auf spezielle Vermischungs- oder Klassifikationstypen verweisen, so z. B.

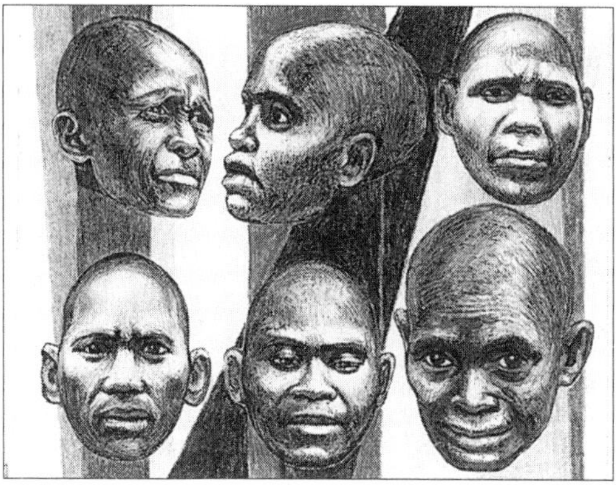

Abbildung 106
Südostasiaten (Negritos). (oben, von links) Mittelalter Aeta-Mann, Philippinen; Junge, erwachsene Batek-Frau, Malaysia; Erwachsener Semang-Mann, Malaysia. (unten) Erwachsener Semang-Mann, Malaysia; Mittelalte Aeta-Frau, Philippinen.

Proto-Mongolide, Proto-Malaien, Proto-Polynesier, Austranesier oder Deutero-Malaien.

Wie steht es mit den westlichsten der Insel-Negritos? 1973 beschrieb Howell dieses wenig bekannte Volk folgendermaßen:

> *Die Andamanen-Insulaner des Golfes von Bengalen geben uns Anlaß zum Nachdenken – einerseits erscheinen sie anders, obwohl sie andererseits wie die natürlichen Verwandten eines Negrito-Stammes wirken. Sie haben ihre eigenen Sprachen und leben seit unbekannter Zeit isoliert. Ihre Nahrung aus Wildschweinen, Dugongs und anderen Dingen könnte auch den Kalorien- und Proteinbedarf größerer Menschen decken. Aber sie sind ein Zwergvolk, durchschnittlich 1,47 m groß, mit sehr schwarzer Haut und krausen Haaren... die Andamanesen sehen mit ihrer runden, brauenlosen Stirn wie kleine Afrikaner aus. Nach den statistischen Berechnungen gehören auch ihre Schädel dorthin. Andamanesen-Schädel sind denen von drei afrikanischen Völkern sogar ähnlicher als die der Buschmänner... Sie unterscheiden sich von allen Pazifikbewohnern viel mehr, sind unter diesen aber den Tolai auf Neubritannien am ähnlichsten... Ich kann sie nicht einordnen, nichts ist über ihre Vergangenheit bekannt.*

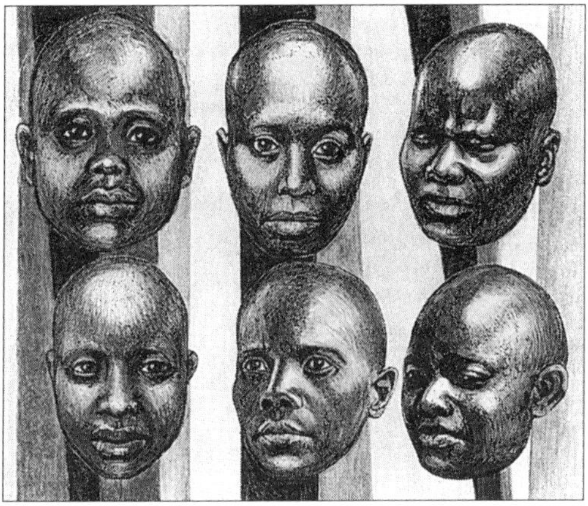

Abbildung 107
Andamanesen. (oben) Drei junge erwachsene Frauen. (unten) Junge, erwachsene Frau, Mann und Frau.

Howell erkannte, daß die Andamanesen in die Nähe der indo-pazifischen Negritos zu rücken sind, obwohl sie ziemlich unterschiedlich aussehen. Sie stellen zweifellos ein isoliertes Relikt einer früher weiter verbreiteten Gruppe dar. Die Feststellung, daß ihre Schädel einigen afrikanischen ähnlicher sind als die der Khoisan-Buschmänner, paßt zu der Vorstellung, daß sie die einzigen überlebenden Nachfahren von Banda-Völkern sind, die einst die Küsten von Sumatra und der Andamanen-See bewohnten.

Die frühesten Besiedler Sri Lankas, die Wedda, vom indischen Festland durch 60 km Meer getrennt, waren sicher nur unwesentlich kürzer und weniger stark isoliert als die australischen Ureinwohner. Wedda besitzen ganz charakteristische Allel-Frequenzen (mit auffällig geringen Rhesus-negativ-Anteilen), die auf lange Isolationszeit hinweisen. Wie die Andamanesen könnten sie ihr Überleben als ethnische Gruppe der prähistorischen Abwehr von Besuchern und Eindringlingen verdanken. Sollte dies der Fall sein, könnten «Wanderer» entlang der indischen Südspitze Sri Lanka gemieden haben und so die Bastion der «frühen Banda» vor den «späten Banda», d.h. den Vorfahren der Andamanesen geschützt haben.

Howells Vergleich der Andamanesen mit Afrikanern und den Tolai spricht räumlich weit verteilte Menschengruppen an. Von Burma, Indien und Arabien aus ist die nächste afrikanische Küste 9000 km, das Sambesi-Delta sogar 13000 km entfernt. Den Küsten folgend oder von

Abbildung 108
Wedda-Frau (links), Wedda-Mann (Mitte und rechts).

Insel zu Insel «springend», mußten Melanesier in ihren kleinen Kanus bis zu den Fidschi-Inseln noch größere Strecken zurücklegen. Diese liegen fast genauso weit von den Andamanen wie diese vom Sambesi entfernt. Dagegen sind die Abstände der Andamanen vom Horn von Afrika bzw. zu den Tolai Neubritanniens ungefähr gleich groß.

Der gesamte Problembereich ist nicht nur eine Frage von Schädelform, Hautfärbung und Haartyp. Die japanischen Genetiker Naruya Saitou und Keichi Omoto wiesen darauf hin, daß mindestens sieben verschiedene genetische mtDNA-Untersuchungsmethoden eine Verwandtschaft von Afrikanern und Papuas bestätigen. Andererseits zeigt ein Vergleich der Zellkern-DNA unzweifelhaft eine Verwandtschaft der Papuas zu den Aborigines Australiens auf. Dies mag an der unterschiedlichen Form der Vererbung beider DNA-Typen liegen. Ein weiterer Hinweis auf verwandtschaftliche Nähe zwischen Melanesiern, Australiern und Schwarzafrikanern findet sich in der Transferrin Mutante D, die in allen drei Populationen häufig, sonst aber selten ist.

Schon 1971 wies der Genetiker R. Kirk darauf hin, daß einige Stämme dieser drei Regionalgruppen gemeinsame Vorfahren besessen haben könnten. 1986 fand Wainscoat bei Melanesiern zwei Allel-Typen, die man bis dahin für typisch afrikanisch gehalten hatte. Da man Afrika als das Ursprungsgebiet schwarzer Menschen betrachtet hatte und sie früher entdeckt und erforscht waren, glaubte man in Afrika das Entstehungsgebiet dieser Allele sehen zu müssen. Trägt man jedoch alle verfügbaren Informationen zusammen wird klar, daß ihre Ausbreitung nach Westen und nicht nach Osten abgelaufen sein muß. Bedenkt man, daß man diese Gene nach Jahrzehntausenden, nach häufiger Vermischung mit anderen Völkern und weiteren evolutiven Änderungen immer noch in kleinen Reliktgruppen und bei Hunderten von Millionen

Afrikanern nachweisen kann, muß man schließen, daß sie großen adaptiven Wert besitzen.

Ein Großteil der Banda-Anpassungen wie Krankheits-Resistenzen, Hitze- und Bestrahlungstoleranz sind nicht so leicht zu erkennen wie die schwarze Haut und das Kraushaar der westlichen Banda sowie ihre typische Physiognomie, die man als negroid bezeichnet: kurzes Gesicht, volle Lippen, flache und breite Nase und einer im Gegensatz zur kräftigen Kopfbehaarung weitgehend fehlenden Körperbehaarung. Auf den ersten Blick scheinen diese Merkmale bei allen Afrikanern aufzutreten, aber das ist nicht der Fall. Einige regionale Verbreitungsmuster legen nahe, daß Banda-Gene mindestens zwei verschiedenen, uralten Gruppen überlagert wurden.

Eine davon sind die Khoisan. Die Untersuchungsergebnisse an rein mütterlich vererbter mtDNA und Kern-DNA, die bei der Fortpflanzung vermischt wird, ergaben hochsignifikante Unterschiede. Merkmale der mtDNA verbinden Nicht-Khoisan-Afrikaner mit verschiedenen außerafrikanischen Gruppen, während sie die Khoisan eher in die Nähe der Pygmäen, Äthiopier und anderer Afrikaner rücken. Man führt dies wahrscheinlich zu Recht auf die im Vergleich zu den Männern geringe Mobilität der Frauen bei Jägern und Sammlern zurück. Andererseits könnte in alle Nicht-Khoisan-Gruppen Genmaterial – besonders von Männern – eingemischt worden sein. Hauptursprung dieser Gene müssen Banda-Völker gewesen sein.

Einige konservative Merkmale scheinen die Khoisan mit weit entfernteren Gruppen als ihren direkten Nachbarn zu verbinden. Zwei davon erscheinen in ganz verschiedenen Weltgegenden: ein besonders im Wangen- und Augenbereich flaches Gesicht sowie die Tendenz der Schneidezähne, eher schräg nach vorne als senkrecht zu stehen. Diese «Schaufelform» der Zähne gibt es sonst noch in Teilen Afrikas, Europas und Amerikas, besonders häufig aber in China. Beides sind ursprüngliche Hominidenmerkmale, die sich in einigen Gebieten stärker als in anderen erhalten haben. Sie sind oft mit einer Reduktion des Nasenrückens verbunden, vielleicht um die Augenfalte zu verstärken. Diese Übereinstimmung mit den Mongolen bzw. Chinesen brachte den Khoisan schon den Spitznamen «chinesische Afrikaner» ein.

Von den restlichen Afrikanern lassen sich die Khoisan leicht durch Klick-Laute in der Sprache abtrennen. Dagegen *klingen* Bantu-Sprachen eher wie Papua-Dialekte. Die Bantu-Sprachgruppe beherrscht heute fast das gesamte tropische und südliche Afrika. Bantu sprechende Völker sind überaus heterogen, ihre Verbreitung hängt mit Wanderungsbewegungen in der frühen Eisenzeit und dem Wald-Ackerbau zusammen. Sie sind heute viel weiter verbreitet als noch vor zwei- bis dreitausend Jahren. Da Sprachen problemlos auch ethnische Grenzen überspringen, kann man gemeinsame Sprache nicht unbedingt auf gemeinsame Vorfahren zurückführen. Man glaubt, daß diese Sprachen in einem breiten Landstreifen, der sich von Moçambique über Zaire nach Kamerun erstreckt, entstanden sind. In dieser Primärzone fanden die ersten Banda/Prä-Khoisan Kontakte statt. Zu den direkten Abkömmlingen dieser ersten Zusammentreffen gehören wahrscheinlich verschiedene Pygmäen-Stämme wie die Baka, Aka und die Mbuti. Die großgewachsenen Ackerbauern Äquatorial- und Westafrikas besitzen zwar eine komplizierte Geschichte, können aber sehr sicher auf die steinzeitlichen, zentralafrikanischen Lupemban- oder Tschitolien-Jäger zurückgeführt werden, die wir schon in Kapitel 5 erwähnten.

Die erste Mischbevölkerung all dieser Menschentypen sind die Banda/Prä-Khoisan. Weiter nördlich ist die Ausbreitung des Banda-Einflusses schwer zu rekonstruieren. Trotzdem traf hier eine Bevölkerungsgruppe, die schon einige Banda-Gene aufgenommen hatte, auf Menschen, die wie die Prä-Khoisan zur afrikanischen Urbevölkerung zählten. Obwohl diese damals noch eine geschlossene Gruppe dargestellt haben könnten, halte ich es für wahrscheinlicher, daß sie sich zu der Zeit, als der Banda-Einfluß etabliert war, schon in drei Untergruppen aufgeteilt hatten. Jede läßt sich dann einer bestimmten regionalen und ökologischen Zone zuordnen. Am klarsten abgrenzbar waren die Sahara-Bewohner. Archäologen nennen sie Atérien- oder Prä-Atérien-Menschen, die Berber dürften zu ihren gegenwärtigen Nachfahren zählen. Die Banda-Einmischungen in diese Gruppen waren wahrscheinlich sehr verzögert. Eingebettet zwischen der Sahara und den Äquatorialwäldern lag ein breites Band, das eher den südlichen Savannen als der Sahara gleichend, sicher einer eigenen Bevölkerung Raum bot. Genetisches Erbe dieser Völker findet man am ehesten bei den Viehhütern am Tschadsee und in Nordnigeria, die auch eine eigene, ursprüngliche Sprache besitzen.

Der Bandaeinfluß erreichte, von westafrikanischen oder den Bantuvölkern ausgehend, die von offenen, trockenen Savannen umgebenden Hochländer Äthiopiens und Ostafrikas zuletzt. Dieser Einfluß *hat* stattgefunden, aber so spät, daß man einen alternativen Ursprung für Banda-Gene überdenken muß. Die Banda waren ohne Frage gut an das Leben im heißen, schmalen Küstenbereich Somalias und des Roten Meeres angepaßt, erreichten aber sicherlich keine hohe Bevölkerungsdichte. Der genetische Einfluß derartig randständiger und spezialisierter Gruppen mußte aber aufgrund der kleinen Menschenzahlen viel geringer sein als derjenige der südlicheren Populationen. Wenn ihre physiologischen Vorteile so groß waren wie ich vermute, mußten ihre Gene auch zu den Inlandvölkern vordringen.

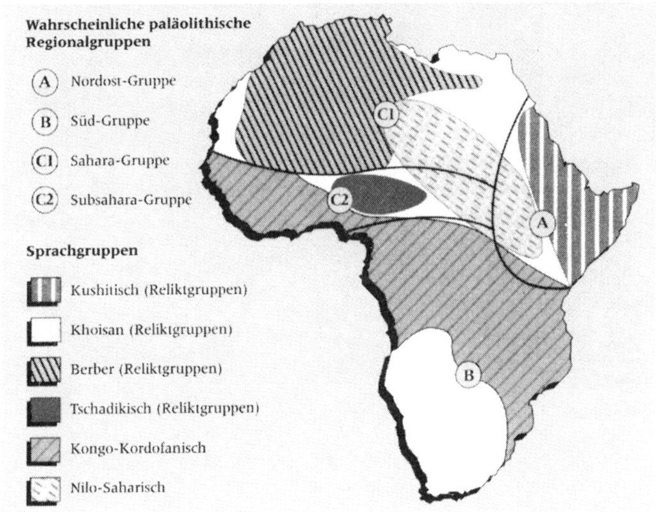

Abbildung 109
Ungefähre Verteilung moderner Sprachgruppen und ihre möglichen Ursprünge in den verschiedenen paläolithischen Bevölkerungsgruppen Afrikas.

Heute zählt Nordostafrika zu den komplexesten Kulturmosaiken der Welt. Aufeinanderfolgende prähistorische und historische Wanderbewegungen, Expansionen und Bevölkerungszusammenbrüche hinterließen ihre Spuren in einem vielfältigen Sprach- und «Rassen»-Gemisch. In der vorbelasteten, modernen Sprachgebung bezeichnete man viele Nordostafrikaner als «kaukasoid». Man sollte den Vergleich umkehren. Viele Europäer und Westasiaten sehen wie Nordostafrikaner aus. Das liegt einzig daran, daß sie aus ungefähr dieser Region stammen. Man weiß, daß die Sabäer aus Zentral-Yemen zahlreich (besonders in Hungerzeiten) nach Eritrea und Äthiopien auswanderten. Der wichtigste genetische Einfluß in Nordostafrika kam aber aus dem Zentrum des Kontinents.

Europäer und Westasiaten müssen nach Afrika schauen, um ihre Ursprünge zu sehen. Dies nicht nur in dem Sinne, daß alle Menschen der Welt auf eine afrikanische Eva zurückgehen. Die afrikanischen Wurzeln der Europäer sind viel jünger. Die Besiedlung Europas durch moderne Menschen fand erst vor 45000 bis 32000 Jahren statt, das Vordringen nach Nordeuropa vor knappen 15000 Jahren. So ist die Ähnlichkeit der Völker rund um das Mittelmeer nicht verblüffend. Die Jahrtausende der Bootsreisen, das Kommen und Vergehen der König-

Abbildung 110
Nordostafrikaner. (oben, von links) Erwachsener Massai-Mann und junger männlicher El Molo; Mittelalte Ovomo-Frau; Ältere Samburu-Frau. (unten) Älterer und mittelalter Massai-Mann; Älterer Rendille-Mann; Erwachsene Massai-Männer.

reiche, Ein- und Auswanderungen schufen einen Schmelztiegel der Völker, der sich im Nachhinein nicht leicht auseinanderdividieren läßt. Trotzdem belegen fossile und archäologische Funde eindeutig, daß die zeitgenössischen Bewohner des Mittelmeerraumes graziler und weniger muskulös als ihre Vorfahren sind; dabei gab es neben dem Verschwinden der Neanderthaler des Nordens keine wesentlichen Vertreibungen oder Ausrottungen durch andere Völker. Die «negroiden» Merkmale (der tropischen Afrikaner) tauchten sehr spät in Nordafrika auf, und obwohl ihr Einfluß hier heute groß ist, unterschieden sich Nordafrikaner bis in die jüngste Vergangenheit stark von ihren südlichen Nachbarn.

Auch die heutigen Araber konnten sich der genetischen Vermischung, die alle in dieser Region erfaßte, nicht entziehen. Wiederholt haben Volksgruppen den Nahen Osten durchquert. Dieses Verbindungsstück zwischen Afrika und Asien haben verschiedene Populationen durchwandert, mal in die eine, mal in die andere Richtung. Die drei wichtigsten Vorstöße gingen südöstlich nach Indien, nördlich nach Westasien und nordwestlich nach Europa. Araber, die mit ihren speziellen Genotypen nach Nordeuropa vordrangen, kann man als die Archetypen dessen betrachten, was man heute als «Kaukasier» bezeichnet. In Wirklichkeit finden sich zwischen mediterranen Völkern, semitischsprechenden Arabern und Westasiaten keine scharfen Grenzen oder größere genetische Unterschiede. Sie besitzen trotz aller individuellen Variationen große anatomische Ähnlichkeiten.

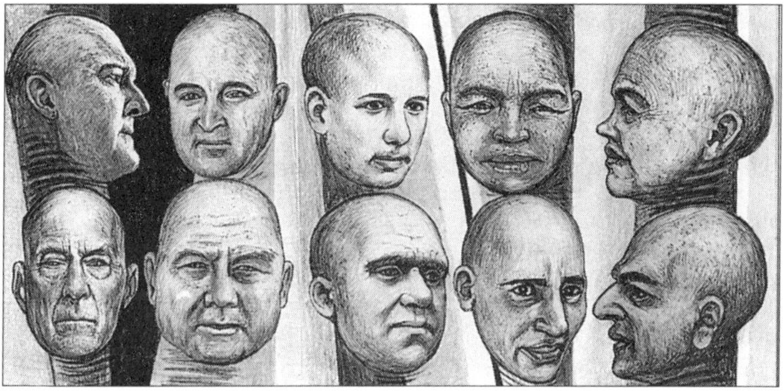

Abbildung 111
Eurasier. (oben, von links) Mittelalter Westeuropäer (Profil und frontal); Jugendlicher deutscher Jude; Mittelalte Westeuropäerin (frontal und Profil). (unten) Älterer Nordeuropäer; Mittelalter Mitteleuropäer; Erwachsener Westeuropäer; Erwachsener Pakistani (Kurde).

Auch die Westeuropäer stimmen mit ihnen – bis auf hellere Haut, Haare und Augen (die sich sicher innerhalb der letzten 38000 Jahre, wahrscheinlich sogar in der Hälfte dieser Zeit entwickelten) – stark überein. Innerhalb dieses riesigen Gebietes findet man aber klare Gradienten. Das Blutgruppensystem Rhesus nimmt von West nach Ost ab. Rhesus negativ weist ein interessantes Muster auf: sehr hohe Allelhäufigkeit (40–50%) in Nordafrika und Westeuropa, geringere im tropischen Afrika und westlichen Asien, sowie Werte an die 0% im Fernen Osten und südlichen Afrika. Es scheint, als ob ein nordafrikanisches Gen mit den Siedlern nach Europa auswanderte.

Besonders interessante Zusammenhänge verraten Schädelproportionen. Afrikaner, Nord- und Westeuropäer, Araber und Südasiaten besitzen alle relativ lange Köpfe. Dagegen haben Osteuropäer, Zentralasiaten und Mongolen (aber nicht die Südchinesen, Japaner und Eskimos) zu einem hohen Anteil (über 90%) kurze Schädel. Diese Verteilung stimmt auffällig mit den Grenzen und Einflußbereichen der Mongolenkönige überein. Das riesige Gebiet paßt zu der Zone, in der über viele Jahrhunderte, vielleicht sogar Jahrtausende, Vermischungen von Mongolen und Eurasiern stattfanden.

Da die Mongolen jene charakteristischen Merkmale besaßen, die den Osttyp vom Westtyp unterscheiden, bürgerte sich der Begriff «mongolid» ein, um die helleren, breitgesichtigen Asiaten mit schmalen Augenschlitzen und ihre amerikanisch-indianische Verwandtschaft zu

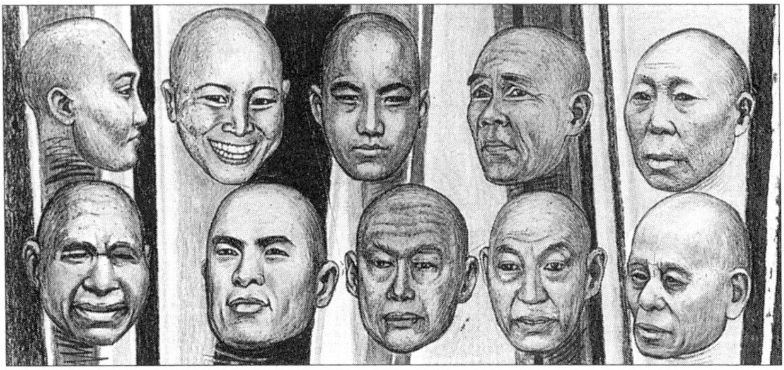

Abbildung 112
Ostasiaten. (oben, von links) Erwachsene Frau aus Sibirien; Erwachsene Frau aus Yunnan; Junger Nepali; Erwachsener Vietnamese; Mittelalte Frau aus Sibirien. (unten) Mittelalter Eskimo aus Alaska; Erwachsener Mann aus Zentralasien (Kazahk); Mittelalter Mann aus Südchina; Mittelalter Mann aus Nordchina; Älterer Japaner.

beschreiben. Da die Mongoliden genetisch stark übereinstimmen, ist dies gerechtfertigt. Die Gemeinsamkeiten müssen auf eine plötzliche und relativ späte Ausbreitung aus einem oder mehreren Zentren des chinesischen Kernlandes zurückzuführen zu sein. Aufgrund ihrer langen Geschichte als Staatswesen sind die Chinesen besonders einheitlich. Ihr genetisches Verhältnis zu Völkern Indochinas und Zentralasiens ist sehr komplex; sie entstanden anscheinend aus einer von mehreren mehr oder weniger gut abgrenzbaren Populationen in Ost- und Südasien. Zu ihren genetischen Eigenheiten gehört der «Diego»-Bluttyp und ein Pigmentfleck im unteren Rückenbereich der Kinder (Mongolenfleck), der bis ins Erwachsenenalter bestehen bleiben kann.

Östlich des Golfes von Bengalen ist die gesamte Landmasse von mongoliden Volksgruppen bewohnt, die sich anscheinend erst in jüngster Zeit sehr schnell und weit ausbreiteten. Indonesier und indochinesische Populationen kombinieren jedoch Gene von früheren Siedlern mit denen des späteren dominanten Typs. Man hält die Mon in Burma für die ursprünglichsten Bewohner, während die Burmesen und die Shan aus dem Norden zugewandert sind. Auch die Thai zählen zu den später aufgetretenen Bevölkerungsgruppen. Das Bergvolk der Mrabri – bis vor kurzem noch Sammler – gehört zu den ursprünglichen Bewohnern des Gebietes.

Ein vor 1740 Jahren aufgesetzter chinesischer Text beschreibt die Untertanen des Funan-Königreiches (heute Kamputschea) als schwarzhäutig und kraushaarig. Obwohl es auch heute noch dunkelhäutige Reliktgruppen im Bergland gibt, beweist diese Literaturstelle – wenn sie zutrifft – wie schnell Veränderungen ablaufen können. Auf alle Fälle belegen die archäologischen Forschungsergebnisse, daß das Vordringen der Mongolen und das Verschwinden der Banda-Bevölkerung im Bereich der tropischen Inseln und Küsten erst sehr spät stattfand.

Die dichtbewaldete südostasiatische Halbinsel war von einer ursprünglichen Vor-Ackerbauern-Gesellschaft bewohnt, die nur ganz bestimmte ökologische Räume besetzt hatte und den Großteil der Wälder unberührt ließ. Diese Gruppen waren im Vergleich zu Sammlervölkern sicher schon kopfstark und erreichten wohl ein demographisches Gleichgewicht, als sie alle verfügbaren Räume besiedelt hatten.

Die Situation veränderte sich dramatisch, als die Mongolen mit Intensivmethoden des Ackerbaues von Norden in die relativ unbesiedelten Täler vordrangen. Ihre Technologie ermöglichte eine größere Bevölkerungsdichte. Da die Effektivität ihrer hochorganisierten Gesellschaften viele Menschen voraussetzte, müssen sie sich anfangs in besonders fruchtbaren Tälern konzentriert haben. Über die stark bevölkerten Kerngebiete drangen sie dann in Nachbarbereiche vor und verdrängten so nach und nach die Sammlervölker. Bevölkerungen wachsen normalerweise solange, bis die Grenzen der verfügbaren Ressourcen erreicht sind; diese wiederum hängen von den bestehenden Nutzungstechnologien ab.

Die indonesische Bevölkerungsexplosion zeigt, daß gegenwärtig diese Grenzen in Südostasien noch nicht erreicht zu sein scheinen. Indonesier (soweit man sie überhaupt in einer Gruppe zusammenfassen kann) stimmen mit anderen Südostasiaten in ihrer gemeinsamen Abstammung von recht späten, südwärts wandernden Mongoliden überein. Sie besitzen häufig gewelltes Haar, braunere Haut, vorspringende Nasenwurzeln und ähneln anderen Südostasiaten in ihren Blutgruppen-Häufigkeiten.

Allgemein kommen in Indonesien die größten Ähnlichkeiten mit Mongoliden eher in Festlandnähe vor, während die melanesischen und Negrito-Merkmale nach Osten häufiger werden. Umfangreiche Umsiedlungsprogramme, die große Mengen Javaner in den Westteil Neuguineas (Irian Jaya) und andere Inseln der Banda-See bringen, verändern jedoch die Demographie sehr schnell. Bis in jüngste Zeit stellten die Straßen von Makassar und Lombok eine klare biogeographische Grenze dar, die sich in den Blutgruppenhäufigkeiten der Grenzvölker widerspiegelte.[1]

1 Auf der melanesischen Seite waren die N, S, CDE und ADA 2-Typen häufig. Statt dessen hatten Indonesier westlich Lomboks die «Diego»-Eigenschaft der M-Gruppe mit den Mongolen gemeinsam.

Die Ausbreitungsgeschwindigkeit prähistorischer Völker war schon häufig Gegenstand wissenschaftlicher Überlegungen. Die Schätzwerte lagen zwischen 1 km pro Jahr für neolithische Ackerbauern, 13 m pro Jahr für afrikanische Sammler und 100 m für die Besiedler Australiens und Neuguineas. Diesen Berechnungen legte man eine fast geologische Zeitskala zugrunde. Die wirklichen Werte hingen von vielen Faktoren ab und konnten, abhängig von Umweltbedingungen, Technologieentwicklung und Bevölkerungswachstum schwankend, mal größer und mal kleiner sein. So mußten Menschen mit neuen Techniken des Nahrungserwerbs oder überlegenen Waffen sich nicht zurückhalten, wenn sie in dünn besiedelte Gebiete vordrangen.

Die Bevölkerungsentwicklung von Sammlern hing weitgehend von der räumlichen Verteilung der Nahrungsmittel, ihrem regelmäßigen Angebot, ihrer Erreichbarkeit, der Mobilität der Menschen und davon ab, ob spezielle Jagd-, Transport- und Zubereitungsmethoden erforderlich waren.

Meist besteht eine einzelne Gruppe aus ungefähr 25 nahe verwandten Individuen; die Höchstzahl derartiger Gruppen, die Kontakte aufnehmen, Heiratspartner austauschen und Territorial-Verträge abschließen, liegt bei 50 (der Durchschnittswert dürfte bei 25 liegen). So bestand der durchschnittliche «Stammesverband» aus ungefähr 300 bis 1000 Leuten. Fiel die Zahl unter diese Werte, bestand die Gefahr, von stärkeren Nachbarn aufgesogen zu werden (interessanterweise berechnete man, daß für den Erhalt lokaler Dialekte oder Sprachen mindestens 250 Menschen nötig sind).

Die typische Verteilungsstruktur der Jäger und Sammler führt dazu, daß ein Stamm meist in zwei Gruppen zerfällt bevor er 2000 Mitglieder besitzt. Untersuchungen an derartigen Gesellschaften zeigten weltweit, wieviel Feindschaft, Mißtrauen und Kontaktarmut zwischen benachbarten Stämmen oder Clans entstehen kann. So wird man die Zahl der vor 1788 in Australien gesprochenen Sprachen nie herausfinden; gegenwärtig liegen Schätzwerte bei 220. Im dichter besiedelten Neuguinea kennt man derzeit 1000 Sprachen.

Diese Sprachen- und Dialektvielfalt ist für alle Sammler-Gesellschaften typisch. Die Populationsdichte konnte zwischen einem Menschen auf 200 km^2 und einer Person pro km^2 liegen. Höchstwerte wurden nur in besten Habitaten, wie an tropischen Küsten oder Flußmündungen erreicht.

Genetische Analysen weisen darauf hin, daß lange vor der Besiedlung des fernen Pazifiks einige polynesische Vorfahren als Fischer das südchinesische Meer befuhren und seine Küsten sowie kleine Inseln (unter ihnen Hongkong) bewohnten. Zu dieser Zeit waren sie eine Randgruppe des frühen chinesischen Genpools. Die Entstehung und

Ausbreitung der Polynesier innerhalb der letzten 6000 Jahre über große Flächen des Pazifiks läßt sich am besten durch komplexe Interaktionen von Mensch und Technik erklären. Ein ursprüngliches Fischervolk Chinas breitete sich entlang der philippinischen Küsten aus, übernahm fremde Techniken, vermischte sich stellenweise mit einigen Völkern, mied andere, gewann hier und verlor dort.

Wenn man genetischen Uhren trauen kann (eine gewisse Skepsis gegen ihre Datierungen ist angebracht), müßten – nach Abschätzungen der japanischen Genetiker K. Omoto, S. Horai und H. Matsumoto – die kontinentalen Proto-Mongoliden vor ungefähr 20000 bis 10 000 Jahren die Philippinen erreicht haben. Weiterhin nehmen sie an, daß um 15000 v.h. weitere Masseneinwanderungen von austronesischen Brandrodungsbauern stattfanden. Sie alle trafen auf eine ursprüngliche Banda-Bevölkerung. Die Philippinen waren einer der ersten genetischen «Schmelztiegel». Hier entwickelten sich die Polynesier wahrscheinlich zum typisch südpazifischen Volk, das die notwendigen Fischerei- und Segelmethoden erfand, um vor ungefähr 6000 Jahren die Weite des Pazifiks zu erobern.

Während dieser langen Zeiträume gingen die Negrito-Populationen entweder in der einwandernden Bevölkerung auf oder wurden in abgelegene Gebiete verdrängt. Es gibt noch sechs Negrito-Gruppen auf je einer Insel und mindestens 18 Enklaven, die meist im Bergland liegen. Es ist bemerkenswert, daß ursprüngliche Küstenbewohner ihre angestammten Lebensräume aufgegeben haben sollen. Es zeigt, daß Meeresressourcen im Zentrum der Konkurrenz standen und die besten Nutzungsmethoden sich durchsetzten. Trotzdem, jede neue Siedlerwelle vermischte sich genetisch mit der schon vorhandenen Bevölkerung. Die Negritos sind aber sicher nicht die unveränderten Ureinwohner, da auch sie an der philippinischen Rassenvermischung teilnahmen.

Während ihrer Ausbreitung über den Pazifik trafen die Polynesier auf Melanesier, die sich in der Kernzone der südpazifischen Inselwelt etabliert hatten. Im heute Mikronesien genannten Gebiet sowie in Neuguinea und auf den Salomonen entstanden Mischkulturen. Auf den Salomonen konnten Jonathan Friedlander und seine Harvard-Kollegen in detaillierten Studien nachweisen, daß Teilgruppen dieses Stammes-Mosaiks erst in jüngerer Zeit genetisches Material von außen aufgenommen haben müssen. Nur wenige äußere Merkmale der Salomonen-Insulaner deuten auf dieses Erbe hin. Alle besitzen sehr dunkle Haut und Kraushaare, was belegt, daß diese Allele sich stark durchsetzen. Da hellere Haut- und Haartypen so selten sind, muß die Selektion intensiv sein.

Die Salomonen sind die wichtigste Verbindung zwischen Melanesien und Polynesien. Die ersten (und auch etwas späteren) Kontakte dieser beiden Bevölkerungsgruppen reichen von totaler Vermischung bis hin zum bedingungslosen Krieg. Ein Vorfall aus der lokalen Geschichte wird von der nördlichen Salomoneninsel Buka berichtet. Der Verhaltensforscher Konrad Lorenz erzählt (in: Er redete mit dem Vieh, den Vögeln und den Fischen) von den fatalen Konsequenzen aus dem Zusammentreffen zweier grundverschiedener Kampfstrategien. Nach Lorenz kämpfen Truthähne bis der unterlegene Partner aufgibt und dies dadurch anzeigt, daß er sich flach auf den Boden legt. Dagegen kämpfen Pfaue heftig mit ihren Sporen und sobald der kräftigere Vogel siegt, muß der Verlierer um sein Leben rennen. Sollte – rein theoretisch – ein Truthahn gegen einen Pfau kämpfen und verlieren, müßte – wie Lorenz bemerkt – die unpassende Strategie des Truthahns zu einem Gemetzel führen.

Das Fischerdorf Hanahan liegt in einer kleinen Bucht direkt unter dem Gipfel des Mount Bei, einem 1630 m hohen Vulkan, der das Bild der Buka-Insel beherrscht. Seinen Gipfel kann man an klaren Tagen bis zu 100 km weit sehen, er war für die polynesischen Fischer der 70 km nordöstlich von Buka gelegenen Insel Kilinailau die Orientierungshilfe auf See. Die schwarzhäutigen Halia-Fischer von Buka wußten dagegen von der Existenz Kilinailaus nichts, da es aufgrund eines Korallenlatolls hinter dem Horizont lag. Als ein einzelner Fischer einmal durch einen Sturm nach Kilinailau verschlagen wurde, gab man ihm Nahrung, unterhielt sich mit ihm und schickte ihn zurück. Im übervölkerten, in Einzelstämme zersplitterten Salomonengebiet kämpfte man meist um Ressourcenanteile, so daß die Antwort der Hanahan-Fischer auf die neuentdeckten Nachbarn aufgrund ihrer Traditionen ganz anders aussah. Die Männer stiegen in ihre Boote, fuhren nach Kilinailau, töteten alle Männer und nahmen deren Frauen mit zurück nach Buka.

Die Halia-Bevölkerung spricht eine austronesische Sprache und ähnliche Vorfälle, wie der eben beschriebene, könnten ein Hauptgrund für ihre austronesischen Gene und ihre Sprache sein. Ihr Erscheinungsbild unterscheidet sie aber von den papua-sprechenden Ureinwohnern der Inneren Salomonen dadurch, daß sie größer und schlanker sind. Durch Überfälle wie diese waren die Buka-Krieger entlang der gesamten Salomonen-Küste gefürchtet. Mit der Ankunft europäischer Siedler und Missionare hörten die Kriege jedoch auf. Heute unternehmen die Buka-Seefahrer regelmäßig Fahrten bis zu 100 km entfernten Inseln, u.a. auch nach Kilinailau und vertragen sich inzwischen gut mit ihren Nachbarn.

Was man auf einigen Inseln im Südpazifik immer wieder findet, sind melanesisch aussehende, aber polynesisch sprechende Insulaner. Die Ankunft einiger weniger polynesischer Einwanderer auf Ouvea (Freundschaftsinseln) führte z.B. zur Ausbildung zweier Sprachgruppen; die Uea nahmen das Polynesische an, während die Iai das Melanesische beibehielten. Zwischen beiden Gruppen ließen sich keine genetischen Unterschiede feststellen.

Die Besiedlung des Pazifiks ist eine eigene Geschichte, zu deren Klärung wiederum genetische Analysen beitragen können. Ein interessantes Detail der polynesischen Diaspora ist der genetische «Flaschenhals», den diese Völker durchlaufen haben müssen, als winzige Siedlergruppen diese entfernten Inseln entdeckten. Die abgelegensten Gegenden, die Osterinseln und Neuseeland, wurden offensichtlich vom gleichen Ursprungsgebiet aus (wahrscheinlich den Marquesas) kolonisiert. Auf allen drei weitverstreut liegenden Inseln gingen zwei Antigentypen verloren (HLA-B13 und B27).

Die Genetik wartet manchmal mit überraschenden Ergebnissen auf. So zeigte sich beispielsweise, daß von allen asiatischen und pazifischen Völkern auf der Grundlage des Vergleichs genetischer Marker des Blutes, die amerikanischen Indianer am nächsten mit den Japanern verwandt sind. Bedenkt man jedoch, daß alle Indianervölker auf nordostasiatische Ursprünge (zwischen 22000 und 11000 Jahre v.h.) zurückzuführen sind und seitdem große demographische Änderungen stattfanden, ist es weniger überraschend.

Interessanterweise sollen die Indianer weniger eng mit den Festland-Asiaten verwandt sein, was die Vorstellung unterstützt, daß die modernen Chinesen von jüngeren Vorfahren aus dem Han- und Yangtse-Tal abstammen. Von einem südwestlichen Ausbreitungszentrum in Korea drangen vor erst 2300 Jahren eindeutig mongolide Menschen (die Yayoi) nach Japan vor. Ihre genetische Verbindung zu den Indianern erklärt sich am leichtesten dadurch, daß die Japaner mehr Erbe der Jõmon und Nordostasiaten erhalten hatten, als die Festlandbewohner.

Die Theorie, daß die Besiedlung Amerikas erst sehr spät stattfand und daher alle Indianervölker eng verwandt sein müssen, fand in neueren, ausgedehnten Zahnuntersuchungen ihre Bestätigung. Der Zahnspezialist C.G. Turner fand unter den Indianern beider Kontinente geringere Unterschiede als in zwei Reliktgruppe Alaskas. Die Eskimos und Aleuten scheinen als älteste Bewohner Alaskas, der «Eingangspforte Amerikas», verstärkt ihre Alt-Welt-Variabilität erhalten zu haben.

Die Expansion der Mongoliden über den gesamten Pazifik und die Westküste dieses Ozeans ist allen bekannt. Ihre Westausbreitung über den Indischen Ozean dagegen geriet weitgehend in Vergessenheit. Sie führte zu einem völlig anderen Ergebnis. Obwohl sie erst so kurz zurückliegt, daß es das Thema dieses Buches eigentlich nicht mehr betrifft, ist es erzählenswert, da es zeigt, wie die alten Seefahrtrouten der Banda von viel späteren Wanderern erneut befahren wurden.

Während günstige Winde das regelmäßige Hin- und Herfahren zwischen asiatischen und ostafrikanischen Küsten leicht machen, sind wir so sehr an politische, bürokratische und nationale Grenzen gewöhnt, daß wir derartige Unternehmungen als viel schwieriger einschätzen, als sie ursprünglich einmal waren. Ibn al-Mujawir beschrieb 1235 *Ausleger-Kanus*, die, von günstigen Winden getrieben der Küste folgend von Madagaskar nach Aden und zurück fuhren.

Zwischen Indonesien und Ostafrika entstand um 300 n.Chr. ein blühender Handelsverkehr, der zwischen 700 und 1000 n.Chr. seinen Gipfelpunkt erreichte. Hunderte von Booten fuhren in beide Richtungen, die mächtigen Könige von Sumatra und Java bezahlten ihre Tribute an die noch mächtigeren Kaiser von China in Form afrikanischer Güter. So fanden afrikanischer Luxus und Sklaven ihren Weg nach Indonesien. Sogar eine Giraffe vom Horn von Afrika erreichte den chinesischen Kaiserhof, wo man sie als mythisches Tier und als gutes Omen betrachtete. Obwohl ziemlich große Schiffe die Waren befördert haben müssen, waren die meisten von ihnen wahrscheinlich nicht wesentlich größer als heutige Dhaus, machten ihre geringe Größe aber durch die Anzahl wett. Im Jahr 945 n.Chr. griff eine Flotte sumatraischer Schiffe Kanbalu (vermutlich Sansibar) an, um es als Handelsstützpunkt zu sichern.

So pendelten weitere 700 Jahre kleine Boote zwischen Ostafrika und Indonesien. Nach dem Verlassen der Küste lagen 12000 km Meer vor dem Bug. Die Verbreitung typisch indonesischer Schiffstypen verrät aber, daß sie «inselspringend» ihren Weg von Sumatra über Sri Lanka zu den Malediven und von hier zur ostafrikanischen Küste, möglicherweise über Socotra, suchten. Diese «Abkürzung» war 9000 km lang und durchlief gefährliche, offene See. Die Indonesier vertrauten aber auf ihr Können und ihre Boote. Ziel war der Handel, die Schiffahrt Mittel zum Zweck. Bei gutem Wind dauerte die Reise ungefähr zwei Monate.

Entlang der Küsten des Indiks konnten sich einfache Verbesserungen der Boots- und Fischereitechnik leicht ausbreiten, die Entdeckung der Handelsroute und ihrer Vorteile war sicherlich die Folge früherer küstennaher Bootsexkursionen. Der *Periplus der eritreischen See*, ein um 100 n.Chr. geschriebenes Reisebuch, erwähnt den Handel mit Kokosöl und zusammengenähten Booten vor der ostafrikanischen Küste. Beides mußte aus dem Osten gekommen sein.

Das Handelsmonopol der Prinzen von Sumatra und Java vom 7. bis zum 11. Jahrhundert war jedoch mehr als eine reine Handelsgesellschaft, ihm lag eine langsam, aber stetig aufgebaute maritime Oberherrschaft zugrunde. Zahlreiche Südostasiaten haben sicherlich an den Küsten des heutigen Tansanias gesiedelt, vielleicht erforschten sie auch Handelsrouten ins Binnenland, die später die Schirazi und Araber übernahmen. Selbst nach dieser Übernahme beschrieb al Idrisi, ein arabischer Schriftsteller des 12. Jahrhunderts, indonesisch sprechende Afrikaner und bestehende Handelsbeziehungen nach Java und Madagaskar.

Eine Rechtfertigung dieser Abschweifung in die neuere Geschichte liegt in der Verdeutlichung des verschiedenen Schicksals der gleichen Völker in benachbarten Gebieten.

Zweifellos lag die Hauptattraktion des westlichen Indischen Ozeans in den hochwertigen, afrikanischen «Luxusgütern»: Metall, Elfenbein, Harz, Lack, Bienenwachs, Weihrauch, Bernstein und Sklaven. Während des Aufbaus dieses Küstenstaates erreichten die indonesischen Schiffer Madagaskar (wahrscheinlich um 440 n.Chr., die frühesten Nachweise stammen jedoch von 600 n.Chr.). Da die Insel unbewohnt war, mußte man Arbeitskräfte für die Gewinnung der oben angesprochenen Güter importieren (die Ausrottung von sechs Madagaskarstrauß-Arten durch indonesische Siedler ist sicherer Hinweis, daß sie nie zuvor von Menschen bewohnt war). Madagaskar war zunächst nichts anderes als ein dem afrikanischen Festland, auf dem die meisten Indonesier siedelten, vorgeschobener Außenposten. Die Siedler besaßen, wie noch heute in Indonesien, Häuser aus vergänglichen Rohmaterialien.

Am Nordende des Malawisees bauen die Nyakyusa für Afrika einzigartige und außergewöhnliche Bambus- und Binsenhäuser in südostasiatischem Stil. Noch heute befahren typisch «indonesische» Kanus mit doppeltem Rumpf den Viktoriasee. Kanus aus zusammengebundenen Planken, *Mtepe* genannt, sind an der ganzen Küste verbreitet, die Fischer haben die alte südostasiatische Sitte, ein Auge an den Bug zu malen, bzw. zu schnitzen, beibehalten. Ihr beliebtestes Musikinstrument ist die indonesische Bar-Querzither, sie höhlen Kokosnüsse mit dem aus dem Osten stammenden Hockerkratzer aus.

Im 13. Jahrhundert schrieb Ibn Said, daß die Malagasys ins Innere Afrikas vorgedrungen sind und Madagaskar den Namen gaben. «Gazira al Komr», d.h. Insel des Mondes nannten sie einen Berg im Inneren Afrikas (wenn das keine Fabel ist, könnte damit wahrscheinlich der Kilimandscharo in Tansania gemeint gewesen sein, obwohl heute der Ruwenzori diesen Namen trägt).

In Zentraltansania lebt ein kleiner, ungewöhnlich aussehender Stamm, die Turu, in deren mündlicher Überlieferung gesagt wird, daß ihre Vorfahren von einer Insel im Osten über das Meer kamen und einem großen Flußlauf ins Landesinnere folgten. Obwohl einige Spezialisten ihnen «indonesische Merkmale» attestieren, sehen sie für den Laien typisch afrikanisch aus.

Dies sind die recht unvollständigen Nachweise eines Reiches, das mindestens 700 Jahre an der afrikanischen Küste existierte und wahrscheinlich in dieser Zeit auch einen Großteil des östlichen Festlandes beeinflußte. Im Gegensatz zum fast vollständigen Verschwinden am Festland stellen Indonesier heute die Hauptbevölkerung Madagaskars. Mit der zunehmenden Bedeutung der Araber brachen die Verbindungen der Siedler nach Java und Sumatra langsam ab und Madagaskar wurde zur «rettenden Insel» für alle vertriebenen Festland-Indonesier. Madagaskar liegt zwar nur 500 km vom Festland entfernt, ungünstige Winde und Strömungen hatten aber lange Zeit eine Besiedlung von Afrika aus verhindert. Ob ein Flüchtlingsstrom vom Festland aus die Siedlungsdichte auf der Insel erhöhte, bleibt dahingestellt, auf alle Fälle ermöglichten die riesigen, unbewohnten Gebiete auch einer kleinen Siedlergruppe ein schnelles Bevölkerungswachstum. Obwohl ein Großteil der Madegassen afrikanisch-indonesisch aussehen und wahrscheinlich die meisten genetisch vermischt sind, gab es eine auffällige Trennung zwischen braunhäutig-glatthaarigen und schwarzhäutig-kraushaarigen Bevölkerungsgruppen. Die erstgenannten bewohnen weitgehend die Hochländer im Landesinneren, während man die letztgenannten in der Küstenebene findet. Vielleicht spielt hier ein ähnliches Verbreitungsmuster wie an der karibischen Moskito-Küste eine Rolle.

Ich habe versucht, in dieser kurzen, weltweiten Bestandsaufnahme von dem, was man gemeinhin «Rassen» nennt, hervorzuheben, daß man die bei modernen Völkern beobachtbaren Unterschiede auf vier wechselseitig abhängige Gründe zurückführen kann, die man an heute lebenden Menschen veranschaulichen kann. Ein Grund liegt einfach in der Zeit: Gene mutieren und Völker verändern bzw. entwickeln sich mit der Zeit. Der zweite Grund ist der Raum: Isolation (teilweise oder vollständig, kurzfristig oder lang andauernd) führt zur lokalen Ansammlung besonderer Allele. Der dritte Grund liegt in der Anpassung an bestimmte Klimabedingungen und Lebensräume sowie darin, daß bestimmte physische und physiologische Voraussetzungen für spezielle Überlebenstechniken erfüllt sein müssen. Schließlich ist noch der, weitgehend zu gering bewertete Einfluß der genetischen Rekombination durch Vermischung der Völker zu bedenken. Diese von Wissenschaftlern oft übersehene Tatsache und der Widerstand vieler Mitmenschen, diesen Gedanken zu akzeptieren, ist Hauptgegenstand der Überlegungen des folgenden Kapitels. Evas Kinder waren und sind Mischlinge (Hybriden) und werden dies sicher auch in Zukunft bleiben.

8
Eine Familie mit Gepäck

Mit ungefähr 14 Jahren kehrte ich von einer europäischen Schule in meine Heimatstadt Tukuyu in Ostafrika zurück. Ein Reiseabschnitt ging mit dem Flugboot zum Naivashasee in Kenia. Hier mußten die Passagiere ein Einwanderungsformular ausfüllen, das in einem Abschnitt nach der «Rasse» fragte. Vielleicht ist es ein Teil jugendlichen Instinktes diese Form der Kategorisierung abzulehnen, so schrieb ich «Mensch». Nach dem Einsammeln und der Kontrolle der Pässe und Formulare erschien ein Beamter und sagte, daß der Einwanderungs-Officer mich zu sehen wünsche. «Was soll dieser Unsinn, Kleiner? Für diesen Antrag bist Du ein Kaukasier», und «Sei nicht frech», als ich murmelte, daß ich weder ein «Cork» noch ein Asiate sei.

Meine Weigerung war vielleicht absurd, aber es gibt auch in der Taxonomie viele Absurditäten, die formell auf Formblättern und Computerdisketten festgehalten sind. Ernsthafte Versuche festzulegen, wann Mongolide, Kaukasier und Negroide sich voneinander trennten, geht man mit dem Einsatz raffiniertester Technik an; in vielen Stunden angestrengtester Diskussion füllt man seitenweise «gelehrtes Papier». Das Mißverhältnis liegt hier in der Verwendung von Supercomputern und genetischer «Zauberei» für sogenannte «volkstümliche» Taxonomie. Abgesehen von definitorischen Schwierigkeiten, künstlich aufgepfropfter, vermuteter taxonomischer Einheiten, ist es viel wichtiger *wie* einige dieser Gruppen entstanden sowie *wo* und *warum*.

Das Interessante am Vergleichen dieser Teilgruppen ist, daß sie helfen, die Gesamtheit zu definieren. Die Antwort auf die Frage, was es heißt ein Mensch zu sein, wird zu allen Zeiten schwieriger, aber auch interessanter und wichtiger sein, als die Zuordnung zu einem bestimmten Menschentyp.

Die Ablehnung, gegenwärtig erkannte demographische Vorgänge in eine «primitivere» und biologische Vergangenheit zurückzuverfolgen, hatte wahrscheinlich mehrere Gründe. Einer davon war die Neigung, aufgrund einer Überbewertung moderner Hochtechnologie, die prähistorische Technologie, die Mobilität und die Intelligenz unserer Vorfahren geringzuschätzen. Zweitens ist Ethnozentrismus so fest verwurzelt und «globales Denken» so neu, daß man die Vergangenheit tropischer Völker (selbst wenn sie bekannt ist) als so unbedeutend einschätzt, daß eine ernsthafte Betrachtung nicht für nötig angesehen wird. Drittens war eine Zuordnung der Menschen zu äthiopischen, orientalischen und australasiatischen biogeographischen Räumen zu verführerisch. Viertens hat die Zuordnung derartiger «Rassentypen» zu Kontinenten und Inseln eine Form von «Rassenbewußtsein» verstärkt, das grotesk überspitzt ist, den Tatsachen widerspricht und ernsthafte Versuche, die Zusammenhänge wirklich zu verstehen, vereitelt.

Moderne Menschen haben erst in jüngster Zeit ihre Merkmalsvielfalt entwickelt; diese Unterschiede lassen sich ergründen, man sollte sie bewundern und nicht mißtrauisch betrachten.Die sich aus der Untersuchung des menschlichen Genoms ergebenden Definitionen könnten unser Selbstverständnis total auf den Kopf stellen. Sie wird für Medizin und Selbsterkenntnis genauso bedeutsam sein, wie die Fortschritte der Anatomie und Physiologie im letzten Jahrhundert, aber die Notwendigkeit, den Menschen neu zu definieren, kann nicht auf die zukünftigen Ergebnisse der Gen-Kartographen warten.

Die Vorstellung von Adam und Eva wirkt lange nach und «Adams Söhne» ist noch heute ein Synonym für die Menschheit. Die patriarchalen Begriffe wandeln sich schon durch modernere Forschungsergebnisse zur Natur der Abstammungslinien. Die ältesten Abstammungslinien können wir mit Hilfe der mtDNA nur über Eva und ihre Töchter zurückverfolgen. Versucht man die männlich beeinflußte Kern-DNA zu analysieren, kommen aufgrund der vielfältigen Rekombinationen ganz andere und verwirrendere Stamm-«Büsche» zustande.

Das unschuldige «Ich bin Adam» bedeutet, daß wir das Bedürfnis haben, unsere Vorfahren zu kennen. Die in jeder Familie tief empfundene tatsächliche Abstammungsvorstellung lief in der biblischen Tradition durch einen «Glaubensfilter». Alte Texte und unsere Umgangssprache versichern, daß wir an Vorfahren *glauben*, sie aber nicht *kennen*. Heute kann – zum ersten Mal – Wissen zu einer verläßlichen und vorzuziehenden Grundlage dieses Glaubens werden.

Für Neudefinitionen gibt es aber weitere Gründe. Mythische oder halb-mythische Vorfahren aller Arten sind nicht einfach religiöse Konventionen, bildreiche Metaphern oder historische Helden, sie haben unsere Sprach- und Identitätsstrukturen durchdrungen. Ein einzelner, isolierter Mensch, frei von jeglichem sozialen oder anderem «Gepäck», würde schwerlich ernst genommen, wenn er behauptete von Adam, Shem, Ham, Abraham, Judah, Ismail, Sheba oder sogar Owen Tewdwr abzustammen. Dennoch werden sie für die wirklichen Ahnen gehalten, die zeitgenössische Namen und Identitäten liefern, sowie Institutionen und religiösen Gruppen Geltung verleihen. Somit müssen wir alle Ahnen als Teil des «Gepäcks» ernstnehmen, das wir Menschen geerbt haben.

Die Bezeichnungen semitische bzw. hamitische Sprachgruppen sind wissenschaftlich anerkannt, obwohl sie auf mesopotamische Mythen zurückzuführen sind (Shem und Ham waren Noahs Söhne); es wird immer noch geglaubt, daß diese Begriffe wirklich «Rassen» beschreiben. Zwei Königshäuser führen noch heute ihre Abstammung auf die Königin von Saba bzw. einen walisischen Häuptling zurück.

Eine wachsende Mehrheit der Bevölkerung ist mit den Identitäten, Identifikationen, Institutionen, die ihnen in einfachen Mythen der jüngsten, aber trotz alledem vergessenen Vergangenheit geliefert werden, nicht mehr zufrieden. Die Mehrheit heutiger Menschen kennt nur wenige ihrer direkten Vorfahren, die jedoch meist kulturell und sozial entwurzelt keinen Grund für stolzes Verweisen auf die eigene Ahnenreihe bieten. Die Identität des Einzelnen beruht so oft auf der Zufälligkeit der Geburt und des Geburtsortes. Bürgerpflichten beziehen sich auf Religion, Nation, Staat, Flagge und manchmal auch auf eine Klasse oder Handelsgesellschaft. Immer stärker läßt sich die «Durchschnittskultur» verschiedener Völker über einzelne Personen oder Programme in den Medien (Fernsehen, Rundfunk) definieren. In diesen, wie schon in den älteren Gesellschaften ist die Identität des Einzelnen genauso stark von anderen beeinflußt, wie sie auf vererbten Merkmalen oder eigenständiger Entwicklung beruht. Man ist nicht mehr einfach ein Fleischer, Bäcker oder Kerzenmacher, sondern erhöht sein Lebensgefühl als Yuppie-Börsenmakler, Hip-Hop-Rapper, Mountain-Biker, gewinnsüchtiger Techniker oder als Akademiker im Elfenbeinturm.

Ein großer Unterschied zwischen früherem und modernem Selbstverständnis liegt darin, wie schnell man es heute ändern kann. Ändern Sie Beruf, Adresse, Paß oder den Ehepartner und Sie wechseln in eine «neue Welt». Wenn Sie arm sind, ist das schwieriger. Für Arme und Unterdrückte – die Mehrheit also – bedeutet der Arbeitsplatz: Mitmachen oder Entlassen werden. Viele Wahlmöglichkeiten gibt es nicht, besonders in autoritären Regimen und Planwirtschaften. Hier wird der Arbeitsplatz zur Belohnung für loyales Verhalten und die einzige Alternative ist Auswanderung. Das bedeutet, daß Massenauswanderungen ein grundsätzlicher Bestandteil vergangenen Lebens waren und es auch weiterhin sein werden.

Auswanderer oder Berufswechsler glauben oft, daß sie ein neuer Mensch werden könnten. Tatsächlich liegen für den «neuen» Menschen meist schon fertige Bilder und Erwartungshaltungen bereit, die von den zukünftigen Freunden ausgehen. Man kann sich nur schwer vom «alten

Gepäck» befreien, ohne gleich ein neues aus zweiter Hand zu bekommen.

Ein wichtiges Beispiel für eine ganze Gesellschaft, die ihre herkömmliche Identität über Bord warf und sich selber neu definierte, finden wir in der Bürgerrechtsbewegung der Vereinigten Staaten. Man hat lange angenommen, daß dies ein spezifisch amerikanisches Problem war, das weitgehend die rückständigen Südstaaten betraf. Obwohl die Bewegung in Besonderheiten der amerikanischen Geschichte und einer unvollständigen Befreiung der Sklaven wurzelt, verkündeten die Anführer der Bürgerrechtsbewegung viel allgemeinere Forderungen. Sie weigerten sich, widerspruchslos eine Nische auszufüllen, in der sie in der Vergangenheit kompromißlos unterdrückt worden waren. Da jene, die das unerträgliche System errichtet hatten, sich «Weiße» nannten, fanden die Unterdrückten ihre gemeinsame Identität in der Antwort «Wir sind Schwarze». Dies war eher eine Antwort auf die amerikanische Geschichte als auf wirkliche Homogenität zweier «Rassen». Während der vor-revolutionäre Louis Armstrong noch ironisch und mit einem aus Akzeptanz erwachsenden Humor sang «Why did I have to be so black and blue?» (Warum mußte ich so schwarz und traurig sein?), erhoben die schwarzen Amerikaner der 60er und 70er Jahre stolz ihre Fäuste und verwiesen auf ihre physische Vitalität sowie ihre politische Vorstellung – «black is beautiful».

Diese ganz amerikanische Revolution wurde auf sehr anschauliche Weise der internationalen Öffentlichkeit bekannt. Bei den Olympischen Spielen in Mexiko-City 1968 erhoben die zwei amerikanischen Medaillengewinner Tommie Smith und John Carlos, aufrecht und stolz auf dem Podest stehend, die Faust zum Black-Power-Gruß. Während sie die Medaille für die Vereinigten Staaten in Empfang nahmen, benutzten sie eine einfache Geste – den erhobenen Arm – um eine weitere Loyalität und Identität zu verkünden.

Wäre die amerikanische Gesellschaft weniger flexibel und idealistisch gewesen, hätte der Krieg gegen die Südstaaten und der Kampf um die Bürgerrechte das Land (wie die Apartheid-Regierungen Südafrikas es mit den Bantustämmen versuchten) entlang der «Rassengrenzen» zweiteilen können. Statt dessen versuchte die amerikanische Gesellschaft sowohl demokratisch als auch nicht rassistisch zu sein (selbst wenn es in der Praxis oft nicht gelingt). Kleingeistiger, ethnischer Chauvinismus, jeweils das Ergebnis einer bitteren Vergangenheit, eine desillusionierende Gegenwart sowie Ängste vor der Zukunft, führen zum Versuch, das bisher Erreichte in Zweifel zu ziehen und wieder rückgängig zu machen. Das Kommen und Gehen von Sekten und Bürgerbewegungen ist nichts Neues; die «Stämme» des modernen Amerikas sind so neuerungssüchtig, künstlich und synthetisch, daß nur wenige ihrer

Gruppenführer und -führerinnen erwarten können, auch nur annähernd bis zum Ende ihres Lebens mit ihren Ideen anzukommen. Die wirkliche Kraft Amerikas liegt in der andauernden Verteidigung von Recht und Entwicklungsmöglichkeiten.

Es ist eine Gesellschaft, die reich, großzügig und vertrauensvoll genug ist, um tolerant zu sein. Sollte mit Amerikas Rechten einmal auch seine soziale Einheit zerstört werden, würde dies nicht nur Amerika treffen. Die erfolgversprechendste Möglichkeit zu erkennen, daß alle zu einer großen Familie gehören, wäre vertan.

Ohne sehr starke Bemühungen, Rassenvorurteile zu bekämpfen, breiten sich diese wie ein Krebsgeschwür aus oder werden wie am Beispiel der Kasten Indiens sichtbar formal akzeptiert und etabliert. Hier haben die höheren Kasten sich immer den größeren Ressourcenanteil reserviert, während man die niederen von allem ferngehalten hat, was ihre Unabhängigkeit ermöglicht hätte, da die Besitzenden Arbeitskräfte auf ihren Ländereien und in den Fabriken benötigten.

Jeglicher Versuch, die unteren Kasten zu stärken, wurde bisher durch tiefverwurzelte, traditionelle Vorstellung zunichte gemacht. Nur in Städten und im Ausland lockerten sich die strengen Kastenstrukturen. Aus der Sicht der Gleichberechtigung ist ein System, das durch selbsterhaltende Strukturen gefestigt wird, das schlimmste vorstellbare Ergebnis des Chauvinismus. Wenn Kastenschranken, wie z. B. Heiratsverbote zwischen Mitgliedern verschiedener Kasten wegfielen, würde sich die indische Gesellschaft zunehmend vermischen. Kastenunterschiede werden darüber hinaus durch strenge Arbeitsteilung erhalten, bei der man den niederen Kasten die «Dreckarbeit», wie Gerben, Abfallbeseitigung und das Schlachten überläßt.

Wenn zwei klar unterscheidbare soziale Gruppen in der gleichen Gesellschaft zusammenleben, führt dies gewöhnlich zu einer teilweisen oder totalen Verteilung auf bestimmte Berufe. Diese Auftrennung birgt die Gefahr zu einem Kastensystem zu führen, wenn die Gruppen sich in abgegrenzte «Vorstadt-Festungen» und Stadt-Ghettos, d. h. Brahmanen-Bungalows und Harijan-Slums zurückziehen.

Derartige Trennungsvorgänge führen meist zur Bildung einer dritten sozialen Gruppe, in der all diejenigen zusammenkommen, die zu keiner der vorgenannten gehören. Es liegt in der Natur der Dinge, daß diese dritte Gruppe im Laufe der Zeit zur größten Kraft wird. In Südafrika hat man diese Entwicklung durch physische Trennung, sozialen Druck und durch Strafandrohung für sogenannte «Rassenmischung» aufzuhalten versucht. Bis in jüngste Zeit war Südafrika ein Museum für primitivste, engstirnige menschliche Instinkte und Ängste. In ihrem Glauben an «Blut» und «Rasse» schoben die nationalistischen Buren machiavellische Schutzschilde vor ihre eigenen Interessen und hielten an pseudozoologischen Ordnungssystemen fest, die alle Menschen außerhalb ihrer Gruppe als «Bastarde» betrachtete.

Die Ablehnung von «Bastarden» (=Hybriden) ist uralt und sitzt tief in uns verwurzelt. Ursprünglich von einem römischen Schreiber für die Mischung aus einem weiblichen Hausschwein und einem Wildeber benutzt, übertrug man den Ausdruck später auf den Nachwuchs aus den Ehen von römischen Bürgern mit Fremden. Brechen soziale Ränge zusammen oder überwindet man «Rassengrenzen», entstehen Kinder, die aufgrund ihrer Merkmale die etablierte Klassifikation bedrohen. Klasse, Rasse, Kaste oder Heiratslinien gehören zu den Institutionen, die der Gesellschaft Stabilität verleihen, so daß die tiefe Ablehnung gegen «Hybriden» vorprogrammiert ist und in vielen Alltagsbegriffen auftritt, z.B. Bastard, Promenadenmischung, Mischling, Halbblut, Viertelneger oder Mulatte. Länder, in denen man derartige Begriffe öffentlich benutzt, werden immer seltener, ihre reine Existenz jedoch belegt, daß Rassismus immer noch soziale Realität dieser Staaten ist. Den Kindern, die ins Niemandsland zwischen den Fronten einer rassisch polarisierten Gesellschaft geboren werden, diese Gefangenen bigotter «Zuchtfanatiker», bleibt nur unbändige und berechtigte Wut. In Südafrika zählen Mischlinge zu den nachdenklichsten, engagiertesten und redegewandtesten Gegnern dieses harten und primitiven «Babylons», das sie so systematisch verfolgte. In anderen, weniger mittelalterlichen, trotzdem jedoch rassistisch polarisierten Ländern sind es die Vertreter der oben genannten dritten Gruppe, die sozialen und politischen Wandel am stärksten antreiben.

Ein alternativer Weg besteht darin, die Arena der stärksten Konkurrenz zu betreten und rassische Vorurteile durch hervorragende Leistungen dahinschmelzen zu lassen. Es ist kein Zufall, daß viele große Schauspieler, Künstler, Musiker, Tänzer und Sportler Kinder ethnischer Mischehen, Minoritäten und Ghettos sind. Sie haben den Willen anderen zu beweisen, daß sie genauso gut wie oder besser als die Anderen sind. In diesem Jahrhundert waren im Boxring New Yorks viele ehemalige Ghetto-Jungs erfolgreich und haben Gürtel sowie Medaillen gewonnen – Iren, Italiener, Juden, Spanier und Schwarze. Die letztgenannten waren am kampfbereitesten und Wettkämpfe haben sich in vielen Ländern zur Domäne schwarzer Minderheiten gemausert. Den außergewöhnlich hohen Anteil schwarzer Olympiasieger, besonders im Laufen und beim Boxen, kann heute keiner übersehen. Diese Menschen sind zumindest teilweise afrikanischen Ursprungs.

Eine Erklärung hierfür kann teilweise in der hohen Motivation der Einwanderer liegen, sich als Minorität in einer Gesellschaft aus verschiedenen «Rassen», die auf Wettbewerb setzt, zu bestätigen. Das kann aber nicht alles sein. Als Schulen, Hochschulen, Armee, Polizei und Verwaltung in Kenia und Tansania anfingen Sport systematisch zu organisieren, gewannen ihre Athleten sehr schnell olympisches Gold in den Laufdisziplinen. Nur wenige werden zunächst behaupten, daß alle farbigen Läufer und Läuferinnen überragende, starke und ausdauernde Sportler sind. Wenn die Belastung durch die erbarmungslose Tropensonne an den Stränden der Banda-See jedoch vielen Kindern und Erwachsenen den Tod brachte, könnte das Ergebnis dieser Selektion darin liegen, daß ihre späten Nachkommen medaillenverdächtig sind.

Es gibt jedoch massiven Widerstand gegen die Akzeptanz derartiger genetischer Vorteile. Im Extremfall würde kein anderer Sportler mehr gegen Athleten mit Banda-Erbe antreten. Glücklicherweise gleichen andere Disziplinen der Olympischen Spiele das Ungleichgewicht dadurch aus, daß sie andere biologische Vorteile, wie gute Lungen, Herzen, Lebern usw. erfordern. Viele Wissenschaftler und andere Vertreter der Öffentlichkeit lehnen den Gedanken, daß Gene den Wettbewerb entscheiden, ab; sobald man aber ernsthaft darüber nachdenkt, gleitet man jedoch leicht aus der Biologie und Genetik in die Ideologie ab.

Die Gegner dieser Theorie erkennen, daß durch zunächst harmlose Überlegungen über «rassische» Genvorteile gefährliche politische Kräfte freigesetzt werden. Der Schrecken des Faschismus ist noch so nahe, daß seit 50 Jahren ein stillschweigend anerkanntes Moratorium besteht, über den Begriff «Rasse» nicht laut nachzudenken.

Sicherlich ist Rassismus nichts Neues und politische Verführer haben schon immer diejenigen verachtet, die technologisch unterentwickelt und ohne politische Macht waren. Schon 77 v. Chr. sagte der Schriftsteller Marcus Cicero aus Arpinium «Schafft Euch keine Sklaven aus England an, sie sind so dumm und unbelehrbar, daß sie in keinen Haushalt Athens einzugliedern sind».

Als ich an der ersten Fassung dieses Buches arbeitete, glaubte ich, daß genügend Zeit verstrichen war und die Unmoral des Rassismus keine ernsthafte Bedrohung mehr darstellte und daß die Dummheit der Lächerlichkeit preisgegeben wäre. Einige Ereignisse haben mir Unrecht gegeben, wie z. B. die rassistischen Ausfälle einiger Europäer, die sich selber Mut machen müssen. Die Wurzeln dieser wiederauflebenden Fremdenfurcht mögen zwar im Streß durch politische Veränderungen und in sozialer Unsicherheit liegen, die Täter berufen sich aber noch immer auf eine veraltete Literatur, in der Wissenschaftler in langen Abhandlungen einen Zusammenhang von Rasse und Intelligenz aufstellten.

In Büchern über Rassen und die menschliche Vielfalt betrachtete man Intelligenz immer aus der Sicht schulischer Leistungen. Lehrer belohnen (oder bestrafen) ihre Schüler mit Noten; der zugrundeliegende Punkteschlüssel stammt vom Prüfenden oder einem anderen «Erleuchteten». IQ-Fragebögen und verschiedene Intelligenztests verleihen der Klassenarbeit einen gewissen «wissenschaftlichen» Glanz, der schon komödiantisch wirkt. Weniger lustig war die Anwendung derartiger Methoden bei der Untersuchung von «Rasseneigenschaften».

Der Erfinder der ersten Intelligenztests (1905) war der französische Psychologe Alfred Binet, der sie entwickelte, um lernschwachen Schülern helfen zu können. Als ob das Ergebnis seiner Tests endgültig die angeborenen intellektuellen Grenzen feststellte, nannte Binet diejenigen, die versagten «brutale Pessimisten». Falls jemals Intelligenz in irgendeiner materiellen Form meßbar werden sollte, können wir das nicht den Vorstellungen von Einfaltspinseln überlassen und noch weniger dem Brutalpessimismus und der Menschenverachtung der Rassisten.

Bisher hat man viel zu wenig Mühe darauf verwendet, das «Rassenkonzept» zu diskutieren. Viel zu wenig Leute erkennen, daß die auffälligen «Rassenmerkmale» wie schwarze oder weiße Haut, nur unbedeutend kleine, aber sinnvolle «Gepäckstücke» sind, die wir seit einer langen prähistorischen Vergangenheit mit uns herumtragen. Innerhalb der Kontinente finden wir eine viel größere und interessantere Vielfalt. Merkmale sind winzige Anteile wandelbarer Einheiten. Es gleicht dem Fehler der frühen Taxonomen, die glaubten, daß weiße und schwarze Morphen der Küstenreiher zwei verschiedene Arten seien. Die sogenannten «Rassenmerkmale» sind nichts anderes als Steinchen in einem natürlichen Mosaik an Merkmalen. Menschliche Erscheinungsvielfalt ist bewunderungswürdig und sollte kein Grund für Ängstlichkeit und Unterdrückung bieten. Sie ist unvermeidbare Folge unseres biologischen Erbes; sie kann den einen retten und den anderen vernichten. Vielfalt schafft Sicherheit und Zuverlässigkeit. Technik und Medizin ermöglichten es jedoch, daß wir unsere Verletzlichkeit nicht mehr erkennen. Die Medien haben uns mit Absurditäten wie Superman, Rambo und Batman in dieser Vorstellung der Unverletzlichkeit bestärkt. Vielleicht sind es nur geistige Höhenflüge, kindisch, aber sehr pathetisch, wenn diese Phantasie Erwachsene mit Superspielzeug und Superwaffen hochrüstet.

Natürlich handelt es sich dabei nur um moderne, synthetische Versionen alter Helden, diese Macho-Chimären bestätigen aber meine Vorstellung, daß tödliche Waffen ein Teil der modernen Mythen und der Wirklichkeitsflucht sind. Der Held taumelt von einem Abenteuer ins andere und löst Probleme durch Druck auf die Knöpfe der Tastatur des Raumschiffes bzw. den Einsatz von Laser-Kanonen. Der Weg des Zuschauers in diese Traumwelt (Fernseher und Fernbedienung) gleicht genau der im Film verwendeten Technologie.

Die Art und Weise, wie anonyme städtische Gesellschaften die Frustrationen über ihre Situation herauslassen, unterscheidet sich von der in sozialeren Gemeinschaften erheblich. So gibt es im Mittelmeerraum eine uralte Ventilsitte, die von frühen Einwanderern, die sicher keine reinen Europäer waren, erfunden wurde. Die Prä-Lenten-Feste, auch *carne vale* oder Karneval genannt, könnten Pagan-Ursprünge haben. Dieses uralte römische Fest wurde früher weitgehend von Portugiesen, Spaniern und Italienern gefeiert.

In der Neuen Welt, besonders in Brasilien, Venezuela, Mexiko und anderen lateinamerikanischen Ländern wurde der Karneval zu dem Ereignis des Jahres, bei dem die Armen, Verzweifelten und Unterdrückten in öffentlichen Paraden glänzen, singen und tanzen durften und alle Beschränkungen einer grausamen und ausbeuterischen Gesellschaft für kurze Zeit vergessen konnten.

Kleinere Karnevalsveranstaltungen gab es über Jahrhunderte in ganz Süd- und Mittelamerika. In den Schmelztiegeln der Karibik und Brasiliens wurden sie so bedeutsam, daß sie ein größeres Publikum anlockten. In Städten wie Rio, Port of Spain oder Kingston wurden die Umzüge so groß, daß sie sich mit noch mehr Bands und noch größeren Tanzgruppen zum Markenzeichen dieser Städte entwickelten. Nach Notting Hill in London oder New York exportiert, bekam der Karneval weltstädtischen Charakter. Trotz aller Glitzerwelt und Elektronik bleiben der menschliche Körper, ein wenig Farbe und einfache Musikinstrumente das Zentrum karnevalistischen Treibens. Er ist noch immer das Fest, an dem die Armen die Hauptrolle spielen, Karneval ist gesellschaftliche Absicherung und Selbstbestätigung zugleich.

Karnevalsveranstaltungen wurden nicht nur größer, mit der Zunahme der Teilnehmerzahlen und der Gruppenvielfalt veränderten sich auch ihre inneren Strukturen; dieses uralte Traditionsfest bleibt veränderlich und wird sich weiterhin ändern, da Wandel und Verkleidung sein Grundprinzip sind – Sicherheit im Angesicht des Ungewissen. Es ist symbolischer Ausdruck der Menschlichkeit – verkleidete Nacktheit.

Wenn Karneval Elemente der Flucht in die Phantasie enthält, so ist die Angst und Sorge der Landlosen, die weder Grundbesitz noch Ernte haben, eine Realität, vor der arme Städter flüchten. Hierin unterscheidet sich jede Stadtbevölkerung von fast allen vorindustriellen Gesellschaften, sie teilen jedoch eines: unerträglichen Problemen aus dem Wege zu gehen heißt meistens *umziehen*. Auswanderer brachten den Karneval in die neue Welt und zurück nach Europa. Wanderungsbewegungen schufen die gegenwärtige Verteilung des Menschen und werden sie auch zukünftig beeinflussen. Wie die vorherigen Kapitel belegten, haben wir eine einschlägige Vergangenheit.

Können die Wanderungen und Verbreitungsmuster vorgeschichtlicher Sammler für die gegenwärtige Vermischung von Millionen Zeitgenossen von irgendeiner Bedeutung sein? Ich glaube schon. So ist zunächst das moderne Mischungsmuster nicht viel älter als ungefähr 12 Generationen. Vergleichbare prähistorische Vorgänge betrafen nur wenige Menschen, aber Tausende von Generationen. Die Erbanlagen einer Bevölkerung ändern sich nur langsam wenn nicht Allele durch Einwanderer eingemischt werden. Ist die großräumige Rekombination also etwas völlig Neues? Gene waren in der Vorgeschichte viel «wanderfreudiger» als bisher angenommen. Obwohl einige Isolationsräume wie Australien, Hokkaido und wenige andere Enklaven sicherlich bestanden haben, kann man die großen Kontinentalpopulationen nicht als einheitliche «Rassen» betrachten. Die Schaffung von «Rassentypen», ob vereinfacht populistisch oder als ernsthafter Versuch auf der Grundlage von Allelfrequenzen, ist wirklichkeitsfremd. Sie sind wahrscheinlich nicht nur falsche wissenschaftliche Modelle, sondern auch auf allgemeinverständlichem und moralischem Niveau gefährlich, da sie auch irreführende Einheiten und entsprechende Identitäten schaffen.

Nimmt man an, daß die vier klassischen «Rassen» in der Vergangenheit unvermischt bestanden, so ist das reine, vereinfachende Konvention. Es schafft ein überschaubar einfaches Modell, entspricht aber sicher nicht der Wirklichkeit. Während die gegenwärtigen genetischen Forschungsergebnisse meine allgemeinere Hypothese weder stützen noch widerlegen, stimmen sie großteils mit komplexen Durchmischungsbewegungen überein. Das gilt auch für die Vorstellung, daß kleinere Gruppen dominanter und selektionspositiver Gene Völkern, die gänzlich verschiedene Vorfahren besitzen, ein gleiches Aussehen verleihen können. Es gibt alternative Erklärungen für die Vielfalt; Wanderungen, Mobilität und Vermischung sind mein Lösungsvorschlag. Meine Hauptbeispiele betrafen Afrika und seine Bewohner, da sie die genetisch vielfältigsten Menschen der Welt sind, und trotzdem faßt man sie simplizistisch als «die Schwarzen» zusammen.

Es wurde berichtet, daß die Frau eines älteren Kirchenmannes, als sie von Darwins Ideen hörte, ausrief: «Vom Affen sollen wir abstammen? Laßt uns hoffen, daß es nicht stimmt, aber wenn es so ist, laßt uns beten, daß es nicht allgemein bekannt wird». Eine ähnliche Angst beschleicht alle Rassisten, die Furcht festzustellen, daß man ein «Halbblut» wie alle anderen ist. Daher sollten alle von den uralten Vermischungsvorgängen wissen.

Es sollte allgemein bekannt sein, daß Europäer stark abgewandelte Verwandte von in jüngerer Vergangenheit einwandernden Gruppen aus Afrika und dem Nahen Osten sind; oder daß die Menschen Indiens und Südostasiens sich noch stärker vermischten, daß die Japaner weitgehend eine Mischung aus Koreanern und Ainu darstellen und daß die Mehrheit aller Völker schon vor über 1000 Jahren vermengt war. Die von Nationalisten und Rassisten so häufig zitierten kulturellen Traditionen sind selten mehr als zerbrechliche, veränderliche und sehr junge Ergebnisse der Wirtschaftssysteme. Die Geschwindigkeit, mit der Subsistenztechniken zunehmend Überfluß erzeugen, macht die Kurzlebigkeit und die Wandlungsfähigkeit aller Kulturen offensichtlich.

In der Zwischenzeit werden unter dem Zwang unvorhersagbarer Kräfte weiterhin Menschen auswandern und sich vermischen. Mehr und mehr Völker fliehen vor schrecklichen technologischen und administrativen Gewalten, die in die Hände einiger Mächtiger gerieten. Sie suchen Hoffnung, wo gierige und inkompetente Politiker Hoffnungslosigkeit schufen. Sie suchen Schutz vor den kriminellen Gelüsten und Ambitionen der Militärmachthaber. Sie suchen Erholung von den Heucheleien und der geistigen Versklavung durch religiöse Fanatiker. Sie suchen Nahrung, wenn eine oder mehrere dieser Gruppen den Staat so ausgelaugt haben, daß selbst das Ernährungssystem zusammenbrach. All diese Kräfte sind heute anonym und hinter Abstraktionen wie Unterdrückung, Fundamentalismus, Korruption, Krieg und Hunger verborgen – ihre individuellen Opfer werden zu Flüchtlingen und Bettlern reduziert.

Im Gegensatz zu dieser begrifflichen Reduktion besitzen die Täter und Opfer konkrete Namen, Daten und Adressen. Der Gedanke, die Welt könnte sich unter dem Einfluß wohlwollender, liberaler Ideen und entsprechender Politik verändern, könnte Hoffnung bringen. Leider gibt es dafür nur wenig Anzeichen. Der Hauptgrund auszuwandern bleibt weiterhin reine Verzweiflung. Vor fünfzig Jahren trieb das Nazi-Regime Hitlers Millionen Juden in die Vernichtungslager und die Überlebenden wanderten nach Palästina aus. Nord- und Südamerika nahm die unzufriedenen Europäer, die Gefangenen aus Afrika sowie Händler aus Asien auf und vermischte sie mit den ersten Siedlern, den Indianern. Das alles begann mit der Gier einer Königin nach Gold.

Vor 200 Jahren maßte sich die korrupte Monarchie einer Seemacht an, potentielle Revolutionäre, Kritiker und alle sozialen und kriminellen Rebellen ans andere Ende der Welt – nach Australien – zu verschiffen. Das führte zur zweiten großen Kolonisationsphase eines ganzen Kontinents. Der Zusammenbruch einer anderen Seemacht im 12. Jahrhundert ließ indonesische Siedler und damit eine neue Nation auf Madagaskar zurück.

Derartig simplizistische Vereinfachungen werden der Geschichte nicht gerecht – machen aber deutlich, daß Opportunismus ein dauerhaftes Merkmal menschlichen Zusammenlebens ist. Die genetischen Auswirkungen zukünftiger Wanderbewegungen werden diejenigen der gerade zitierten Beispiele nicht erreichen, obwohl die Transportmittel sich geändert haben und moderne Flüchtlinge nicht mehr mit Kanu und Pferd sondern mit Charterflugzeugen kommen. Aber nicht nur die Besitzlosen und vom Militär und Imperialisten Verfolgten ändern die Strukturen der heutigen Welt. Touristen und Studenten, die Billigflüge nutzen und Handelsleute sowie Techniker, welche die Welt umrunden um Geschäfte zu machen, bringen verschiedene Völker einander näher. Dabei werden die meisten Gesellschaften multikulturell. Dies alles ist eine Folge der Technologie und des menschlichen Opportunismus. Vorurteile bleiben jedoch überall ein Teil des «Stammesdenkens» und führen zu Ablehnungsreaktionen gegen alles Fremde, von Mißbildungen bis zur Hautfarbe.

Falls Ignoranz die Mutter des Vorurteiles ist, ist es womöglich kein Zufall, daß die Vereinigten Staaten, ein mit hohen demokratischen Idealen und dem Streben nach Verstehen gegründetes Land, sich als erste das Ziel setzten, ein nicht-rassistisches Land zu werden. Die einst imperialistischen Nationen Europas, besonders Frankreich, Spanien und England, versuchen ähnlichen Prinzipien zu folgen. Wie Amerika mußten sie den Weg vom klaren Rassismus einer ungerechten und dominierenden Vergangenheit zu einer nicht-rassistischen Gegenwart finden. Neofaschisten, Nationalisten und andere politische Gruppen versuchen ihre früheren Erfolge zu retten. Vorurteile gegen einfachste Erkennungszeichen wie Hautfarbe oder Kleidung, herrschen immer noch vor.

Obwohl die großen Weltreligionen die Einheit und Zusammengehörigkeit aller Menschen sowie die moralischen und spirituellen Werte betonen, die Konflikte verhindern sollten, sind sie in ihren Bemühungen nicht immer erfolgreich. Die durch Sekten, Religionen oder Nationen polarisierten Anhänger einer Idee können in Auseinandersetzungen Haß entwickeln, der dem Rassismus gleichkommt. Tatsächlich kann man fast alle Konflikte, die an geographischen oder «Rassengrenzen» auftreten, als Kriege zwischen «Rassen» betrachten. Selbst innerhalb eines Landes können Verteilungskämpfe zu häßlichem Sektierertum und Rassenkonfrontationen führen. Südafrika, Fidschi und Sri Lanka sind moderne Beispiele dafür, wie bereitwillig Menschen künstlich aufgebaute «Rassengrenzen» annehmen.

Viele Konflikte sind Kämpfe um Ressourcen, in denen beide Konfliktparteien weitgehend «Stammesverhalten» zeigen. Traditionelle Territorien werden leicht zum Zankapfel. Mit der Abnahme der Ressourcen und der Zunahme der Bevölkerung kann man vorhersagen, daß Territorialkonflikte stärker werden. Die schärfsten Auseinandersetzungen dürften, obwohl sich nahezu alle Gesellschaften genetisch stärker vermischen, nicht *zwischen* verschiedenen Ländern, sondern *in* ihnen auftreten.

Die Welt wird jedoch nicht vereinheitlicht. Selbst unter der Annahme, daß die genetische Vermischung zunimmt, sind nicht nur innerhalb verschiedener Länder, sondern verstärkt zwischen den Kontinenten regionale Unterschiede zu erwarten. Abkömmlinge verschiedener Herkunftsgebiete werden sich in vielen Ländern weiterhin gegenseitig beschuldigen, die historischen Ungerechtigkeiten weiter fortzuführen und die Feindschaften schüren. Viele Minderheiten, die das Gefühl haben, ihre Identität sei zerstört oder überrollt worden, werden sich Verbündete suchen. Durch verbesserte Kommunikationswege und erleichterte Fortbewegung können sich regionale Kleingruppen größeren Verbänden der Besitzlosen und ihren Sympathisanten angliedern. Neue Bündnisse können neues und überraschendes politisches Gewicht bekommen. Nach Generationen der Unterdrückung in ihren Ursprungsgebieten finden viele Minoritäten Freunde und Unterstützung in einer enger zusammengerückten Welt. Ihr kulturelles Aufblühen folgt daraus, daß sie *weniger* und nicht *mehr* isoliert sind.

Die Geschichte gibt uns für heutige Moralvorstellungen keine Vorbilder. Genausowenig kann sie Rechtsvorstellungen liefern, die «Landbesitz» für irgendwelche «Rassengruppen» sichern können. Die durchsetzungsfähigsten großen Bevölkerungsanteile in den großen Nationen haben die kleineren Gruppen der Urbevölkerungen meist verdrängt. Nebenbei hat man immer viele Pflanzen- und Tierarten ausgerottet. In allen Fällen kann man die Vernichtung der Ureinwohner auf technische oder organisatorische Vorteile zurückführen, die es den Einwanderern erlaubten, die Eingeborenen zu verdrängen, zu vernichten, ja sogar abzuschießen. Wenn wir eine neue Moral wollen, so erreichen wir sie durch Verminderung, nicht durch Vergrößerung der Abstände zwischen uns. Technologie sollte weniger dazu genutzt werden, einem anderen wirtschaftlich zu nutzen, sondern dazu, Wissen an die Stelle der bisherigen Ignoranz zu setzen.

Welche langfristigen genetischen Konsequenzen wird es haben, wenn der Haupttrend in den größten und einflußreichsten Ländern zu den «rassenlosen» Gesellschaften führt (über Jahrhunderte, nicht Jahrzehnte)? Am offensichtlichsten ist, daß sich dominante Allele gegenüber rezessiven gehäuft durchsetzen werden. Dies wird sicher langfristig die Hautfarbe beeinflussen. Die Dominanz der dunklen Augen-, Haut- und Haarfarbe wird den gegenwärtigen Anteil der Blonden an der Gesamtbevölkerung vermindern. Was auch immer zur Entwicklung blonder Menschen führte, ihr Aussehen verband sich mit bestimmten technologischen Fähigkeiten und kulturellen Eigenarten, die in einigen kritischen Abschnitten der Geschichte eine wichtige Rolle spielten. Diese Attribute stimmten mit der technischen Überlegenheit und sozialen Dominanz während der kurzen imperialistischen Phase Europas überein. Die Folge war eine weltweite Ausbreitung blonder Europäer, die – wäre man nicht schon so daran gewöhnt – überraschen müßte. Eine späte «Seitenlinie» hat sich weltweit verbreitet und unverhältnismäßig viel politische Macht erreicht. Nachdem sich nun aber die Technik weiter verbreitet hat und westliche Monopole auf Ressourcen verschwinden, läßt sich vorhersagen, daß der Anteil rezessiver («blonder») Gene zugunsten der dominanten zurückgehen wird. In vielen Ländern dürften blonde Menschen jedoch eine beachtenswerte Minderheit bleiben.

Sicherlich werden Menschen mit dem vermehrten Auftreten *neuer* Rekombinationen unterschiedlicher und nicht ähnlicher. Die menschliche Familie wird dadurch interessanter. Ob sie dabei gesund, glücklich und weise genug bleibt, um die Einbindung in diese große Familie genießen zu können, hängt davon ab, wozu wir Technik und Technologie einsetzen und was wir mit der Erde machen, die uns alle nährt.

9
Der Zauberlehrling

Aus globaler Sicht ist eine kontinuierliche Entwicklung von den prähistorischen Jägern bis heute erkennbar. Die späten Entdeckungen steinzeitlicher Kulturen in Neuguinea und ursprünglicher Fischergesellschaften im pazifischen Raum erinnern uns daran, wie nahe wir unseren kulturellen und ökologischen Wurzeln sind. Genauso ist es erschreckend zu sehen, wie schnell die Holzindustrie und Fischereiflotten mit großindustriellen Techniken diese Ressourcen für die ferngelegenen Städte nicht nur erschlossen sondern gleich vernichteten.

Daß jede technische Neuerung der Nahrungsmittelgewinnung ihre Vorläufer verdrängte, ist geschichtliche Wirklichkeit. Die Tatsache, daß eine Methode sich durchsetzte, bewies, daß sie besser war oder ließ diesen Eindruck zumindest bei den Pionieren neuer Methoden auftreten (z.T. sogar bei den unterlegenen Kulturen, soweit sie überlebten). Wenn ein System mehr Leute ernährt und zu mehr Kindern führt, entstehen neue Mehrheiten, deren Meinung sich durchsetzt. Während des letzten Jahrhunderts war die weltweit vorherrschende und nicht hinterfragte Idee, daß die Lösung menschlicher Probleme in der Technologieentwicklung liegt.

Als die ersten Vertreter der Industriegesellschaft ohne Vorankündigung in die Welt der vorindustriellen Völker eindrangen, fanden diese weniger Interesse an den fremdartigen Matrosen und Händlern als an deren Gütern. In einigen abgelegenen Pazifikregionen standen diese bald im Zentrum sogenannter Cargo-Kulte, in deren Vorstellungen die liebenswürdigen Weißen als Kuriere von den Göttern gesandt wurden, um Geschenke zu bringen. Wie konnten sie ahnen, welchen Preis ihre Kinder später für Äxte, Waffen oder Planierraupen zahlen mußten? Woran sollten sie erkennen, welchen Preis schon viele arme Arbeiter in den Industriezentren gezahlt hatten? Die Menschen der industrialisierten Länder teilen diese Cargo-Kulte teilweise, denn sie glauben, die Früchte der Technologie genießen zu können ohne nach den Kosten zu fragen.

Die materiellen Grundlagen moderner Technik und die mit ihr verbundene Energieverschwendung wird zu leicht vergessen. Da die Entwicklungsgeschwindigkeit sich nie verlangsamte, sehen die meisten Menschen in der Technik eine fortschrittliche Kraft, die immer stärker wird. Dieser stufenweise Prozeß läßt sich in vor-industrielle und vorackerbauliche Zeiten zurückverfolgen. Unter den zahllosen Verlierern der Geschichte und Vorgeschichte waren viele, die sich (besonders weil sie nicht auf der Gewinnerseite standen) über Verluste und Verschwendung beschwerten, die bei jeder Neuerung der Ressourcenausbeutung entstehen.

Während Kulturen kamen und gingen, konnten die Mitglieder der langsam verschwindenden, in Randbedingungen abgedrängten Minderheiten oft die einfache Lebensweise der Sieger leicht durchschauen, entkamen ihren Auswirkungen aber nicht. Manchmal blieb ihnen – wie den indianischen Jägern – nur mit lähmendem Entsetzen danebenzustehen und zuzuhören, wie Äxte und Sägen in die Wälder ihrer Vorfahren vordrangen sowie zuzusehen, wie schmutzige Bäche aus den neuen Feldern und Kahlschlägen ihre kristallklaren Gewässer verunreinigten. Über viele Jahrhunderte wurden die Klagen der Entmachteten vom Jubelgeschrei der Sieger übertönt. Dies ist heute noch so, wie es lange Zeit war. Selbst das Vokabular der Streitparteien hat sich kaum geändert.

Das Verhältnis zum Wasser verdeutlicht die geänderte Einstellung der Menschen zur Natur. Wasser ist für die Existenz von Tieren und Pflanzen so grundlegend, daß kein Lebewesen den Folgen eines Zuviels oder Zuwenigs ausweichen kann.

Die Meßbarkeit menschlicher Genialität oder menschlichen Versagens am Wasser wird teilweise durch natürliche riesige Überschwemmungen und Trockenzeiten eingeschränkt. In prähistorischer und globaler Sicht haben langfristige Veränderungen weiträumig auf den kontinentalen Landmassen zu Trocken- und Feuchtzeiten geführt und ließen die Bedeutung des Menschen klein erscheinen. Die Auswirkungen menschlicher Tätigkeit auf Erosion, Quellen und Fluten hat man jedoch früh erkannt.

Die frühmesopotamische Stadt Uruk erbaute man an den Ufern des Euphrat, ungefähr zwischen dem heutigen Basra und Bagdad. Da weder Steine noch Holz zur Verfügung standen, mußten die frühen Sumerer den Fluß als Kanal nutzen, um diese Materialien aus nördlich der Überflutungsfläche gelegenen Gebieten heranzuschaffen. Gilgamesch war der legendäre König von Sumer. Man vermutete, daß er vor ungefähr 5000 Jahren als einer der ersten eine Expedition zu den Oberläufen der großen Flüsse leitete. Zedernwälder, die einst die Ufer von Euphrat und Tigris säumten, standen unter dem Schutz des Gottes Enlil, der die Naturkräfte symbolisierte und das Schicksal der Menschen bestimmte.

Typischerweise war seine Form der Bestrafung die Überflutung. Schon 3000 Jahre v. Chr. erkannte man den Zusammenhang von Abholzung der Wälder und auftretenden Fluten. Legenden, in denen Gefahren durch die Zerstörung der Natur und zu erwartende Vergeltungen dargestellt werden, sind ausgesprochen alt und scheinen Überreste vorackerbaulichen Glaubens zu sein.

Um 400 v. Chr. waren Legenden und Symbole nicht mehr die einzige Sprache, in der die Stellung des Menschen in der Natur beschrieben wurde. Plato (427–347 v. Chr.) untersuchte die attische Landschaft mit analytischem Verstand und zog das, was wir heute historische und archäologische Begründungen nennen würden, ins Kalkül, um seine Beobachtungen auszuwerten. In einem Dialog ließ er Critias folgendes sagen:

> *Was heute von einem einst reichen Land übrig ist, gleicht dem Skelett eines Kranken, alles Fett und reiche Erde ist verbraucht, nur das Grundgerüst blieb über. Früher waren die heute kahlen Berge kultivierbar, die Ebenen voller fruchtbarer Böden, Hügel waren bewaldet und gaben reiche Ernten wo heute nur noch Bienen Futter sammeln können. Das Land war durch jährliche Regenfälle reich, das Wasser floß nicht wie heute von den kahlen Felsen ins Meer; der tiefgründige Boden hielt das Wasser, speicherte es im lehmigen Grund; dieses Wasser nährte viele Quellen und Flüsse in allen Landesteilen. Einige der ehemaligen Quellheiligtümer stehen heute in trockener Landschaft und beweisen die Richtigkeit unserer Beschreibung.*

Moderne Archäologen bestätigen Platos Analyse. Tausend Kilometer weiter östlich, im heutigen Libanon, kam es 700 v. Chr. zu einem drastischen Bevölkerungsrückgang, der auf einem Zusammenbruch des Ackerbaues beruhte. Der erste Schritt lag im Abholzen der Wälder. Ausgrabungen verraten, daß über einen Zeitraum von 100 Jahren die Tragbalken und Schwellen immer kleiner wurden, bis man sie in Ermangelung von Holz durch steinerne Gewölbebögen ersetzen mußte. Als Hauptmörtel und für Bepflasterungen verwendete man ungelöschten Kalk, dessen Herstellung die letzten Holzreserven verbrauchte. Ziegen vernichteten die nachwachsenden Triebe, bis der nackte Boden erodierte, die Ackerböden abgetragen wurden und die Menschen das Gebiet verließen.

Auch im Hochland von Mexiko, in der Nähe des Patzcuarosees, konnte man das Verschwinden einer Kultur belegen. Erste Hinweise auf starke Erosion fanden sich in Sedimenten am Seeboden aus der Zeit um 1600 v. Chr. Bis 400 v. Chr. nahm die Bevölkerung zu und breitete sich entlang der Seeufer und Vorberge bis in die steilen, pinienbewachsenen Gebirge aus. Große Mengen roter Erde (die ältesten Lagen mit Pinien-Holzkohle vermischt) flossen die Hänge hinab und zwangen die Menschen, das Gebiet des nördlichen Seeufers zu verlassen. Die Ablagerungen im See deuten eine anschließende Erosionspause an, die jedoch von 1000 bis 1600 n.Chr. von noch stärkeren Abtragungsvorgängen gefolgt wurde. Die Auswirkungen derartiger Degradationsprozesse können lange nachwirken. Das Patzcuaro-Ufer ist noch heute von Rinnen zerfurcht und voller Schlammflächen, der See eutrophiert langsam.

Man konnte sich bis vor kurzer Zeit nicht vorstellen, daß derartige Umweltkatastrophen schon so früh in der Geschichte nachweisbar sind. Außerdem hat man lange geglaubt, daß die Jäger und Sammler im Einklang mit der Natur lebten. Es gab zwar Ökosysteme, die recht starke Nutzung durch Menschen vertrugen, dies war aber normalerweise eine Folge besonderer Anpassungsfähigkeit der Pflanzen und Tiere. Daß die Sammler-Kulturen über 200000 Jahre existierten, kann aus unserer distanzierten Sicht den Eindruck von ökologischer Stabilität erwecken. Da die prähistorischen Anpassungen nicht wirklich nachgewiesen wurden, ist diese Folgerung nicht erlaubt. Die Vorstellung, daß unsere jagenden Vorfahren im Einklang mit der Natur lebten, dient der Beruhigung unseres Gewissens, ist aber nicht wissenschaftlich belegt. Jäger und Sammler kannten die Verhaltensweisen ihrer Beutetiere zwar genau, es gibt aber keine Hinweise darauf, daß ihren Planungen mehr als beobachtender Opportunismus zugrundelag und ihre Zurückhaltung bei der Jagd dazu diente, unnötige Vergeudungen zu vermeiden; genausowenig besaßen sie außergewöhnliche seherische Fähigkeiten. Sie lebten in Ökosystemen, in denen die Regulation der Wilddichte von den Beutetieren und nicht von klarsichtig planenden Jägern ausging.

Das gleiche gilt für die Zahl der Menschen, die in bestimmten Gebieten langfristig schwankte. Nahm ihre Zahl über die ökologische Tragfähigkeit des Landes zu, griffen Hunger, Kämpfe und abnehmende Geburtenrate regulierend ein. «Einklang» mit der Natur bedeutete also eher zyklische Bevölkerungsschwankungen als Gleichgewicht, die Größe der Pendelausschläge konnte stark schwanken. Zwang der Druck der Umwelt die Frauen zu einem größeren Geburtenabstand und überlebten nur wenige Kinder, konnten Populationsschwankungen sehr schwach sein und über viele Generationen ablaufen. Massenvermehrungen und Zusammenbrüche der Wildtiere bedeuteten in anderen Regionen ähnliche Konsequenzen für die Jäger. Wanderverhalten oder eine Vergrößerung des Nahrungsspektrums lösten Probleme nur kurzzeitig und nur da, wo noch freier Raum und Ressourcen ungenutzt waren, gab es Lösungen.

Die erfolgreiche Selbstbeschränkung des prähistorischen Menschen

(*Homo*) beruhte weniger auf seiner Intelligenz (*sapiens*), als auf den Grenzen, die ihm durch Werkzeugqualität und Reproduktionsvermögen seiner Beutetiere gesetzt wurden. Die Verbindung zwischen Jäger und Gejagtem, Konsumenten und Konsumiertem waren immer Werkzeuge und Jagdtechniken. Deren Auswirkungen waren langfristige Veränderungen von Landschaften und ganzen Ökosystemen.

Aus dieser Sicht war das erste «Werkzeug» mit ernsthaften Konsequenzen das Feuer. Zuerst nur zögernd eingesetzt, entwickelte es sich zu einer bedeutenden Jagdwaffe. Langzeiteffekte dieser «Landsäuberungen» (eine von den Bewohnern derartiger, feuergeprägter Ökosysteme häufig benutzte Bezeichnung) waren Verarmung und Veränderung des Pflanzen- und Tierbestandes.

Feuer-Klimax Vegetationen sind heute so allgemein verbreitet, daß man leicht übersieht, daß sie vom Menschen erzeugt wurden. Die Fähigkeit, Feuer zu überleben, entwickelten einige Pflanzen zwar schon lange vor dem Auftreten des ersten Menschen, ihre spätere Ausbreitung (lange vor der Entstehung der Landwirtschaft) war jedoch weitgehend eine Folgeerscheinung prähistorischer Jagdtechniken. Die Umwandlung weiter Landstriche in menschengerechte Jagdgebiete wurde für viele Tierarten zum Verhängnis. Mehr als die Hälfte aller afrikanischen Antilopen fressen Blätter und Kräuter (einige kommen nur ganz lokal vor), einige sind ausgesprochene Nahrungsspezialisten und nur wenige reine Grasfresser. Die letzteren bejagt der Mensch bevorzugt, sie bilden heute den Großteil der Savannensäugetierarten: Kuhantilope, Topi, Gnu, Kob und Großer Riedbock zählen genauso zur Klasse der Grasfresser wie Zebras, Warzenschweine, Breitmaulnashorn und verschiedene Nager.

Fossilien belegen, daß diese Weidetiere gegen Ende des Pleistozäns häufiger wurden. Ohne Feuer wäre Gras nur auf Überschwemmungsgebieten, in kalten Hochebenen, in Wüsten- und Steppengebieten sowie im Unterbewuchs der Wälder vorgekommen. Man muß daraus folgern, daß Menschen die Savannen-Ökosysteme Afrikas fundamental veränderten. Tierarten, die mit dieser «Säuberung» nicht zurechtkamen, starben vor langer Zeit aus. Die größten und am wenigsten anpassungsfähigen Formen, wie verschiedene Giraffen-, Schweine-, Elefanten- und Flußpferdarten fielen den Änderungen als erste zum Opfer. Die Überlebenden waren das Ergebnis natürlicher Selektion. Sie überlebten, weil sie mit den Auswirkungen von Feuer und Jagd selbst in Zeiten starker Klimaänderungen zurechtkamen. Jäger lernten, wo und wie sie ihre Beute jagen konnten; sie kannten das Verhalten des Jagdwildes und vermieden Überjagung; die Hauptursache für das Überleben der Tiere lag jedoch eher in ihrer biologischen Anpassungsfähigkeit, als im Wunsch der Jäger, ihre Ressourcen zu erhalten.

Es leuchtet ein, daß prähistorische Jäger Technologie und Jagderfolg zu optimieren versuchten. Starben dabei einige Arten aus, stellte man sich auf andere um. Freigewordene größere Nischen werden häufig von einer oder mehreren kleinen Tierarten neu besetzt, die besser mit der Bejagung zurechtkommen als Großtiere. Die Größe der Pflanzenfresser ist zurückgegangen und scheint dies (abgesehen von Elefanten, Giraffen und Nashörnern) auch weiter zu tun, selbst die größeren Tierarten sind von diesem Trend anscheinend nicht verschont.

In den Frühphasen der Entwicklung bestand die einzige schädliche Wirkung des Menschen in der Bejagung von Großwild mit geringen Fortpflanzungsraten bis hin zum Aussterben der Beute sowie in der Veränderung bzw. Vernichtung von Pflanzengesellschaften, die ihre samenverbreitenden Tierarten verloren bzw. dem Feuer nicht widerstehen konnten. Direkte Schädigungen der Vegetation durch zu starkes Abholzen oder Sammeln traten erst viel später auf. Das Aufbrechen des Bodens durch Grabstöcke, Picken oder Pflüge war eine späte Entwicklung, die jedoch eng mit dem Feuereinsatz verbunden war. Auch die frühen Bauern nutzten ihr Land bis zur Grenze der Tragfähigkeit. Jäger veränderten Landschaften weniger stark als Bauern, beide jedoch perfektionierten ihre Art und Weise, von einer verminderten Zahl überlebender Arten zu leben.

Ackerbau führte zu den extremsten Landschaftsveränderungen. Wissenschaftliche Forschung (und Plato) haben gezeigt, daß ganze Bergländer wiederholt bis auf ihre steinernen Skelette verarmten und trotzdem noch von Menschen bewohnt sind. Nur wenige Arten können mit felsigen Böden, starker Erosion und entsprechenden jahreszeitlichen Veränderungen fertig werden. Aber einige schaffen es und stellen die Lebensgrundlage unterschiedlicher Kulturformen. Man sollte sich die Zeit nehmen ein wenig über die Tierarten nachzudenken, welche die sogenannte «Management»-Fähigkeit des Menschen derart lange ertrugen. Bedenken Sie, wie bewundernswert die robusten Pflanzen, Schafe, Ziegen und Esel sind, die bis heute ein Überleben in den Ruinen des Libanons oder Arkadiens ermöglichen. Wenn schon Plato 400 v. Chr. ein verwüstetes Griechenland beklagte, ist es ein wahres Wunder, daß die Bewohner des Mittelmeerraumes noch immer von den Resten eines Erbes leben, das man schon vor langer Zeit verschwendet hat.

Das beschriebene Verhaltensmuster läßt sich bei ganz unterschiedlich wirtschaftenden Völkern, wie Jägern, Sammlern, Fischern und Ackerbauern wiederfinden. Da Sammlervölker normalerweise nur kleine Gruppen bilden und eine nur schwach entwickelte Technologie besitzen, ist ihre Auswirkung auf die Natur, verglichen mit der von Ackerbauern und der modernen Holzindustrie vergleichsweise minimal gewesen. Man muß sich jedoch klarmachen, daß dies primär quantitative Unterschiede sind – solche der Menschenzahlen und der Werkzeugentwicklung. Warum dann Aufhebens davon machen, daß der prähistorische Mensch aus Unfähigkeit nichts Schlimmeres mit Flora und Fauna seiner Zeit anrichtete?

Sentimentalität sollte bei den Bemühungen, das Verhältnis des vorgeschichtlichen Menschen zur Natur zu bestimmen, keine Rolle spielen. Die Suche nach grundlegenden Verhaltensmustern erfordert, daß man dieses Verhältnis nicht trivialisiert. Wenn wir unser selbstgestecktes Ziel, einen Planeten zu managen, erreichen wollen, sollte selbstkritisches Denken zumindest ins Kalkül ziehen, daß Versagen vorprogrammiert sein könnte. Neben uns stehen auch unsere Vorfahren vor Gericht.

Gegenwärtige Bemühungen, die Zahl und Verbreitung der Arten zu erfassen und die Ökologie natürlicher Lebensgemeinschaften zu verstehen, sind schon für sich der Mühe wert. Sie sind die globale Inventur unseres Erbes. Wenn dieses Erbe über 200000 Jahre durch Management und Mißmanagement geformt wurde, müssen wir sowohl die Entstehungsgeschichte als auch ihr Ergebnis erforschen.

Es ist wohlbekannt, daß ökologische Ereignisse die Geschichte beeinflußten. So gibt es immer mehr Hinweise darauf, daß man regionale Scharmützel oder auch große Kriege der jüngeren Vergangenheit letztendlich um Ressourcen geführt hat. Im Bereich der Oberläufe des Nils fanden Stammeskriege fast immer in Jahren statt, in denen die Weidegründe schlecht waren. Viehzüchter brauchen Zugang zu geeignetem Land und werden ihn sich durch Kriege erhalten oder verschaffen. In ärgster Not werden sie sogar die eigene Verwandtschaft bekämpfen. Die Dinka- und Nuer-Kriege sind mit den großen Kriegen der europäisch-imperialistischen Großmächte vergleichbar. Wenn imperiale «Weidegründe» oder Seewege bedroht waren, führten auch europäische «Stämme» bereitwillig gegeneinander Krieg.

Man glaubt, daß schon vor langer Zeit Trockenheiten oder langfristige Rückgänge der Landwirtschaft und des Handels im Mittelmeerraum viele Kriege verursachten und das Schicksal regionaler Mächte änderten. Ausgelaugte Böden, erodierte Hänge und ein Zusammenbruch der Nahrungsversorgung muß sich in den Städten noch verheerender ausgewirkt haben. Das Verschwinden der phönizischen, griechischen und römischen Reiche sowie weiterer Zivilisationen im Bereich des Mittelmeeres und des Nahen Ostens wurzelt sowohl im ökologischen als auch im kulturellen Verfall.

Es ist bekannt, daß Dürrezeiten und Mißernten Stammesscharmützel bewirkten. Dabei übersah man aber, daß großräumige Klimaänderungen und permanente Unterproduktion in einigen Teilen der Welt viel gefährlichere und sich ausbreitende, moderne Kriege verursachen können.

Westeuropäer sind in den letzten 500 Jahren auf alle Kontinente und abgelegenen Inseln vorgedrungen. Den Entdeckern folgten die

Händler und diesen meist Eindringlinge und Siedler, die militärisch gestützt wirksame Transport- und Kommunikationsmittel einführten. Mit dieser territorialen Ausdehnung gingen unvergleichliche industrielle Entwicklungen der Ackerbau- und Militärtechnik einher. Gegenwärtig erleben wir das Ende der Ära uneingeschränkten Expansionsdranges.

Zweifellos hat diese Geschichte und die Schaffung eines weltweiten Wirtschaftssystemes dazu geführt, daß man an eine schrankenlose Ausdehnung und permanentes Wirtschaftswachstum glaubt. Am Ende dieser Ära braucht das 21. Jahrhundert neue Leitmotive.

Im Gegensatz zu allen unseren Vorfahren besitzen wir die intellektuellen Fähigkeiten und die notwendigen Geräte, um uns selbst, unser Verhalten sowie Vergangenheit und Zukunft im Kontext natürlicher Prozesse zu erkennen. Diese sind astronomischer, physikalischer, klimatischer, chemischer, biologischer und kultureller Art. Der einzige Weg, den hemmungslosen Verbrauch aller Ressourcen zu stoppen, liegt in der Erkenntnis, daß ihre Vorkommen begrenzt sind. Unsere Gesellschaft muß lernen, ihre Gier und die Bevölkerungszahl zu beschränken und gleichzeitig erkennen, daß wir uns an die von der Natur gesteckten Grenzen halten müssen. Unsere Technologie muß aufhören, Hilfsmittel für den Konsum aller Rohstoffe zu sein und muß verstärkt Abläufe nachahmen, die diesen Planeten für uns bewohnbar machten. Was können wir dafür von den Lemmingen lernen?

Nagetiere neigen, wenn günstige Umstände es erlauben, aufgrund ihrer Fruchtbarkeit zu Massenvermehrungen. Langfristig gute Bedingungen führen zu wiederholten Vermehrungszyklen, welche die Populationsdichte exponentiell in die Höhe steigen lassen. Natürliche Regulationsmechanismen, wie Raubtiere, Krankheiten und Nahrungsmangel sind in dieser Phase unwirksam.

Dann schließt sich der Kreis. Verstecke werden seltener, Räuber und Krankheiten nehmen zu. Schließlich kämpfen die Artgenossen um die letzten Nahrungsreste.

Auch wir sind auf dem Weg der Lemminge. Im April 1992 betrug die Weltbevölkerung 5480 Millionen Menschen. Über sehr viele Generationen waren es nur 1/3 soviel, stets Eltern, die ihre Kinder vor den Unbilden der Natur schützen wollten. Mit zunehmender Entfremdung von der Natur wurden wir immer stärker von einer allumfassenden, aber lieblosen Technologie abhängig.

So wurden wir zu Waisen unserer eigenen Werkzeuge. Technologie, als neutraler und geschlechtsloser Beschützer, hielt uns Hunger, Krankheit und unangenehmes Klima vom Leibe. Den leiblichen Eltern blieb die Fortpflanzung. Die Kosten der Kinderaufzucht sanken. Viele moderne Gesellschaften machen es möglich, daß Eltern die Verantwortung für Kinder teilweise oder ganz abgeben. Dieses Kuckucks-Syndrom ist ein Luxus, der nur kurzfristig zu erhalten ist.

Wenn Menschen des 21. Jahrhunderts von prähistorischen Gesellschaften etwas lernen können, dann ist es die Forderung an Männer und Frauen, die Kinder haben wollen, zu mehr Verantwortungsbereitschaft gegenüber Kindern zurückzukehren. Der gegenwärtige Trend, sich möglichst wenig um Kinder zu kümmern, muß umgekehrt werden. Es bleibt zu hoffen, daß man im 21. Jahrhundert intensiver in weniger Kinder investiert. Dies ist nicht im Sinne einer «technischen Reparatur», sondern als soziale und spirituelle Revolution zu verstehen.

Die politischen und sozialen Geschicke einer wachsenden, menschlichen Gesellschaft können solange unabhängig von den lokalen biologischen und anderen Umweltfaktoren sein, wie sie von außerhalb mit Energie und Rohstoffen versorgt wird oder auf eigene, nicht-erneuerbare Reserven zurückgreifen kann. Wenn derartige Reserven jedoch verbraucht sind oder Unterstützungen von außen ausbleiben, sind die Konsequenzen schnell spürbar und treffen weite Bevölkerungsteile. Dies besonders dann, wenn die Zusammenbrüche mit Konflikten (die normalerweise auftreten, wie Somalia, Äthiopien, Sudan und zahlreiche andere Länder zeigen) verbunden sind.

Als erstes leiden die ganz Jungen und die Alten. Fernsehnachrichten verdeutlichen diesen Effekt fast täglich. Die Unmittelbarkeit des Fernsehbildes zwingt uns durch den Anblick des Leidens unserer Mitmenschen zur Entscheidung, abzuschalten und zu gehen oder uns in einer ganz neuen Art betroffen zu fühlen. Diesem Problem werden sich auch unsere Kinder und Enkel noch stellen müssen.

Wir können die technische Revolution, die uns solange umsorgte, nicht zum Sündenbock für die Opfer machen, die man uns täglich vorführt. *Wir* sind dafür verantwortlich. Sind wir gierig und eigennützig, wird die Technik dazu passen. Ihrer Eigendynamik überlassen, werden technologische und industrielle Innovationen auf Dauer vernichtend wirken. Technologie bedeutet gleichzeitig soziale Zerstörung, Rassendurchmischung und politische Herausforderung. Die «Kinder der Technik» müssen ihre «Mutter» menschlicher machen, oder sie wird sie – wie Saturn – vernichten. Der Self-made-Man (der sich selbsterschaffende Mensch) wird vernichtet sein. Wenn das 21. Jahrhundert sich aufmachen sollte, den Stellenwert der Menschheit neu zu bewerten, stehen dem Menschen mächtige Hilfskräfte zum Erreichen des neuen Zieles zur Verfügung. Sollte dies nicht passieren, müssen zwangsläufig Konflikte zwischen Reichen und Armen auftreten.

Die Erforschung natürlicher Prozesse, bisher auf Laboratorien beschränkt, ist in die Arena internationaler Politik eingestiegen und kommt zu Ergebnissen, die uns in neue Kämpfe verwickeln.

Der grundlegende Vorgang der Verwendung von Sonnenenergie zur Bildung von Biomasse ist die Photosynthese. Vergleichbar wichtig ist die Stickstoffaufnahme der Pflanzen. Wissenschaftler haben Pflanzen in der Hoffnung erforscht, ertragreichere Superpflanzen züchten zu können. Die unmittelbare Belohnung für Zucht, Patent, Verteilung und Einsatz dieser Neuerungen kann sehr groß sein. Wie alle anderen Faktoren, welche die Bevölkerung anwachsen lassen, zögern diese Entwicklungen aber nur den Tag heraus, an dem die wahren Grenzen erreicht sind. Denn es gibt natürliche Grenzen, die bestimmen, wieviel Energie der Prozeß der Photosynthese umsetzen kann. Der Glaube an ein unbegrenztes Wirtschaftswachstum wurde jedoch von Pflanzenzüchtern gestärkt, die ihre Auftraggeber Glauben machten, daß sie im Wettlauf mit dem Alptraum des Herrn Malthus – einer Welt mit zunehmend mehr hungrigen Mäulern – immer einen Schritt voraus sein könnten.

Die «Grüne Revolution» der 60er Jahre stärkte die Hoffnung, daß Pflanzenzucht die Welternährungsprobleme der Zukunft lösen kann. Super-Reis, Super-Mais und andere Hochzuchtgewächse haben sicherlich die Erträge vergrößert, konnten den Kleinbauern in abgelegenen Erdregionen, die sich die notwendigen Dünger nicht leisten können und deren Felder von einer Unzahl von Krankheiten und Schädlingen bedroht sind, nicht helfen. Gentechnik und Biotechnologie versuchen einige dieser Schwierigkeiten durch Einsatz resistenzfördernder und produktivitätssteigernder Gene zu überwinden, aber auch hier gibt es Grenzen. Pflanzen können – wenn überhaupt – nur ein oder zwei neue Gene übernehmen und sie lassen sich nur in einem von der Evolution festgelegten Spielraum verändern. Sie nehmen auf menschliche Bedürfnisse und Manipulationsversuche keine Rücksicht.

Japan besitzt in der Auslesezucht langjährige Erfahrungen. Abgesehen von den bekannten Goldkarpfen und langschwänzigen Hühnerrassen haben sie schon über Jahrhunderte Zuchtlinien mit ertragreicheren Reissorten ausgelesen. Seit dem 2. Weltkrieg versuchte man von Importen unabhängig zu sein. Japanische Reisbauern erhalten den vierfachen Weltmarktpreis gezahlt; ihnen stehen Spezialisten und Forscher sowie Geldmittel zur Verfügung, um das politische Ziel der Ertragssteigerung zu erreichen. Trotz all dieser Bemühungen haben diese weltweit wohl bestversorgten und bestausgebildeten Bauern nur eine 0,9%ige Ertragssteigerung erzielt, was beweist, daß sie die biologischen Grenzen der Reispflanzen nahezu erreicht haben. Manipulation geht bis hierher und nicht weiter. Die Doktrin uneingeschränkten Wirtschaftswachstums stößt hier – wie in allen anderen Bereichen irgendwann auch – an ihre biologischen Grenzen.

Nur wenn wir die natürlichen Zusammenhänge verstehen lernen, können wir von unbeholfenen Lehrlingen zu kompetenten Zauberern werden. Die Metapher vom Zauberlehrling paßt jedoch nicht ganz, da sie einen Zauberer voraussetzt. Dem Zauberer oder der Hexe traut man zu, zu wissen, was sie machen, während der Lehrling verzweifelt mit Kräften kämpft, die er nicht oder nur teilweise versteht. So gesehen gibt es bis heute keine Zauberer, nur herumtollende Lehrlinge, von denen uns viele Glauben machen wollen, sie hätten den Durchblick.

Vielleicht liegt hier die «Wasserscheide» zwischen Vergangenheit und Gegenwart. Vor Hiroshima kannte man weder Entschuldigungen noch Erklärungsversuche für Plünderung, Unterwerfung und Vergewaltigung der Erde. Wer die Macht dazu hatte, tat es. Über Konsequenzen diskutierte man nicht lange und wenn doch, hatte es keine Folgen. Die Bomben auf Hiroshima und Nagasaki sowie die Massenmedien brachten die Wende. Sie brauchen nicht nach Nagasaki zu fahren und den großen Hafen mit den Serien grauer Bilder in der Gedächtnishalle zu vergleichen. An dem Punkt, wo die Bombe niederging, finden Sie heute eine Dokumentation jener gewaltigen Explosion des Jahres 1945. Sie können ein Opfer der Bombe, eingebrannt in einer kleinen Tür, wie in einem senkrechtstehenden Sargdeckel, erkennen; bevor er vor der Strahlung fliehen konnte, hinterließ dieser Wachtposten eine verkohlte Silhouette im Holz der Tür. Geschmolzene Flaschen und Uhren, die in der schrecklichen Sekunde stehengeblieben sind, füllen ganze Regale. Man muß sich das nicht ansehen, aber es fördert das eigene Selbstverständnis. Wie Millionen andere auch weiß man plötzlich, daß die Welt in den Händen mehr oder weniger verantwortungsloser «Lehrlinge» liegt und wir alle weiterhin mit unverstandenen «Mächten» zu kämpfen haben.

Angst um die Umwelt, die Natur und die Zukunft unserer Kinder führte zu einer Vielzahl internationaler, nationaler, regionaler und spezieller Interessengruppen, gemeinhin als Umweltschutzgruppen bekannt. Unter Naturschutz verstehen verschiedene Leute ganz Unterschiedliches; objektiv gesehen bedeutet es «Schutz vor zerstörerischen Einflüssen, Verfall und Abfällen» und «offizielle Schutzbemühungen für Flüsse, Wälder usw.». (Schutz in diesem Sinne gab es schon seit 1490.)

Während «zerstörerische Auswirkungen» viele Engagierte in Naturschutzgruppen treiben, besteht die viel größere Gefahr, daß Umweltschäden nur die Symptome der Wirkung eines unberechenbaren «Flaschengeistes» sind, der seiner Flasche entkam und auf die Welt losgelassen wurde. Diese Vorstellung führte zur allgemein bekannten Umweltschutzbewegung. Obwohl sie mit Naturschutzverbänden vieles gemein haben, beschäftigen sich ihre Mitglieder mit allgemeineren ökologischen Prinzipien, ihre Bedeutung liegt in dieser Konzentration auf ökologische Prozesse.

Die Umweltschutz-Lobby wurde zu einer der mächtigsten politischen und sozialen Kräfte unserer Zeit. Sie erkannte als erste, daß es in unserer High-tech-Gesellschaft, in einer organischen und verletzlichen Biosphäre eine Neubewertung der Entwicklungsziele geben muß. Ein richtungweisendes und bedeutendes Statement über Umweltprobleme war der 1987 veröffentlichte Report, unter dem Namen Brundtland-Report bekannt (heute *Our Common Future – Unsere gemeinsame Zukunft* genannt). Er wurde von der United Nations World Comission on Environment and Development herausgegeben. Der Kern seiner Aussage war, daß die ökonomischen und politischen Kräfte sich ändern müssen, um Umweltschutz-Ziele zur Leitlinie aller Planungen zu machen.

Gewerbe müssen umweltabhängig an bestimmten Stellen angesiedelt und geführt werden, außerdem müssen sowohl beim Verbrauch von Rohmaterialien, als auch bei der Erzeugung der fertigen Produkte, Umweltaspekte berücksichtigt werden. Die Verkehrspolitik sollte die Entwicklung besonders leiser, sauberer und energiesparender Maschinen fördern und den Bedarf nach privaten PKWs senken. Die Energiepolitik muß die Bedrohung des Weltklimas durch die zunehmende Co_2-Konzentration der Atmosphäre erkennen (Treibhauseffekt) und nach neuen, sauberen, effizienteren Energiequellen suchen. Die Landwirtschaft sollte weniger stark von Chemie und Giften abhängen.

Vier Jahre später folgte dem Brundtland-Report eine Übersicht über die erreichten Fortschritte: *The State of the Environment* (Der Zustand der Umwelt), den die Organisation for Economic Cooperation and Development (OECD) für die Umweltminister der 24 Mitgliedstaaten herausgab – Minister, die immerhin 715 Millionen Bürger vertraten. Dieser Report wiederholte die zentrale Aussage des Vorläufers, daß wirtschaftliches Wachstum daran zu messen sei, wie sehr es ökologischen Prinzipien gehorcht. Der *The State of the Environment*-Report hob hervor, daß die Tradition des eigennützigen Kurzzeit-Opportunismus das zentrale Problem darstellt. Auf allen politisch-ökonomischen Ebenen müßten Entscheidungen getroffen werden, «die *gegenwärtige* Bedürfnisse befriedigen, ohne die Bedürfnisdeckung *zukünftiger* Generationen zu gefährden». Dieses Kriterium stellt das zentrale Ziel eines uneingeschränkten Wirtschaftswachstums sofort in Frage. Den Zusammenhang zwischen allgemeinem Wirtschaftswachstum, den erfolgreichen westlichen Nationen sowie dem Verfall der Natur in ihren eigenen und anderen Ländern stellte man klar heraus:

> *Die Bewohner der OECD-Länder werden weiterhin die Naturressourcen übernutzen und die Umwelt durch verstärkten Konsum sowie Einsatz und Entsorgung der Endprodukte bela-*

sten. Konsequenterweise besteht eine kritische Folgerung darin, zu verhindern, daß die allgemein steigenden Einkommen in umweltschädlichen Konsum umgesetzt werden.

Der Bericht deutete einige Fortschritte im Bereich geringerer Wasserverschmutzung, reduzierter Schwefeldioxid-Konzentrationen, besserem Recycling und einer Zunahme an Nationalparks und Reservaten an, ergänzte jedoch, daß diese Erfolge durch immer größere Abfallberge, zurückgehende Meeresfischbestände, höhere Stickoxidwerte und intensivere agro-chemikalische Verschmutzungen überschattet werden. Eines der erschreckendsten Beispiele kam aus einem der reichsten Länder. Da das Grundwasser zu stark belastet war, versorgte man einige Bezirke von Berlin über Tankwagen mit Trinkwasser. Intensiver Einsatz von Chemikalien und Dünger sind beklagenswert, aber auch Schwermetalle finden sich inzwischen in Brunnen, Quellen und Flüssen. Brunnenwasser übersteigen teilweise inzwischen den von den EU-Richtlinien vorgeschriebenen Grenzwert um das 25-fache. Die Havel ist annähernd sechs mal so stark mit Phosphaten und Ammonium verschmutzt wie der Rhein. Stellenweise führt sie Benzol, Zink und die Abwässer pharmazeutischer Werke mit sich. Der Bericht zeigt detaillierte Beispiele der Zerstörung von Meer, Land, Wasser, Boden und Luft sowie der Pflanzen- und Tiergemeinschaften auf, die von diesen Grundlagen abhängen.

1988 veröffentlichte eine zwischenstaatliche Kommission die erste offizielle Warnung vor einer globalen Erwärmung als Folge der Abgabe von zuviel Kohlendioxid (dem sog. Treibhausgas) in die Atmosphäre. Veränderungen der Durchschnittstemperaturen und der Niederschläge können ganze Landschaftsgürtel über Hunderte von Kilometern verschieben. Eine Auswirkung wird der Anstieg des Meeresspiegels aufgrund des Abschmelzens der Eisvorkommen sein. Insgesamt wird sich die uns bekannte Welt gewaltig verändern. Schätzwerte prognostizieren, daß eine langfristige Erwärmung um ungefähr 5°C ausreichen würde, um die Polkappen abzuschmelzen – ein Ende der Eiszeit. Überwachungen aus dem Weltall kontrollieren gegenwärtig die Strahlungsbilanz der Erde und stellen einen Temperaturanstieg fest.

Man muß nicht apokalyptisch sein. Die schon erwähnten Stammeskämpfe des Sudans waren lokal beschränkt, für die feindlichen Parteien aber ernst genug. In guten Jahren waren die Gegner (meist nahe Verwandte) oft die besten Freunde, Überlebenswille trieb sie zum Krieg. Stärkerer Wandel des Klimas und der Vegetation werden eine Welt verändern, deren Bewohner die Anpassungsfähigkeit der Nomaden verloren haben. Je mehr sich die Ressourcen der Nationen erschöpfen, desto weniger freundlich werden sie den Nachbarn begegnen; aus dieser

Sicht könnten Mißernten schlimme, regional begrenzte Kriege zur Folge haben. Selbst wenn Klimaänderungen nicht im menschlichen Handeln ihre Ursache finden sollten – sie kamen in der Vergangenheit immer wieder vor – so ist das Klima doch ein derartig wichtiges Charakteristikum unserer Existenz, daß internationale Programme schon vor Jahren hätten beginnen müssen, um die möglichen Konsequenzen zu untersuchen. Auch hier erkennen wir die Kurzsichtigkeit unserer Art.

Unsere Zukunft hängt von grundlegenden Veränderungen der Industrie, der Gesellschaft und unseres Verhaltens ab. Die Forderungen nach Wandlungen werden sich mit zunehmendem Abstand zwischen Reichen und Armen verstärken. Welche Nachfragen die Zukunft bestimmen können bleibt ungewiß, klar jedoch ist, daß die Landwirtschaft sich drastisch verändern muß. Der Landgebrauch muß weniger zerstörerisch und verschmutzend werden, «verbrauchtes Land» muß man sanieren, anstatt weiterhin neue Gebiete unter den Pflug zu nehmen. In großen Gebieten, in denen nur kleine Mengen teurer Luxusgüter produziert werden, muß sauberen, ökonomischen Intensivmethoden Platz ermöglicht werden. Überlegtere und ökologisch rücksichtsvollere Landnutzungsmethoden, die Bodentypen, Wasserreserven und Klimazonen berücksichtigen, sind nötig. In den meisten Ländern hat man die Idee der kleinräumigen Landwirtschaft inzwischen akzeptiert. Wo man jedoch was und für welche Aktivitäten zur Verfügung stellt, hängt weiterhin von sozialen Traditionen und politischer Willkür ab.

Inzwischen gehen einige fortschrittlichere Länder davon aus, daß alle in ihren Grenzen vorkommenden natürlichen Vegetationstypen und Lebensgemeinschaften im Flächennutzungsplan vertreten sein sollten. Diese Staaten versuchen Naturreservate (verschiedener Typen und Größen) einzurichten, die unabhängig von der Nutzung der Restflächen integraler Landschaftsbestandteil sein sollen. Weniger sensible Kulturen müssen wohl noch dazu überredet werden, aber eine besser ausgebildete Jugend wird den Wandel bringen. Viele junge Leute halten den Naturschutz für den entscheidenden Qualitätstest der Gesellschaft.

Viele neue, wohlklingende Organisationen erschienen auf der Bildfläche: Friends of the Earth, Greenpeace, Survival International, Living Earth und International War Tribunal. Greenpeace führte einige spektakuläre Projekte durch, z. B. die langfristige und erfolgreiche Bekämpfung der Walindustrie.

Als 1961 die Waljagd noch auf dem Höhepunkt der Entwicklung war, erlaubte die International Whaling Commission, damals eine pseudowissenschaftliche Kampforganisation der Walfänger, die Jagd auf Zehntausende von Walen. Damals zeigten die Fangaufzeichnungen, daß die meisten getöteten Blauwale nicht erwachsen waren. Drei Jahre später fand die riesige japanische Walflotte mit 100 großen Schiffen im gesamten südlichen Ozean keinen einzigen Blauwal.

Hier, im arktischen Ozean wiederholten die Jäger das alte prähistorische Spiel, eine Beute bis zur Ausrottung zu jagen. Wie in allen vorherigen Fällen setzten sie eine Technologie ein, der die Tiere nicht entkommen konnten. Wie früher reagierten die Jäger mit dem typischen: «Schade, wo ist der nächst Kleinere?» und konzentrierten sich auf erreichbar kleinere Arten. Der Ausrottungsfeldzug gegen das größte Säugetier der Welt wurde mit der ersten Anti-Waljagd-Kampagne von Greenpeace 1975 publik gemacht. Die Walbestände scheinen sich langsam zu erholen, aber es ist unwahrscheinlich, daß die Jagd auf diese herrlichen Tiere jemals wieder die früheren Ausmaße erreicht. Eine Wiederaufnahme der Jagd läßt sich jedoch nur durch massiven und andauernden, öffentlichen Druck verhindern.

Inzwischen nehmen die Fischbestände alarmierend ab. Die Fischereiflotten fangen riesige Gebiete leer, die Abnahme der Erträge kompensiert man mit zunehmend raffinierten Fangtechniken. Die schlimmste und zerstörerischste von allen ist die Fischerei mit Treibnetzen, die mehrere zehn Meter tief und viele Kilometer lang sind. Treibnetze fangen wahllos alle großen Seetiere: Wale, Robben, Delphine und Fische. Greenpeace kämpft zu Recht dagegen und ist in Ansätzen erfolgreich. Die immer wieder vorgebrachten kurzsichtigen, gegnerischen Argumente sind Arbeitsplatzverluste, Firmenpleiten und vor allem Stimmenverluste für politische Parteien. Die Umweltschutzbewegung will gerade das letzte Argument zunichte machen. Wenn genügend Menschen erkennen, wohin uns ein derart primitives Verbrauchen der Ressourcen bringt, werden sie eigennützige und rückständige Regierungen aus der Macht wählen. Unglücklicherweise sind demokratische Verläßlichkeit und Standfestigkeit im Umweltschutz immer noch die Ausnahme. Viele der einflußreichsten Regierungen und Öffentlichkeiten halten sich im Bereich des Umweltschutzes bedeckt.

Obwohl Organisatoren spektakuläre Aktionen und emotionale Werbung brauchen, sehen die besten von ihnen, daß sie dauerhaften Erfolg nur dann haben können, wenn sie erkennen, wo die natürlichen Gründe für Umweltzerstörung liegen. Die erfolgreichsten Verbände beschäftigen heute Wissenschaftler, die herausarbeiten, wo man natürliche Prozesse zerstört. Sie suchen die Schwachpunkte, entwerfen Memoranden, klären die Öffentlichkeit über Fehler auf und machen Verbesserungsvorschläge.

Hätten Regierungen, Gesellschaften und die Bürger jemals so viel Autorität gehabt, wie sie immer behaupten und die Weisheit und Fairneß, die sie für sich beanspruchen, hätte es nie zu einer derartigen Konfrontation kommen müssen. Die chemische Industrie hätte es vermieden, ihre Arbeiter und Konsumenten zu vergiften, die Regierungen hätten ein sinnvolles Gleichgewicht zwischen Natur und Industrie, Stadt und Wald sowie Arbeit und Spiel gefunden. Sie haben es aber nicht. Umweltgruppen sind die zwangsläufige Reaktion auf das, was die offensivsten von ihnen «eine verdammte Klüngelei zwischen Regierung und Industrie» nennen. Ich bin sicher, daß die Gründung der Umweltschutzgruppen eine neue Phase der Menschheitsgeschichte einleitete.

Mit dem Vordringen auf alle Kontinente, ja sogar in die Weltmeere, haben wir fast überall die Naturressourcen verbraucht und gefährdet. Egoistischer Opportunismus begleitete uns auf diesem Weg. Er kann der Antrieb für Erschließung und viele Aktivitäten gewesen sein, er ist aber kein Überlebenskonzept und das falsche Axiom, um politische Glaubensbekenntnisse wie permanentes Wirtschaftswachstum zu begründen. Wir waren in der Lage die physikalischen und biologischen Gesetzmäßigkeiten zu erforschen und finden heute eine neue Frage, die Umweltschützer ernsthaft untersuchen: Wie können wir in einer Welt leben, ohne sie zu verbrauchen? Diese sehr praktische Frage kann man nur mit Intellekt und technischem Wissen beantworten. Umweltschützer müssen sich dabei zwangsläufig mit allen wichtigen etablierten Mächten anlegen, nämlich mit Regierungen, Banken, multinationalen und anderen Großkonzernen. Diese verkörpern die prähistorische Tradition des Plünderns der Reichtümer. Die Aktivitäten der GATT (General Agreement on Tariffs and Trade) sind ein eindeutiges Beispiel dafür, wie derartige Institutionen die Kämpfe der Umweltschützer unterlaufen.

Die GATT-Konferenz 1990 schuf Gesetzesgrundlagen, die den freien Handel zwischen 105 Ländern ausweitete. Eine Folge dieser Gesetze ist, daß Ressourcenausbeutung gefördert, Umweltverschmutzung verstärkt und der Versuch umweltschonender Entwicklungen als konservativer Protektionismus abqualifiziert wird. Die hinter GATT stehenden Kräfte können erzwingen, daß kleinere Staaten ihre Ressourcen für den Weltmarkt öffnen. Durch die Weigerung zwischen umweltfreundlichen und -schädlichen Produkten zu unterscheiden, bietet GATT denjenigen Industrien und Nationen gute Erwerbschancen, welche die wirklichen Umweltkosten ihrer Produkte nicht bezahlen müssen.

Da zunehmende Bevölkerungszahlen dazu führen, daß Menschen immer weiter in die letzten bewohnbaren Gebiete vordringen, werden große Siedlungsprojekte auf dem Festland immer aussichtsloser. Letztlich werden sie zu Konfrontationen zwischen der Öffentlichkeit und den Landbesitzern führen. Zwei kurze Wege führen zu massiven Profiten, beide erfordern große biologische Kosten durch Zerstörung natürlicher Ökosysteme. Tropenholz und Fleisch von abgeholztem Weideland bringt riesige Gewinne ohne groß in Arbeitskräfte zu investieren und umgeht oft soziale Probleme. Das macht diesen Erwerbszweig für Politiker und Geschäftsleute so attraktiv. Holzeinschlag und die Umwandlung von Natur in Kuhweiden, läßt sich in abgelegenen Regionen durchführen, wo man Fremde solange fernhalten kann, bis durch das Abholzen Fakten geschaffen sind.

Afrikas Savannen waren der Lebensraum der ersten Menschen, ihr Schicksal geht alle an. Wie die Tropenwälder sind auch die Savannen das Ziel der zerstörerischsten «Entwicklungsbestrebungen» weltweit. Nicht die Cowboys und Holzpiraten in den abgelegenen Ranchen und Holzfällerlagern sind die Gesetzlosen, es sind die Minister, Bankpräsidenten und Industriekapitäne.

Der freie Handel mit Rindfleisch, Zucker und anderen Luxusgütern ermutigt zu weiteren Kahlschlägen, da die armen Länder der Tropen vor den Marktforderungen von Großmächten wie der Weltbank kapitulieren. Selbst die Ökonomen und Politiker dieser abhängigen Länder scheinen inzwischen das Grundprinzip ständigen Wirtschaftswachstums nachzubeten und gegen langfristige Interessen ihrer eigenen Länder zu handeln. Wilde Tiere und ihre Lebensräume als wertvolle Zukunftssicherung und nicht als Quelle schnellen Gelderwerbs zu betrachten, erfordert veränderte Einstellungen und eine solide Ausbildung in Ökologie. Derartig gewandelte Sichtweisen finden sich ansatzweise nur in wenigen Ländern, archaische Verhaltensmuster herrschen noch vor. Primitive Einstellungen zur «Wildnis» werden von Banken und Wirtschaft belohnt. Wie anders als «primitiv» sollte man das Bestreben nennen, die «schnelle Mark» zu machen?

Normalerweise hält man Wilderer für die Hauptbedrohung der afrikanischen Natur, in Wirklichkeit ist ihre Auswirkung im Vergleich zu den Aktivitäten der Viehhaltung und Holzindustrie, die von der GATT und der Weltbank sowie nationalen Regierungen gefördert werden, unbedeutend. Für die Ausrottung der letzten afrikanischen Huftiere und der von ihnen lebenden eindrucksvollen Raubtiere ist letztendlich der internationale Markt verantwortlich, der die Umwandlung lebensfähiger, uralter Ökosysteme in chemieabhängige Rinderweiden vorantrieb.

Die GATT-Abschlüsse ermöglichen groteske und aggressive Forderungen. Japanische Holzfirmen haben sich z.B. in amerikanische Unternehmen eingekauft und beklagten anschließend, daß der Schutz uralter Waldbestände im Nordwesten der USA ihnen die Holzgewinnung unmöglich mache. Ärmere Nationen, besonders wenn sie vom Import von Autos, Industriegütern und Elektronikanlagen abhängig sind, zwingt man, als «Tauschgut» unverhältnismäßig große Gebiete ihrer Wälder abzuholzen. Papua-Neuguinea und Indonesien gehören zu den Opfern dieser Wirtschaftspolitik. Vor einiger Zeit hat die indonesische Regierung den Export von Rohhölzern verboten, um die wertvolle und langsam nachwachsende Rohstoffquelle langfristig zu sichern. Dies förderte die eigenen Holzschnitzer und die Möbelindustrie. Da der freie Handel aber die Gleichbehandlung ausländischer und eigener Industrien verlangt, berufen sich die aggressiven Holzfirmen auf den Artikel 1 der GATT-Abmachungen und fordern den Zugang zu den Wäldern.

Kahlschlag war, besonders in den Tropen, immer der Weg zum schnellen Geld. Neu ist, daß das Ende langsam erkennbar wird. Genauso, wie die Blauwale immer seltener und die Dorsche immer kleiner wurden, gehen die ertragreichen Restflächen für die Holzfäller von Jahr zu Jahr zurück. Dadurch geraten die Superfirmen mit Sägemühlen, Markt und Zwischenhändlern zunehmend in Bedrängnis. Wo die Wälder ganz verbraucht sind, gehen sie einfach pleite, aber die meisten verstärken den Druck auf kleinere Waldreste und stellen sich auf weniger wertvolle Holzarten um.

In den meisten waldbesitzenden Ländern stellt die Holzindustrie eine mächtige Lobby dar, welche die Regierungen unter permanentem Druck dazu zwingt, Abholzungsgenehmigungen selbst für unberührte Urwälder zu erteilen, in denen bisher die größten und wertvollsten Bäume überlebten. Solange man die einheimischen und internationalen Märkte ausreichend versorgen konnte, akzeptierte man die «Eigeninteressen» der erhaltenen Naturräume sowie der in ihnen lebenden Urbevölkerung und stellte sie aus ethischen Gründen unter Schutz. Mit dem drohenden Ende für diese Schwindelunternehmen werden Schutzgesetze, Stammesinteressen und Naturschützer zum Schreckgespenst für die Holzindustrie. Diese anscheinend überwindbaren Hindernisse versuchen die letzten großen Waldgebiete vor etwas zu schützen, was man immer noch respektvoll «Industrie» nennt. Ihre Maschinen und Märkte haben den einen Zweck, Holz zu verbrauchen und die für den Wald zuständigen Minister lassen sich gern von den Vorteilen des Holzeinschlages überzeugen. Manchmal werden die politischen Interessen und diejenigen der Holzlobby sogar von einer Person vertreten.

Borneo beherbergte über lange Zeiten verschiedene Stämme, die von Jagd und Brandrodungsbau lebten. In Kolonialzeiten teilte man das Land auf und das nordwestliche Viertel, als Sarawak bekannt, heute Malaysia, war von den Kayan-, Kelabit-, Penan- und Iban-Stämmen besiedelt. Während der kolonialen Besetzung lag der Handel weitgehend in den Händen ausländischer Unternehmer. In dieser Zeit gründete man das Limban-Trading-Handelsunternehmen. Diese Firma blieb lange Zeit rücksichtsvoll, bis zwei Dinge alles veränderten. Indonesien entschied sich, die Holzproduktion in eigene Hände zu nehmen und schloß das Land für ausländische Firmen. Als das Marcos-Regime auf den Philippinen fiel, gab es auch hier Holzexportbeschränkungen.

Der riesige Holzhunger, besonders in Japan, mußte plötzlich aus anderen Quellen gestillt werden. Die multinationale japanische Handelsfirma C.Itoh verband sich mit Limban-Trading. 1987 wurde offensichtlich, daß Regierungsgelder aus Japan, als Entwicklungshilfe für Malaysia deklariert, in Wirklichkeit für den Bau von Straßen für die Holzindustrie ausgegeben wurden. Anstatt das Image der Limban-Trading anzukratzen, verstärkten die Gelder die Macht des rücksichtslosen Firmenbesitzers James Wong. Wong war gleichzeitig im Vorstand der Holzlobby (mit den Konzessionen, 300000 Hektar Sarawaks abzuholzen) und Sarawaks Umweltminister! Um derartige Widersprüche anzuprangern, veröffentlichte die *New Strait Times* 1987, daß nahezu alle Repräsentanten der gesetzgebenden Instanzen Sarawaks sowie viele ihrer Verwandten durch die Vergabe von Holzkonzessionen durch den früheren Chief-Minister Tun Rahman zu Millionären geworden waren.

Die in den Wäldern lebenden Stämme ohne politische Macht waren die Opfer dieses «Goldrausches». Die riesigen Maschinen der Holzindustrie wälzten ihre Gärten, Reisfelder, Friedhöfe und Gewässer platt. Die Flüsse sind heute so verschmutzt, daß der Fischfang beeinträchtigt ist. Jagd und Sammeln bringt, verglichen mit früheren Zeiten, nur noch einen Bruchteil ein.

Wüßten die japanischen Konsumenten von der Art und Weise, wie man 15 Millionen Kubikmeter Holz für ihr Land aus Sarawak importiert, würden sie einen Aufstand machen. Nach einer Meinungsumfrage von 1990 meinen nur 8% der Japaner, daß Umweltschutz ökonomischen Interessen untergeordnet werden sollte und noch weniger würden dem Schaden, den ihr Land und multinationale Unternehmen den Tropenwäldern und ihren Bewohnern zufügen, zustimmen.

Im Angesicht schwindender Erträge an fast allen lebensnotwendigen Dingen wie Fleisch, Fisch, Nüssen, Harzen, Bambus und Rattan, begannen die Penan und andere Stammesgruppen, bewaffnete Barrikaden zum Schutz ihrer Wälder zu errichten. Sie gingen zu Hunderten ins Gefängnis und ertrugen schwere Menschenrechtsverletzungen, was sie in ihrem Ziel aber nur bestätigte. Eine neugegründete Sarawak-Penan-Assoziation fordert den Stop des Holzeinschlages. In ihren Eingaben an die Regierung findet sich ein interessantes Detail. Sie bitten darum, den Rattan-Export zu verbieten, es sei denn, das Material ist schon weiterverarbeitet. Aus Sicht der GATT-Regelungen wäre diese Einschränkung nicht erlaubt. Mit einer Fülle solcher Gesetze versuchen die Wirtschaftsbosse in den armen Ländern die Entwicklung zur Unabhängigkeit und langfristiger Selbstständigkeit zu unterbinden.

Der Angriff auf den Regenwald verursachte einen Skandal nach dem anderen. Die hinter den wiederholt aufgedeckten Bestechungsfällen stehenden Motive sind offensichtlich: Tropenhölzer stellen eine der größten, nahezu «kostenlosen» Rohstoffquellen der Welt dar. Nur der Zugang zu den Quellen kann Probleme bereiten. In Sarawak protestierten als erste die Penan, in anderen Tropenländern kam der Widerstand von Umweltschützern und der «Grünen Lobby».

Mit Zustimmung der Grünen und starker finanzieller Unterstützung entwarf man ein umfassenderes Waldnutzungsprogramm, den Tropical Forest Action Plan (TFAP). Anstoß dazu gab eine zunehmend kritische Öffentlichkeit während der 60er und 70er Jahren, als man bemerkte, in welchem Ausmaß die Wälder zurückgingen. Wissenschaftler schätzen, daß allein 1980 11 Millionen Hektar gefällt wurden. Bei dieser Geschwindigkeit war es nur eine Frage der Zeit, wann alle Tropenwälder, d.h. die gesamte Flora und Fauna vernichtet sein würden. Man mußte die Entwicklung umkehren.

Nach eigener Aussage war es ein TFAP-Ziel «die gegenwärtige Besorgnis über die Zerstörung der Regenwälder zu beenden». In den fünf Jahren nach Aufstellung des Plans hat man jedoch jährlich zwischen 14 und 20 Millionen Hektar Wald abgeholzt, zusammen 85 Millionen Hektar. Ein Großteil des Holzeinschlages geschah mit Unterstützung des TFAP. Anstatt die Entwicklung umzukehren, hat TFAP sie beschleunigt.

Einige Unternehmungen der TFAP könnten die Umwelt zukünftiger Generationen unwiderbringlich verarmen lassen. Die Wälder Kameruns z.B. erhalten jährlich bis zu 10000 mm Niederschlag. Unter diesen Bedingungen müssen freigesetzte Nährstoffe besonders schnell von Pflanzen aufgenommen werden, da sie sonst vom versickernden Bodenwasser ausgeschwemmt werden. Lokale Völker, wie die Baka-Pygmäen, haben an diese Wälder angepaßte Überlebenstechniken entwickelt. TFAP unterstützte die Abholzung großer Gebiete, in die man von einer 600 km langen Straße vordrang, die man nur für diesen Zweck gebaut hatte! Der kühne Plan war, Kamerun bis zum 21. Jahrhundert zum wichtigsten afrikanischen Holzexporteur zu machen. Die Waldböden werden aber ausgelaugt und weggespült, sobald die schützende Waldschicht fehlt.

Derartig gefährliche und zerstörerische Megaprojekte von Leuten, die sich um den Schutz der Regenwälder bemühen, gefördert und finanziert, provozierte die Frage: Wie konnte das alles passieren? Eine Teilantwort lag bei den Menschen und Organisationen, die mit der

Projektleitung betraut waren. Die bedeutendere Antwort lag jedoch in den falschen Wegen, auf denen Menschen Zugang zu Ressourcen finden.

Im Juni 1984 reagierte das World Resources Institute, WRI, eine Körperschaft in Washington, die umweltpolitische Entwicklungen verfolgt, auf öffentliche Sorgen, indem sie die Kurzfassung eines *Tropical Forest*-Reportes veröffentlichte. *Ein Ruf nach Aktionen*. Natürlich interessierte sich sofort eine mit Wäldern beschäftigte Abteilung der Vereinten Nationen dafür, das Forestry Department der Food and Agriculture Organisation. Die FAO-Technokraten sahen sich – wie man ihrer Verweigerung der Mitarbeit entnehmen kann – bedroht und brachten schnell, d.h. im Oktober 1985, ihren eigenen *Tropical Forestry Action Plan* heraus.

Bis 1987 hatte man es zu einer vorläufigen Allianz gebracht, die die WRI- und FAO-Pläne verbinden sollte. Die neue Version des TFAP wurde finanziell durch das United Nations Development Programm, die Weltbank, die Rockefeller Foundation und andere Wohlmeinende mit acht Milliarden Dollar unterstützt.

Eine zentrale Prämisse, die zur Gründung, Unterstützung und Akzeptanz der TFAP führte, war, daß Holzgewinnung langfristig gesichert und – noch wichtiger – die sozialen und ökologischen Auswirkungen beachten sollte. Von Anfang an stand fest, daß der Plan ökonomische und technische Ziele hatte. Dies verriet schon die Sprache der Waldklassifikation: vernächlässigt, produktiv, unproduktiv, nicht gemanagt oder abgeerntet. Die der TFAP ihre Zustimmung verleihenden Umweltvertreter hätten merken müssen, daß nie der Versuch gemacht wurde, die ökologischen Grundlagen tropischer Regenwälder wirklich zu verstehen; es war nur der Versuch, unter der Maske von Stichworten wie «dauerhafte Entwicklung» und «Ressourcensicherung» Zugang zum Holz zu erlangen.

Umweltfreundliche Nutzung setzt ein Verständnis der Energieumsätze und -kreisläufe in Ökosystemen voraus. Biotop-Management ist – wenn überhaupt – nur möglich, indem man die natürlichen Erneuerungsprozesse durchschaut und sie nachahmt bzw. unterstützt. Die Folgen der Eingriffe in derart komplexe Ökosysteme sind bekanntermaßen sehr weitreichend, sowohl für die unmittelbaren Bewohner der Wälder als auch für deren Nachbarn; die als zentrale Ziele des Planes vorgegebenen sozialen und ökologischen Studien (unabhängige Wissenschaftler sollten sie planen und durchführen) hat man nie in Angriff genommen. Statt dessen wurden sie für die TFAP-Funktionäre zu belanglosen Nebensächlichkeiten. So führten Erhebungen zu abgedroschenen Phrasen einiger kurzfristig beschäftigter Pseudogutachter. Kunden der TFAP nutzten diese, um die Holzindustrie zu stärken, während oberflächliche Untersuchungen an Fauna und Flora als Feigenblatt für den Raubbau dienten.

Unmittelbare Folge des Skandales war, daß die Sponsoren ihr Image verloren. Drei von ihnen, die FAO, UNDP und die Weltbank, gehören zu den größten Entwicklungsagenturen der Welt. Es verärgerte auch nationale Regierungen zutiefst, daß sie der TFAP Steuergelder in den Rachen geworfen hatten (allein Großbritannien gab 100 Millionen Pfund pro Jahr). Was als Schaustück für Talente, Fähigkeiten und finanziellen Großmut der Industrieländer im Bereich der Umweltproblematik geplant war, endete in entlarvender Demonstration von Inkompetenz, Mißbrauch von Ressourcen und heimlicher Geldschieberei. Die Riesenpleite wurde von einer grandiosen Propagandaaktion der Gesellschaft begleitet.

Diese riesigen Institutionen der modernen Welt machen im Umgang mit der Natur fundamentale Fehler. Indem sie immer größer werden, mehr politische Macht ansammeln und technologische Gerätschaften in ihren oligarchischen Strukturen vereinen, desto stärker drohen ihre Direktoren und Handlanger zu den Zauberlehrlingen des 21. Jahrhunderts zu werden.

Weiterhin werden von einem Land zum anderen verschiedene Instanzen für die Technologiekontrolle zuständig sein. Leute wie die Galtieris und Idi Amin Dadas können sich ihrer bemächtigen. Kontrollfunktionen kann man aber auch erben oder einkaufen. Man kann für sie ausgebildet oder als Belohnung für persönliche Bemühungen in einer modernen Gesellschaft von verschiedenen Institutionen vorgeschlagen werden.

Fällt die Hochtechnologie in die Hände derartig übler Gruppen, bekommt die Beschränkung und Überwachung der oftmals gefährlichen Nebenwirkungen der Technologie zunehmende Bedeutung. Man muß den Zugang zu technologischen Möglichkeiten zwar allen ermöglichen, diese aber im Interesse weltweiter ökologischer Prozesse, in die wir eingebunden sind, verantwortungsvoll kontrollieren.

Aus dieser Sicht wäre die Einrichtung eines Welt-Rates wichtig. Eine derartige Körperschaft könnte aktuelle Forschungen unterstützen und alle umweltrelevanten Daten sammeln. Sie könnte neue Erkenntnisse verbreiten und sie auf praktische Umsetzbarkeit auswerten. Absolut unabhängig von wirtschaftlichen und politischen Interessengruppen, könnte sie gesetzgebend wirken und – wenn nötig – Rechtsbrecher, egal wie mächtig und einflußreich sie sind, verurteilen. Die Sarawak- und TFAP-Skandale bekräftigen den Ruf nach solchen Hütern der Umwelt. Wichtig wäre natürlich, daß ein derartiger Weltrat Vollstreckungsmacht hat und nicht ein weiteres internationales Placebo ist.

Man hat nie zuvor versucht, eine so geartete Organisation zu schaffen (außer im Bereich der Menschenrechte, wo Amnesty International die engsten Parallelen zeigt). Man benötigt ein weltweites Netz internationaler Institutionen, die unabhängig, übergeordnet, respektiert und mächtig sind.

In diesen muß die Sorge sich nicht um kurzfristige, nationale Egoismen drehen, sondern die Interessen der gesamten Menschheit und zukünftiger Generationen verfolgen. Das ist nur zu erreichen, wenn Wissenschaftler, Journalisten, Techniker und Bürokraten Dinge wie Umwelt, Ressourcen, Menschenrechte und Nuklearmacht offen diskutieren und es nicht irgendwelchen Cliquen und Geheimwissenschaftlern überlassen.

Die Vielfalt menschlicher Existenz mit Erfindungsreichtum und Kreativität ist und bleibt an Technik gebunden. Technologie bestimmt unsere Zeit sowie unsere Stellung in der Natur und hat es schon seit den frühesten Anfängen getan. Wahrscheinlich gab es keinen einzigen Zeitraum, in dem man Technologie, so einfach sie gewesen sein mag, nicht intensiv nutzte. Da ihre Auswirkungen aber immer stärker werden, müssen wir sicher gehen, daß sie dem Ziel eines öko-biologisch gesunden Planeten untergeordnet wird. Wir stammen von dieser Erde und wir werden in sie wieder eingehen, unabhängig von allen ausgeklügelten Verdrängungsmechanismen, die verhindern, daß wir unser endgültiges Schicksal erkennen.

Glossar und Abkürzungen

Einige Fachbegriffe werden, wenn man sie häufiger benutzt, lästig. Zu ihnen gehört «Jahre vor der Gegenwart». Die Abkürzung v.h. (vor heute) ist die im vorliegenden Buch am häufigsten benutzte Zeitangabe. Um komplizierte Umschreibungen, wie «archaischer, moderner Mensch», der zwischen den Erectus-Vertretern und dem vollkommen modernen Menschen stand, zu umgehen, habe ich diesen teilweise Heidelberger-Vertreter genannt; den Ausdruck «Jäger und Sammler» habe ich stellenweise zu Jäger- bzw. Sammler-Kulturen verkürzt; Sammelwirtschaft mit ergänzender Fallenjagd auf Kleintiere (wie sie bei allen heutigen Sammlern auftritt) unterscheidet sich gewaltig von der Jagd auf Großtiere. Die Begriffe Großwildjäger und Großwildjagd sollen diesen Unterschied hervorheben.

Auch die Sammel-Kulturen der tropischen Küsten, die eine entscheidende Rolle in diesem Buch spielen, brauchen einen eigenen Namen. Obwohl sie Wasserfahrzeuge besessen haben müssen, waren diese Menschen keine Fischer im engeren Sinne (richtige Fischereiwirtschaft ist eine sehr späte Entwicklung). Um die Meeresküstenbewohner von ihren Vorläufern an Flußufern zu unterscheiden, habe ich eine «Anleihe» bei einer mysteriösen und heute verschwundenen Gruppe aus Namibia, den «Strandläufern» gemacht und diesen Namen auf eine viel größere und weitverbreitete, prähistorische Wirtschaftsform übertragen.

Zusätzlich mußte ich einen Kurzbegriff für die frühen Besiedler Südostasiens, Melanesiens und Australiens finden. Begriffe, wie Indonesier, Melanesier und Australier besitzen enggefaßte, moderne Bedeutungen, die nicht passen. Daher habe ich für diese prähistorischen Menschen, nach dem Zentrum ihres Verbreitungsgebietes, den Begriff «die Banda» gewählt.

Abschlag – Besonders häufiges Artefakt, unregelmäßig geformtes Objekt, das von einem Kernstein abgeschlagen wurde.

Acheuléen – Werkzeugtradition 1,5 Mill.Jahre bis 15000 Jahre v.h. in Afrika und Eurasien, gekennzeichnet durch Faustkeile.

Allele – Verschiedene Ausprägungen eines Gens mit unterschiedlicher Erbinformation.

Anpassung – Evolutive Entstehung von Merkmalen, die Überleben und Fortpflanzung in bestimmten Umwelten ermöglicht.

Aminosäuren – 20 verschiedene Aminosäuren bilden die Grundbausteine der Eiweiße (Proteine); sie bestehen aus Kohlenstoff, Wasserstoff, Sauerstoff und Stickstoff.

Art – Gruppe von Lebewesen, die sich gemeinsam fortpflanzen und von anderen Arten reproduktiv isoliert sind.

Artbildung – Prozeß, durch den neue Arten aus anders aussehenden Vorfahren entstehen.

Artefakt – Jedes von Menschen hergestellte Objekt.

Atérien – Mittelpaläolithische Werkzeugtradition aus Nordwest-Afrika.

Aurignacien – Europäische Werkzeugtradition ab 40000 v.h., gekennzeichnet durch Stein-, Knochen- und Geweihgeräte, lange retuschierte Klingen sowie Knochenspitzen.

Australopithecinen – Gruppe von Hominiden bzw. Menschenaffen, die nur in Afrika vorkamen, Nachweise von vor 4 bis zu 1 Mill. Jahre v.h.

Banda – Prähistorische Bevölkerungsgruppe, die um die Banda-See vorkam und viele Inseln und Küstenbereiche des äquatorialen Indo-Pazifiks bewohnte.

C14-Methode – Datierungsmethode, die für bis 40000 Jahre altes organisches Material geeignet ist.

Capsien – Werkzeugtradition Nordafrikas.

Chromosomen – Längliche, DNA-haltige Körper des Zellkerns, welche die Erbanlagen tragen.

Cro-Magnon – Menschentyp, der zwischen 30000 und 12000 v.h. in Europa lebte.

Djebel Irhoud – Fossilienfundstätte in Nordwest-Afrika mit wichtigen, ursprünglichen modernen Menschen.

DNA – Desoxyribonucleinsäure, lange, gewundene Moleküle, die die Erbinformation enthalten und von Generation zu Generation weitergeben.

Eiszeiten – Perioden, in denen sich die Eiskappen der Pole und Gletscher ausdehnten.

Erectus – Gruppe von Menschen, Vorläufer des modernen Menschen.

Evolution – Vorgang, bei dem Lebewesen über Generationen verändert und dabei der Umwelt angepaßt werden.

Fauna – Alle Tiere eines Ökosystems.

Faustkeil – Verbreitetes Steingerät mit zwei überarbeiteten Oberflächen, 8–30 cm lang, typisch für die Acheuléen-Periode.

Flora – Alle Pflanzen eines Ökosystems.

Florisbad – Spätpleistozäner Fossilienfundort in Südafrika.

Fossil – Jeglicher erhaltene Rest prähistorischer Pflanzen oder Tiere.

Gattung – Gruppe nahe verwandter Arten, die einen gemeinsamen Vorfahren sowie einen gemeinsamen Gattungsnamen besitzen.

Gen – Einheit der Erbinformation, Chromosomenabschnitt, der die Information für den Eiweißbau trägt (s. auch Allel).

Gendrift – Zufällige Änderungen der Allelhäufigkeiten.

Genfluß – Austausch von Genen (Allelen) zwischen Teilpopulationen.

Genpool – Summe aller Gene einer Population.

Habilis-Typ – Gruppe von frühen Hominiden, frühester Homo, wird auch «der Geschickte» genannt.

Habitat – Lebensraum mit besonderen Eigenschaften.

Hadar – Wichtiger Fossilien-Fundort im äthiopischen Rift-Valley.

Holozän – Die letzten 10000 Jahre.

Hominiden – Zoologische Familie; alle Mitglieder der menschlichen Abstammungslinie seit der Trennung von den Tieraffen.

Hominoide – Zoologische Gruppe, die alle lebenden bzw. fossilen Tier- und Menschenaffen, sowie den Menschen zusammenfaßt.

Homo – Gattung, die alle lebenden und fossilen Menschenformen zusammenfaßt.

Horn von Afrika – Nordostspitze Afrikas, d. h. Somaliland.

Isimila – Altsteinzeitlicher Fundplatz in Südwest-Tansania.

Java-Mensch – Erectus-Vertreter aus Java, zunächst als *Pithecanthropus erectus* bezeichnet.

Kalahari – Halbwüstenregion im südwestlichen Afrika.

Kalambo (Fälle) – Fossilienreiche Fundstelle am Südende des Tanganjika-Sees.

Kaukasier – Veralteter Begriff, der die negroide, moderne Bevölkerung Nordostafrikas und die westorientalischen Mongoliden beschreibt.

Keil – Dem Faustkeil ähnliches Steingerät, das jedoch meist nur von einer Seite der Oberflächen bearbeitet wurde.

Kernstein – Steinrest, von dem der Steinbearbeiter Klingen und Abschläge heruntergeschlagen hat.

Khoisan – Ursprüngliche Bewohner Südafrikas, auch Buschmänner genannt; sie bestehen aus den Khoi am Kap und den weiter nördlich lebenden San.

Klaasies-River – Wichtige Fossilfundstelle in Südafrika.

Kratzer – Steingerät mit partieller Kantenretusche (nicht unbedingt zum Kratzen benutzt).

Kung (Kung San) – Stamm der San bzw. Khoisan.

Levallois – Besondere Technik der Steinbearbeitung, bei der die Abschlagform durch Überarbeitung des Kernsteins vorherbestimmt wird.

Levante – Region im östlichen Mittelmeer-Raum.

Lucy (-Typ) – Vulgärbezeichnung für einen *Australopithecus afarensis*-Fund; verallgemeinert, um *A. afarensis* von *A. africanus* zu unterscheiden.

Lupemban – Verfeinerte Steingerätekultur aus Äquatorial-Afrika.

Magdalénien – Spätpaläolithische Tradition in Westeuropa (18000–12000 v. h.).

Maghreb – Nordafrikanisch-mediterranes Küstengebiet.

Malawi – Staat und See in Südost-Afrika.

Mauretanien – Land und Region in Nordwest-Afrika.

Mechta Afalou – Fossilienfundplatz in Nordafrika.

Mesolithikum – Eurasischer und nordafrikaner Abschnitt der Steinzeit, eingefügt zwischen Altsteinzeit und Jungsteinzeit.

Mikrolithen – Steingeräte unter 3 cm Länge, Bestandteil von Kompositgeräten wie Sicheln, Sägen, Pfeilen oder Harpunen.

Miozän – Geologische Periode zwischen 23 und 5 Mill. Jahren v. h.

Mitochondrien – Autonome Zellstrukturen, die 37 Gene besitzen und der Energieversorgung der Zelle dienen.

Mittelpaläolithikum – Steingerätetradition in Afrika und Eurasien zwischen 180000 und 10000 v. h. Die afrikanische «Middle Stone Age»-Phase (hier mit Mittelpaläolithikum übersetzt) liegt z. T. zeitgleich mit dem europäischen Jungpaläolithikum, entspricht von den Werkzeugen her aber eher dem europäischen Mittelpaläolithikum.

MJ – Millionen Jahre

Mongolide – Begriff zur Beschreibung der Ostasiaten und der Indianer.

Moustérien – Steingeräte-Tradition Westeurasiens zwischen 100000 und 34000 v. h.

mtDNA – Mitochondriale DNA-Ringe, die vom Zellkern unabhängige Erbinformationen tragen; werden nur über die Eizellen – nicht über die Samenzellen – vererbt.

natürliche Auslese – Evolutionsprozess, bei dem die bestangepaßten Individuen länger überleben und verstärkt ihre Erbanlagen weitergeben.

Neanderthaler – Westeuropäische Population prähistorischer Menschen, 150 000 bis 32 000 v. h.

negroid – Veralteter Ausdruck, um die Völker Afrikas zu beschreiben.

Neolithikum – Jungsteinzeit; späte Kulturform, in der Steingeräte zusammen mit Töpferei und Getreideanbau auftreten.

Nußknacker-Typ – Vulgärbezeichnung für kräftig gebaute Austrolopithecinen mit starken Kiefern; auch *Paranthropus* genannt.

Ökologie – Forschungszweig, der untersucht, wie Lebewesen miteinander und mit der unbelebten Umwelt gesetzmäßig zusammenleben.

Ökosystem – Summe aus Lebensgemeinschaft und unbelebter Umwelt.

Oldowan – Älteste bekannte Steingerätetradition, dem *Homo habilis* zugeschrieben, weitgehend ostafrikanische Fundstellen.

Olduvai-Schlucht – Sehr wichtige prähistorische Fundstelle mit vielen Fossilien und Werkzeugserien zur Menschwerdung (Tansania).

Olorgesailie – Fossilfundstätte im südlichen Kenia (Rift-Valley)

Omo-River – Flußtal mit zahllosen Fossilfundstätten, das die Gewässer Südäthiopiens in den Turkana-See leitet.

Paläobiologie – Wissenschaftszweig, der die Gesetzmäßigkeiten der vergangenen biologischen Prozesse erforscht.

Paläolithikum – Altsteinzeit, von 2,4 Mill. Jahre bis 10 000 Jahre v. h.

Paläontologie – Wissenschaft vergangenen Lebens auf der Grundlage der erhaltenen Fossilien.

Palästina – Region des östlichen Mittelmeergebietes.

Paranthropus – siehe Nußknacker-Typ.

Peking-Mensch – Regionale Gruppe des Erectus-Menschen, Originalbeschreibung als *Sinanthropus-pekinensis.*

Photosynthese – Prozeß, bei dem Pflanzen mit Hilfe des Sonnenlichtes Kohlendioxid und Wasser in energiereichen Zucker verwandeln.

Pleistozän – Geologische Periode, 1,6 Mill.–10 000 Jahre v. h.

Pliozän – Geologische Periode, 5–1,6 Mill. Jahre v. h.

Population – Gruppe von Individuen einer Art in einem bestimmten Raum und in einer bestimmten Zeit; genetisch gesehen eine Fortpflanzungsgruppe einer Art.

Primaten – Ordnung der Säugetiere, umfaßt Menschen, Menschenaffen, Tier- und Halbaffen.

Proteine – Organische Moleküle, die aus Ketten von Aminosäuren bestehen; Bausteine des Körpers.

Reliktgruppe – Kleinräumig überlebende Gruppe einer Art nach dem Aussterben in einem vorher größeren Verbreitungsgebiet.

Sambesi – Größter Fluß Südost-Afrikas.

San – Die nördlichen Vertreter der modernen südafrikanischen Population der Khoisan.

Sangoan – Afrikanische Steinwerkzeugindustrie mit schweren Spitzen und Faustkeilen ungewissen Alters; einige scheinen zeitgleich mit Kulturen existiert zu haben, die feinere Techniken verwendeten.

Savanne – Graslandschaft mit locker verteiltem Baumbestand bzw. eingestreuten, kleinen Wäldchen.

Sexualdimorphismus – Unterschiede in Größe bzw. Aussehen bei Männchen und Weibchen der gleichen Art.

Stammesgeschichte – Geschichte der evolutionären Abstammungslinien (häufig als Äste des Stammbaumes betrachtet).

Steinschläger (-bearbeiter) – Hersteller von Steinwerkzeugen.

Stillbay – Mittelpaläolithische Industrie im östlichen und südlichen Afrika; typisch sind kleine, lanzettförmige Spitzen.

Strandläufer – In diesem Buch benutzter Begriff, um prähistorische Kulturen zu beschreiben, die Meeresküsten- und Flußmündungslebensräume auf tropischen Inseln und an Festlandsküsten nutzten (verallgemeinert nach einer in jüngerer Zeit ausgestorbenen Gruppe der Namib-Wüste, die man «Strandloper» nennt.

Stratigraphie – Untersuchung der Formationen, Zusammensetzung und Anordnung geologischer Ablagerungen über Raum und Zeit.

Swartkrans – Wichtige Fundstelle fossiler Hominidenreste in Südafrika.

Tanganjika – Hauptfläche von Tansania, außerdem ein See im Rift-Valley.

Taxonomie – Systematik, Fachgebiet der Biologie, das sich mit den Verwandtschaftsbeziehungen der Lebewesen und ihrer Ordnung in einem hierarchischen System befaßt.

Terra Amata – Fossilfundstelle in Zentralspanien.

Torralba – Fossilfundstelle in Zentralspanien.

Tradition – Archäologischer Fachbegriff für Gruppen prähistorischer Industrien bzw. Kulturen.

Tschitolien – Späte, äquatorial-afrikanische Steingeräteindustrie.

Tuareg – Nomadenvolk der Sahara.

Vererbung – Weitergabe typischer Merkmale von Eltern auf ihre Kinder.

v.h. – vor heute; grobe Zeitangabe für prähistorische und historische Zeiten. Als Fixpunkt für «heute» benutzt man 1950.

Wedda – Volksgruppe in Südindien und auf Sri Lanka.

Wirbeltiere – Tiere mit Schädel und Wirbelsäule.

Yams – Kletterpflanze mit großen, eßbaren Wurzeln; in tropischen Gebieten sehr häufig.

Zwischeneiszeit – Wärmerer Abschnitt zwischen zwei kälteren Perioden.

Bibliographie

Aikens, C.M. & Higuchi, T. 1982. *Prehistory of Japan.* Academic Press, N.Y.

Airvaux, J. & Pradel, L. 1984. Gravure d'une tête humaine de face. La Marché Sté. *Préhist. Franç.* Tome 81, –7.

Aitken, M.J. 1974. *Physics and Archaeology.* Clarendon Press, Oxford.

Akazawa, T. & Aikens, C.M. (Hrsg.), 1986. *Prehistoric Hunter-Gatherers in Japan.* University of Tokyo Press, Tokyo.

Allen, J., Golson, J. & Jones, R. (Hrsg.) 1977. *Sundha and Sahul.* Academic Press, London.

Allen, J., Gosden, C. & White, J.P. 1989. Human Pleistocene Adaptations in the Tropical Island Pacific. Recent Evidence from New Ireland. *Antiquity.*

Allison, A.C. 1954. Protection afforded by Sickle-cell Trait against Subtertian Malarial Infection. *British Med. Journ.* I, 290–294.

Anderson, A. 1989. Mechanics of Overkill in the Extinction of New Zealand Moas. *Journ. Archaeol. Sci.* 16, 137–151.

Anderson, J.G. 1943. Researches into the Prehistory of the Chinese. *Bull. Mus. Far East Antiquities. Samlingarna* 15.

Andrews, P. 1982. Hominoid Evolution. *Nature* 295, 185–186

Andrews, P. & Franzen, J.L. (Hrsg.), 1984. The early Evolution of Man with special emphasis on Southeast Asia and Africa. *Cour. Forsch. Inst. Senckenberg,* Frankfurt.

Arambourg, C., Boule, M., Vallois, H. & Verneau, R. 1934. Grottes de Beni Segoual. *Archives Inst. Pal. Hum. Mémoire* 13, Paris.

Ardrey, R. 1961. *African Genesis.* Collins, London

Bahn, P. & Vertut, J. 1988. *Images of the Ice Age.* Windward, London.

Bailey, G. (Hrsg.), 1983. *Hunter Gatherer Economy in Prehistory.* Cambridge University Press, Cambridge.

Baker, P. & Weiner (Hrsg.), 1966. *The Biology of Human Adaptability.* Oxford University Press, Oxford.

Bar-Joseph, O. 1980. The Prehistory of the Levant. *Ann. Rev. Anthrop.* 9, 101–133.

Barnicot, N.A. 1957. Human pigmentation. *Man* 144, 114–120

Barzun, J. 1965. *Race: a Study in Superstition.* Harper and Row, N.Y.

Behrensmeyer, A.K. & Hill, A.P. (Hrsg.), 1980. *Fossils in the Making.* University of Chicago Press, Chicago.

Bellwood, P. 1979. *Man's Conquest of the Pacific.* Oxford University Press, Oxford.

Bellwood, P. 1985. *The Prehistory of the Indo-Malaysian Archipelago.* Academic Press, Sydney.

Bellwood, P. 1987. *The Polynesians.* Thames and Hudson, London.

Bellwood, P. 1989. *Cultural and Biological Differentiation in Peninsular Malaysia: the last 10.000 years.* 2nd Intern. Conf. on Malay Civilisation, Kuala Lumpur.

Berndt, R.M. & Berndt, C.H. (Hrsg.), 1965. *Aboriginal Man in Australia.* Angus und Robertson, Sydney.

Bicchieri, M.G. (Hrsg.) 1972. *Hunters and Gatherers Today.* Holt Reinhart & Winston, N.Y.
Binford, L.R. 1981. *Bones, ancient Man and modern Myths.* Academic Press, N.Y.
Binford, L.R. 1983. *In Pursuit of the Past.* Thames und Hudson, London.
Binford, L.R. 1989. *Debating Archaeology.* Academic Press, N.Y.
Birdsell, J.B. 1967. Trihybrid Origin of the Australian Aborigines. Archaeology and Physical Anthropology. *Oceania* Vol.2, Nr.2, 100–155.
Birdsell, J.B. 1972. *Human Evolution. An Introduction to the new Physical Anthropology.* Rand McNally, Chicago.
Bishop, W.W. (Hrsg.), 1978. *Geological background to Fossil Man.* Academic Press, Edinburgh.
Bishop, W.W. & Clark, J.D. (Hrsg.) 1967. *Background to Evolution in Africa.* University of Chicago Press, Chicago.
Bodmer, W.F. & Cavalli-Sforza, L.L. 1976. *Genetics, Evolution and Man.* Freeman, San Francisco.
Bordes, F. 1972. *The Origin of* Homo Sapiens. UNESCO, Paris.
Bordes, F. 1968. *The Old Stone Age.* McGraw Hill, N.Y.
Boughey, A.S. 1975. *Man and the Environment.* Macmillan, N.Y.
Bourlière, F. 1985. Primate Communication: their Structure and Role in Tropical Ecosystems. *Intern. Journ. Primat.* 6, 1–26.
Bowler, P.J. 1984. *Evolution. The History of an Idea.* University of California Press, Berkeley.
Bowles, G.T. 1977. *The People of Asia.* Weidenfeld, London.
Boyd, W.C. 1950. *Genetics and the Races of Man.* Little, Brown, Boston.
Branda, R.F. & Eaton, J.W. 1978. Skin-colour and Nutrient Photolysis: an evolutionary Hypothesis. *Science* 201, 625–626.
Brauer, G. 1984. The Afro-European *sapiens* Hypothesis and Hominid Evolution in Asia during the late Middle and Upper Pleistocene. *Cour. Forsch. Inst. Senckenberg* 69, 145–165.
Broom, R. 1950. *Finding the Missing Link.* Watts & Co, London.
Brothwell, D.R. 1963. Evidence of early Population Change in Central and Southern Africa: Doubts and Problems. *Man* 132, 101–104.
Brown, J.A. & Price, T.D. (Hrsg.), 1985. *Prehistoric Hunter-Gatherers; the emergence of Cultural Complexity.* Academic Press, N.Y.
Brown, M. 1976. Some Historical Links between Tanzania and Madagascar. *Tanzania Notes and Records* No.79.
Bruhes, A.M. 1977. *People and Races.* Macmillan, London.
Bulmer, S. & Bulmer, R. 1964. The prehistory of the New Guinea Highlands. *Amer. Anthrop.* 66, 4, part 2, 39–76.
Bunn, H.T. 1982. *Meat-eating and Human Evolution.* PhD Diss., University of California.
Bunn, H.T. & Kroll, E.M. 1986. Systematic Butchery by Plio-Pleistocene Hominids at Olduvai Gorge. *Current Anthrop.* 27, 331–442.
Burkill, I.H. 1953. Habits of Man and the Origins of Cultivated Plants of the Old World. *Proc. Linn. Soc.* 164 (1), 12–42.
Butzer, K.W. & Isaac, G.L. (Hrsg.), 1975. *After the Australopithecines.* Mouton, Den Haag.
Butzer, K.W. 1982. *Archaeology as Human Ecology.* Cambridge University Press, Cambridge.
Byard, P.J. 1981. Quantitative Genetics of Human Skin Colour. *Yearbook Phys. Anthrop.* 24, 123–137.

Campbell, B.G. 1974. *Human Evolution*. Aldine, Chicago.
Cann, R.L., Stoneking, M. & Wilson, A.C. 1987. Mitochondrial DNA and Human Evolution. *Nature* Vol. 325, 31–36.
Carey, J.W. & Steegman, A.T. 1981. Human nasal protrusion, latitude and climate. *Amer. Journ. Phys. Anthrop.* 56, 313–319.
Caughley, G. 1988. The Colonisation of New Zealand by Polynesians. *J. Roy, Soc. New Zealand* 18, 245–270.
Cavalli-Sforza, L.L. 1968. Studies on African Pygmies. *Amer. Journ. Hum. Genetics* 21, 252–274.
Cavalli-Sforza, L.L. & Bodmer, W.F. 1971. *The Genetics of Human Populations.* Freeman, San Francisco.
Cavalli-Sforza, L.L. & Feldman, M.W. 1981. *Cultural Transmission and Evolution: a Quantitative Approach.* Princeton University Press, Princeton.
Cavalli-Sforza, L.L. & Piazza, A. 1975. Analysis of Evolution: evolutionary independence and freeness, *Theor. Pop. Biol.* 8, 127–165.
Cavalli-Sforza, L.L., Piazza, A., Menozzi, P. & Mountain, J. 1988. Reconstruction of Human Evolution bringing together genetic, archaeological and linguistic data. *Proc. Nat. Acad. Sci.* U.S.A. 85, 6002–6006.
Cesare, E. 1968. The Pleistocene Epoch and the Evolution of Man. *Current Anthrop.* 9, 27–47.
Chang, K.C. 1986. *The Archaeology of Ancient China.* Yale University Press, New Haven.
Chang, K.C. 1970. The beginnings of Agriculture in the Far East. *Antiquity* XLIV.
Chang, S. *et al.*, 1980. *Atlas of Primitive Man in China.* Science Press, Beijing.
Chappell, J. 1974. Geology of coral terraces on Huon peninsula New Guinea, a study of quarternary tectonic movements and sea-level changes. *Bull. Geol. Soc. Amer.* 85, 553–570.
Chappell, J. & Shackleton, N.J. 1986. Oxygen isotopes and sea level. *Nature* 324, 137–140.
Cheyney, D. & Seyfarth, R. 1990. *How monkeys see the world.* University of Chicago Press, Chicago.
Chomsky, N. 1968. *Language and Mind.* Harcourt Brace Jovanovich, N.Y.
Clarke, C.A. 1964. Blood groups and disease. *Discovery*, Jan., 40–44.
Clark, G. 1961. *World Prehistory*. Cambridge University Press, Cambridge.
Clark, J.D. 1970. *The Prehistory of Africa.* Thames & Hudson, London.
Clark, J.D. (Hrsg.), 1982. *The Cambridge History of Africa.* Vol I. Cambridge University Press, Cambridge.
Clutton-Brock, J. & Grigson, C. (Hrsg.), 1983. *Animals and Archaeology: Hunters and their Prey.* BAR Series 163, Oxford.
Cole, S. 1954. *The Prehistory of East Africa.* Pelican, London.
Cole, S. 1965. *Races of Man.* British Museum, London.
Cole, S. 1975. *Leakey's Luck.* Collins, London.
Coon, C. 1963. *The Origin of Races.* Knopf, N.Y.
Coon, C. 1965. *The Living Races of Man.* Knopf, N.Y.
Coon, C., Garn, S.N. & Birdsell, J.B. 1950. *Races.* Thomas Springfield.
Coon, C.S. 1982. *Racial Adaptations. A Study of the origins, Nature and Significance of racial variation in Humans.* Nelson Hall, Chicago.
Coppens, Y. 1983. Les plus anciens fossiles d'Hominides. *Pontif. Acad. Scient.* 50, 1–9.
Coppens, Y., Howell, F.C., Isaac, G.L. & Leakey, R.E.F. (Hrsg.), 1976. *Earliest Man and Environments in the Lake Rudolph Basin.* University of Chicago Press, Chicago.
Crawford, M.H. (Hrsg.), 1984. Black Caribs. A Case study in Biocultural Adaptation. *Current Dvts. in Anthrop. Genetics* Vol. 3, Plenum, N.Y.

Coursey, D.J. 1967. *Yams.* Longmans Green & Co., London.
Dahlberg, F. (Hrsg.), 1981. *Women the Gatherers.* Yale University Press, New Haven.
Dale, T. & Carter, V.G. 1955. *Topsoil and Civilisation.* University of Oklahoma Press, Oklahoma.
Dart, R. 1948. The Makapansgat proto-human *Australopithecus prometheus. Amer. J. Phys. Anthrop.* 6, 259–284.
Dart, R. 1959. *Adventures with the Missing Link.* Witwatersrand University Press, Witwatersrand.
Darwin, C. 1859. *On the Origin of Species.* John Murray, London.
Darwin, C. 1871. *The Descent of Man and Selection in Relation to Sex.* John Murray, London.
Darwin, C. 1872. *The Expression of Emotion in Man and Animals.* John Murray, London.
Davis, D.h.S. (Hrsg.), 1964. *Ecological Studies in Southern Africa.* Junk, Den Haag.
Day, M.H. 1986. *Guide to Fossil Man.* Cassell, London.
Delson, E. (Hrsg.), 1985. *Ancestors: the Hard Evidence.* Liss, N.Y.
De Vore, E. & Lee, R. (Hrsg.), 1976. *Kalahari Hunter-gatherers.* Harvard University Press, Cambridge, Mass.
Diamond, J. 1991. *The Rise and Fall of the Third Chimpanzee.* Radius, London.
Dobzhansky, T. 1962. *Mankind evolving.* Yale University Press, New Haven.
Doran, E. 1981. *Wangka. Austronesian Canoe origins.* Texas A & m University Press, Texas.
Drennan, M.R. 1931. Paedomorphism in pre-Bushman skull. *Amer. J. Phys. Anthrop.* 16, 203–210.
Durant, J.R. (Hrsg.), 1989. *Human Origins.* Clarendon, Oxford.
Dunn, L.C. 1959. *Heredity and Evolution in Human Populations.* Harvard University Press, Cambridge, Mass.
Dutrillaux, B. 1975. Sur la Nature et l'Origine des chromosomes Humaines. *Monogr. Ann. Genet. Expansion Sci Fr,* 41–71.
Dyer, K.F. 1974. *The Biology of Racial Integration.* Scientechnika, Bristol.
Eldredge, N. & Tattersall, I. 1982. *The Myths of Human Evolution.* Columbia University Press, N.Y.
Erlich, A. & Erlich, P. 1981. *Extinction.* Random House, N.Y.
Endicott, K. 1979. *Batek Negrito Religion.* Oxford University Press, Oxford.
Fagan, B.M. 1990. *The Journey from Eden.* Thames & Hudson, London.
Farb, P. 1963. *Face of North America. The Natural History of a Continent.* Harper & Bros, N.Y.
Farb, P. 1969. *Man's Rise to Civilisation.* Secker and Warburg, London.
Ferembach, D. 1962. *La Necropole épipaléolithique de Taforalt.* CNRS, Paris.
Fiedel, S. 1987. *Prehistory of the Americas.* Cambridge University Press, Cambridge.
Fisher, R.A. 1930. *The Genetical Theory of Natural Selection.* Clarendon, Oxford.
Flood, J. 1989. *Archaeology of the Dreamtime.* Collins, Sydney.
Foley, R. (Hrsg), 1984. *Hominid Evolution and Community Ecology.* Academic Press, London.
Forde, C.D. 1950–55. *Ethnographic Survey of Africa.* Intern. African Institute, London.
Fox, R.B. 1970. *The Tabon Caves.* Natural History Museum, Manila.
Frayer, D.W. 1980. Sexual dimorphism and cultural evolution. *J. Hum. Evol.* 9, 299–415.
Frayer, D.W. 1981. Body size, weapon use and natural selection. *Amer. Anthrop.* 83, 57–73.
Freedman, L. (Hrsg.), 1989. Is our future limited by our Past? *Proc. 3rd Conf. Austr. Soc. Hum. Biology,* University Western Australia, Perth.
Friedlander, J.S. 1975. *Patterns of Human Variation.* Harvard University Press, Cambridge, Mass.

Frisancho, A.R. 1979. *Human Adaptation.* Mosby, St Louis.
Gamble, C. 1986. *The Palaeolithic Settlement of Europe.* Cambridge University Press, Cambridge.
Gamble, C. & Soffer, O. 1989. *The World at 18,000 B.P.* Unwin Hyman, London.
Garn, S.M. 1961. *Human Races.* Springfield, Illinois.
Geerts, S.T. 1965. *Genetics Today.* Pergamon, London.
Geist, V. 1981. Neanderthal the Hunter. *Natural History* 90 (1), 26–36.
Gillan, D.J., Premack, D. & Woodruff, G. 1981. Reasoning in the chimpanzee. *J. Exper. Psychol, An. Beh. Proc.* 7, 1–17
Goodall, J. 1986. *The Chimpanzees of Gombe.* Harvard University Press, Cambridge, Mass.
Gowlett, J. 1984. *Ascent to Civilisation.* Collins, London.
Grine, F.E. (Hrsg.), 1990. *The Evolutionary History of the robust Australopithecines.*
Grouchy, J., Ebling, F.J. & Henderson, I.W. (Hrsg.), 1972. Human Genetics. *Excerpta Medica,* Amsterdam.
Groves, C.P. 1989. *A Theory of Human and Primate Evolution.* Oxford University Press, Oxford.
Groves, C.P. 1989. Natural Selection and Intelligent Ancestors. *Mankind* Vol 19, Nr.1, 76–82.
Haddon, H.C. 1919. *The Wanderings of Peoples.* Cambridge University Press, Cambridge.
Ha Van Tan 1978. The Hoabhinian in Vietnam. *Vietnam Studies* Vol 46, 127–197.
Hamilton, A.C. 1982. *Environmental History of East Africa.* Academic Press, London.
Hardin, G. 1960. The competitive exclusion principle. *Science* Vol 131, 1291–1297.
Harding, R.S.O. & Teleki, G. (Hrsg.), 1981. *Omnivorous Primates.* Columbia University Press, N.Y.
Harris, D.R. & Hillman, G.C. (Hrsg.), 1989. *Foraging and Farming. The Evolution of Plant Exploitation.* Unwin Hyman, London.
Headland, T. 1986. *Why Foragers do not become Farmers.* Anne Arbor Univ. microfilm.
Headland, T. 1987. The Wild Yam question. *Human Ecology* 15, 463–491.
Headland, T. & Reid, L.A. 1989. Hunter gatherers and their neighbours from Prehistory to the Present. *Curr. Anthrop.* 30, 43–66.
Heekeren, H.R. van. 1972. *The Stone Age in Indonesia.* M.Nizhoff, Den Haag.
Hiernaux, J. 1974. *The People of Africa.* Weidenfeld & Nicolson, London.
Hill, A. *et al.* 1992. Earliest *Homo* in Chemeron Formation at 2.4 MY. *Nature* Vol. 355, Nr. 6362, 20. February 1992.
Hiorns, R.W. & Harrison, G.A. 1977. The combined effects of selection and migration in Human Evolution. *Man* 12, 433–445
Hodges, H. 1964. *Artifacts.* Baker, London.
Hope, G.S., Golson, J. & Allen, J. 1983. Palaeoecology and Prehistory in New Guinea. *Jour. Hum. Ecol.* 12, 37–70.
Hornell, J. 1934. Indonesian Influence on East African culture. *Journ. Roy. Anthrop. Inst.* Vol. 64, 305–332.
Howell, F.C. 1973. *Early Man.* Time Life, N.Y.
Howells, W.W. 1966. The Jōmon Population of Japan. A study by discriminant analysis. *Peabody Mus. Papers* 57, 1–43.
Howells, W.W. 1967. *Mankind in the Making.* Addison-Wesley, Reading, Mass.
Howells, W.W. 1973. Cranial Variation in Man. *Papers of Peabody Mus.,* 67, 1–25.
Howells, W.W. 1973. *The Pacific Islanders.* Weidenfeld & Nicholson, London.
Howells, W.W. 1976. Physical variation and history in Melanesia and Australia. *Amer. Journ. Phys. Anthrop.* 45, 641–650.

Howells, W.W. 1976. Explaining modern man; evolutionists versus migrationists. *Journ. Hum. Evol.* 5, 477–495.
Howells, W.W. 1980. *Homo erectus* – Who, When and Where: a Survey. *Yearbook of Phys. Anthrop.* 23, 1–
Hughes, J.D. 1975. *Ecology in Ancient Civilisations.* University of New Mexico Press, New Mexico.
Hulse, F.S. 1971. *The Human Species.* Random House, N.Y.
Huxley, J. 1974. *Evolution. The Modern Synthesis.* Allen and Unwin, London.
Huxley, T.H. 1863. *Man's Place in Nature.* Macmillan, London.
Iampietro, P.F. *et al.* 1959. Response of negro and white males to cold. *Journ. Applied Physiol.* 14, 798–800.
Inizan, M.L. & Ortlieb, L. 1987. Prehistoire dans la region de Shabwa au Yemen du Sud. *Paleorient* 13, 5–22.
Inskeep, R.R. 1978. *The peopling of Southern Africa.* D. Philip, London.
Isaac, G.L. 1971. The Diet of Early Man. *World Archaeology* 2, 278–298.
Isaac, G.L. & Leakey, R.E.F. (Hrsg.), 1979. Human Ancestors. *Scientific American,* Freeman, San Francisco.
Isaac, G.L. & McGown, E.R. (Hrsg.), 1976. *Human Origins.* Benjamin, Menlo Park.
Jacob, T. 1967. *Some problems pertaining to the racial history of the Indonesian Region.* Drukkerie Neerlandia, Utrecht.
Jenkins, T., Zoutendyk, A. & Steinberg, A.G. 1970. Gammaglobulin groups of various S. African populations. *Amer. J. Phys. Anthrop.* 32, 197–218.
Jennings, J.D. & Norbeck, E. 1956. *Prehistoric Man in the New World.* University of Chicago Press, Chicago.
Jia, L. 1980 *Early Man in China.* Science Press, Beijing.
Johanson, D.C. & Edey, M.A. 1981. *Lucy. The Beginnings of Humankind.* Granada, N.Y.
Johanson, D.C. & Shreeve, J. 1989. *Lucy's child.* Morrow, N.Y.
Jolly, A. 1972. *The Evolution of Primate Behaviour.* Macmillan, N.Y.
Jolly, C.T. 1970. The Seed-eaters: A new Model of Hominid differentiation based upon a Baboon analogy. *Man* Vol. 5, 5–26.
Jones, J.S. 1981. How Different are Human Races? *Nature* Vol. 293, 17. Sept., 188–190.
Jones, R. (Hrsg.), 1985. Archaeological Research in Kakadu National Park. *Austr. N.P. & W1 Service* Publ. 13, Canberra.
Jones, R.R. & Wigley, T. (Hrsg.), 1989. *Ozone depletion: Health and Environmental Consequences.* Wiley, N.Y.
Kalb, J.E., Jolly, C.T., Oswald, E.B. & Whitehead, P.F., 1984. Early Hominid Habitation in Ethiopia. *American Scientist* Vol. 72, 168–178.
Kamminga, J. & Wright, R., 1988. The Upper Cave at Zhoukoudian and the Origins of the Mongoloids. *Journ. Hum. Evol.* 17, 739–76.
Kano, T. 1991. *The last Ape: Pygmy Chimpanzee Behaviour and Ecology.* Stanford University Press, Stanford.
Kennedy, J.A. 1984. The Emergence of *Homo sapiens*. The postcranial evidence. *Man* 19, 94–110.
Kimura, M. 1983. *The Neutral Theory of Molecular Evolution.* Cambridge University Press, Cambridge.
King, J.C. 1981. *The Biology of Race.* University of California Press, Berkeley.
Kinzey, W. (Hrsg.), 1985. *Primate Models of Hominid Behaviour.* Plenum, N.Y.
Kirch, P.V. 1984. *The Evolution of the Polynesian Chiefdoms.* Cambridge University Press, Cambridge.
Kirk, R.L. 1985 *Aboriginal Man adapting.* Clarendon, Oxford.

Kirk, R.L. & Thorne, A.G. (Hrsg.), 1976. *Origins of the Australians.* Aust. Institute of Aboriginal Studies, Canberra.

Kirk, R.L. & Szathmary, E. (Hrsg.), 1985. *Out of Asia: Peopling the Americas and the Pacific.* ANU, Canberra.

Klein, R. 1969. *Man's Culture in the Late Pleistocene.* Chandler, San Fransisco.

Klein, R. 1989. *The Human Career.* University of Chicago Press, Chicago.

Kohler, W. 1952. *The Mentality of Apes.* Pelican, London.

Kruth, W. 1962. *Evolution and Hominisation.* Fischer, Stuttgart.

Lawrence, R. 1972. Aboriginal Habitat and Economy. *Austr. Nat. Univ. Dept. Geog.* Occ. Paper, Nr. 6.

Leakey, L.S.B. 1934. *Adam's Ancestors.* London.

Leakey, L.S.B. 1965. *Olduvai Gorge.* Cambridge University Press, Cambridge.

Leakey, M.D. 1984. *Disclosing the past.* London.

Leakey, R.E.F., Butzer, K.W. & Day, M.H. 1969. Early *Homo sapiens* remains from the Omo River Region of South West Ethiopia. *Nature* 222, 1132–1138.

Leakey, R.E. & Isaac, G. (Hrsg.), 1978. *Koobi Fora Research Monograph.* Oxford University Press, Oxford.

Leakey, R.E. & Lewin, R. 1977. *Origins.* Dutton, N.Y.

Leakey, R.E.F. & Walker, A.C. 1976. *Australopithecus, Homo erectus* and the Single Species Hypothesis. *Nature* 261, 571–574.

Leakey, R.E.F. & Walker, A.C. 1985. *Homo erectus* unearthed. *National Geographic* 168, 625–629.

Lee, R. 1965. *Subsistence Ecology of Kung Bushmen.* PhD Diss. University of California Press, Berkeley.

Lee, R. 1979. *Kung San: Men, Women and Work in a Foraging Society.* Cambridge University Press, Cambridge.

Lee, R.B. & De Vore, I. (Hrsg.), 1968. *Man the Hunter.* Chicago, Aldine.

Le Gros Clark W.E. 1971. *The Antecedents of Man.* Quadrangle, Chicago.

Lewin, R. 1987. *Bones of Contention.* Simon & Schuster, N.Y.

Lewontin, R.C. 1974. *The genetic Basis of Evolutionary Change.* Columbia University Press, N.Y.

Lewontin, R.C. 1984. *Human Diversity.* Freeman, San Francisco.

Linden, E. 1974. *Apes, Men and Language.* E.P. Dutton, N.Y.

Livingstone, F.B. 1962. On the non-existence of Human Races. *Current Anthrop.* 3, 279–282.

Longworth, I.H. & Wilson, K.E. 1976. *Problems in Economic and Social Archaeology.* Duckworth, London.

Loomis, F.W. 1967. Skin-pigment Regulation of Vitamin D Biosynthesis in Man. *Science* 157, 501–506.

Lovejoy, C.O. 1981. The Origins of Man. *Science* 211, 341–350.

Lovejoy, C.O. 1988. Evolution of Human Walking. *Scientific American* Nov. 118–125.

Maglio, V.J. & Cooke, H.B.S. 1978. *Evolution of African Mammals.* Harvard University Press, Cambridge, Mass.

Mann, A. 1975. *Palaeodemographic Aspects of the South African Australopithecines.* Philadelphia.

Marshall, L. 1960. Kung Bushmen Bands. *Africa* Vol. 30, Nr. 4.

Martin, P. & Klein, R. 1984. *Quaternary Extinctions.* University of Arizona Press, Tucson.

Mascie-Taylor, C.G.N. & Lasker, G.W. 1988. *Biological Aspects of Human Migration.* Cambridge University Press, Cambridge.

McNeely, J.A. 1988. *Economic and Biological Diversity.* IUCN, Gland.

McBrearty, S. 1990. The Origin of Modern Humans. *Man* (NS) 25, 129–143.
Meehan, B. 1977. The Role of Seafood in the Economy of a Contemporary Aboriginal Society in Coastal Arnhemland. *Hansard Rep.* 3, 1085–1095.
Meehan, B. 1982. *Shell Bed to Shell Midden.* Aust. Institute of Aboriginal Studies, Canberra.
Meehan, B. 1991. Wetland Hunters: Some reflections. *Monsoonal Australia* 197–206, Balkema, Rotterdam.
Meehan, B. & Jones R. (Hrsg.), 1988. *Archaeology with Ethnography.* ANUP, Canberra.
Meehan, J.P. 1955. Individual and racial variations in a vascular response to a cold stimulus. *Military Medicine.* 116, 330–334.
Meggitt, M.J. 1962. *Desert People. A Study of the Walbiri Aborigines.* Angus & Robertson, Sydney.
Mellars, P. & Stringer, C. (Hrsg.), 1989. *The Human Revolution.* Edinburgh University Press, Edinburgh.
Merimee, T.J, Zapf, J. & Froesch, E.R. 1981. Dwarfism in the Pygmy. *New England Journ. Medic.* 305, 905–908.
Mhoro, E.B. & Mtotomwema, K. 1988. Mleao Mng'oko: A wild edible Yam. *Tanzania Notes and Records* Nr. 89, 109–126.
Misra, V.N. 1987. Presidential Address Proc. 74th Indian Sci. Congress, 1–24, Bangalal, Calcutta.
Misra, V.N. & Bellwood, P. (Hrsg.), 1985. *Recent Advances in Indo-Pacific Prehistory.* IBH, New Delhi.
Molnar, S. 1983. *Human Variation. Races, Types and Ethnic Groups.* Prentice Hall, N.J.
Montague, M.F. (Hrsg.), 1962. *Culture and the Evolution of Man.* Oxford University Press, Oxford.
Montagu, A. (Hrsg.), 1964. *The Concept of Race.* Free Press, N.Y.
Moore, R. 1960. *Man, Time and Fossils.* Jonathan Cape, London.
Morgan, E. 1982. *The Aquatic Ape. A theory of Human Evolution.* Souvenir Press, London.
Morlan, V.J. 1971. Pre-ceramic period in Japan. *Arctic Anthrop.* VIII Nr. 1, 136–170.
Mountain, M.J. 1979. The Rescue of the Ancestors in Papua New Guinea. *Inst. Archaeol. Bulletin* 16, 63–80.
Mourant, A.E. 1983. *Blood Relations: Blood Groups and Anthropology.* Oxford University Press, Oxford.
Mourant, A.E., Kopee, A.C. & Sobezak, K. 1976. *The Distribution of the Human Blood Groups and Other Polymorphisms.* Oxford University Press, Oxford.
Mulvaney, D.J. 1969. *The Prehistory of Australia.* Thames & Hudson, London.
Mulvaney, D.J. & Golson, J. 1971. *Aboriginal Man and the Environment in Australia.* Austr. Nat. University Press, Canberra.
Munroe, R.R. 1966. Histological Aspects of Skin Pigmentation. *Arch. Phys. Anthrop. in Oceania* Vol. 1 & 2, 119–133.
Napier, J.R. 1962. The Evolution of the Hand. *Scientific American* Vol. 206 Nr. 1, 56–62.
Nei, M. 1987. *Molecular Evolutionary Genetics.* Columbia University Press, N.Y.
Newmann, J.L. 1968. *Geography and Subsistence change among the Sandawe.* PhD Diss. University of Minnesota, Minneapolis.
Nishida, T. 1990. *The Chimpanzees of the Mahale Mountains.* University of Tokyo Press, Tokyo.
Nitecki, M.H. & Nitecki, D. (Hrsg.), 1986. *The Evolution of Human Hunting.* Plenum, N.Y.
Nozawa, K., Shotake, T., Kawamoto, Y. & Tanabe, Y. 1982. Electrophoretically estimated genetic distance and divergence time between chimpanzee and Man. *Primates.* 23, 433–443.

Nurse, G.T., Weiner, J.S. & Jenkins, T. 1985. *The Peoples of Southern Africa and their affinities.* Clarendon Press, Oxford.
Oakley, K.P. 1961. *Man the Tool-Maker.* British Museum, London.
Omoto, K. 1972. Polymorphism and gentic affinities of the Ainu in Hokkaido. *Human Biology in Oceania* 1, 279–288.
Omoto, K. 1981. Genetic Origins of the Philippine Negritos. *Current Anthrop.* 22, 421–422.
Omoto, K. 1987. Population Genetic Studies in the Philippines. *Man and Culture in Oceania* 3, 33–40.
Osborne, R.H. (Hrsg.), 1971. *The Biological and Social Meaning of Race.* Freeman, San Francisco.
Pales, L. & St. Pereuse, M.T. 1976. *Les Gravures de la Marché.* Ophrys, Paris.
Passingham, R.E. 1982. *The Human Primate.* Freeman, Oxford.
Pearce, F. 1990. Hit and Run in Sarawak. *New Scientist* May 12, 24–27.
Perles, C. 1975. L'Homme Préhistorique et le Feu. *La Recherche* 60, 829–839.
Perrot, A., Street-Perrot, A. & Harkness, D. 1989. Lake Patzcuaro sediments. *Amer. Antiquities* Vol. 54. 759.
Pfeiffer, J. 1978. The Emergence of Man. Harper & Row, N.Y.
Pfeiffer, J. 1983. *The Creative Explosion.* Harper & Row, N.Y.
Phillipson, D. 1985. *African Archaeology.* Cambridge University Press, Cambridge.
Pilbeam, D. 1970. *The Evolution of Man.* Thames & Hudson, N.Y.
Pilbeam, D. 1972. *The Ascent of Man.* Thames & Hudson, N.Y.
Potts, R. 1984. Home Bases of Early Hominids. *American Scientist* 72, 338–347.
Potts, R. 1988. On an Early Hominid Scavenging Niche. *Current Anthrop.* 29, 153–155.
Plomley, N.J.B. (Hrsg.), 1966. Friendly Mission. *Tasman Hist. Res. Ass.*, Hobart.
Price, T. & Brown, J.A. 1985. *Prehistoric Hunter-gatherers: The emergence of Cultural Complexity.* Academic Press, N.Y.
Race, R.R. & Sanger, R. 1964. *Blood Groups in Man.* Thomas Springfield, N.Y.
Rak, Y. 1983. *The Australopithecine Face.* Harvard University Press, New Haven.
Rambo, A.T., Gillogly, K. & Hutterer, K.L. 1988. *Ethnic Diversity and the Control of Natural Resources in South East Asia.* Michigan University Papers on South East Asia.
Reader, J. 1981. *Missing Links.* Little, Brown, Boston.
Reichs, K.J. 1983. *Hominid Origins: Inquiries past and present.* University of America Press, Washington.
Renfrew, C. (Hrsg.), 1973. *The Explanation of Culture Change.* Duckworth, London.
Roberts, D.F. & Hiorns, R.W. 1962. The Dynamics of Racial Admixture. *Amer. Journ. Human Genetics* 14, 261–277.
Robinson, J.T. 1965. *Homo habilis* and the Australopithecines. *Nature* 205, 121–124.
Roth, W.E. 1984, (Facsimile). *The Queensland Aborigines.* Hesperian Press, Perth.
Rowley, C.D. 1970. *The Destruction of Aboriginal Society.* ANU Press, Canberra.
Roychoudrhury, A.K. & Nei, M. 1988. *Human Polymorphic Genes, World Distribution.* Oxford University Press, Oxford.
Russell, M.D. 1985. The supraorbital torus: a most remarkable peculiarity. *Current Anthrop.* 26, 336–360.
Saitou, N. & Omoto, K. 1987. Time and Place of Human Origins from mtDNA. *Nature,* Vol. 327, 288.
Salzano, F.M. (Hrsg.), 1975. *The Role of Natural Selection in Human Evolution.* Elsevier, N.Y.
Sampson, C.G. 1974. *The Stone Age Archaeology of Southern Africa.* Academic Press, N.Y.

Sarich, V.M. & Wilson, A.C. 1967. Immunological Time Scale for Hominid Evolution. *Science* 158, 1200–1203.
Sawaguchi, T. & Kudo, H. 1991. Active Selection may participate in the Evolution of Primates. *Human Evolution* Vol. 6, Nr. 3, 201–212.
Schapera, I. 1951. *The Khoisan Peoples of Africa.* Routledge, London.
Schebesta, P. 1928. The Jungle Tribes of the Malay Peninsula. *Bull. of School of Orient. and Afr. Studies* 4, 269–278.
Schrire, C. (Hrsg.), 1985. *Past and present in Hunter-gatherer studies.* Academic Press, N.Y.
Service, E.R. 1966. *The Hunters.* Yale University Press, N.J.
Sheldon, W.H. & Tucker, W.B. 1941. *The varieties of Human Physique.* Hafner, N.Y.
Shepard, C. 1831. *An Historical Account of the Island of St. Vincent.* Weidenfeld & Nicolson, London.
Sherratt, A. (Hrsg.), 1980. *The Cambridge Encyclopaedia of Archaeology.* Cambridge University Press, Cambridge.
Shipman, P. 1984. Scavenger Hunt. *Natural History,* April, 20–27.
Shipman, P. 1984. The earliest Bone Tools. *Anthroquest* 29, 9–10.
Shipman, P., Bosler, W. & Davis, K.L. 1981. Butchering of Giant Geladas at an Acheulian site. *Current Anthrop.* 22, 257–264.
Shipman, P. & Walker, A. 1989. The Costs of becoming a Predator. *J. Human Evolution* 18, 373–392.
Sibley, C.G. & Alquist, J.E. 1984. The Phylogeny of the Hominid Primates as indicated by DNA-DNA Hybridization. *Journ. of Molecular Evolution* 20, 2–15.
Simmons, R.T., Tindale, N.B. & Birdsell, J.B. 1962. A Blood Group genetical Survey in Australian Aborigines. *Amer. Journ. Physic. Anthrop.* Vol. 20, Nr. 3, 303–320.
Simpson, G.G. 1967. *The Meaning of Evolution.* Yale University Press, New Haven.
Singh, R. 1975. Arrows speak louder than words. The last Andaman Islanders. *National Geographic,* Vol. 148, July 1975, 66–76.
Smith, F. & Spencer, F. 1984. *The origins of Modern Humans.* A. Liss, N.Y.
Soffer, O. (Hrsg.), 1987. *The Pleistocene Old World.* Plenum, N.Y.
Standen, V. & Foley, R.A. (Hrsg.), 1991. *Comparative Socioecology of Mammals and Man.* Blackwells, Oxford.
Stern, C. 1973. *Principles of Human Genetics.* Freeman, San Francisco.
Stocking, G.W. (Hrsg.), 1973. *Researches into the Physical History of Man.* University of Chicago Press, Chicago.
Stringer, C. 1974. Population Relationships of later Pleistocene Hominids. *J. Archaeol. Sci.* I, 317–342.
Stringer, C. (Hrsg.), 1981. *Aspects of Human Evolution.* Taylor and Francis, London.
Stringer, C. & Andrews, P. 1988. Genetic and Fossil Evidence for the origin of Modern Humans. *Science* 239, 1263–1268.
Susman, R.L. (Hrsg.), 1984. *The Pygmy Chimpanzee.* Plenum, N.Y.
Symons, D. 1979. *The Evolution of Human Sexuality.* Oxford University Press, Oxford.
Szalay, F.S. (Hrsg.), 1975. *Approaches to Primate Palaeobiology.* Karger, Basel.
Tattersall, I. 1986. Species Recognition in Human palaeontology. *Journ. Hum. Evol.* 15, 165–175.
Terrell, J. 1986. *Prehistory in the Pacific Islands.* Cambridge University Press, Cambridge.
Thomson, M.L. 1955. Relative Efficiency of Pigment and Horny Layer thickness in protecting the skin of Europeans and Africans against solar Ultraviolet Radiation. *J. Physiol.* 127, 236–246.
Tiger, L. & Fowler, H. (Hrsg.), 1978. *Female Hierarchies.* Beresford B.S., Chicago.

Tindale, N.B. & Lindsay, H.A. 1963. *Aboriginal Australians.* Angus and Robertson, Sydney.
Tobias, P.V. 1955. Physical Anthropology and the Somatic origins of the Hottentots. *African Studies* 14, 1–15.
Tobias, P.V. 1965. Early Man in East Africa. *Science* 199, 22–33.
Tobias, P.V. 1971. *The Brain in Hominid Evolution.* Columbia University Press, N.Y.
Tobias, P.V. (Hrsg.), 1985. *Hominid Evolution Past, Present and Future.* A. Liss, N.Y.
Tomkins, S. 1984. *The Origins of Mankind.* Cambridge University Press, Cambridge.
Trinkaus, E. (Hrsg.), 1991. *Corridors, Cul-de Sacs and Coalescence. The Biocultural Foundations of Modern People.* Cambridge University Press, Cambridge.
Turnbull, C. 1961. *The Forest People.* Pan, London.
Turner, C.G. 1987. Late Pleistocene and Holocene Population History of East Africa based on Dental Variation. *Amer. Journ. Phys. Anthrop.* 73, 305–321.
Tuttle, R.H. (Hrsg.), 1976. *Primate Morphology and Evolution.* Junk, Den Haag.
Van Valen, L.M. 1986. Speciation and our own Species. *Nature* 322, 412.
Walker, A.C. & Leakey, R.E. 1978. The Hominids of East Turkana. *Scientific American* 239, (8), 54–66.
Walker, D. 1972. *Bridge and Barrier, the Natural and Cultural History of the Torres Straits.* Junk, Den Haag.
Washburn, S.L. (Hrsg.), 1963. *Social Life of Early Man.* Viking, N.Y.
Washburn, S.L. (Hrsg.), 1964. *Classification and Human Evolution.* Aldine, Chicago.
Washburn, S.L. 1968. *The Study of Human Evolution.* Oregon.
Washburn, S.L. & Dolhinow, P. (Hrsg.), 1972. *Perspectives on Human Evolution.* Holt Rinehart, N.Y.
Wasson, R.J. & Clark, R. 1987. Sea Levels at Huon peninsula. BMR Report, 282.
Watanabe, S. (Hrsg.), 1975. *Anthropological and Genetic Studies of the Ainu.* Tokyo.
Watanabi, H. 1985. The chopper-chopping tool complex of Eastern Asia. *Journ. Anthrop. Archaeol.* 4, 1–18.
Weiner, J.S. 1954. Nose-shape and Climate. *Amer. Journ. Phys. Anthrop.* 12, 1–4
Weiss, K.M. 1984. On the number of Members of the Genus *Homo* who have ever lived and some evolutionary Implications. *Human Biology* 56, 637–649.
White, T.D. 1980. Evolutionary Implications of Pliocene Hominoid Footprints. *Science* Ap 208, 175–176.
White, P. & O'Connell, J. (Hrsg.), 1982. *A Prehistory of Australia, New Guinea and Sahul.* Academic Press, Sydney.
Wilson, E.O. 1984. *Biophilia.* Harvard University Press, Cambridge, Mass.
Wilson, E.O. (Hrsg.), 1988. *Biodiversity.* Nat. Academic press, Washington.
Wolpoff, M.H. 1968. Climatic Influence on the skeletal nasal Aperture. *Amer. Journ. Phys. Anthrop.* 29, 405–423.
Wood, B.A. 1978. *Human Evolution.* Chapman and Hall, London.
Wood, B.A. 1987. Who is the 'real' *Homo habilis*? *Nature* 327, 187–188.
Wood. B., Martin, L. & Andrews, P. (Hrsg.), 1984. *Major Topics in Primate and Human Evolution.* Cambridge University Press, Cambridge.
Wu, R. & Lin, S. 1985. *Chinese Palaeoanthropology: Retrospect and Prospect.* Beijing.
Wu, R. & Olsen, J.W. (Hrsg.), 1985. *Palaeoanthropology and Palaeolithic Archaeology in the People's Republic of China.* Academic Press, N.Y.
Yellen, J.E. 1977. *Archaeological Approaches to the Present; Models for reconstructing the Past.* Academic Press, N.Y.
Yoffee, N. & Cowgill, G.L. 1988. *The Collapse of Ancient States and Civilisations.* University of Arizona Press, Tucson.

Young, J.Z. 1974. *An Introduction to the Study of Man.* Oxford University Press, Oxford.

Young, J.Z., Jope, E.M. & Oakley, K.P. (Hrsg.), 1981. The Emergence of Man. *Phil. Trans. Roy. Soc.* 292.

Young, V. 1795. *An Account of the Black Caribs in the Island of St Vincent.* J. Sewell, London.

Yunis, J.J. & Prakash, O. 1982. The Origin of Man: a chromosomal pictorial Legacy. *Science* 215, 1525–1530.

Zihlman, A.L., Cronin, J.E., Cramer, D.L. & Sarich, U.M. 1978. Pygmy Chimpanzees as a possible Prototype for the common Ancestor of Humans, Chimpanzees and Gorillas. *Nature* 275, 1525–1530.

Zuckerman, S. 1966. Myths and Methods in Anatomy. *Journ. Roy. Coll. of Surgeons, Edinburgh,* 87–114.

Index

N

O

P

Zu dieser Ausgabe

insel taschenbuch 1936
Jonathan Kingdon
Und der Mensch schuf sich selbst

Der Text folgt der Ausgabe: Jonathan Kingdon, *Und der Mensch schuf sich selbst. Das Wagnis der menschlichen Evolution*, Birkhäuser Verlag, Basel 1994. Die englische Originalausgabe erschien 1993 unter dem Titel *Self-Made Man and his undoing* bei Simon & Schuster, London. Die deutsche Übersetzung besorgte Hans-Peter Krull.

Am Fluß des Heraklit
Neue kosmologische Perspektiven
Herausgegeben von
Eberhard Sens
Kartoniert

Der Band versucht den neuen kosmologischen Denkbewegungen in vielen Bereichen nachzugehen: den Paradoxien der Physik oder der Entstehung der Zeit, den Theorien der Selbstorganisation oder der Verbindung von Bewußtsein und Materie. Erst in einer breit angelegten Suche läßt sich ein vertieftes Verständnis der Natur gewinnen.

Friedrich Cramer
Der Zeitbaum
Grundlegung einer allgemeinen Zeittheorie
Gebunden

Daß die Zeit selbst eine Geschichte hat, daß sie entstanden ist und sich entwickelt, ist eine der aufregendsten Entdeckungen der letzten Jahre. Friedrich Cramer stellt hier einen neuen, umfassenden Zeitbegriff vor, der den aktuellen Erkenntnissen in Physik und Biologie, in Philosophie und Kosmologie Rechnung trägt.

Elisabet Sahtouris
Gaia
Vergangenheit und Zukunft der Erde
Gebunden

Die Gaia-Theorie, die die Erde als einen einzigen großen Organismus betrachtet, steht inzwischen im Brennpunkt der ökologischen und politischen Debatten. Elisabet Sahtouris, Schülerin von James Lovelock, hat das Konzept weiterentwickelt und differenziert.

Carol Zaleski
Nah-Todeserlebnisse und Jenseitsvisionen
Gebunden

Nah-Todeserfahrungen, Berichte von Menschen, die nach ihrem klinischen Tod wieder ins Leben zurückkamen, sind inzwischen medizinisch bestätigt worden. Carol Zaleski vergleicht gegenwärtige Berichte von Nah-Todeserlebnissen und historisch-literarische Jenseitsvisionen. Überraschende Übereinstimmungen werden sichtbar: ein neuer Ansatz zur Deutung eines vielschichtigen Themas.

Jacob Needleman
Vom Sinn des Kosmos
Moderne Wissenschaften und alte Wahrheiten
Gebunden

Auch die moderne Wissenschaft bedarf der Rückbesinnung auf alte Weisheitslehren. Needleman plädiert, bei aller nötigen Differenzierung, für eine umfassende Reintegration und damit auch für eine Humanisierung der Wissenschaften.

Michio Kaku/Jennifer Trainer
Jenseits von Einstein
Die Suche nach der Theorie des Universums
Gebunden

Die Suche nach einer einheitlichen Theorie zur Erklärung des Universums ist die zentrale Aufgabe der Astrophysik und der Quantentheorie. Das Buch gibt eine Zusammenfassung der kosmologischen Grundgedanken der letzten Jahre und Einblick in neueste Erklärungsversuche.

Werner Künzel/Peter Bexte
Allwissen und Absturz
Der Ursprung des Computers
Gebunden

Auch der Computer und seine Theorie haben ihre Geschichte. Sie reicht zurück bis zu kosmologischen, religiösen und sprachphilosophischen Konzepten in Mittelalter und Barock. Die alten Texte und die neuen Maschinen demonstrieren auf ihre besondere Weise die Logik des Universums.

David Lorimer
Die Ethik der Nah-Todeserfahrungen
Mit einem Vorwort von Raymond A. Moody
Gebunden

Das Plädoyer für ein neues Bewußtsein der Einheit, Verbundenheit und Verantwortlichkeit; der Entwurf einer neuen Ethik, die auf dem empirischen Boden der Nah-Todeserfahrungen entstehen kann.

Fred Alan Wolf
Parallele Universen
Die Suche nach anderen Welten
Gebunden

In glänzendem Weiterdenken der heute gängigen Quantentheorie führt Wolf den Leser in die Annahme paralleler Universen ein, in die Vorstellung, nach der die Zukunft die Vergangenheit zu bestimmen vermag, nach der prophetische Träume und Schizophrenie die Überlappung paralleler Universen anzeigen und Quantencomputer den Aktienmarkt vorhersagen können.

Wolfgang Kaempfer
Zeit des Menschen
Das Doppelspiel der Zeit im Spektrum der menschlichen Erfahrung
Gebunden

Wolfgang Kaempfers Buch enthält eine umfassende Darstellung der ›Zeit des Menschen‹, in Religion und Mythologie, in Politik und Gesellschaft, in Kunst und Philosophie. Zusammen mit Friedrich Cramers ›Zeitbaum‹ liegt damit, in zwei Bänden, eine Art Handbuch zur ›Zeit‹ vor.

Friedrich Cramer
Chaos und Ordnung
Die komplexe Struktur des Lebendigen.
Mit zahlreichen Abbildungen
insel taschenbuch 1496

Natur ist keineswegs nur Ordnung, die Vorstellung des durch und durch geregelten Kosmos ist erschüttert. Alles Lebendige bewegt sich auf dem schmalen Grat zwischen Chaos und Ordnung. Diese Polarität gehört heute zu den wichtigsten Fragen der Wissenschaft. Cramers Buch beschreibt das neue Paradigma in der Anwendung auf zahlreiche Disziplinen.

Richard M. Bucke
Kosmisches Bewußtsein
Zur Evolution des menschlichen Geistes
insel taschenbuch 1498

R. M. Bucke hat mit diesem Buch auf dem Gebiet der Bewußtseinsforschung und Tiefenpsychologie innovativ gewirkt. Auf nüchternsachliche Weise beschreibt Bucke Möglichkeit und Wirklichkeit einer Bewußtseinsveränderung und untersucht zahlreiche historische Fälle.

Der Geist im Atom
Eine Diskussion der Geheimnisse der Quantenphysik
Herausgegeben von P. C. Davies und J. R. Brown
insel taschenbuch 1499

Anlaß dieses Buches waren die Experimente von Alain Aspect in Frankreich,die neues Licht auf die Debatte zwischen Niels Bohr und Albert Einstein warfen. Julian Brown und Paul Davies interviewten führende Physiker, die einen besonderen Anteil an der Entwicklung der Quantentheorie haben. Eine klare und knappe Einführung erläutert die Grundlagen der Quantentheorie, ihre Rätsel und Paradoxa sowie ihre unterschiedlichen philosophischen Deutungen.

Fred Alan Wolf
Körper, Geist und neue Physik
Eine Synthese der neuesten Erkenntnisse von Medizin und moderner Naturwissenschaft
insel taschenbuch 1497

Die klassische Physik eines Galilei und Newton hat auch die Mechanik des menschlichen Körpers verständlich gemacht. Doch erst die Quantenphysik versetzt uns in die Lage, den letzten Geheimnissen des Lebens ein Stück näher zu kommen. Der amerikanische Physiker F. A. Wolf vermittelt neue Einsichten in den Zusammenhang von Geist und Materie, Seele und Körper.

Anthony Zee
Magische Symmetrie
Die Ästhetik in der modernen Physik
insel taschenbuch 1501

Die theoretische Physik der Gegenwart richtet ihren Blick in immer stärkerem Maße auf den Entwurf eines einfachen und umfassenden Konstruktionsplans unserer Welt. Bei der Suche nach diesen elementaren Strukturen hat die moderne Physik erkannt: Die Natur gehorcht prinzipiell denselben Gesetzen wie die Ästhetik; besonders Formen der Symmetrie finden sich in den Bausteinen der Natur ebenso wie in der Kunst.

James Lovelock
Das Gaia-Prinzip
Die Biographie unseres Planeten
insel taschenbuch 1542

Inzwischen ist die Gaia-Theorie auch in Deutschland anerkannt. Dazu hat das weltweit Aufsehen erregende Buch von James Lovelock erheblich beigetragen. Denn er ist der Begründer dieses neuen Paradigmas der Geologie und Biologie, der Erdbetrachtung insgesamt. Auf dem Spiel steht heute die Gesundheit der Erde. Das Gaia-Prinzip eröffnet neue Perspektiven und neue Chancen für uns alle.

Ian Stewart
Spielt Gott Roulette?
Uhrwerk oder Chaos
insel taschenbuch 1543

Chaos »ist inzwischen eines der meistdiskutierten Phänomene der gegenwärtigen Mathematik«. Stewart zeigt, daß dieser neuen Mathematik ein großer Teil der Natur entspricht, daß die Welt der Dynamik sich noch immer unseren Berechnungen entzieht. Spielt Gott also Roulette mit unserer Welt – oder spielt er ein tiefsinnigeres Spiel, dessen Regeln wir nur noch nicht verstanden haben?

John Gribbin/Martin Rees
Ein Universum nach Maß
Bedingungen unserer Existenz
insel taschenbuch 1579

Eine aktuelle Einführung in die Grundfragen der Kosmologie, zur Entstehung des Universums ebenso wie zur Theorie der ›Schwarzen Materie‹, zu den physikalischen Gesetzen des Kosmos und zur Entwicklung des Lebens. Fesselnd geschrieben und für jedermann verständlich, macht dieses Buch dem Leser deutlich, was in der Astrophysik zur Erkenntnis geworden ist: »Unser« Universum ist ein Universum nach Maß für die Menschheit, und es ist das einzig denkbare, in dem wir existieren können.

Mircea Eliade
Kosmos und Geschichte
Der Mythos der ewigen Wiederkehr
insel taschenbuch 1580

Bei dem Versuch des Menschen, seine eigene Stellung im Universum zu deuten, lassen sich zwei einander prinzipiell entgegengesetzte Grundhaltungen unterscheiden: die des »historischen (modernen) Menschen«, der sich als Schöpfer der Geschichte erkennt, und die des »Menschen der archaischen Kulturen«, der die Geschichte abwehrt, indem er alles Historische in ein System von Mythen und Archetypen einordnet. Alles Geschehen im Leben des Individuums wie der Gemeinschaft hat auf diese Weise selbst teil an einem Urbild, ja wird selbst ein Teil einer überzeitlichen Gegenwart. Dadurch erhält es seinen Wert: Das »Chaos« wird zum »Kosmos«, »Geschichte« zur »Wirklichkeit« beispielhafter Vorbilder. *Kosmos und Geschichte* gehört zu Mircea Eliades bahnbrechenden Arbeiten, dessen Œuvre in Deutschland vor allem von den Verlagen Suhrkamp und Insel betreut wird.